国家社会科学基金重大招标项目
《百年道家与道教研究著作提要集成》
（批准号：14ZDB118）成果

# 道家与道教研究著作提要集成

詹石窗 总主编

（1901—2017）（六）

国家出版基金项目
NATIONAL PUBLICATION FOUNDATION

国家图书馆出版社

# 第八辑：道家与道教的综合扩展研究

**本辑统稿：** 于国庆　张兴发

**撰 稿 人**（排名不分先后）：

于国庆　张兴发　袁今雅　亓　尹　孙志群　阳志辉

张红坤　杨　雯　雷　宝　程　群　程雅群　张培高

王永康　王　亚　宋　霞　郑泽颖　贺　朵　黄田田

张馨月　周　睿　李　利　吴靖梅　何江涛　熊品华

江达智　林翠凤　李建德　简一女　萧百芳　刘见成

蓝日昌　刘焕玲　陈昭吟　陈香雪　萧登福　赵　芃

赵海涛　刘金成　张　欣　袁名泽　邬晓雅　杨　琳

赖慧玲　李　永　杨　燕　郭正宜

# 目 录

## 第八辑 道家与道教的综合扩展研究

## （三）道家道教与中国文化、中国社会 ……………………………… / 131

# 第八辑

## 道家与道教的综合扩展研究

# （一）道家与道教概论

# 道学与道教

《道学与道教》，赵家焯著。台北：台湾省道教会，1962 年印行。

赵家焯简介详见《道教讲传录》提要。

以道教为大宗的台湾民间信仰，表现出浓烈的寻根意识，成为民间社会相互联系的文化纽带，在日常生活中发挥着稳定社区的作用。本书另觅蹊径，取一种将二者之同异合观的眼光，内容分为两部分，一为道学、二为道教，道学分为道之意义、孔老之道、道之区分，道教部分则为道教与其他宗教的比较论述及对军中宗教问题的介绍。

本书完成了道学与道教之间的理论建构，从宏观的角度来看，本书所展现的思想特色主要表现在对心性修养的强调。本书言道，面对全球的乱象，深受老庄和道教影响的中国人，很自然地、符合民族思维传统地要回到先圣先哲那里寻求几乎已经冷藏了的民族智慧。道教之呈现复兴之势，不能不说与此有着密切关系。但是，道教也因此需要应对一系列挑战，主要有以下两个方面：一是后世道教渐渐与道学的核心理念和宗旨在一定程度上有所疏离；二是世界已经进入现代和后现代，科技高度发达，文化多样性逐步为人所知并认同，相应地，人文社会科学和哲学也发生了重要的转型。这对道教从宇宙观、神仙道到符箓、斋醮，形成了无形的压力。

著者认为，道学的核心，简约地说，就是人们耳熟能详的《老子》的"人法地，地法天，天法道，道法自然"和"道生一，一生二，二生三，三生万物"等精辟论说。面对其他宗教理论的强力挑战，借由建构《道学与道教》的思想体系，融摄道教的概念而将之置于道门之下，并凸显出道教在兼顾形神上的理论优越性，进而回应佛教理论，展现出道优于释的立场。孔老之道，《易经》而又结缘于《易传》的老子、孔子学说是中国传统教化中缺一不可的精神酵素。二者间的张力显然是必要的，然而，长期以来，学者们对儒、道两家的非此即彼的选择反倒在其中筑起了一道无形的壁垒。与或弃或取相应的褒贬，对孔、老学说分野的演绎是引人注目的，而且，已经足够久的学术聚讼似乎仍在继续。无论从神明对象看，还是从仪式、载体看，道教对台湾民间信仰都具有重大影响。道教已融入台湾地区民间生活之中。这既是华族社会移民习俗延续的结果，也是中华民族包容文化的精神结晶。

著者就道家之遗著经典，加以阐释，就"道学与道教""如何认识道教"分章浅说，俾使道统高深玄理，得于讲述中窥轮廓。固幽深琼邈之义，有待学者自行发掘，而粗浅入门，由此可以登堂矣。（熊品华）

# 道教要义问答大全

《道教要义问答大全》，李叔还著。高雄：丰华出版社，1972年出版，32开，约100千字。

李叔还（1903—1994），祖籍云南呈贡。道号乾道人。据李建德《斗堂高道李叔还道长事略》所载，李道长幼年随父亲迁居福州，少年仰慕玄门，并受吕祖感召，皈依全真道支脉的禅和斗堂，学习道教科仪，受箓后积功累行，历次升授至"上清三洞五雷经箓三天宏道阐法妙济上卿掌辖雷霆斗府治邪事"法职，成为台湾地区"嗣汉天师府"首席大法师。李道长曾奉张恩溥（1904—1969）天师之命，与史贻辉道长、李廷驹道长等人共同创设"正心崇德斗堂"，并成为文武圣殿、天坛斗堂之"启教师"。李道长本身又是张源先（1931—2008）天师袭职时的"三师"之一（张源先天师的"三师"，分别为全真禅和斗堂的李叔还道长、台南灵宝派的陈瑵道长与道教会系统的赵家焯道长），故在教内有"天师弟子，弟子天师"之誉。李道长曾将道教历史、教义、常识等分门别类，编撰成《道教要义问答》一书，又花费八年时间，完成《道教大辞典》的编纂道务，这是华人社会的第一部道教辞典。此外，也曾于1992年受台中县道教会理事长杨焙元（1935—2016）及总干事张智雄道长礼请，与师弟史贻辉道长、师侄王忠勇道长，共同整理《道教玄门早晚坛课诵本》，为斗堂传布至台湾地区中部，作了极大贡献。

李叔还颇善书法，著述甚丰，除《道教大辞典》外，尚有《实用命理学》《道教要义问答集成》《道教要义问答大全》《健康长寿龙门修养法》《道教典故集》《道教真理讲义》等著作。

著者因感道教素乏宣传，信徒未谙教义，不求甚解，致贻外教人士之讥。乃参照五十四代天师张继宗所著《崆峒问答》体例，搜经据典，择要拣精，于1970年编撰而成本书。

本书前有序文四篇，正文为333条问答题，共分12类，印行问世。后于1972年续纂新条，扩充篇幅，改名《道教要义问答大全》，修订出版。对于道教之哲理、教义、道统、法仪、学术、秘典、名称，以及先圣来历、道门常识等，博采广征，列举齐全。本书扩增后共分道脉本源、天道系统、道教源流、道教宗派、道教史略、先天真圣、后天仙真、社稷神灵、古制祭法、道门学术、天师世系、玄门辞典、道林集考、玄苑余谈等14类。针对道教神祇的介绍，即分为先天真圣、后天仙真、社稷神灵等三个类别，初学道门者可迅速明了道教神祇的概括。总体来说，本书可说是集合道教要义之大全，阐明道家奥秘之重要著作，内容丰富，为道门人士必读之书。（熊品华）

# 道教通诠

《道教通诠》，赵家焯著。台北：中国文化大学出版部，1983年3月新一版。另有台北：华冈出版有限公司，1973年初版，1977年2月再版。台北：中华学术院道学研究所，1982年再版等。

赵家焯简介详见《道教讲传录》提要。

本书以著者历次有关道教讲演底稿为基础，由"道学与道教""道教讲传录""懂道理"等小册合编而成。本书共计五章，第一章、第二章原为"道学与道教"，第三章、第四章原为"道教讲传录"，第五章原为"懂道理"之本文。第一章道学，计有五节，分述道之意义（道学之本体、道学之用神）、孔老之道、道之区分（人道、圣道、神道）、道学与诸子百家、道之政略观；第二章道教，分述道教与儒教、道教与佛教、信教自由之真义、道教之经典、道教之历史价值、道教之时代使命、道教之组织、军中宗教问题等八部分；第三章如何认识道教，计有两节，分述什么是道、道学原理（理学、玄学、神学）；第四章道教之中心思想，共计五节，分述本能论、本体论、本命论、本形论、本性论；第五章道教浅释，则是对道教的内容略做解释和介绍。

总而言之，著者就道家之遗著经典，加以阐释，就道学与道教及如何认识道家等，分五章浅说之，可一窥道统之轮廓。（江达智）

# 道教

《道教》，［日本］福井康顺等监修，朱越利等译。上海古籍出版社出版。朱越利等根据日本平河出版社1983年第1版译为中文。凡三卷，均由上海古籍出版社出版，系"海外汉学丛书"之一种。第一卷于1990年出版，32开，222千字，正文末附"后记"一则。第二卷于1992年出版，32开，230千字，正文末附"译后记"一则。第三卷于1992年出版，32开，191千字，正文末附"译后记"一则。其中第一卷由朱越利独力译出，后两卷由其与徐远和、冯佐哲、王葆珍合作译出。

福井康顺，博士，日本道教学会首任会长，早稻田大学和大正大学名誉教授，其余三位监修山崎宏博士、木村英一博士、酒井忠夫博士，都曾任日本道教学会会长，四位均是世界知名的道教研究权威。

朱越利简介详见《中国道教宫观文化》提要。

本书第一卷主题为"什么是道教"，设置了"什么是道教""道教史""道教经典""道教的神""道教和宗教礼仪""长生术""炼金术""神仙道"八章，并附有"道教关系地图"一份。书中认为研究道教，第一个需要面对但又似乎完全无法解答的问题，就是如何给道教下一个完整而明确的定义。鉴于道教漫无边际、无所不包的特点，及其与中国文化传统交融混合的程度，本书以整整一卷的篇幅专门讨论"什么是道教"。这个问题的答案既包括第一章直接定义型地解析式解答，也包括后面诸章迂回进行的描述性解答。书中认为只有将这两种答案相结合，才不至于对道教的内涵把握产生偏差。换句话说，必须将关于道教的历史、经典、神仙、礼仪、长生术、炼金术、神仙道等不同侧面系统地综合起来，才能较为全面准确地理解道教。

本书第二卷主题为"道教的展开"，设置了"道教和老子""道教和儒教""道教和佛教""民众道教""社神和道教""道教和民众宗教结社""道教和中国医学""道教和文学""道教和岁时节日"九章。与第一卷从道教自身理解道教不同，这一卷的内容侧重于从道教外延来考察道教，即论述所谓道教的延伸展开。这其中包括道教与作为哲学的道家之间的关系，道教与性质地位接近的其他宗教和信仰之间的关系（如儒道二教、民间俗神信仰），道教对医学、文学等不同范畴领域的渗透影响，道教对岁时节日这种民俗传统的影响等诸多方面。本卷试图展现道教的触手融入进中国人生活的具体过程，并发挥自身作用、不断塑造形成了中国的文化特质与习俗传统。

本书第三卷主题为"道教的传播"。这卷的"传播"与前一卷的"展开"不同，展开讨论的是道教在思想层面与外界的互动交流，是非实体的。而传播讨论的则是在地理空间上作为社会实体的道教，如何蔓延扩散。此外本卷还对日本及欧美的道教研究现状做出了较为详细的介绍。

本书的撰稿人既有久享盛名的学界名宿，也有峥嵘初露的青年俊彦，所收文章汇集了当时日本道教研究的最新成果，其中不乏新观点、新论题。此外，书中所展示的日本道教研究的思路、方法也颇值得借鉴。唯一遗憾的是，该译本受当时出版条件所限，未能保留原著插图、原附索引以及监修人、撰稿人简介等内容。（亓尹、于国庆）

# 道家道教

《道家道教》，金师圃著。台北：中国文化大学出版部，1985年4月出版。

金师圃，1920年生，曾担任树德工专教授，主讲中国历史、老庄哲学、儒家学说，曾任大道杂志社副社长等，著有《道德经浅释》《读史摘录》等。

本书上篇言"道家"，下篇言"道教"。上篇叙述道家思想的兴起与发展，尤其姜尚、管仲、杨朱、老聃、列御寇、庄周等人对道家出力特多，成就最大。下篇叙述道教的教义、皈依规则、道教创立以后的发展史、道教的源流图、道教的宗派经典，以及道教所重视的符咒、金丹、斋醮、神仙说等，启示世人"神仙为第一等人"。

著者认为道家哲学重言天道，道教则重言神道。前者为天统之学，而后者为宗教神统之学。其间有相关而各自分立之义，道教并非道家，道家与道教有所不同。道家的道"甚易知甚易行"，道教的符咒、炼丹、修仙、服饵"作法"等则"难以知难以行"。若想学道家的学问，从现在就可以"勤而行之"；如果想学道教的修炼，必须一开始就要特别慎重，必须求良师，必须持之以恒，终生苦练，至死不休，并应皈依道教，虚心学道，潜心修炼，方克有成。

道教的符咒、炼丹、修仙、药饵是否有效，著者谓虽未目见，然记籍所载，较而论之，的确利多于弊。如炼丹是否可以长生不老，固难断言，惟依历代天师道正一教谱系表看来，六十四位天师中有很多活了八九十岁，可见长期有恒的去炼，虽不能不老，但可以慢慢地老，不死虽不可致，而缓死可致也。

又如修仙，抱朴子的"神仙可求也"的说法，著者认为求仙者应"导养得理以尽性命"，力求上寿外，并望读者了解：神仙就在吾人心胸中。如能认定吾人今日所处的世界就如神仙世界一样，吾人经常保持住清虚静泰，少私寡欲，旷然无忧患，寂然无思虑，无为自得体妙心玄。保持住和神仙一样的意境心情，则神仙就在吾人的一念之间，神仙不必外求。

著者谓道教的服食药饵必须得法得当，即使不能延年益寿，也可以减少疾病。神农谓"上药养命，中药养性"。信任何教都不可过分迷信，应相互为用，才能裨益世道。（林翠凤）

# 道教论稿

《道教论稿》，王家祐著。成都：巴蜀书社，1987年8月第1版，32开，200千字。

王家祐简介详见《道教之源》提要。

本书是巴蜀书社收集出版的王家祐先生关于道教方面的16篇文稿，乃是一部文稿集，这16篇文稿依次为：《窦圌山道教转轮藏雕像初探》《巍山祠庙记》《大足石刻道教造像渊源初探》《四川省道教摩崖造像概况》《炳灵王与西南民族》《梓潼神历史探微》《夜郎与巴蜀》《白马藏人的宗教信仰》《张陵五斗米道与西南民族》《陈抟生平大事考》《读蒙文通先师论道教札记》《唐代道教》《道教简说》《青城道教仙源录》《崔希范〈入药境〉内炼思想初探》《论李道纯的内丹学说》。

本书的内容大致可以分为四类：一是关于道教源流的讨论，如道教简说、道教札记、唐代道教等；二是对道教宫观、造像等方面的调查，著者结合其考古特长，对宗教艺术等方面进行了卓有建树的探索，如大足石刻道教造像渊源初探等；三是与道教文化交叉的民族史研究，如五斗米道与西南民族等，其中，值得指出的是，著者在《道教简说》中讲到，道教是中国人创造的，是汉族与各兄弟民族古代信仰的总和；四是利用道教史料研究巴蜀古史，如夜郎与巴蜀等。由于书中大部分文稿未曾发表，乃是研究过程中所做的札记，所以具有明显的札记特色，不过，这并不影响书中内容的扎实性，以及它所提供的值得借鉴的研究方法。

　　本书主要运用了文献学、历史学、民俗学、考古学等方面的研究方法，书中所引证的文献极其广泛，其使用和收集的史料也特别丰富，足见著者的研究态度严谨，研究视野宏阔。总体上看，本书体现出著者综合运用几种研究方法，以不同的思路、从不同的角度对四川领域内的道教所做的努力探索，值得好好学习。（袁今雅、于国庆）

# 道教基础知识

　　《道教基础知识》，曾召南、石衍丰编著。成都：四川大学出版社，1988年3月第1版，32开，270千字。

　　曾召南，曾任四川大学道教与宗教文化研究所教授。

　　石衍丰，曾任四川大学道教与宗教文化研究所副所长、教授和学术季刊《宗教学研究》副主编。

　　本书由卿希泰先生作序，该序介绍了关于道教的基础知识。本书主体内容分为八章，分别介绍了道教的起源和形成、道派、人物、经籍、方术、神仙、名山宫观、道教与儒释的关系等。其中，第一章介绍了道教的起源与发展，著者从道教产生的历史条件和思想渊源、道教的前身——方仙道和黄老道以及五斗米道和太平道的出现依次展开论述；第二章按照道教教派的发展衍变介绍了几个较为重要的道派；第三章依历史时代分别介绍了汉魏两晋南北朝、隋唐五代、宋辽金元和明清民国的道士；第四章介绍了道教经典的起源与分类及其经目、历代《道藏》的编纂，以及道教里的主要经书；第五章介绍了道教所常使用的若干种方术，如守一、房中、外丹、内丹等；第六章依次介绍了道教诸神的渊源概说、道教神系的形成与发展、神仙及其由来、道教诸神与仙真；第七章介绍了道教的仙境与宫观，分别介绍仙境的由来、著名的道教名山、道教宫观的起源与发展以及它的建筑和格局、著名宫观等；

第八章按照汉魏两晋时期、南北朝时期、隋唐五代时期、宋元时期、明清时期等历史发展顺序介绍了道教与儒释的关系。

本书原本是著者为四川大学宗教学研究所研究生编写的讲义，经过几年的教学实践，做了较大的修改和补充，于1987年成书。由于我国对道教研究起步较晚，相关研究成果相对来说并不太多，系统介绍中国道教基础知识的通俗小册子也很缺乏，在这种情况下，本书的出版，当有积极的意义。

在编写中，著者尽量注意科学性和知识性的结合，强调观点与材料的统一，并力争在介绍基础知识的同时也有一定的创新。如：在道派一章中，除对主要道派做了必要介绍之外，也对以前很少关注的元代龙虎宗支派——玄教做了较为详细的介绍；在经籍一章中，对"三洞"的来历，做了一些新的有益的考证；在名山宫观一章中，除了介绍道教的主要名山和宫观之外，对宫观的起源、衍变以及建筑的沿革等也做了较为详细的说明；此外，对儒、释、道三家的关系史，本书也列为专门的章节做了系统的论述。由此可以看出，本书既是初学者了解道教的入门读物，也对道教专业研究者有一定裨益，适应面较广。本书在文字表述上尽量注意语言的通俗化，凡是具有中等文化程度的读者均可读懂，不失为一本值得推荐的全面介绍道教基础知识的通俗读物。（袁今雅、于国庆）

# 道教概说

《道教概说》，李养正著。北京：中华书局，1989年2月第1版，32开，316千字。

李养正简介详见《当代中国道教》提要。

本书包括前言及上、下两编。其中，前言部分乃介绍性内容，主要说明何谓"道教"，通过引经据典，著者阐述了道教的杂而多端和"道教"一词的源起，并给道教做了定义式的分析。

主体内容中，上编可以看作是道教史纲要，共分为七个章节来一一介绍：第一章道教的起源，著者从鬼神崇拜、神仙之说与方士方术、两汉之黄老道三个方面来具体论述；第二章道教的形成，分为三小节来讲，即甘忠可与《包元太平经》、于吉与《太平清领书》之出现、张道陵与五斗米道；第三章早期道教，先后论述了张角与太平道、张鲁与五斗米道、早期道教所信仰的神仙鬼、早期道教的神学理论基础、魏伯阳与金丹道等内容；第四章魏晋南北朝道教之盛行与发展，主要讲述了曹魏之制约道教与道教之传播、神仙理论体系之确立、孙恩"长生人"之暴动、上清灵宝三皇经法之出现、楼观道与佛道斗争、寇谦之"清整"道教及新天师道之形成、陆修静提倡醮仪总括三洞及南天师道之出现、陶弘景开创茅山宗等内容；第五章隋唐五代的道教，依次介绍了隋代之道教、道教与皇权之结合、傅奕与赵归真之誉道毁佛、道教在义理化方面的发展、钟吕金丹道的崛起、道书及《开元道藏》等内容；第六章宋元之崇道与新道派之兴起，依次讲了宋真宗、徽宗之崇道、陈抟与张伯端之发展修丹理论、净明道与"忠孝神仙"、河北新道派之出现与南北宗之分立、正一道之主领三山符箓、张君房编《云笈七签》与宋金元之重修《道藏》等内容；第七章明清之道教，主要介绍了明代检束道教、武当道的出现、王常月的《龙门心法》和《正统道藏》的编纂刊行等内容。

下编侧重讲述道教的教理教义及其他相关内容，共有八个章节：第八章道教的教理教义，为了避免以往道家哲学流派与道教混淆不清的状况，著者从道教的基本信仰出发，列举其根本的教理教义，如神仙学原理"道"与"德"、生道合一，长生久视、天道承负，因果报应等，以此做出说明；第九章道教崇拜的神和仙，主要介绍了至高尊神、诸天神、地祇、人鬼、仙真等；第十章道教之斋戒与醮仪，主要讲了斋及斋法、戒律及清规、坛醮及其仪式、其他威仪等；第十一章道教信行之道术，简单介绍了占卜、符箓、外丹、内丹、辟谷、方药、服气、存思等道术；第十二章道教之主要经书及作者考，道教经书的内容广泛而驳杂，著者选取了几部重要的经书，如《道德真经》《南华真经》《太平经》《老子想尔注》《黄庭经》《阴符经》《常清静经》《玉皇经》等，对之做了简要介绍；第十三章道教的宗派，分别介绍了正一道、全真道、真大道教、太一道、净明道五大道派以及诸真宗派系谱；第十四章道教的宫观，主要讲述了宫观的建筑规式、宫观内的组织情况、宫观内的宗教活动和著名的道教宫观等；第十五章主要介绍了近代道教的发展概况。

总体上看，本书运用了极多的文献资料来陈述，可靠性强，可信度高。而且，相较其他通识性书籍，著者对每一章的论述更能追本溯源，更详细具体。例如在第二章论述道教的形成时，著者引经据典地介绍了甘忠可与《包元太平经》、于吉与《太平清领书》，使读者对道教的形成有更加深入的了解。

此外，虽然上编介绍的是道教史纲要，但是著者并没有按照一般的历史学方法，采取仅仅按照历史年代来介绍事物的发展，而是穿插着主要的道教思想史来一起介绍道教历史，这样的论述方法不仅可以让读者知其然，更能让读者知其所以然。（袁今雅、于国庆）

# 道教问答

《道教问答》，朱越利编著。北京：华文出版社，1989年10月第1版，32开，241千字。

朱越利简介详见《中国道教宫观文化》提要。

本书分为12个章节，都采用提问和回答的方式展开。第一章阐述道教前史，首先介绍了什么是道教，以及道教前史包括的具体内容，即古代哲学、神仙信仰和方术、自然崇拜和鬼神崇拜、巫术等，其中每一部分都分开来具体详尽地阐述。第二章论述道教的创立和成熟，从太平道和五斗米道的成立写起，依次介绍了五斗米道的继续传播和道教的发展成熟。第三章论述道教的发展和传播，依次写隋唐五代时期道教的发展、宋金元时期道教的发展、明清时期道教的衰落以及道教向国外的传播。第四章论述道教经典，主要讲现存道经、《道藏》分类、几类综合性道书。第五章论述道士和宫观，具体阐释了道士（如什么是道士、道士的分类、道士的服饰等）、道教的名山和宫观以及北京白云观。第六章论述道教的教派，主要介绍了五代之前的教派和宗派、五代之后的教派和宗派、明清以来的诸小派等等。第七章论述道教对道和老子的崇拜，分别阐述了道教对《道德经》、道、老子的崇拜。第八章论述神仙信仰，首先讲了仙人、仙界和成仙理论，接着讲了道教中的古代神仙、教祖神仙、八仙与麻姑等。第九章论述道教的济度思想与符咒鬼神崇拜，依次介绍济度思想和符咒崇拜、明清以来道教的主要尊神以及道教俗神。第十章论述道教的方术，介绍了养生术、外丹、内丹、斋醮和杂术。第十一章论述道教的戒律和科仪，依次讲了戒律、仪轨、节日。第十二章论述道教对中国文化的影响，依次探讨了道教与社会、文学、哲学、医学、音乐、绘画、造像、建筑等的密切关系。

本书兼具学术性和知识性，且在国内外学术成果的基础上提出了大量独

到的学术见解，并以通俗易懂的语言，既深入浅出又系统详尽地介绍了道教，当今读者颇有收获。（袁今雅、于国庆）

# 道教知识百问

《道教知识百问》，卢国龙著。北京：今日中国出版社，1989年12月第1版，32开，135千字，系"宗教文化丛书"之一种。

卢国龙简介详见《马丹阳学案》提要。

本书以提问和回答的形式向读者介绍了与道教相关的101个问题，从第一个问题——"何谓道教"开始，本书依次对道教的基本知识展开叙述。内容几乎涉及了道教的方方面面，例如：什么是道教之源？五斗米道的养生思想有哪些？《道藏》七部经书的来源如何？老子如何成为道教教祖？庄子如何被吸收进道教？抱朴子为何非老庄？唐代道教何以兴盛？魏晋南北朝道教与佛教的关系如何？"内丹说"源起何时？道教三清尊神是怎么来的？斋醮科仪的基本程序如何？道教音乐与古乐有什么关系？现存的道教宫观主要有哪些？道教有哪些重要节日？道教有哪些清规戒律？道教的服饰有哪些？等等。

本书涉及范围非常广泛，引证材料非常专业和丰富，所下论断亦多可信，是一本了解道教基础知识的入门专业书。（袁今雅、于国庆）

# 中国道教文化透视

《中国道教文化透视》，刘仲宇著。上海：学林出版社，1990年3月第1版，软精装，32开，236千字，系"人文丛书"之一种。

刘仲宇简介详见《钦赐仰殿与东岳信仰——一个宗教人类学视角的考察》提要。

本书于引言之后分了八个章节来论述其主要内容：

第一章道教——中国古代文化的产儿，内容共包括四小节，分别从巫术到方术再到道术以及理论基础（黄老学说的神学化）和深厚的土壤（燕、齐、楚、蜀地域文化的汇合）等角度来论述。第二章道教发展与中国古代文化的演变，从与中国封建文化共荣衰、三教之一、对官方统治思想的浸润等三个方面来展开论述。第三章道教的特点和文化背景，分别介绍了道教的神仙系统、道德戒律和哲学思想等内容。第四章道教对中国政治文化的参与，主要论述了统治者的政治需要和道教以及农民的政治理想和道教。第五章道教——中国科技史中的独特篇章，主要论述了道教的内丹和外丹，以及其对中国医学的影响和在中国科学的历史地位。第六章道教在中国文学艺术中的投影，主要描述了小说、戏剧、诗歌、绘画、音乐中的道教因素以及道教与中国人的审美趣味。第七章道教对中国民俗的深刻影响，主要讲述了道教神仙与民间祭祀、道法与民间巫风、岁时风俗中的道教印记。第八章道教在中国文化史上的地位，主要论述了道教文献的历史价值、道教的传统和中国传统文化、道教研究与中国文化史研究等。

本书所考察的主要内容是道教与中国文化的关系，在当时而言，这个课题所涉及的内容不少属于崭新的领域，例如第一章第三节、第三章、第五章、第六章第四节等，这些章节内容基本是前人没有涉足的。（袁今雅、于国庆）

# 道教文化面面观

《道教文化面面观》，中国社会科学院世界宗教所道教研究室编著。济南：齐鲁书社，1990年5月第1版，32开，144千字，系"宗教文化通俗丛书"之一种。

参加本书编写的有马西沙、马晓宏、王卡、卢国龙、吴受琚、金棹、韩秉方等。王卡负责全书统稿工作，吴受琚、金棹提供了书中部分插图和复制图。这些著者多是道教研究领域中的佼佼者，足见本书著者群的阵容非常强大。

本书分为100个小标题来论述关于道教文化方面的知识，看似零散，实际上内有严密逻辑安排，具体来看：第一部分以历史发展为顺序，讲述了道教在各个时代的命运兴衰，如最早迷恋神仙的皇帝——秦始皇、汉武帝求仙的故事，唐王朝为何尊崇道教，王重阳与全真道等；第二部分则大致介绍了道教所信仰的主要神仙及其传说故事，如老子怎样成了太上老君、何仙姑成仙的故事、吕洞宾成仙的传说、八仙信仰是怎样形成的等；第三部分阐释了道教里的斋醮仪式、修炼方术等，如道士怎样做斋醮法事、服气辟谷能长生吗、房中术与养生等；第四部分讲述了道教名山宫观的历史渊源及它们的现状，如道教描绘的天堂、泰山东岳庙与碧霞元君祠、道教的武林圣地——武当山等；第五部分主要讲述了道教和中国民间秘密宗教的复杂关系，如三一教是什么样的教派、咒语与神拳、沿海各省妈祖信仰等。

作为"宗教文化通俗丛书"的一种，本书是为了帮助广大读者了解相关道教文化知识，批判继承祖国的优秀传统文化而组织编写的。作为一本道教文化普及读本，本书通俗易懂，内容广泛，融知识性、趣味性于一体，适合具有中等文化水平的读者，特别是广大青年读者阅读。（袁今雅、于国庆）

# 道教精萃

《道教精萃》，刘国梁著。长春：吉林文史出版社，1991年2月第1版，32开，305千字。

刘国梁简介详见《道教养生秘法》提要。

本书先有自序一篇，后有结束语、后记各一篇。正文分为"道教历史""道教的神仙、宫观与仪范""道教与我国传统文化""道教养生秘法""道教与未来社会"五个部分。据本书的后记称，本书前三部分基本完稿于1987年以前，其中"道教历史"部分本为著者在吉林大学哲学系授课时所用讲稿，后在南开大学研究生院讲授"中国道教哲学"课程后有所修改；后两部分则是著者主编《人体科学辞典》时撰述增补的。

"道教历史"部分占全书三分之二篇幅，分为15节，以历史朝代为序勾勒出道教自其产生源头直至现代的历史发展变化过程。著者在"自序"中言明，他将道教历史划为四个分期，即孕育产生与早期道教时期（先秦—西晋）、发展与兴旺时期（东晋—五代）、鼎盛与潜寂时期（宋—鸦片战争）、沉寂与新生时期（鸦片战争—中华人民共和国）。"道教历史"首节"寻根溯源"讨论了道教产生的历史条件与思想渊源。其后诸节大致以秦末汉初、两汉、曹魏西晋、东晋、南北朝、隋唐五代、宋元、明、清（鸦片战争前）、近代、现代的历史时期专而论之。限于篇幅，本书对道教历史的梳理并非面面俱到、巨细靡遗，而是有所择取，尤其注重以代表性的人物、道经、思想学说为中心展开论述。如第三节至第五节分别以张道陵、《周易参同契》、太平道为专题。第十节专论道教与理学的关系。同时，著者也十分注意针对不同历史阶段，以道教自身发展的特点入手进行论述。如在第八节南北朝时期注重从道经入手，重点讨论了《阴符经》《太上洞渊神咒经》《灵宝度人经》。在第十一节宋元时期改从道派入手，讨论了全真道、真大道、太一教、正一派、茅山派以及净明派。

　　著者认为，道教文化的涵盖面很广，包涵了宗教、哲学、历史、文学、音乐、美术、建筑、医学、化学、生物、天文、服饰与膳食等多方面内容。因此不应孤立地探讨道教，而应将道教置于广泛的社会历史中考察。书中"道教的神仙、宫观与仪范""道教与我国传统文化""道教养生秘法"诸章所涉论题宽泛，并非工笔细描，只求"使读者一览拙作，便像步入道教文化的宫殿，引起无穷无尽的遐想"。具体论述中，著者注意将历史发展与现实状况相结合。如在"道教的神仙、宫观与仪范""道教与我国传统文化"中，著者通过爬梳比对道教某些侧面的历史演进与现实状况，试图令读者在了解道教文化兴衰之余，能从道教与其他文化的交融中因小见大，领会到中国传统文化发展的规律和特点。正文最后的"道教与未来社会"，则主要探讨了道教文化与人体科学，罗列了一批自然科学的实验结论，畅想了人体科学发展将给现代社会带来的种种冲击与变化。（亓尹、于国庆）

# 中国道教

　　《中国道教》，陈耀庭编著。上海：上海三联书店，1991年4月第1版，24开，105千字，系"中华文明图库"之一种。

　　陈耀庭简介详见《道教在海外》提要。

　　本书前有总论一篇，正文凡七章二十六节。正文第一部分是"道教的由来和发展"，共分八节。编著者认为上古三代时的卜筮崇祀、战国时代由巫师演化而成的方士及其倡导的系统的鬼神理论、西汉之初对黄老道术的推崇、东汉初年传入的佛教的组织结构及其信仰形式四者合而为一，共同孕育了道教。之后编著者以各个朝代为序，为道教在不同朝代的发展做出了简明概括，即道教在东汉因农民运动而创立，在魏晋六朝中改革，于唐代隆盛，在两宋崇道中急转而下，金元时历经道派分裂，明代因编修道藏而稍得振兴直至清代继续衰微，由古至今，兴衰罔替。在每个小节中，编著者仅选取最重要的人物、事件，稍加述评，只为令读者存一大体的认识。

第二部分道教的基本信仰。编著者仅选取了三组概念，以"道和德"一节点明道教信仰核心是"道"，"德"是"道"的衍化，再进一步，落到伦理上，只有行善才能得道。"我命在我"一节说明道教信仰的一个重要特点是强调个人的实践与自助，必须在修道养生上坚持"有为"，才或可能做到"长生久视"。"道生万物"一节解释道教作为宗教，其必备但颇具特色的创世论。

第三部分道教神谱。首先介绍"神仙品位"，从区别神与仙到认识道教神仙谱系中的等级制，编著者意在说明这些实际"正是中国封建社会官僚集团组织结构的投影"。之后"神仙由来"一节简介了民间较为知名的三清、四御、城隍、土地、财神等神仙传说。

第四部分道士和道教仪式。首节从宗派、性别、道行、职务等不同角度介绍了道士林林总总的称谓。后一节介绍道教大型斋醮、度亡、小法事、功课这四种道教仪式。最后一节单独介绍了道教中的步罡踏斗。

第五部分是道教方术与古代科技。介绍了道教在外丹、内丹、服食、房中等修炼方法的实践中积累利用了古代科技知识。

第六部分道教和中国文化。这部分从哲学、文学、音乐、美术四个方面讨论了各自所受道教的影响。

最后一部分道教名山宫观，本章在介绍了道教的洞天福地后专门介绍了楼观、太清宫、上清宫、白云观等著名丛林。

本书作为"中华文明图库"之一，浅显易读，图文并茂，搜罗有大量配图，其中不少直接摄自相关文物，非常难得。（亓尹、于国庆）

# 道教文化概说

《道教文化概说》，于民雄著。贵阳：贵州人民出版社，1991年7月第1版，32开，200千字。

于民雄，1951年生，湖南武冈人。历任贵州省社会科学院研究员、历史研究所所长，2013年被聘为贵州省文史研究馆馆员，主要研究方向为中国思想史、先秦诸子研究以及中西宗教、哲学比较研究，主要著述有《人间话语》《近思录全译》等。

本书正文凡十章，后有附录、后记各一篇。附录另有题名"道教重要典籍一览表"，著录道经42篇。具体内容包括：

第一章总论宗教这一影响深远广泛的社会文化现象。著者辨析了西方传统宗教学家与马克思、恩格斯在对宗教本质上的不同认识，认为宗教是人类社会发展的产物，是被决定的，而非天赋的。在述及鲁迅"中国的根柢全在道教"这一著名论断时，著者认为道教"在政治上的影响和作用，和其对民族心理、习俗和传统的影响相比，要小得多。道教作为中国的根柢，主要表现在民间"。

第二章与第三章主要论述道教思想渊源与道教简史。关于道教的思想渊源，著者列举了古代的宗教观念、古代神话传说、巫术、神仙观念和求仙思潮、谶纬神学与黄老之学六大源头。其中古代宗教观念主要指自然崇拜与鬼神崇拜。但著者并未深入讨论这些源头之间的涵摄关系与内在联系。道教简史部分，著者分为17小节。其论史多以人物为中心牵引连贯，所选人物多为历代道教宗师，如张角、张陵、葛洪、寇谦之、陆修静、陶弘景、成玄英、司马承祯、杜光庭、陈抟等；兼有数位与道教关系密切的帝王，如唐玄宗、唐武宗、宋徽宗等。第四章主题为道教之神灵，首节以《真灵位业图》为主干简述了道教神仙谱系，其后分节专述三清、四御、门神、财神、城隍神、土地神、灶神等广为知名的道教诸神。

第五章主题为《道藏》和道教经典，内容主要分为两部分。第一部分简介历代《道藏》及其编修历史，以及道教类书《云笈七签》。第二部分则筛取了《道德经》《太平经》《抱朴子》《周易参同契》《黄庭经》《阴符经》等重要道经进行专题介绍。第六章主要介绍道教的清规戒律，并由此引申论及道教劝善书。著者以劝善书为例略述了道教清规戒律对中国民间社会的影响。第七章专论道教仪式与法术，篇幅较短。仪式方面主要讨论以陆修静为中心的斋醮仪式，法术方面仅拣选符箓、祝咒、扶乩等简而论之。第八章主题为道教名山与宫观，名山选有泰山、衡山、华山、嵩山、武当山、青城山、龙虎山；宫观则有白云观、永乐宫等。九、十两章论述道教与中国文学艺术、古代科技的关系。文艺方面分为古代小说与戏剧、游仙诗以及音乐三个小节。科技方面主要讨论了道教对古代医学、实验化学以及气功的贡献。

正如著者在后记中所言，本书是通俗性读物，目的是让读者可以对千头万绪的道教有一个整体宏观的认识，而非针对某一课题的学术性著作。但为力求客观、准确，著者论述中对历史文献、道经原典等仍多有征引。（亓尹、于国庆）

# 中国的道教

《中国的道教》，金正耀著。济南：山东教育出版社，1991年9月第1版，36开，59千字，系"中国文化史知识丛书"之一种。另有北京：商务印书馆，1996年再版，32开，77千字，系"中国文化史知识丛书"之一种。北京：中国国际广播出版社，2011年版，16开，70千字，系"中国读本丛书"之一种。后两版与初版相比，最大不同是正文部分增加了"道教的出世与中国古代文化""唐代著名道教人物""道教尊神信仰的演变""明清流行的道教俗神信仰""道教的衰落"五节。本书还曾被日本大正大学宫泽正顺、清水浩子、伊藤丈译为日文，由任继愈先生为之作序，经平河出版社出版。

金正耀简介详见《道教与科学》提要。

本书实为一部简明版中国道教小史。除引言、结语外，共有五章22节。

引言部分，著者总论道教，辨析了"道教"一词的内涵在历史进程中的变化，认为"直到南北朝时期，作为与佛教相抗衡的中国土生土长的宗教，它才渐渐被明确地称作'道教'"。同时著者认为道教以不死成仙为基本教义，有一个发展变化的历史过程，人们应该予以注意。

正文部分，著者按照东汉、魏晋南北朝、隋唐、宋元、明清五个历史分期分章论述。具体到各个历史分期的选材上，著者拣选了各个时期道教的特点和最为显著的变化切入论述，呈现出了道教随历史演进发展的动态过程。比如魏晋南北朝时期，著者着重论述了葛洪、寇谦之、陆修静、陶弘景等人对道教制度化、教义理论、神仙体系的建构；在隋唐时期，专门论述了唐代炼丹术的兴盛，与后文宋元时期专述内丹成仙信仰的流行对照呼应；而在明清时期则主要论述了《道藏》的编修过程。另外，在对整个道教历史的梳理中，著者还十分注意将道教与政权、社会环境这一大背景相联系，从《太平经》与汉王朝，到魏晋时代风气对道教发展的影响，再到隋唐宋明等王朝对待道教的态度变化，形成了一条道教与政权的历史线索。同时，从汉代方士传统的影响，到魏晋南北朝时期以楼观道切入讨论当时的佛道之争，再到隋唐宋元时期讨论道教内部符箓派的发展，最后直到明清时期探讨道教与民间宗教间的关系。著者以道教为主体，通过关注它与其他宗教信仰间的互动，形成了另外一条历史线索。

本书受篇幅所限，虽然仅为小史，但著者在内容的选择编排上仍试图勾画出道教清晰、连续的发展变化过程。

本书原为"中国文化史知识丛书"中的一种，该套丛书设计初衷主要有二：一是从多角度、多层次、系统地反映中国文化的主流与特点，即令读者对中国文化的基本面貌有所认识；二是受众定位在中学生及具有中等文化程度的读者。由此，本书同时追求通俗易读，行文尤其晓畅直白，深入浅出。（亓尹、于国庆）

# 道教通论——兼论道家学说

《道教通论——兼论道家学说》，牟钟鉴、胡孚琛、王葆玹主编。济南：齐鲁书社，1991年11月第1版，32开，551千字。

牟钟鉴简介详见《老子新说》提要。

胡孚琛简介详见《魏晋神仙道教——抱朴子内篇研究》提要。

王葆玹简介详见《老庄学新探》提要。

本书是牟钟鉴、胡孚琛、王葆玹三位主编和十多位专业研究人员，各就所长，分工负责集体创作的成果。书前，由王明先生作序，序言主要阐释了黄帝在中国民族文化史上的地位和作用。本书的主体内容分上、中、下三编。

其中，上编溯源，共包括六部分。第一部分论述了道家、道教的文化渊源，把道家道教之源一直追溯到原始文化和母系社会的原始宗教和古代传说中，并对道教的形成发展分别做了简单论述；第二部分对道家学说进行了概述，分别介绍了道家的核心思想和基本精神，道家的演变与流派，道家与儒家、道教之异同，以及道家在中国文化史上的特殊地位和贡献等内容；第三部分论述老子的学说，分别介绍了老子其人其书以及老子学说的历史地位和现实意义；第四部分论述了庄子学派，分别介绍了《庄子》对《老子》的继承，《庄子》哲学思想的分歧，《庄子》的养生思想和庄子学派与道教的关系等内容；第五部分论述了稷下五家和黄老之学，分别讲了稷下学的由来和发展，稷下老学和稷下黄学等内容；第六部分讲了汉代黄老之学，考定了《黄老帛书》《老子旨归》等书的思想内容。上编通过这六部分的论述，把道教的出现放在整个中国古代文化演变的大背景下考察，对道教做了鸟瞰式的俯视，以便拓宽眼界，更好地给道教做出历史定位。

中编寻流，以概说道教为总纲，分别论述汉末道教的发生及其在魏晋、南北朝、唐宋、金元、明清各代的发展和演变，既包括对《太平经》《周易参同契》《老子想尔注》等一系列重要经典展开思想论述，又包括对太平道、五斗米道、天师道、太一道、全真道、正一道等教派的产生、发展、兴盛、衰落等进行介绍；还包括对其中的重要人物，如葛洪、葛玄、张三丰等的生平、贡献做出详细介绍；此外，著者也非常注意对道教的救度思想、劝善思想予以简单阐述，可谓内容专业而又丰富。

下编探术，共分四部分来介绍，第一、二部分分别系统地阐述外丹和内丹两大道术，具体包括它们的历史、发展、流派、实践、功法等；第三部分论述了道教与文学艺术，介绍了道教文学作品和艺术成果，以及相关文学艺术作品对道教的描绘和道教对文学艺术创作思想的影响；第四部分则论述了"我命在我不在天""通于一而万事毕"等的道教精神。

本书特别注意文献资料的收集整理和使用。全书大量引证古文献资料和道教内部典籍来论证其结论，这让读者对中国古老的传统文化有了更深入的了解，拓宽了眼界，从而提升其对道教的浓厚兴趣，特别是上编在介绍道教的历史文化渊源时把道教的出现放在整个中国古代文化演变的大背景下考察，这种方法值得后继研究者学习借鉴。

总体上看，本书是一部全面介绍道教的综合性大型著作。它涉及的内容很多，包括道教史，又不限于道教史；既有按阶段划分的关于中国道教发生、发展和演变的历时式的论述，又有按专题划分的关于道教学重要分支的共时式的剖析；在对道教各个方面的内容做系统阐发的同时，也相当深入地研究与道教密切相关的老庄、道家等学说理论，以图从多角度、多层面地揭示道教，向读者提供关于道教的立体化的丰满形象，足见该项工作的深度和广度，体现出著者们精益求精的学问态度。（袁今雅、于国庆）

# 道教识略

《道教识略》，李养正著。北京：北京燕山出版社，1992年12月第1版，32开，145千字，系"道教文化丛书"之一种。

李养正简介详见《当代中国道教》提要。

本书有"道教文化丛书"总序、前言、结束语各一篇，正文凡12章。正文分为道教的渊源、道教的形成及其原始形态、张角的太平道与张鲁的五斗米道、道教的发展、道教的教理教义、道教崇奉的神和仙、道教的斋戒及醮仪、道教信行之道术、道教之主要经书及作者考、宗派、宫观及其宗教活动、近代的道教概况等。

著者先以鬼神崇拜、神仙信仰与方士方术、黄老学说中的神秘主义成分为道教的三大渊源，认为道教正是基于这三者融合演化而来。继而选取《包元太平经》与《太平清领书》来论述道教的形成，并将张陵时期的五斗米道作为道教的原始形态。之后，又以专章介绍张角的太平道与张鲁的五斗米道。著者认为此二者与张陵的五斗米道已经有了本质区别。他们不再只是宗教集团，只追求解决个人信仰问题，而是演变为一种政教合一的政治军事实体，提出了改造社会的政治诉求。

在"道教的发展"一章中，著者以魏晋南北朝、隋唐五代、宋元时期、明清时期四个历史分期简述道教发展演变过程，其论述特点是以统治集团对道教的利用与打压为主线来讨论道教的变革与兴衰。

在"道教的教理教义"一章中，著者先界定了何谓道教教理、教义，著者以"道"和"德"作为道教的根本信仰，认为这就是道教教理，而在这种教理基础上演绎出的崇拜对象、修持理论、仪范等等即为道教教义。进而，又对道教的根本信仰、长生追求、至上神格、道教创世论、道教宇宙论、承负报应说等分别加以简介。

在"道教崇奉的神和仙"一章中，著者以道经等古籍为依据，对道教神仙系统略加介绍。其中，著者将道教神仙分为尊神（"三清"至尊、三天君与五老君等）、大神（四御、三元、日月星等）、体外诸神（灵官、太岁、土地等）与体内身神、真人与仙人四大类。

第七章道教的斋戒及醮仪，本章专述道教仪范，除斋仪与醮仪外，还涉及了道教戒律与清规，同时对"出家传度仪""传授经戒仪""三洞修道仪"等其他威仪也做了简要介绍。在第八章中，著者将道术分为占卜符箓、外丹内丹、炼气、内观守静、辟谷服饵五类分别加以介绍。

第九章道教之主要经书及作者考，著者先梳理了诸种道教经书目录，又介绍了唐宋元明时期历代《道藏》的编纂情况。之后又专门介绍了《道德真经》《南华真经》《太平经》《黄庭经》《玉皇经》等数部重要道经。"宗派"一章除介绍正一道、全真道、真大道教、太一道与净明道等五大道派外，还录有北京白云观所藏手抄本《诸真宗派总簿》，方便读者参考。

第十一章宫观及其宗教活动，著者取"宫"义为祀神之所，"观"义为候迎天神之所，对宫观由来、建筑规式、组织制度、宗教制度、中国著名宫观等分别加以简介。

最后一章近代的道教概况，本章除介绍大陆地区道教发展情况外，也介绍了中国台湾地区及海外道教的发展现状，同时对海外的道教研究也做了一定说明。

著者在前言与结束语中写到，作为"道教文化丛书"的首册，本书意在简介道教特色与历史情况，便于读者继续阅读该丛书其他分册。本书名为通识性读物，篇幅有限，但书中大量征引道经古籍，内容充实，不少观点颇具学术价值。（亓尹、于国庆）

# 道·仙·人：中国道教纵横

《道·仙·人：中国道教纵横》，陈耀庭、刘仲宇著。上海：上海社会科学院出版社，1992年12月第1版，32开，263千字，系"道教文化系列"之一种。

陈耀庭简介详见《道教在海外》提要。

刘仲宇简介详见《钦赐仰殿与东岳信仰——一个宗教人类学视角的考察》提要。

本书前有序言一篇，正文分为教旨探玄、宗派勾沉、高道行迹、神仙觅踪、科范指疑、道法揭秘、养生平叙、文艺荟萃、洞天寻幽、宫观揽胜、道藏窥涉，共计11章。每章侧重不同主题，以数百字的小短文形式单就具体论题专以阐述。

教旨探玄部分，围绕道教教理教义这一主题，包括27个小论题。主要介绍道教的观念系统，如道教的宇宙本原观、社会观、灵魂观、报应观等。宗派勾沉部分，主述道教宗派，亦有27个小论题。先总论道教形成的社会原因和历史条件，而后以朝代为序，从早期道教的太平道、五斗米道一直介绍到玄教、正一道，最后专论道教与民间秘密宗教的区别。高道行迹部分，以人物为中心，选取了历史上重要的18位道教人物，起自张道陵终于陈撄宁。其中还专门介绍了药王孙思邈对养生学与医学的贡献。神仙觅踪部分，著者以道教神仙为中心叙述，除对不同神仙的专门讨论外，该部分还总论了道教的神仙观，并介绍了仙传类的重要道经《历世真仙体道通鉴》《三洞群仙录》《墉城集仙录》。

科范指疑部分，主述道教斋醮科仪，主要有三类内容：一是总论道教科范；二是简要梳理道教科范发展史；三是就道教科范中的具体细节问题加以解释。道法揭秘部分，介绍了道教法术的总体特点、渊源以及不同道派体系下道法的种类与异同。养生平叙部分，著者论到，严格上说，这也是道教法术中的一类，但其修习宗旨在于追求长生久视的养生一途，如各种呼吸、吐纳、存想、导引、服食、房中等。

文艺荟萃部分，介绍了道教与中国文学、绘画、音乐的影响与联系。洞天寻幽与宫观揽胜两部分，讨论了道教的洞天福地观念，介绍了道教"宫观"之称的由来，同时选取了较为知名的各地名山宫观分别予以介绍。

最后一部分道藏窥涉，专述道教典籍，除介绍一批重要道经外，针对《道藏》编修历史也做了介绍。

正如著者序言所说，首先，本书不是道教历史的专著；其次，鉴于道教内涵之丰富，其触角伸展到社会的各个侧面，与人们的生活和习俗难以分割，涉及的问题十分广泛，也难以在本书中穷尽，本书的目的仅为兼顾其中最为主要的方面，对道教的国际影响、道教与民俗等问题并未涉及。著者认为作为一种社会实体，必须在阐发道教的观念系统之外同样重视其行为系统、组织系统等多个侧面，但对以上诸种系统的讨论应注重其互相间的内在联系，即依靠一定的核心观念作为主线将上述讨论综合起来，这也是本书题名"道·仙·人"的原因所在。

本书虽非专论性的学术著作，但每个篇章中，既有总论申明大义，又注意将各小节的讨论置于历史脉络下，以显示其自身变化发展的连贯性。所有论题均建立在对历史文献的梳理中，不乏新材料和新见解，言之可信，达到了融通俗与学术为一体的目的。（亓尹、于国庆）

# 道教纵横

《道教纵横》，徐兆仁著。天津：天津教育出版社，1993年12月第1版，32开，107千字。

徐兆仁，1955年生，籍贯浙江台州。中国人民大学历史学院教授、博士生导师，史学理论研究所所长，主要从事思想文化、史学理论教学与研究，兼职于多种社会及学术团体。

本书前有序言一篇，正文共五章，前两章主题是道教史，第一章论述中国道教的起源，第二章以魏晋南北朝、隋唐五代、宋辽金元、明清四个历史分期论述道教的繁荣与发展。著者认为道教实际是中华远古民族宗教信仰的历史沉淀，是一种历史产物。殷商时期上帝崇拜与祖先崇拜的结合决定了古代宗教"人神共构"的特点。道家虽不同于道教，但作为宗教的道教，之所以选择道家加以吸收改造，与老子学说中道的至高奥义不可言说，而只能依靠实践体悟这种极易被宗教化的神秘主义成分密不可分。著者对道教起源的认识并不拘泥于对黄老道、方仙道等传统的梳理，反而特别注意去厘清诸如道、阴阳、五行、八卦这类思维形式体系，他强调要去认识道教理论构架的源头。著者认为不能从魏晋之后，那种已经被统治者涂抹失真的道教，去回溯认识政治色彩极强的原始道教的创立过程。魏晋南北朝时期道教的发展本质则是修道方法的不断创新、发展，直到最后，由陶弘景总结而集大成，开创了道教茅山派。宋辽金元时期，因应复杂矛盾的社会现实，新道派不断崛起。道教的发展有两极化倾向，一极类似原始道教时期的魏伯阳，志在内修证悟；一极则是积极以道家法术干世，希冀将道教变为统治者的宗教。明清时期，著者并未单从道教与统治阶级的亲疏程度这一标准上论述道教的衰微过程。他强调的是，在这一时期的道教，因全面走向民间，不断发展变化，反而获得了极强的适应性。著者形容这种变化为"根深叶茂"。

第三章道教各派内修秘法，著者选取了丹鼎派、上清派、钟吕道要、北七真、南五祖、三丰派、中派、东西派、伍柳派，一一整理了它们的内修理论与修行方法。

第四章的主题是道教与传统文化，依次为道教与中国古代哲学、道教与中国古代文学艺术、道教与中国古代科技、道教与中国传统文化特性、宗教超越心理与创造精神五个小节。其中，在谈到中国传统文化特性时，著者认为中华民族的文化存在一个磁场，这个磁场能够对各种类型和特质的文化兼容并蓄，并且最大限度地吸收、消化各派、各族甚至外来民原文化精华，使其互相共振、渗透、融合、再造。而这一磁场的吸引力、凝聚力、融合力和兼容性、开放性、持久性的形成是与道教的内在特性分不开的。正是道教融合道、阴阳、五行、八卦这些思维形式体系的理论构架，才足以打造出一个多神的、至大无外的、无所不包的巨大的网，进而形成了中国传统文化特有的文化磁场。

在最后一章道教的人生境界中，著者畅谈了道教中的胎息与元神。

著者认为"作为宗教，道教已彻底地走向衰落，没有必要再去盲目复兴，狂热崇拜。作为文化，道教却又有无限的发展前途，其中的精华必须得到应有的继承，以振兴我们的民族文化……这本小册子，就是为使人们能够了解道教和道教文化而作"。虽然本书定位为通俗作品，但其中不少观点引人深思、颇具价值。（亓尹、于国庆）

# 中国道教

《中国道教》，卿希泰主编。上海：知识出版社，1994年1月第1版，精装，32开，1140千字。

卿希泰简介详见《中国道教史》提要。

本书前有胡道静先生所作序言，正文部分为十编，第十编附录收中国道教大事年表、国际道教研究概况以及本书主编、副主编及著者简介三则。

本书凡四卷，除第一编与第十编外，各编皆有一篇"概述"总论主题。第一卷收历史概要、宗派源流、人物传略三编，第二卷收经籍书文、教义规戒两编，第三卷收神仙谱系、科仪方术两编，第四卷收文化艺术、仙境宫观、附录三编。

历史概要编，论述了道教产生的历史背景与思想渊源。书中按照汉魏两晋南北朝、隋唐五代北宋、南宋金元、明清民国四个历史分期历述了道教自创立直至民国勉力支撑的历史过程，勾勒出道教发生、发展和演化的脉络与全貌。

宗派源流编，关注的是道教历史上林林总总的道派。道教可以说就是道派的集合体，道派兴衰分合的历史过程就是道教发展史的重要组成部分。本编的"概述"归纳了道派创建过程的特征，提出要同等重视不同道派间的共性与个性，同时还指出要认识到在纵向的时间维度上，道派组织建设逐步完善的变化过程。该编挑选了自五斗米道到龙门派共计22个道教派别，分别介绍了它们在历史上的兴衰遭替。

人物传略编，综述历代道士、道教学者对道教教义完善、道教组织发展以及对中国古代哲学、医学、文化、艺术等不同领域的贡献。该编选取了自老子至易心莹共计92位重要历史人物，对其生平、思想分别加以剖析述评。

经籍书文编，介绍了道教典籍的造作、结集过程，种类与内容，以及道教典籍的意义与价值。该编共涉及书目83种，其中既包括大型丛书，如《正统道藏》《万历续道藏》等；也包括道教类书，如《云笈七签》《无上秘要》等；还包括大批道经，如《西升经》《度人经》等。书中对道经的介绍，全面考察了经书的经名、年代、版本以及内容提要等多种内容。该编挑选道经标准注重门类齐全，所选道经涉及教理教义、戒律劝善、方术科仪、仙真传记、名山宫观等多个方面，令人读后即可获知道教典籍之梗概。

教义规戒编，选取道教教义核心概念22条，如道、德、玄、一等；以及道教戒律五种详加阐发，系统介绍了道教教义的历史渊源、历史演变、主要内容、各家观点及其社会影响等问题。

神仙谱系编，简述了道教神仙的来源及原型、造构神仙的手法以及编造神仙谱系的历史进程。该编所选神仙超过50位，其中既包括道教历史上一贯崇奉的尊神，也包括为道教吸收的民间俗神。本书在对神仙的介绍中，注重考证道教典籍中的文献证据，并与历史记载的社会事件联系印证，记述了众多神仙的起源及其在道教神仙谱系中的地位。

科仪方术编，概述了道教行为系统中的科仪及法术。除了简介道教科仪法术的形成、发展历史外，书中还对道教科仪与道教法术各自的结构和要素进行了分析。这部分内容的撰写同样基于对道教典籍的文献梳理及分析，力图通过文献资料将科仪方术的内容及演变梳理清晰。其中收入科仪类条目21种，方术类条目21种。

文化艺术编，以道教为主体，审视了在道教影响下的哲学、文学、音乐、美术、建筑等诸多领域，以凸显道教触角在文化艺术、民俗领域的延伸。

仙境宫观编，介绍了道教的洞天福地观念以及宫观营造的制式与特色。该编选取了道教仙境观念词条五种，名山十九座，著名宫观二十八处（含港澳台地区）。同时，书中论述广泛征引道教典籍、历史文献与方志，大致还原了各处名山宫观的重要史实。

正如胡道静先生序言所称，本书"既是十年来道教研究的总结，又为今后的道教研究张目，四卷本内容涉及道教……方方面面，堪称大观"。本书集合众人之力，每编通过"概述"点明主题、提纲挈领，其后正文广征博引，尤其注重将论证建立在对古籍文献的梳理使用这一基础之上，观点翔实可靠。其中"教义规戒"部分为当时众多道教读物所仅见，附录中"国际道教研究概况"一文也为当时国内的道教研究提供了一定便利，为学术发展做出了贡献。（亓尹、于国庆）

# 话说道教

《话说道教》，罗伟国著。银川：宁夏人民出版社，1994年6月第1版，32开，184千字。

罗伟国，1955年生，上海人。作家，曾任上海远东出版社党总支书记、副总编辑、编审，《上海译报》主编，《大众皆喜》杂志主编，上海宗教学会理事。

本书主要是向读者介绍道教的一些常识，包括道教的教派、教义、神仙、人物、方术、修炼、仪式、规戒及主要经籍、文艺等。本书于前言后分七个部分，具体分为：

第一部分教派·教制·教规，本部分按照道教发展的时间顺序介绍了自东汉末年张道陵在蜀中创立五斗米道至金代初叶王重阳创立全真道这一历史长河中的12个重要道教教派的创立和沿革，并简要说明了不同道教教派的教制和教规。

第二部分教义·术语·观念，本部分讲述了道教教义、道教思想和道教专有术语，以此揭示道的真正含义。著者认为，道教思想凝聚了中华民族历史形成的信仰、感情及传统的思维成果，体现了道教对宇宙、社会、神仙等的理解，具有哲学、社会学、神学的意义。

第三部分尊神·俗神·高人，本部分介绍了道教神灵谱系的结构，如仙真信仰，道教俗神信仰，以及道教代表人物如张道陵、葛洪等，指出其对道教发展产生了重大影响，反映了道教多神信仰的特点。

第四部分经籍·学术·文艺，本部分主要介绍了道教经典《道藏》，阐述了道教对中国古代医学、科学、哲学、文学、艺术、戏剧、小说等的深刻影响，说明了道教在产生和发展等过程中，既吸收了中国传统文化，又渗透到意识形态等许多领域，在中国传统文化中有着极其重要的地位。

第五部分道法·道书·修炼，本部分介绍了道教法术的来源、法术的类别、施行的方法、法术的特点以及炼丹术的内涵等。

第六部分仪式·斋供·节日，本部分主要阐释道教的仪式、斋供和节日。道教的仪式形象地反映了道教的教义，是道士遵守教规戒律、坚定道教信仰的基本保证，体现了道教的组织形式、管理制度及宗教活动。

第七部分称谓·仙境·炼养，本部分介绍了道教神仙、天尊、真人、天师、道士等称谓的由来，分析了道教宫观福地以及修炼法门等，探讨了道教的养生之术。

本书着眼介绍道教常识，分别对道教渊源、道教历史、道教教派、道教典籍、道教文化等进行了简明扼要的陈述，指明了道教文化对我国政治、经济、哲学、文学、艺术、医学、科技等产生了不同程度的影响，从而在中国传统文化中的具有重要地位。总体上看，本书对道教的解说丰富多彩、雅俗共赏、深入浅出、融会贯通，不但开阔了观察道教的视野，也增加了人们对道教文化的兴趣，有助于人们多侧面、多角度、多层次地审视和思考道教文化的历史价值和现实意义。（孙志群、于国庆）

# 中华道教经纬

《中华道教经纬》，徐兆仁撰。北京：京华出版社，1994年第1版，32开，系"中华全景百卷书"之一种。

徐兆仁简介详见《道教纵横》提要。

本书于引言之后分四章十三节。具体内容包括：

第一章中国道教的起源，在第一节中，著者从原始宗教与道家思想、阴阳学说、五行学说、八卦思想、《易》、神仙学说、方仙道等思想考察入手，进而阐述道教的由来、变迁以及道教思想体系形成的思想理论依据。第二节，论述原始道教区别于基督教、佛教、伊斯兰教的特点，原始宗教的宗教理论经典（《太平经》《周易参同契》《老子想尔注》等），指明其中的道教思想、代表人物及其对中国古代的政治和文化影响。

第二章道教的繁荣与发展，主要内容为：第一节，主要论述魏晋南北朝时道教的发展。著者阐述了上清派、金丹派、五斗米道等不同教派的理论经典及修炼的内涵，以及南北朝时期对原始道教的改革和发展。第二节，隋唐五代时期是道教兴盛时期，以茅山派为主的各派道教学者积极利用唐代社会有利于道教发展的外部环境，以老子《道德经》中的有关思想作为修道的根本原则，进一步推进道教理论发展，取得了丰硕的成果，同时本节还分析了道教在政治、科技等方面有重要的影响。第三节，主要论述宋辽金元时期的道教。由于时代、环境的变化，道教一方面顺着唐代内丹学的路子继续发展，成就斐然；另一方面则以道教法术干世，对社会产生负面影响。第四节，明清时期的道教受到统治者的约束和限制，走向衰落。明清道教已全面走向民间，适应力极强，随着时代的变迁，道教也不断变换形式，以求得生存和发展。

第三章道教与中国传统文化，作者指出，道教作为中国传统文化的一部分，与中国古代哲学、中国古代文学艺术、中国古代科技等有着密切的关系，对我国古代的思想文化和社会生活的各个领域都产生过巨大而复杂的辐射作用，留下了深刻影响，某些影响至今在中国人的生活方式和文化构成中仍然不可忽视。

第四章道教的人生境界，著者论述了道教中一些行之有效的修炼方法（如胎息、内修等），让人们真切地感知天人合一、与道合真。

本书的贡献在于，阐述了达到道教人生境界的途径，深入追溯道教的渊源、全面系统地论述了道教思想的形成过程和发展脉络，说明了道教中蕴含的东方型哲理和智慧，审视了道教对当代社会的影响和所具有的时代价值。

（孙志群、于国庆）

# 中国道教

《中国道教》，牟钟鉴著。广州：广东人民出版社，1996年7月第1版，32开，120千字。

牟钟鉴简介详见《老子新说》提要。

本书共有七章三十节：

第一章论析早期道教的发展渊源。该部分共四节，具体阐明了道教起源于中国古代文化，是土生土长的中国宗教。著者认为，道教兼综百家，并相互渗透，是多种文化融合的产物。通过对道教经典《太平经》《周易参同契》《老子想尔注》等展开思想诠释，著者分析了这一时期道教思想的内涵及其时代特征，以及道教思想对当时社会政治、文化的影响。

第二章论析魏晋南北朝道教的成长与整顿。《上清经》《灵宝经》《三皇经》是这一阶段道教的经典道书，此时的道教附会老庄，吸收儒学，暗纳佛教，兼容丹鼎与符箓，努力建立足以与佛教抗衡、与儒学并驾齐驱的道教教义、教规与神学体系。由此，道教逐步成为全国性的宗教，其理论对当时的科学、医学、文化产生了重要影响。

第三章阐述了隋唐道教的隆盛与嬗变。唐代，统治阶级在政治上推崇道教治国。由于统治阶级对道教的重视，道教达到发展兴盛时期；由此，道教在文化、医药、哲学、自然科学、艺术等领域融合他长，道教文化遂成为盛唐文化的有机组成部分，给后世以深远的影响。

第四章论述了宋金道教的开展与创新。从道教自身来说，内丹学经过陈抟和张伯端之发展后，更加深化和系统，其一个重要侧面则是深化了传统的天人之学，这不但在理论思维上启发了宋代的理学，而且直接影响了北宋理学的形成。这一阶段，道教哲学趋于成熟，道教教派分化繁衍，出现全真教、太一教、大道教等新教派。南宋时期，道教为维护社会安定起到了积极作用，道教亦从中得到很大的发展。金代，以炼养和劝善为主的新道教渐次出现，这在道教史上有划时代的意义。

第五章阐述了元代道教的分立与融合。在统治者的扶持下，道教发展出现兴盛局面，这种兴盛与隋唐道教相比，主要不是教理教义上的，而是教团组织上的，新老道派呈现合流的趋势，形成了北方以全真道为代表、南方以正一道为中心的格局。

第六章阐述了明代道教的俗化与散化特征。明代道教仍以北方全真、南方正一为两大主要教派，但相较而言，全真教隐微，正一教显贵。以斋醮符箓为主要特色的正一教表现活跃，与社会政治生活和日常生活相结合，成为支配全国道教的主导势力。这一时期，道教理论更深层地与儒学佛教相融合，道教教义、道教活动向民间扩散，更广泛地与社会实际生活相贯通，使明朝思想文化带有明显的道教色彩。

第七章阐述清代道教的衰落与扩渗。由于清政府约束和限制道教的发展，正一教衰落，全真教因重隐遁清修故而得到一定的扶持，另一方面清代道教文化继续向民间扩散。

本书展示了道教发展的基本线索，著者指出，道教是一个广博而复杂的体系，一方面它"杂而多端"，另一方面，它却总能汇合众流而不失主旨。道教表现了中国人多神共信、驳杂不纯的信仰，其对中国文化的影响是全局性的，它是中国传统文化的重要组成部分。本书的最大特色在于，从历史的角度对道教的产生、发展、变化娓娓道来，全面地论述了道教思想的形成过程和发展脉络，阐释了道教作为中国土生土长的宗教所表现出来的中华民族传统信仰的特质。（孙志群、于国庆）

# 道教常识答问

《道教常识答问》，卿希泰、王志忠、唐大潮编著。南京：江苏古籍出版社，1996年8月第1版，32开，163千字，系"宗教常识问答丛书"之一种。

卿希泰简介详见《中国道教史》提要。

王志忠简介详见《明清全真教论稿》提要。

唐大潮简介详见《道教史》提要。

本书编著者王志忠、唐大潮，当时是两位道教研究方向的博士生，写作分工上，第一至四章系由王志忠起草，第五至八章系由唐大潮起草。

本书共八章，每章以问答的方式对道教渊源、道教历史、道教教派、道教典籍、道教文化等进行简明扼要的陈述。其中，第一章讲述道教的起源和历史，将道教的学说典籍、教派发展、代表人物、历史特点等以时间顺序清晰罗列。第二章细述了自太平教、五斗米教之后至清代道教教派的发展沿革、派系特点以及道教的重要人物，指出元代以后，道教逐渐统归于融合符箓诸道的正一和总汇内丹炼养的全真两大派系之下。在这一过程中，著者简述了葛洪、陶弘景、王重阳、丘处机等著名道士对道教发展的作用及影响。第三章讲述道教的经籍，提出其来源于先秦诸子经典，同时，阐述了以《道德经》为众经之首的道教经典的传衍与创作，以及道教方术、外丹及内丹修炼众术。第四章讲述道教的信仰渊源、神仙谱系等级、仙境和神仙传记。第五章简述道教组织结构、道观特点、道教戒律清规、道教节日、道教仪范等。第六章讲述道教与中国传统文化的关系。著者指出，道教是中国土生土长的宗教，在古代封建社会的历史长河中对当时的政治、社会历史有着重要的影响，亦对中国哲学、儒家、佛教、民俗、文学、音乐、绘画、建筑、医学等产生了方方面面的影响。第七章讲述道教在国外的传播和影响，指出道教在对外传播的过程中，对东亚、东南亚、欧美的文化发展产生了一定的影响。第八章讲述道教的发展现状。著者认为，中华人民共和国成立后，道教得到了健康的发展，道教人才得到良好的培养，道教学术的研究日益丰富，道教经济日趋稳定。

本书坚持史论结合，实事求是，以道教发展的历史进程为基本线索，以道教产生、改革、宗派衍化为纲，以著名道教人物、主要道教经典为目，逻辑清晰、脉络分明、语言简练、史料翔实、内容丰富，令人耳目一新。（孙志群、于国庆）

# 道家与道教

《道家与道教》，刘仲宇著。上海：上海古籍出版社，1996年11月第1版，32开，88千字，系"中华文明宝库"之一种。

刘仲宇简介详见《钦赐仰殿与东岳信仰——一个宗教人类学视角的考察》提要。

本书著者在引言中讲到，虽然这本书的名字是《道家与道教》，但重点是道教。因为在该书库中另有专书介绍诸子百家，道家也包括在内，本书在论及两者关系时才提及道家，而对道家的全面介绍便从略了。引言之后，分五大部分来论述主体内容，最后一部分是结束语，这构成了本书的整体框架。本书内容包括：第一部分主要阐释谁创造了道教，道教的真实源头和重要的道派；第二部分主要介绍道教对神仙理想的追求和其中浩瀚的神仙队伍；第三部分论述道教对长生不老的执着追求，围绕着这个梦寐以求的目标，在将近2000年的历史长河中，道教徒们从理论上不断实践探索，所取得的成果，诸如本部分中介绍的"金丹术实验化学的先驱""黑火药的老家""气功学遗产和对祖国医学的贡献"等等，给人类留下了非常宝贵的财富；第四部分主要阐释玄妙莫测的法术；第五部分描述诸多的洞天福地和宫观胜迹。

本书主要面向当代中学生和具有中等文化程度的广大读者，虽然短短几万字，且提供的是基本常识，轻描淡写，勾勒轮廓，但它特别注重知识性、综合性、科学性、思想性和可读性，并尽力将这五性结合起来；着重介绍在中学课本之外应该深入了解和掌握的中国文化遗产的知识，力图在中华文明与世界文明相交融的大背景下，对各文化现象作横向和纵向的综合考察，博观约取，由点及面，贯通古今，类比中外，使青年读者阅后升起民族的自信心和自豪感。（袁今雅、于国庆）

# 道学通论——道家·道教·仙学

《道学通论——道家·道教·仙学》，胡孚琛、吕锡琛著。北京：社会科学文献出版社，1999年1月第1版，32开，564千字，系"宗教学文库"之一种。

胡孚琛简介详见《魏晋神仙道教——抱朴子内篇研究》提要。

吕锡琛，1953年生，湖南人。中南大学哲学系教授，博士生导师。主要从事道教文化、中国伦理思想史等方面的研究，已出版《道家、方士与王朝政治》《道家、道教与中国古代政治》《道学健心智慧——道学与西方心理治疗学的互动研究》等专著，在《哲学研究》《世界宗教研究》等权威刊物上发表学术论文百余篇。

本书共分六篇：通论篇、道家篇、道教篇、方术篇、仙学篇、道藏篇。其中，通论篇首先界定道学包括道家、道教和仙学。该篇考察了中国诸子文化产生发展的过程和各自的特点，揭示了道的真正含义，阐述了道学包括治国、修身等诸多方面，是一种积极的学说而非消极的隐士哲学，是一种"身国同构"的学问。"执一统众""守中致和"是道学"德"的特性。道家篇在通论篇的基础上，分先秦的老庄哲学、秦汉的黄老之学、魏晋玄学、隋唐重玄学、宋元明清的内丹心性学五个部分，勾勒了道家思想的发展线索。道教篇谈到了道教的定义，道教产生的条件及其文化特征，并梳理了道教发展的简明历史，同时，对道教的发展前景做了分析和展望。方术篇指出，道教更具"生道合一"和"寓道于术"的特点，介绍了道学的养生方术和方技术数，并探索了道学方术中的科学内容。著者认为，研究道学，必须既知学，又知术，有学无术是无法真正理解道家学术的。仙学篇从现代科学和哲学的角度研究了丹道学的三元丹法，对内丹学形成的历史、发展过程、门派等都做了介绍；同时，分别对清净孤修派丹功、阴阳双修派丹功和女子金丹术的入门功夫、修炼步骤、行功法诀进行了阐述，揭示了内丹学的千古之秘。道藏篇以考据学的方法，考证了历代道书的规模、道经出世情况和《道藏》编纂史。本篇还列出了《道藏》未收入的见存道书情况，并提出了重新编纂《道藏》的设想。

　　本书说明了道学的含义、起源及其特点，勾勒出道学发展的线索和道教演变的历史，对道教的理论与实践，特别是内丹学做了系统阐明；科学地阐释了"道家""道教""仙学"三者的关系，探讨了道学的现代意义和发展前景，内丹学的科学内容和道教改革的方向，提出将新道学作为中华民族21世纪的文化战略。（孙志群、于国庆）

# 中国道教基础知识

　　《中国道教基础知识》，王卡主编，中国社会科学院世界宗教研究所道教研究室编。北京：宗教文化出版社，1999年1月第1版，32开，270千字。

　　王卡简介详见《道教史话》提要。

　　参加本书编写的编者主要有王卡、张裕、吴受琚、韩秉方、汪桂平、郭清等。本书主要参考了由中国社会科学院世界宗教研究所道教研究室编写的《中国道教史》《道教文化面面观》《道教三百题》，乃是一本有关道教的普及性知识读物，从六个方面简要介绍道教的历史发展、经典教义、修炼方术、斋醮仪式、名山宫观，以及道教与中国文化艺术的关系等知识。让读者了解有关道教文化的知识，弘扬祖国的传统文化。

本书分为七个部分对道教基础知识进行说明，首先是道教历史与宗派，从先秦老庄学派哲学思想、汉代黄老学说、魏晋神仙道教与葛氏道，到唐宋元明清以及近现代大陆和中国台湾道教概况；第二部分讲述了道教经典与教义；第三部分讲述了道教修炼与方术，解释了一些生活中多见的咒语治病、食疗、按摩术、禁忌等道教方术；第四部分讲述了道教斋醮与科仪；第五部分介绍了道教的圣迹与宫观；第六部分讲述了道教信仰与传统文化，主要是与人们日常生活相关的神仙或者风俗，比如道教信仰的三清尊神，东王公与西王母，寿星崇拜、太岁信仰的来历等等；最后编者讲述了道教与民间宗教之间的关系，包括道教与罗教的关系、道教与西大乘教的关系、道教与弘阳教的关系、外佛内道的黄天教等，以及道教经典对宝卷的影响、道教与民间宗教的关系，等等。

本书从中华传统文化的两个脉络展开叙述，认为以孔孟思想为核心的儒家学说，是中国文化的正统；而以老庄思想为代表的道家学说，以及在其基础上产生的道教，则是中国文化的另一主干。本书在详细而且系统地介绍道教知识的基础上，提出儒道互补，再加上外来的佛教，构成了近2000年来中国传统文化中三教鼎立的基本格局。

2000多年来，道家道教对中国文化产生过全面而深刻的影响。道教的神仙信仰和道家崇尚自然无为的思想，对中国文学艺术浪漫主义色彩和自然主义审美观念的形成，影响尤深。道教的俗神崇拜活动与中国普通民众的日常生活和文化娱乐水乳交融，息息相关。道教的服药炼丹方术，对中国古代化学和药物学的发展有重要贡献。其行气、房中、存神、内丹等养生方术，则与中国传统医学和人体科学有密切关系，等等。这些优秀的文化遗产，至今仍吸引着许许多多的中国民众。本书编者通过对古籍的整理，对道教基础知识进行了系统和科学地阐释，是一部难得的总结性的参考书。（阳志辉、张红坤）

# 仙学详述

《仙学详述》，田诚阳编著。北京：宗教文化出版社，1999年7月第1版，32开，290千字，系"中华道家修炼著述系列"之一种。

田诚阳简介详见《中华道家修炼学》提要。

本书是对近代陈撄宁先生的修炼著述的整理。由于撄宁先生的"仙学"著作极为散乱，本书将其重新整理为系统的仙学修炼法，发扬了道家修炼仰范先贤的优良传统。

本书正文分为九个部分。第一部分有两个要点，介绍了陈撄宁闻道、修道的生平，以及陈撄宁先生所开辟的新时代的仙学思想旨要，提出了仙学和道教分开的明确主张，只讲修炼，不谈宗教。第二部分在认识仙学修炼名词术语之后，详细介绍、罗列了仙学修炼法——静功及其他功法的具体修炼法门、要诀、功效等。第三部分整理了女丹修炼的学理及方法。陈撄宁先生认为女丹修炼的派别不应以祖师、地域、义理分，而应以丹法来分，可分为中条老姆派、丹阳谌姆派、南岳魏夫人派等六派，女子修炼与年龄、生理特点息息相关。本部分具体讲述了孙不二元君"太阴炼形法"、灵阳道人《女功正法》以及吴彩鸾与樊云翘女真诗诀，并以问答的方式对女丹修炼释疑。第四部分《余之求道经过》批注系陈撄宁先生仙学修炼学道实例，取材于陈撄宁先生于民国年间所作论述。文中对陈撄宁先生19岁至62岁左右的学道修炼之路中的实例进行了分析批注。第五部分论述了道家学理及修炼。文中陈撄宁先生对《四库提要》中将除了与道教有直接关系的书剔除的论述加以论证反驳，认为道家学术包罗万象、贯彻九流；道教远溯黄老、兼综百家，为中华民族精神之所寄托；认为中国儒、释、道在理论源头均归于"道"。并对道家修炼的口诀、法门等进行了论述。第六部分收录了《黄庭经》《灵源大道歌》《孙不二女功内丹次第诗》《学仙必成》《丘祖秘传大丹直指》这五部仙学修炼经典的讲义、注解。第七部分为陈撄宁仙学修炼语录及修炼诗词的摘抄，以见仙宗情怀。第八部分记录陈撄宁先生数年悟道日记18则，详细释明修真内景的不同层次、景象，以与真修实悟者相互参证。第九部分回顾田诚阳道长的修真之路及道家学术研究成果。

本书展示了道家修炼（仙学修炼）的修炼理法、修炼内景等，提出仙学和道教分开的明确主张，以科学的态度度人修炼。本书内容的编写从高处着眼，从基础入手，利于学道者由浅入深的实际掌握，既考虑到初学者学习仙学修炼的实际需求，又包涵较深层次的丹道内涵。本书由陈撄宁先生的修炼著述整理而成，陈撄宁先生打破了"道不轻传"的陋习，正本清源，证实了中华道家修炼学的独特魅力，为弘扬道家学术做出了重要的贡献。（孙志群、于国庆）

# 修道入门

　　《修道入门》，田诚阳著。北京：宗教文化出版社，1999年7月第1版，32开，161千字，系"中华道家修炼著述系列"之一种。

　　田诚阳简介详见《中华道家修炼学》提要。

　　本书的内容主要包括13个部分：中华道家修炼的名称与定义、中华道家修炼提倡修德、道家道教与中华修炼、中华道教早期修炼方术、中华道家修炼的主要法门、中华道家修炼十大宗旨、中华道家修炼的阶次与品位、中华道家修炼功法、中华道家修炼主要经典导读、修真内景谈、修真问答、悟道证言、堪破乾坤识妙趣。本书与著者编撰的另外两本书（《中华道家修炼学》《仙学详述》）共成中华道家修炼著述系列，三部书相互发挥，弘扬正道，正本清源，颇有价值。

　　本书讲述了中华道家修炼的发展史。解释了修道和修德、修德和修炼的辩证统一的关系。同时，本书还举例论证了中华修炼起源道家、出入于道教，并说明了中华修炼的目的即生命长久。本书对道教早期修炼方术比如心斋、坐忘，以及守静、守一、内丹、外丹等做了总结和阐述。另外，本书还对道家修炼的主要法门进行了归纳，对老庄之道、三元丹法、中医针药、内家拳法共八种方法进行了逐个说明。本书也讲述了道家修炼的基本原理和基础方法。其对道家的术语、宗旨以及修炼方法说明和讲解时，多来自先贤的经验总结和自己的修炼体悟。著者基于自己修炼多年的证悟实践，结合当今时代的发展，通过"择其善者而从之，其不善而改之"和"取其精华，去其糟粕"，在保留古代修炼精华的根本原则之下，对于中华道家修炼之学做了系统整理。本书十分注重对理论文献的整理与运用，并且做了注解，比如《轩辕黄帝阴符经》《太上老君说常清静经》《高上玉皇心印妙经》《天元入药镜》《吕祖百字碑》《丘祖秘传大丹直指》等。著者基于十年的整理资料之功，站在前人的高度上，讲述了中华道家修炼的经典之作，颇有见地，发人深思。

　　（阳志辉、张红坤）

# 道教文化与生活

《道教文化与生活》，周高德著。北京：宗教文化出版社，1999年11月第1版，32开，180千字。2004年5月第2版，32开。

周高德简介详见《轻叩众妙之门》提要。

本书分上、中、下三篇，力求从各个侧面介绍道教的文化与生活。上篇道教与道教徒，介绍道教的起源、形成和发展，道教的宇宙观和人生观以及道教教职人员——道士。在本篇中读者还可以了解到道教文化之三个层次的精神文化，其核心内容是倡导尊道贵德、乐生重和，达到人格的高度完美。中篇道教生活及其文化内涵，是本书的主体，介绍了道教宫观的执事体制、管理办法、日诵功课、斋醮法会、修真养性、饮食习俗、服饰特色、道门禁忌、清规戒律、教徒学习、道医行医、敬神礼仪、道教节日等，力求全面反映道教徒的生活，准确揭示其文化内涵。下篇道教文化的载体，则介绍了道教宫观的建筑特点和全国主要名山宫观、宫观里奉祀的圣像、宫观里的陈设与法器。这些均属于道教文化之三个层次中的器物文化范畴，是本书不可或缺的一个有机组成部分。

本书的主要贡献在于将道教学说与文化生活相关联，使得道教思想能够为人们所认识，由此，人们的生活理念也可以借鉴书中所讲述的一些约束道徒的规章制度，以成新的修身养性法则，从而助力提高人民生活水平；此外，文中还讲述了道教的禁忌，揭示其中所暗含的哲学思想理念，阐述这些思想理念对于中国当代社会的意义和价值。

本书注意到道教文化与道教建筑的密切关系，指出道教宫观文化是道教文化的重要组成部分，并且进行梳理研究，对于全面理解道教文化、有效保护和合理开发道教文化有一定意义，为相关研究者提供了借鉴。（阳志辉、张红坤）

# 中国道教风貌

《中国道教风貌》，闵智亭主编，中国道教协会编。北京：宗教文化出版社，1999年12月第1版，精装，8开，12千字。

闵智亭简介详见《玄门日诵早晚功课经注》提要。

本书包含四个部分：当代道教、道教概貌、道教与传统文化、宫观博览。第一部分反映了当代道教的状况，即从多方面反映了道教爱国组织及活动，以多种方式进行的劳动自养，中国道教学院和上海道学院对人才的培养，道教界举办的学术会议和文化研究成果。第二部分从洞天福地、神灵仙真、科仪法事、道功道术、济世度人、道众生活、法器法物等多方面反映了道教作为一种宗教所包含的基本内容。汇集了道教的主要名山、宫观，上至三清尊神、下至历代仙真，拳术、剑术、静功、动功、道教善举等，向人们描绘了道教的基本风貌。第三部分从建筑、壁画、文物古迹、庙会等方面反映了道教对传统文化的贡献以及道教对民俗的影响。总体上，本部分汇集了大量的珍贵照片，俨然是对道教文物古迹进行一次系统整理。第四部分展示了遍布全国各地的道教宫观，为人们游览道教圣地提供一些线索。

本书收录了五百余张道教文物景观人文照片，气势恢宏，内容广博，包罗了当代道教大事、道教名山宫观、神仙造像、科仪法事、文物古迹，以及当代道教的组织及其活动，生动形象地向人们描绘了一幅道教全景图，全面反映了当代道教各方面的情况，是中华人民共和国成立以来第一部全面反映道教风貌的大型画册。本书既可以作为人们了解道教的一个窗口，同时又具有较高的收藏价值。（孙志群、于国庆）

# 道教三百题

《道教三百题》，王卡主编。上海：上海古籍出版社，2000年12月第1版，精装，32开，664千字，系"三百题系列"之一种。

王卡简介详见《道教史话》提要。

本书从历史与宗派、经典教义、修炼与方术、道教科仪、圣迹宫规、道教信仰与传统文化等几个方面，以问答的形式，深入浅出地介绍了道教文化的基本知识。道教是我国的传统宗教之一，源远流长，至今在民众中仍有广泛影响。

本书可以分为五个部分，共304个问题（小节）。具体来说：

第一部分，包括第1节到第56节，前四节通过提问的方式，来解释和讲述何为道教、老子学说、庄子学说、汉初黄老道家治国学说；此后，又讲述了秦皇汉武对神仙和黄老学说的追捧。文章按照历史发展的顺序展开，对每个朝代的道家思想，比如魏晋神仙道学说，宋代的内丹道派如何传承发展，正一道在宋元时期有什么发展，王重阳、丘处机创立和弘扬全真教的办法等做了叙述，文中还阐述了上清派、神霄派、灵宝派、清微派的源流或者特点，讲述了明朝设立的道官制度，明清全真道的衰落与中兴，以及明朝道教对民间信仰的影响；在此之后，文章则讲述了近现代大陆、台湾地区道教协会的组织和道教学校的兴办情况以及其现实意义。

第二部分，包括第57节到第77节，介绍了道教的主要典籍，比如《道藏》《老子道德经》《阴符经》《黄庭经》等的基本思想内容，以及一些道徒对这些典籍经义的理解。

第三部分，包括第78节到第106节，讲述了道家道教之专业术语的含义，并对其进行了合理阐释，比如"修道及修心""性命双修""形神双修""返璞归真"等。

第四部分，包括第107节到第216节，主要对道家的一些修炼方术、道教禁忌比如"皈依三宝""学仙而成""坐忘""守庚申"做了介绍，同时对道教宫观、圣迹如重阳宫、西安八仙宫、楼观台等做了介绍和解释。

第五部分，包括第217节到第304节，主要讲述道教与其他宗教和国内外对道教研究的情况。

本书对古典文献的引用比较多，而且比较有针对性，如在第一部分讲述老子时引用了《史记》中的记载，并结合《道德经》介绍了道家的人本思想和理念；又如论述庄子时候，引用了《庄子》中的《大宗师》《齐物论》等来论述庄子思想和老子道家思想之间的关联；又如论述汉初黄老道家时候，参考了《淮南子》《黄老帛书》《史记》等来论述执政者用道家思想治理国家的概况。又如叙述秦始皇求仙问道的故事时，参考了《史记·秦始皇本纪》，叙述汉武帝求仙的故事时参考了《史记·封禅书》等。著者观点比较中肯，讲求有理有据，很具说服力。

本书以三百题的形式，作为上海古籍出版社编纂的"三百题系列"丛书的一种，具有一定的文学性和普及性。本书的主要特点在于，非常符合普通读者的阅读口味，浅显易懂，而其中提及的一些问题则又会引导广大读者在此基础上进行再思考和深层次追问。（阳志辉、张红坤）

# 以人体为媒介的道教

《以人体为媒介的道教》，郑志明著。嘉义：南华大学宗教研究中心，2000年版，25开。

郑志明简介详见《神明的由来》（中国篇）提要。

本书共分18章。第一章为绪论，主要讨论"道""神"与"人"的一体性、服食与服气、房中与伦理、通神与符咒。第二至四章主要讨论老子与庄子"人"的概念探述以及鬼神观。第五章和第六章讨论《左传》与《汉书》灾异说的天人感应观。第七至十一章探讨《太平经》《老子想尔注》《养性延命录》和《道德真经广圣义》《岘泉集》等的生命观、神人观及天人感应观。第十二至十六章讨论《太上清静经》《太上感应篇》《功过格》《灶君宝卷》及《桃花女》之天人感应观与本命思想。第十七章和第十八章探讨台湾地区殡葬仪式之人文意义与现况展望。

本书认为，道教最大的特色有二：第一、道教延续了中国的古老文明，并一直在中国的生态环境下吸收传统的文化养分；第二、道教始终扣紧在人体的具体利益上，侧重于个体延年益寿的养生功夫，以及生存的伦理法则。

这两个特色实际上是互相影响的，导致道教有极为现世的文化风格，道教是人们生存经验的集体累积，是基于现实需求长期发展出来的群体意识与信仰系统。故道教神学来自民众深层的文化心理，是从既有的生态环境中吸取丰富的文化营养，渴望经由各种具体的生活操作来安顿个体的存在，开发生命的无限潜能。

本书收录了著者多年来的研究成果，表达出著者对道教的关怀面向，启示我们，从"天人"问题出发，道教值得研究的课题还相当多，有待继续地深入耕耘。（简一女）

# 道教本论

《道教本论》，李申著。北京：上海文化出版社，2001年11月第1版，32开，213千字。

李申简介详见《道教洞天福地》提要。

本书分十章，以时间为序，介绍了道教出现的基础和背景，探讨了从汉至清道教的发展变化及各时期的特点，简明扼要地勾勒了中国道教的发展历史，深入浅出。其中，著者对道家与道教的关系、道教起源等诸多问题有独到的见解，资料详尽，有理有据，极具说服力。

道教起源何时？道教是否专重房中术、长生术等方式？道教内外丹修行的演变如何？三教合流之后，道教的独特性尚余几何？对于学界争议较大的这些问题，本书依据《史记》等资料，并结合相关史实，一一做了详细探究，厘清了思考路径。本书从史实考证入手，不但详细考察了"道教"之名称的由来，指出其最初来源于儒家；还通过深入分析，指出"黄老""道家"概念最初所指乃是汉初政教合一的思想体系。而东汉末年的太平道、五斗米道则是汉初黄老、道家的继续。后世所用黄老、道家概念，所指就是道教。

道教是中国本民族的宗教，它和道家有着密切的关系，我们可以说道教在思想文化上是道家思想宗教化的继承和发展。

本书在论证过程中引经据典，有史可查，著者通过文献史料从第三者的角度对道家的一些相关学术问题进行一一说明论证，很有意义，是对道家文化的肯定。总体上看，本书对于道家道教文化的研究有参考价值。（阳志辉、张红坤）

# 道教综论

《道教综论》，李养正主编。香港：香港道教学院，2001年11月第1版，32开。

李养正简介详见《当代中国道教》提要。

本书由李养正主编，牟钟鉴、王尧、刘仲宇、李养正、朱越利、王卡、卢国龙合著。本书的一个鲜明特色便是对道教易学深入探讨，指出《老子》与《周易》同为道教义理之源，并论述了道教易学的历史发展、道教易学与内丹道的关系。本书指出，易学在儒家经学史上占有重要位置，形成义理派和象数派两大分支，在社会上产生很大影响。相比之下，道教易学由于"道隐无名"的传统和其民间性的缘故，不为学界所多知，遂使近现代易学研究形成重大空缺。本书结合道教科仪、丹道，系统阐释道教易学的内涵和成就，大大拓展了当代易学研究的视野，值得学界重视。

跨学科跨文化研究是本书的又一鲜明特色。本书立足于道教，又超越道教，在广泛的比较中展现道教义理的有容乃大及其与中国各种文化的互动互渗，论述了道教与先秦道家、与诸子百家、与儒佛两家、与古代方技术数的关系，展示出中国文化的宗教与人文、体悟与理性、出世与入世、本土与外域之间的多元会通，使读者能在更广阔的文化背景下去理解道教义理的形成与特质，理解中国文化博厚悠远、仁爱包容、向道贵诚、重生尚德的精神与传统。要做到这一点，必须有宽阔的心胸、丰富的知识，可见，著者深厚的学养积累在这里得到了体现。

本书的研究方法在于著者对于现有的文献资料的再思考，先指出所研究问题，然后表明自己的观点，这个研究方法和一般的按照现有的经典道家书籍进行论述不同。著者在论证自己观点的时候旁征博引，比如关于《道教知识类编》对"教理""教义"的解释，著者对"理"解释为"理由"，"义"是契合"理由"的信条和信念。著者从"道教的教理教义"章节中表明自己的看法，并引用《道德经》作为论据，从"道"与"德"进行再陈述，研究的内容偏重于对基本概念的确定性和准确性进行详尽探讨。

本书的各位执笔者以自己的学识和感悟，对道教和道家文化的基本义理，以自己的观点加以传统经典文献作为参考，使得对道教术语的阐释更为准确和有据可查、有源可寻。本书在道教的教义和教理方面的真知灼见，丰富了道教传统知识，而从中则体现出深邃的思想性和恰当的论述方法，以及对有疑问的问题敢于刨根究底的学术精神。（阳志辉、张红坤）

# 道教文化十五讲

《道教文化十五讲》，詹石窗著。北京：北京大学出版社，2003年1月第1版，A5开，314千字，系"大学素质教育通识课系列教材"之一种。2012年9月修订再版，16开，340千字，系"名家通识讲座书系"之一种，新版增加了一些近年来的研究成果，并引入了更全面准确的、新的文献资料。本书还被翻译为韩文，在韩国出版，且被韩国首尔大学指定为"道教文化概论"课程的教科书。

詹石窗简介详见总主编简介。

本书根据通识课的课时和授课对象的特点，设计为15讲。讲述的知识有一定的系统，重点突出，内容和章节明晰，深入浅出，又能适当接触道教学科前沿，引发不同专业学生的跨学科思考和学习兴趣。采用"学术讲座"的风格，保留讲课的口气和生动的文风。本书正文前有丛书总序及凡例。末尾有著者后记一篇。每一讲由六小节组成。每一讲开头简明扼要提出本讲的学习目的，末尾有3—6个复习与练习题，以及参考读物。

第一讲扎根国土的道教文化，著者从认识道教的偶然机缘切入，揭示了以往许多小说、电影电视歪曲道教文化的情形；介绍了认识道教文化的正确途径，以及道教与道教文化的定义、内涵、特点、研究意义与价值；简要介绍了道教文化研究的学术原则与方法。

第二讲多元复合的道教渊源，阐述了"易学"的由来与对于道教表征方式的影响；阐述了道教在理论体系构建过程中借鉴道家黄老之学、神仙方术、儒家伦理、兵家方略、谶纬神学、佛教教义的情况；分析了道教思想渊源的多样性。

第三讲枝繁叶茂的道教派别，探讨《太平经》与早期符法道派的关系，《周易参同契》在金丹派道教中的地位；分析道教的发生、发展与社会政治的关系；阐述各个时期道教派别组织的形成过程与原因，及其基本特点。

第四讲隐喻深远的神仙信仰，讲述神仙观念的由来与演变；从神仙故事透视道教的理想寄托；分析道教组织在神仙体系完善过程中的作用，以及道教神仙谱系的结构；从神仙功能的行业化与扩展化看先民的生命意识。

第五讲别具一格的道门经籍，讲述了道教经典流传与编纂的基本情况，以及历史上几种道教大丛书的体例以及沿革，重点介绍了"三洞四辅十二类"的分类方式，旨在让读者了解道教经典的主要特点，掌握阅读道经的基本知识。

第六讲心通玄机的哲学探究，追溯道教哲学形成的文化背景，通过回顾道教哲学研究的历史，阐明道教哲学定义的基本内涵、道教哲学的主体内容、基本特点和作用。

第七讲重道贵生的伦理思想，追溯道教伦理形成的思想脉络，及其社会历史条件、文化背景；论述道教伦理的基本内容和思想特点；探究道教伦理的基本原则，以及道教善书的由来和发生作用的社会根源，发掘道教伦理的现实价值。

第八讲救己济人的医学法脉，介绍道教医学研究的学术动态、道教医学的定义；论述道教医学作为中国传统医学一大流派的理论依据；从道教医学发展的历史脉络和思想建树中，品味道教医学的实践精神；阐明道教医学与文化环境的互动关系，探索道教医学的历史地位和在未来发展的合理途径。

第九讲我命在我的养生精神，从主体和客体相互关系的角度认识养生的哲学基础，阐明道教生命自主精神与奉行"天地格法"的思想旨趣；以及以德养生和身国共治的精神实质，论述"德"与"气"的关系、形与神的关系；发掘道教养生学关于"修玄德"的生态学价值，及道教养生的还淳返朴的复归指向。

第十讲多彩多姿的炼养方技，对照道教养生的原则与基本精神，考察存思术、胎息术、金丹道、房中术等等各种具体的炼养方法；了解其历史源流，阐明其机理，发掘其合理价值，为当代社会的养生活动服务。

第十一讲消灾祈福的法术禁忌，介绍道教法术的历史由来、主要形式，分析其结构内容；以理性的精神审视道教法术的作用，发掘其中包含的科技因素和人文精神。

第十二讲生生不息的科仪符号，介绍道教科仪的历史渊源、形成过程，以及分类的原则和主要类型；用符号学方法对道教科仪的内容、结构、功能进行解读。

第十三讲包容广阔的道教文学，介绍道教文学概念的形成过程和道教文学的基本内涵，分析道教文学的主要体式和特点；阐述道教文学的鉴赏方法，发掘道教文学的审美价值，以及历史地位。

第十四讲率情任真的道教艺术，介绍道教艺术的种种形式，包括舞蹈、戏剧、音乐、绘画、雕塑、建筑等；分析其基本特点，从符号象征的角度考察道教艺术的价值和所蕴含的人文精神。

第十五讲魅力无穷的洞天福地，介绍道教洞天福地的思想渊源，洞天福地思想体系的形成过程与基本内涵；分析洞天福地的文化内容、生态结构，考察其旅游价值。

道教作为中国本土宗教，有着独特的信仰、经籍、养生精神、炼养方技、法术禁忌、科仪符号等，在民间流传久远、深广，并影响着文学、艺术、医学，是中国传统文化的重要组成部分。本书对道教的产生和历史流变、派别、

经典文献、哲学、医学养生、科技、修炼方法、科仪、文学艺术、洞天福地等都有全方位介绍，是一本上佳的通识读物。（杨雯）

# 中国道教

《中国道教》，王宜峨著。北京：五洲传播出版社，2004年1月第1版，32开。2005年10月出新版，改为16开。

王宜峨简介详见《道教美术史话》提要。

本书介绍了道教的思想渊源、形成和历史发展、中华人民共和国成立后道教界的活动，以及道教的神仙信仰、宫观制度、经籍编撰及其在中国社会和世界的广泛影响。本书从四部分介绍中国道教：第一部分，主要讲述的是道教的萌芽时期。先叙述中国原始社会后期的自然崇拜和祖先崇拜，然后讲到了春秋战国时期的神仙之说、方土方术和汉代的黄老思想。第二部分，主要讲述的是早期道教组织的建立和天师世家、道教的发展与道教宗派的形成、道教神仙系统崇拜的主要神仙。本部分所述内容十分广泛，比如早期道教的兴起，张天师世家，由天师道到正一道的发展演变，道教信仰的神仙等。第三部分，主要讲述的是道教的宫观圣地。第四部分，主要讲述的是道教的主要经籍及道经总集的编纂和中国道教协会的成立、主要活动，以及道教对中国文化所产生的广泛影响等。

本书认为，道教的原始科学主义可以与当代科学相接通，从而建构新的科学殿堂，比如目前一些自然科学家在道教中也发现了与最新科学之间的某种相似性，并运用这些方式来解释当代科学所面临的新问题。本书还指出，在当代科技理论危机中，一些著名科学家也借用"道"的理念重新建构科学理论模式。如日本的汤川秀树认为物理学的发展，不断更新"道"的观念，在探索最新的物理学概念的过程中，老子的"道"会获得非凡的新意。又如美国物理学家卡普拉认为，"道"与现代物理学中"场"的概念十分相似。本书总结认为，"道"对于当代化学、物理学、宇宙学、人体生命科学等都具有借鉴意义。本书著者也表示，道教对于老庄之"道"的诠释作了许多创造性的发展，丰富了"道"的内容，可惜的是当代科学家只注意到道家之道，而道教所由此演化发展的"道"尚未被当代科学所开发运用，如果由此深入，

则会给当代科学带来新的启示和借鉴。（阳志辉、张红坤）

# 中国道教源流

《中国道教源流》，谢路军著。北京：九州出版社，2004年11月第1版，16开，260千字。

谢路军，山东鱼台人。中央民族大学哲学与宗教学学院教授，主要从事宗教和哲学方面的教学与研究，主要著作有《善导净土思想述评》《道教概论》，合著有《中国传统文化》《中外宗教交流史》《中国佛教简史》等。主编《术藏》《宗教发展辞典》《四库全书·术数》《人生与道德》等，另有三十余篇学术论文在专业刊物发表。

本书是一部关于中国道教史研究的理论专著，内容涉及道家及其文化精髓、道教的产生及其历史发展、道教的理论构成及信仰特征、当代道教等，适合道教史研究者参考学习。

本书主要从四个部分来研究道教发展的源流：

第一部分，着重讲述道家，先阐述了道家创始人老子和道家集大成者庄子及其著作思想，然后开始讲述道家的兴起及其演化，秦汉时期的黄老之学、魏晋时期的玄学、隋唐及其之后的道家等，涉及的典籍主要有《史记》《庄子》《太平经》《三国志》等。

第二部分，围绕道教的产生背景和唐宋元明清各个朝代道教发展的基本状况，一一论述了道教产生的历史背景，道教产生的思想渊源；在论述各个历史朝代道教发展状况时，又分别论述东汉时期的道教、隋唐五代时期的道教、宋元时期的道教、明清及民国时期的道教。

第三部分，主要研究道教的理论构成及信仰特征，具体阐述了道教的基本教义，比如"遵道贵德"是道教的基本教义，"崇神拜仙"是道教的根本信仰等；还讲述了道教的圣地和神仙等，以及道教以追求长生不死、重视实践力行为目的。

第四部分，主要讲述当代道教，阐述了中国各地区道教的当代发展概况，以及道教在国际上的传播和影响。

本书是对道教发展史及其源流的研究著作。著者在长期研究中国道教史的基础上，就中国道教史研究的学术价值和现实意义，研究中国道教发展史的基本要求和主要目的，研究中国道教史的科学方法等问题提出了新的思考，其内容对于中国道教史研究，对于全面弘扬中华传统文化、建设中华民族共同精神家园，开展国际文化交流等有着一定的学术价值和现实意义。（阳志辉、张红坤）

# 道教文化丛谈

《道教文化丛谈》，郭重威、孔新芳著。哈尔滨：黑龙江人民出版社，2005年4月第1版，32开，250千字。

郭重威，1940生，江苏常州人。中国民主同盟盟员，江苏省作家协会会员，全国文学创作上海中心注册作家，主要有《古镇沧桑》等著作。

孔新芳，道长，常州武进白龙观住持。

道教是我国土生土长的宗教，从老子到现在，一路几千年，道教确实孕育了深厚的宗教文化。本书从道教的形成与发展，其派系和组织，经籍由来和编纂，到道教的神仙信仰、哲学、伦理学、医学、养生学、炼养方技、文学艺术及与其有关的民间风俗，都进行了详细阐述。

本书叙写道教文化渊源、发展、教派、道教文学艺术、养生学、医学等，深入浅出地阐述了道教历史与文化，体现出道教文化源远流长，博大精深。在本书的编排中，以道教的"文化"为主，"教务"为次，表述道教文化的内容在80%以上，这些内容主要围绕道教的形成、发展和道派所展开，也以介绍它所含的"文化"内涵为主。本书的第二个要旨是"谈"。本书在叙述过程中，为了使读者能够从特定环境中对这些知识有较深的理解，在许多地方做了一些评述和说明，由此可以看出，本书的立意是让一般读者在读了本书后，在一定程度上了解道教，即了解道教的形成和发展是一种文化现象，了解道教在中华传统文化中的位置和作用，了解道教文化和中国封建社会的密切关系，由此最终使读者确信道教文化是中华传统文化中的魄宝。（阳志辉、张红坤）

# 道教文化钩沉

《道教文化钩沉》，郭树森著。北京：华夏翰林出版社，2005年8月第1版，32开。

郭树森简介详见《道家思想史纲》提要。

道教是中国土生土长的宗教，产生于东汉顺、桓之际，以五斗米道和太平道的呈现为基本标记。在漫长的历史成长中，道教还传到朝鲜、日本、越南及东南亚一带，甚至还远渡重洋，传到南北美洲。

本书主要从以下几个方面介绍了道家道教文化：第一部分是古代中医方面。现代中医源于古代中医。在中国古代，人们普遍认为，自然界存在三种基本的存在，这就是形、气、神。世间的万事万物都是由这三种基本存在组合产生的。形即形体，也就是有形可见具有质碍性的物体，与今天的物质概念基本相当。气的概念在中国古代非常复杂，但其基本意义主要是两个：一是指构成万事万物的本原，把气看成是构成万事万物的基本成分，气聚则物生，气散则物亡。二是指气机，即生命体的机能活动，这时气被看成是生命体活动的动力和源泉，同时也是其机制之所在。在中国古代，神的意义主要表现在两个方面：一是指天神，主要反映人之外的那种神秘的力量和存在；再就指人体的精神意识。就对自然界的认识来说，神主要指人体的精神意识。在对人体功能结构的认识上，中国古代道家和医家认为，人体是由脏腑组成的，脏腑是人体功能的承担者，人体在功能结构上就是由五脏六腑系统尤其是五脏系统构成的有机整体。具体来说，人体的各种功能活动就是由肝、心、脾、肺、肾五脏来承担的，它们各司其职，共同完成人体的各种功能活动，以保证人体的健康生活。以今天的观点来看，虽然五脏也有它的结构基础，但在实质上五脏并不是一种以独立的形体结构为单元的存在，而是以功能活动为单元的存在，心、肝、脾、肺、肾实质上是人体五个大的功能系统。其余部分则分别介绍了风水方术、武术、老子的朴素唯物主义和朴素辩证法哲学、庄子的《南华经》思想以及文学风格、中国古代科技史、道教的教典、道教的观宇、道教的宗教仪式等等。

本书从道家文化角度出发论述了生活中的细节，比如道家的哲学思想，道家精神与中国武术的圆融等，可贵之处在于认为，道教的哲学思想主要继承先秦老、庄为代表的道家思想，其中老子关于无为、贵柔、尚雌、崇阴、法水、主静等思想被道教转化为自我的宗教精神与原则，同时，这种精神和观念与中国武术文化相融摄，形成了一种武术技术指导思想和理论，其核心是"以静制动，后发制人"和"以柔克刚"，足见内家拳的实践原则和理论即来自道教哲学思想。（阳志辉、张红坤）

# 道教文化十二讲

《道教文化十二讲》，熊铁基、刘固盛主编。合肥：安徽教育出版社，2005年10月第2版，16开，250千字。

熊铁基简介详见《秦汉道家与道教》提要。

刘固盛简介详见《道教老学史》提要。

本书注重教义阐扬与实践并重。其论述到，道教自东汉张道陵创教，道教教义思想体系就基本确立，并不断得到丰富发展和阐扬，同时，宗教修持实践的方法也得到落实，以证验理论的合理性，体现出一方面强调道德与神仙信仰的理论建构，一方面也重视证仙之术的道教特质，即"义理"与"方术"并重，"义理"不离"方术"，"方术"也不是单纯的"方术"，而是要体现道教的"义理"。

本书认为，就道教教义思想而言，道教之所以称为道教，就是表明其是以"道"为根本的。在道教看来，道是天地万物的本原，也是世界的本体《太上老君说常清静妙经》说："大道无形，生育天地；大道无情，运行日月；大道无名，长养万物。"道的本质属性是生成天地、养育万物。即使是那些出入三界、逍遥自在的仙灵众神，也同样是以"道"为根据的，是所谓得道成仙。道如何"生育""运行"和"长养"天地万物？道教认为乃是"先天元气"运化的结果。《灵宝经》曰："一气分为玄、元、始三气，而理三宝，三宝皆三气之尊神。"此三宝尊神即道教信仰的最高尊神——元始天尊、灵宝天尊、道德天尊，是"道"的形象体现，是造化的根本。《洞玄灵宝自然九天生神章经》说，三清圣祖以玄、元、始三气合生九气，"人民品物，并受生成"。道教认为，神、人以及世界万物等，都是大道和气衍化的结果。就本质而言，人、神是同源的。

本书的内容主要是就道教文化的有关问题进行较深入的研讨，希望能够收到"举一反三"的效果，对学习者有一定的启发作用。（阳志辉、张红坤）

# 道教修行指要

《道教修行指要》，詹石窗著。北京：宗教文化出版社，2006年1月第1版，32开，120千字，系"石竹山道远文丛"之一种。

詹石窗简介详见总主编简介。

作为中华民族传统文化的重要组成部分，道教不仅在历史上产生了巨大影响，而且深深地渗透于人们的日常生活之中。

本书由谢荣增题写总序，主体部分包括引言和正文，引言部分包括从石竹山的梦境谈起，九仙赐教与石竹法派，石竹法派与道教修行；正文第一至第六章，分别论述了道教修行的作用，道教修行应了解的理论，总的修行与神仙信仰，道教修行的环境与条件，道教修行的主要方法、道德涵养与道教修行境界。

本书特色之一乃是在多处以神仙故事为载体讲述道教智慧，读了这些故事，大家可能觉得很神奇。不过，故事并不是要引导大家追求什么神奇特异效果，而是陈述道教修行在家庭、生活和工作等中的作用。如对现代家庭生活来说，道教修行这本书也具有特别的意义，随着工作节奏的加快，人们的精神越来越紧张，夫妻吵架等家庭纠纷不断发生，如果能够学习道教修行知识，并且实践道教修行，那就可以得到精神润饰，因为道教修行讲究的是"和谐"，这不仅有益于个体阴阳气血协调，五脏平和，而且有益于家庭和谐。从过程来说，家庭可以看作修道的一种环境，处理好家庭关系，尤其是夫妻关系，这是身心健康、延年益寿的重要环节。（阳志辉、张红坤）

# 道教文化100问

《道教文化100问》，王卡主编。北京：东方出版社，2006年6月第1版，16开，180千字。

王卡简介详见《道教史话》提要。

本书从什么是"道"谈起，指出"道"是道教的最高教理，一切道经无不宣称以"道"为根本信仰，"道"的概念由春秋战国时期的老子提出。老子认为，"道"是先天地万物而生的宇宙本体；大道无形，不可以言说。庄子继承并发挥了老子的思想，主张"道"是虚玄妙通的宇宙万物的根本。道教创立形成时，奉老子为教主，尊称为"太上老君"，以《道德经》为主要经典，将"道"加以改造，成为道教信仰的核心。东汉时期的道经《太平经》说："夫道何等也？万物之元首，不可得名者。六极之中，无道不能变化。元气行道，以生万物，天地大小，无不由道而生也。""气，聚形为太上老君。"之后的《混元皇帝圣纪》《太上老君说常清静经》等道经基本都是遵循这一说法，认为"大道玄寂"，无所不在，无时不存，为"虚无之系，造化之根"，是宇宙万物的本原与主宰者，天地、阴阳、四时、五行等无不由"大道"所派生衍化。同时，道教盛行的神仙信仰认为，"至真之道，变通无碍，化生万法，永恒不灭"，修道者若能体悟此理，就能看破一切幻化假象，超凡入圣，得道成仙。这一具有思辨特征的道教思想，曾对以后的宋明理学产生了重要的影响。总而言之，"道"是道教最根本的信仰，道教的一切教义无不发源于此。

接着本书解释了什么是道教以及道教和道家是一回事这个颇令读者感兴趣的话题。本书认为，道教是中国的本土宗教，由东汉顺帝年间张道陵创立。它以"道"为最高信仰，故名道教。道教的创立，是在中国古代鬼神崇拜观念的基础上，以黄老道家思想为理论依据，承袭了战国以来的神仙方术之说衍化形成的。道教自东汉形成至今，已有近2000年的历史。道教经过两晋南北朝的发展，唐宋元明的昌盛，对华夏民族心理的构成产生了重大影响，是中国传统文化的重要组成部分。道教文化体系历史悠久，博大精深，它包含了哲学、养生、武术、中医、历法、化学、兵法、科技等诸多内容，是祖国传统文化的瑰宝。而道家学派则是道教的前身，产生于春秋战国末年，以老庄学派为代表，是中国古代哲学重要流派之一。道家思想与道教有着密不可分的联系，它是我国道教的主要思想来源，也是道教修为思想的理论基础。道教徒尊老子为教主，奉道家著作《老子》《庄子》等为经典，用道家哲学来论证自己的神仙学说，建立了庞大的道教思想体系。

本书主张，道教是中国土生土长的宗教，它对中国古代封建社会的政治、经济、文艺、科技、学术思想以及民俗等各个方面，都有着重要影响。直至今天，在我们生活的许多方面仍可见到道教影响的痕迹。为了帮助广大读者了解有关道教文化方面的知识，批判继承祖国的传统文化，本书以通俗易懂的形式，扼要介绍了道教的历史、神话传说、斋醮仪式、修炼方术、名山宫观以及道教与中国民间秘密宗教的关系等等。本书内容广泛，融知识性、趣味性于一体。（阳志辉、张红坤）

# 道教概论

《道教概论》，谢路军著。北京：中央民族大学出版社，2006年8月第1版，32开，380千字。

谢路军简介详见《中国道教源流》提要。

本书中，著者用历史唯物主义的观点对道教进行了分析研究，客观地向读者介绍了道教产生和发展的历史和现状，道教的道术和仪规等；阐述了道教对中国传统文化、美术、建筑以及对民俗产生的影响。

本书分七章，内容涉及道教的历史、现状、信仰、道术、仪规、宫观及其与文化间的关系等。第一章，主要论述了道教的历史，包括道教的孕育与诞生、魏晋南北朝时期的道教、隋唐五代时期的道教、宋金元时期的道教、明清民国时期的道教；第二章，主要论述了道教的现状，包括道教的变迁，道教在台湾、香港、澳门地区的流布，道教在世界各地的传播，道教与少数民族，道教研究的发展；第三章，主要论述了道教的信仰，包括道教的基本教理教义，道教的神仙谱系，道教的主要经典，道教信仰的特征；第四章，主要论述了道教的道术，包括外丹道，内丹道，吐纳与辟谷，符箓与祈禳，守一与存思，导引与胎息；第五章，主要论述了道教的仪规，包括戒律，斋醮科仪，宫观管理体制，节日与重大宗教活动；第六章，主要论述了道教的宫观，包括洞天福地，全真丛林观——北京白云观，泰山封禅与道教诸神，蓬莱仙山与蓬莱阁，崂山及其道观，天下之幽的青城山，天下仙山——武当山，华山仙迹，地上冥府——丰都鬼城，道教壁画艺术的宝库——永乐宫；第七章，主要论述了道教与文化，包括道教与中国思想，道教与文学艺术，道教与中国艺术，道教与武术、气功，道教与古代科技，道教与中国民俗。

本书的精彩部分，主要是第二章魏晋南北朝时期的道教。魏晋南北朝是道教的成长期。这一时期涌现出了葛洪、寇谦之、陆修静、陶弘景等一批著名道教领袖，他们从神学理论、组织制度等方面对道教进行了改造，使道教从民间道教走向全国性大教，与主流社会相协调，教义和制度也逐渐成熟化和定型。实现了道教从追求"天下大吉"的太平盛世到追求"不死成仙"为目标的重大历史转折。

本书认为，为魏晋神仙道教奠定理论基础的道教学者，是晋代的葛洪。葛洪（283—343），字稚川，自号抱朴子，丹阳句容（今属江苏江宁）人，出身富族，跟从祖葛玄之弟子方士郑隐学道。葛洪成年后又师事江南另一著名道士鲍靓，娶鲍氏女为妻。魏晋时期，社会上流行的道教大致可分为两大系统：一个是注重斋祀厨会、符箓禁咒等民间群众性宗教活动的"符箓派"，亦称"鬼道""妖道""左道"；另一个是注重个人清修炼养、服食炼丹的"丹鼎派"，又称"神仙道教"。葛洪所继承的是后一派的传统。西晋惠帝太安二年（303）在扬州爆发了张昌、石冰起义，葛洪被任命为将军都尉前去镇压，后因平定起义有功，升为伏波将军。但葛洪对功名不感兴趣，乃避居广州，后返丹阳乡里，潜心研究道教。成帝咸和七年（332），葛洪听说交趾产丹砂，遂要求做句漏令（句漏今在广西北流），以便得丹砂炼丹。赴仕途经广州，为刺史邓岳所留，于是停留在罗浮山炼丹修道，一直到逝世。

本书为普通读者了解道家历史，神仙故事，道教信仰以及礼仪规矩方面提供了多方位的详细介绍，并为其他学者研究道家文化提供了宝贵的参考资料。（阳志辉、张红坤）

# 道教生死学

《道教生死学》，郑志明著。台北：文津出版社，2006年版，25开。另有北京：中央编译出版社，2008年8月版，16开，260千字。

郑志明简介详见《神明的由来》（中国篇）提要。

本书共十四章，前有自序一篇。每章由三部分组成：前言、三至五小节的具体论证、结论。

著者认为道教本质上是一种重视人体生死的宗教，特别重视身体的修炼。道教真正吸引民众不在于深奥的天人理论，而是各种人体修持的秘诀与工夫，落实在身体的锻炼功法上，生命经由修炼可以达到长生不死的境界，完成人体与道合一的愿望。

第一章绪论，总体阐述道教生死学，即道教的生死关怀。著者认为，道教的生死关怀可以说就是"不死"的养生观。本章从"神"与"人"的一体性、养生与医学、阴阳和气的房中术、导引和气功、存思与内丹、祝由与符咒等六个方面进行论证。总体来说道教不处理"死"的问题，尽全力扩充"生"，特别重视"养生"的问题。道教在"不死"的神仙崇拜与"养生"的修炼功夫上，凝聚了传统社会各种文化养分，发展出庞大的宗教体系。道教认为神仙是人生命的延续，是人参与宇宙造化所展现出来的极致形态。"神性"与"人性"是密不可分的，每个人都具有神性，都有成为神仙的可能。初期的道教没有生死轮回的观念，道教的所有努力都集中在生前的此岸世界。神仙依旧是"人"，指的是有"道"之人，都是"道"的化身。保养身体延年益寿，分为养神与养形。

著者认为，道教是人类极为独特的宗教形式，以"人体"作为信仰核心，甚至只关心人体的"生"，对"死"一点兴趣都没有，期待能长生不死，人体可以永存。人体包含了肉体与灵性，肉体或许是有限的存在，灵性可以经由神力的交感，成为宇宙的新核心，真正获得了长生不死。道教的生命关怀偏重于精神形态的展现，相信"道由人显"，进而"重人贵生"，强调形体的健康长寿，提出了各种养生的技术与方法，其最终的目的，则在于人的灵性与天地自然的相应共生，人的生命与宇宙是互依共存的，以有限的肉体成就了精气神一体的超越存在。

第二章《老子》的医疗观。著者从《老子》的身体观、《老子》的病因说、《老子》的诊疗法，三个部分论述。认为《老子》思想基本上是以"生命"为核心的存在体证，虽然可以运用到各种社会制度的文化情境中，但其根本关怀，还是在于实现生命圆满的意义与价值。《老子》的医疗观是建立在对生命的终极关怀上，是将身体与心灵合二为一，且纳入人到宇宙万物对应的天道秩序中，与现代以科学作为主体的医疗体系是不大相同的，但是却能扩充当代医学的文化内涵，领悟生命在精神形态上的重要性，理解到身体与文化是水乳交融的合体，不能只偏重在物质层面，忽视文化意义上自我创造的生命能量。

第三章《庄子·齐物论》三籁说的生命观。著者论述了何谓三籁、三籁与吾丧我、二与一为三。认为庄子的宇宙论以人作为主体，参与天地的造化流行，人与天地浑然一体。人的生命存在，就是要让本心能够神明发窍，展现出灵明自觉的精神作用，从"二""三"的外在形式中回归到"一"的境界。

第四章道家思想在安宁疗护上的运用。分别阐述了道家思想对临终者的灵性疗护，道家思想对安宁疗护工作者的灵性照顾，道家思想对当代安宁疗护的启示与作用。提出所谓安宁疗护即缓和医疗：源自西方基督教文化背景，当病患的疾病对于治愈性治疗没有反应时，提供一切主动且主体性的疗护。包括疼痛与其他症状控制，心理、社会及灵性问题的处置。目标是尽可能提升患者和其家人的生活品质。安宁疗护的临终关怀是人们面对死的医疗行为与文化活动，除了肉体面对威胁性疾病的挑战外，还寻求心灵上的终极安顿。台湾的安宁疗护机构除了引进西方基督教的灵性照顾模式，也须积极地开发本土化的人性照顾模式，其中道家豁达开朗的生死哲学，可以成为当代安宁疗护重要的思想资源。道家思想在心理与灵性上可以提供源源不绝的精神食粮，不必采用宗教信仰的形式，就可以直接从人性自我意识的觉醒来勇于面对临终的挑战。可以将道家思想渗入到当代的照顾理念中，发展出具体可行的态度与方法，以生死智慧的领悟，转换成濒死经验中的正向成就感。

第五章到第十四章，分别论述《太平经》《抱朴子内篇》《阴符经》《养性延命录》《道德真经广圣义》《灵剑子》《道法会元》《岘泉集》《性命混融论》，以及道教科仪音乐的医疗观和生死关怀。（杨雯）

# 道家金言

《道家金言》，李季林编著。合肥：安徽人民出版社，2008年1月第1版，32开，140千字。

李季林简介详见《杨朱、列子思想研究》提要。

本书主体内容分为六大部分。依次为道与哲学、人生伦理、养生保精、无为而治、至美至乐、寓言故事。每一部分都以《老子》《庄子》《列子》《吕氏春秋》《淮南子》等几本道家思想比较集中的古籍为基础材料，从中选取经典语句，一方面呈现原文，另一方面则依次附上注释、译文、感悟和读书心得，以此来陈述道家的思想精华。

本书可视作是著者尝试把中国传统学术思想大众化、通俗化的一项成果。其显著的写作特色，在于从典籍中精选条目，按照思想内容分类，对原文中比较深奥、冷僻的字、词、句做出注释，并且将文言文翻译为白话文，以帮助读者领悟原文所要表达的意思。与此同时，著者结合当时的时代背景、社会现实和个人生活体验，以"感悟"的形式将其从这些条目中受到的启迪和教益提供给广大读者，以期与读者朋友进行思想交流。另外值得一提的是，书中特别设有"读书心得"栏目，读者朋友可以随时写下自己的所思所悟。

作为一本面向大众普及宣传道家思想的书，本书值得推荐学习。通过本书，我们可以了解中国古代的经典语录，学习中国文化的精髓，指导我们平时的日常行为。（袁今雅、于国庆）

# 道教图文百科1000问

《道教图文百科1000问》，李绿野编著。西安：陕西师范大学出版社，2008年2月第1版，16开，450千字。系"宝典馆"丛书之一种。

本书将纷繁复杂的道教知识用1000个问题、12个大类的形式别致新颖而精确地表现出来，语言生动、图片丰富。本书最大的特点是以问答的形式，将包罗万象的道教知识体系细化为12个清晰可辨、易于梳理的章节。从道教的历史渊源入手，逐步展示了道教的教派、教义、典籍、神仙、修真养生、炼丹术、法术、科仪、日常生活、名山宫观和对后世的影响。读者既可以全文阅读掌握道教知识，也可以从个人的兴趣点出发，将这本书当作一本具有强大实用功能的道教百科工具书进行查阅。此外，书中还对民间流传的道教神仙故事进行系统记述，使全文阅读起来轻松愉快。

本书延续了丛书"宝典馆"图文百科的一贯风格，采用浅显易懂、生动有趣的语言风格并配以大量精美的图片，包括道教艺术珍品、精美国画、出土古文物、现代摄影及手绘线描图等，不仅对洋洋大观的道教艺术作了全面、细致的展现，而且对了解道教的发展历史、符咒语、修真养生术等具有非常重要的参考价值。

作为中国唯一的本土宗教，道教的清静无为、修道成仙的特质，使现世的人们求得了生命的宁谧和圆满。面对这样一个博大精深、纷繁复杂的道教世界，想要真正了解它，就不得不查阅大量的典籍，还需不断梳理归纳，这绝对是一项非常艰辛的工作。本书替读者简化了这个过程，以期充当一座沟通普通人和道教世界的桥梁。翻开这本书，即可以感受丰富多彩的道教文化，目睹我们的生活深深烙上的中国印。看看这里神秘唯美的道家神仙、神奇的修真养生术，读者既可以成为喧闹都市中"无为"的逍遥隐士，也可成为深谙其味的道教艺术鉴赏者。本书融知识性、趣味性于一体，希望帮助广大道教爱好者和信众认识道教、解读道义，对道教及中国的传统文化有相对深刻的了解。（阳志辉、张红坤）

# 何以"中国根柢全在道教"

《何以"中国根柢全在道教"》，李刚著。成都：巴蜀书社，2008年11月第1版，32开，460千字，系"道教研究自选集丛书"之一种。

李刚简介详见《隋唐道家与道教》提要。

本书乃论文集成，收录了著者《何以"中国根柢全在道教"——以道教神仙信仰为例》《道教生命哲学的现代化转型及其对当代人的启迪》《汉魏两晋道教生命哲学的发生形成》《南北朝隋唐五代道教生命哲学的分化发展》《论早期全真道》等文章。著者通过这些文章向我们展现出，其对道教有着深厚的研究，对道教文化有着自己独到的见解。

首先，著者阐述了道教神仙信仰的内容：（1）唯生重生，神仙长生。道教非常重视生命，由此发展出道教的神仙体系；而对生的重视事实上乃是一个万古长新的话题。（2）我命在我，神仙可学。道教具有极强的个性色彩，针对《尚书》"我命在天"的观念，道教大胆提出"我命不在天"，并从神仙不死、人人都有道性的前提发展出得"道"成仙的思想。（3）神仙长生的操作方法。如何修仙？道教的道术大体可分为两类：一类是借助外力，如服丹药——这里又涉及了中国人一种特殊的思维方式；另一类就是内丹。（4）生命伦理学。除长生外，道教主张人必须在道德上有所建树；与此相关，道教中树立了很多道德楷模。（5）生命政治学。道教从道家那里发展出身国同治即从养生的方法出发治国的模式，这同儒家修身齐家治国平天下的治国模式是很不相同的。（6）塑造神仙形象，证明人能成仙不死。道教塑造了从黄帝而下的一系列神仙形象，以说明人可以超越生死，人是可以成仙的。著者提出了深刻的见解：道教的神仙信仰是藏在中国普通民众心里的一个秘密。著者先是引用大量神话学、心理学的例子说明了神仙信仰的基础，然后又从历史的角度指出了道教产生的群众基础，进而得出结论：道教对不死的渴求是中国人国民性的特征之一。著者从一个哲学家的角度对鲁迅先生的问题做出清晰的论证，不作任何价值判断而侧重讲道教的方法，对我们当下讲国学是一个极大的启发。

值得指出的是，著者于书中对"中国根柢全在道教"这个命题进行了肯定和论述。他一开始就明确提出是以道教神仙信仰来解读鲁迅先生的"中国根柢全在道教"这句话的。他不赞同把鲁迅先生的这句话看作价值判断，而主张把它看作对中国历史事实的事实判断，认为只有如此，很多解决不了的问题才可以迎刃而解。著者引用许地山先生《道教史》中的观点，来论证道教神仙信仰在中国一般人日常生活中的影响，并认为它是中国文化很重要的一个方面。著者说，儒家认为，中国的知识分子用"太上有立德，其次有立功，其次有立言"的所谓"三不朽"来解决死而不朽的问题，但是这个方案只是解决了极少数人对于死亡的焦虑问题，而解决不了绝大多数人对这个问题的焦虑。于是更多的人从道教中去寻找解决生死问题的答案的，尤其是社会底层的民众在道教中寻求到生命的慰藉。著者还援引美国学者的观点对这个观点进行了阐述和论证，并逻辑地过渡到讲解道教神仙不死信仰的内容。

著者于书中同时给出了道教的定义，认为道教就是以长生不老之道为最高信仰的中国本土所固有的宗教，它以神仙不死之道来教化信仰者，劝人们通过修身和道德品性的修养长生成仙，最终解脱死亡获得不朽。成仙不死是道教对死亡的一个独特解释，这种解释构成了道教具有丰富内涵的神仙信仰。（阳志辉、张红坤）

# 道家怎么说

《道家怎么说》，高路著。北京：中国青年出版社，2008年12月第1版，16开，152千字，系"学生图书馆"之一种。

高路，1954年生，曾经在中共中央文献研究室长期从事党和国家主要领导人的经济思想理论、经济决策、国家经济政策研究工作，曾任经济日报经济研究中心主任、首席研究员，《经济月刊》杂志主编、高级编辑，兼职市场经济学院教授、北京投资学会副会长。

本书分为七个部分。第一部分生命最尊贵，主要讲述了生命价更高和生命养护的要义，即寡欲、清心、忘物、忘我。第二部分处世的学问，认为道家主张柔顺比刚强好、隐蔽比显露好。第三部分两种道德，即世俗的道德和真正的道德。第四部分自然最伟大，分别论述了"道"是自然而然的状态以及人性出于自然。第五部分无为而治，讲述了为什么要无为以及怎么样做到无为。第六部分生活辩证法，即无中生有和生死一体。第七部分返璞归真，主要阐述了婴儿——自然的回归和鲲鹏——自由的放飞。

此外，本书前还有道家概略，主要介绍了什么是道家，关于道家的来源，道家所主张的主要思想以及道家思想发展的三个时期——先秦道家、两汉道家和魏晋玄学。本书后还有包括老子、庄子、杨朱、王弼、葛洪等在内的道家人物小传，主要简单介绍了道家人物的生平、著作、思想以及其思想对后世的影响。

本书作为国学基本读物以及认识道家的入门图书，较为全面地概括了道家的基本观点和主张，而且图文并茂，简单易懂。本书还通过对比儒家思想的方式，把道家的思想观念深入浅出地一一做了描述，使得丰富的道家智慧跃然纸上，引领读者在最短时间里更新为人处事观念，开创新的人生。（袁今雅、于国庆）

# 道教常识问答

《道教常识问答》，张振国、吴忠正著。上海：上海人民出版社，2008年12月第1版，32开，262千字。

张振国简介详见《道教源流三字经》提要。

吴忠正简介详见《道教符咒选讲》提要。

本书分为12个章节来讲道教知识，具体包括：第一章，悠悠岁月久　纷纷道派多；第二章，字字含真谛　句句醒凡人；第三章，迢迢阆苑深　穆穆神仙踪；第四章，人人有传奇　个个藏神通；第五章，本本称圣典　篇篇名真经；第六章，浩浩养生术　洋洋亘古今；第七章，桩桩遵习俗　件件循古风；第八章，方方演真教　时时设灵坛；第九章，汤汤文学雅　声声绕画梁；第十章，山山蕴道气　水水溢仙韵；第十一章，招招行神州　环环摄心田；第十二章，分分记慎言　秒秒警妄为。

　　何谓道教？胡适先生对道教的定义是：黄帝加上老子，也就是自然主义加上神仙阴阳学，就是道学，再摇身一变就是道教。显然调侃性强了一点。25年前日本的学者向众多的道士请教这个问题，回答之中包含诸多内容，诸如"以道为教化""以道为业""崇道之士的职业"等等，不一而足。各有各的回答，似乎都有道理，又似乎都说不清楚。后来，学术界给道教下了一个定义：道教是我国土生土长的宗教。它在古代母系氏族社会的原始自然宗教基础上发展而来的，具有较强的巫术色彩。它形成于东汉时期，以黄老信仰为基础，以道家哲学理论为支持，汲取佛教的部分宗教形式，结合民俗中流传的鬼神信仰、医卜星相，杂取百家之长，形成多层次的本土宗教。显然，我们也难以接受这个复杂的冗长的定义。简洁而比较确切的定义是：在中国民间鬼神信仰的基础上，以黄老庄子学说为指导，吸取先民巫术之灵、诸子百家之长，教化世人积德行善，以追求自然和谐、修炼得道为目标的宗教。

　　本书提出，西方有的宗教学者认为一神教是高级宗教，也有的说二神教是高级宗教。一神教未必文明，多神教未必野蛮。如果一定要纳入高级宗教论的模式，那么，中国道教有经典、有崇拜对象、有教团实体、有场所、有经常性宗教活动，有2000年之久的历史，称道教是高级宗教也是名实相符的。总体上看，本书的可贵之处是基于现代对道教问题进行思考、尝试回答并付诸实践，具有一定的借鉴价值。（阳志辉、张红坤）

# 中国道教文化典藏

　　《中国道教文化典藏》，黄信阳、王春景主编。北京：中国文史出版社，2009年1月第1版，16开，300千字。

　　黄信阳，浙江人。1974年10月在黄车堡东华道观出家，皈依全真龙门派，拜黄诚宝为师，曾任中国道教协会副会长，现任北京市道教协会会长，鹿泉十方院住持，全国政协委员，河北省政协常委，北京市政协委员，主要编著有《道教教理教义》《全真必读》《修道养生真诀》《道教常识问答》等。

本书编者在前辈道长、专家、学者的研究基础上，结合全国形势之大局，积数年之时间和精力，编著了这本具有知识性、资料性和可读性的《中国道教文化典藏》。本书有助于帮助读者正确了解中国道教文化，增长有关中华传统文化和历史方面的知识，从而推动中国道教文化的研究、弘扬和发展，在积极引导宗教与社会主义社会精神文明相适应的工作中，做出应有的贡献。本书指出，忽视传统文化的民族，在未来行程中只是缺乏精神支柱的匆匆过客；忽视传统文化的国家，面对世界变局将不会有成熟自信的选择，为此，应让传统文化和先进文明照亮中华民族的行程。

本书认为，道教的道法自然观要求人们维持宇宙的自然、完美与和谐，只有自然与社会的整体和谐，政治、经济生活才能走上健康而稳定的发展轨道，世界才有和平，全球才有安宁，这显然与现代人类社会强调的自然和谐发展观殊途同归。（阳志辉、张红坤）

# 道教十讲

《道教十讲》，晓敏、屈小强等著。上海：上海人民出版社，2009年6月第1版，32开，148千字。

本书以通俗易懂的文笔，通过十个方面向读者勾勒出道教文化的基本轮廓，展示出在华夏大地上孕育、发展起来的道教文化的基本面，从而充分理解鲁迅先生所说的"中国的根柢全在道教"的深刻意蕴。其主要内容有：第一讲，土生土长的宗教——道教概说；第二讲，汇百川于一海——道教的源；第三讲，眼花缭乱　扑朔迷离——道教的教派；第四讲，神仙世界和洞天福地——道教的神仙信仰；第五讲，"老子化胡"的争执——儒佛道三教的关系；第六讲，皇权的灵光和造反的符命——道教和中国政治；第七讲，仙道贵生——道教的长生观及对中国医学和养生学的影响；第八讲，想象力的世界——道教和中国古典文学；第九讲，炉鼎上发明的火药——道教对古代科学技术发展的贡献；第十讲，民间习俗中的仙迹——道教对中国社会生活的影响。

本书认为，道教造神具有生活原型性、人格性及多元性、不拘一格化等特点。道教庞大的神仙群落，除了中国固有的神话传说人物以及道教虚拟的神灵外，大量的还是老子、庄子等为人们所熟悉的历史人物以及历代忠臣文士、烈妇孝子等。这种情形反映出道教造神多直接来源于生活，取自于人间世界或现实社会，弥漫着中国传统社会的道德伦理气息，体现出一般中国人的世界观、人生观、人格情操以及理想追求。这是中国道教比一般外来宗教更令人可亲可近的一个重要之处。

本书指出，"根深蒂固，长生久视之道""谷神不死，是为玄牝""善摄生者，陆行不遇兕虎，入君不被甲兵"等一类对生的依恋、赞美、向往和对死的诅咒、批判、抗拒，凸显出生与死这对人类生活的永恒主题，洋溢着中华先民、先哲们对死亡的强烈反抗和对长生不老的执着追求精神，给人以巨大的震撼力和召唤力。

本书论述到，《真灵位业图》充分反映出道教选神运动的世俗性和人格化，图中所选大部分是历史上有名有姓的真实人物，即所谓人神。以人为神起于战国末年的黄老道与方仙道。如果不算黄帝老子，那么安期生、韩终之类似当算作最早的人神，因为他们是通过自己的修炼而成为神的。有了人神，道教的神也就不再是虚玄的神，而是更接近于人间的现实神了。

通过本书可以看出，对生命或长寿的思考是人类文明的一项最具普遍意义的课题，也是中国传统文化中的一个最为悠久而光辉的主题。《尚书·洪范》即有曰："五福：一曰寿，二曰富，三曰康宁，四曰攸好德，五曰考终命。"五福以寿为先，以长寿为中心，以追求生命的长久为重——这一强烈的生命意识数千年间一直萌动、蕴藏在一代又一代的中国人心底，活跃于中国传统文化的各个层面。（阳志辉、张红坤）

# 道教文化

《道教文化》，孙亦平著。南京：南京大学出版社，2009年11月第1版，32开，365千字，系"中华传统文化丛书"之一种

孙亦平简介详见《杜光庭思想与唐宋道教的转型》提要。

本书从道教的形成与发展、基本信仰、以道为本的哲学思想、文化形式、主要经典与人物、道教思想文化的现代意义等方面系统阐述了道教文化的整体风貌。

本书共分12个章节，具体来说，第一章道教的形成与发展，第二章得道

成仙的基本特点，第三章以道为本的哲学思想，第四章长生不死的仙学精神，第五章贵生重人的生命观，第六章以善为先的伦理观，第七章知足常乐的幸福观，第八章太平安宁的社会观，第九章顺应自然的生态观，第十章道教之术与古代科技，第十一章道教活动的文化形式，第十二章道教的主要经典与人物。

　　本书作为南京大学中国思想家研究中心推出的"中华传统文化丛书"之一种，用生动的文笔介绍了中国思想文化的重要源头——道家，详细讲解了道教的形成、发展和它们的思想文化内容与表现形式，以及其对中国历史、社会所产生的影响，书中还介绍道家人物和重要道家著作、道教斋醮科仪、道教建筑等内容，对于扩大相关知识面非常有益。（阳志辉、张红坤）

# 生命道教指要

　　《生命道教指要》，谢清果著。北京：宗教文化出版社，2009年11月第1版，32开，140千字。

　　谢清果简介详见《中国道家之精神》提要。

　　"生命道教"是继"神仙道教""生活道教"观念之后新兴的一种道教文化理念。本书与《道教养生哲学指要》乃姐妹篇，书中具体包括生命道教理念的时代呼唤、生命道教话语中的神仙信仰等内容，旨在张扬道教养生智慧的独特魅力；高扬道教"我命在我不在天"的生命自觉精神；发扬道教"生道合一"的价值理性；阐扬道教"道法自然"的实践理性；倡扬道教关注人与自然、人与社会、人与人，以及自我身心全面和谐的圆融和合境界，从而为人类的健康、自由、和平、幸福提供弥足珍贵的思想文化资源。

　　本书在传统的神仙道教信仰和"生活道教"基础上，对"生命道教"的理念进行了阐释和发挥，在此基础上高扬道教对现今文化构建的作用，彰显道教养生文化的独特魅力，推动道教的创新。（阳志辉、张红坤）

# 道教一本通

　　《道教一本通》，石桥青著。西安：陕西师范大学出版社，2009年12月第

1版，12开，290千字。

近年来，人们越来越关注中国传统文化，说到传统文化，就不得不提道教，道教是中国唯一的本土宗教。道教中的清静寡欲和返朴归真的思想，成为历朝历代无数士大夫和文人志士的精神归宿；道教中的神仙信仰和纷杂的神仙体系，对中国文学艺术中的浪漫主义色彩和自然主义审美观的形成影响尤深；道教中民俗神崇拜活动与中国普通民众的日常生活和文化娱乐水乳交融；道教中的行气、存神、导引、内丹、房中等养生方术是中国医学和人体科学中最精华的部分……总之，道教文化已经深入中国文化中的方方面面。

本书从"道"字入手，详细讲述了道教的历史、教派、典籍、神仙、仙境、道术、科仪、文化等方方面面，可谓一册在手，尽览道教千年精华。

本书分为七章。具体内容为：

第一章道可道：道教产生前的那些事。鲁迅先生说，"中国的根柢全在道教"，那么，作为中国文化主要组成部分的道教是怎么产生和发展的呢？又是怎样为人们所认识和接受的呢？要理清这些，就先要从道教产生前的那些零散的文化信息，即以老庄学说为宗的道家文化讲起，正是道家学说构成了道教文化的"灵魂"，并深深影响着后世道教的一切。

第二章非常道：道教走过的千年历程。道教，作为我国固有的宗教，自张道陵创立五斗米道起，至今已绵延上千年之久。其集大成于老子，尊道而贵德，奉天而行道，利物而济人，并以此而抵达一个犹若世外桃源般"天人合一"的全真境界。那么，如此极妙的道教到底是怎样的呢？有关它的历程、它的派别、它的产物又是怎样的呢？接下来的章节将逐一进行解析。

第三章演"道"为玄：难以说清的众妙之门。在悠久的道教历史中，道教教义和中华5000年的文化有着绵密的关联，并早已根植于中华沃土之中。它以"道"和"德"为核心，其认为天地万物都是由"道"而派生，即所谓"一生二，二生三，三生万物"。以此而衍生出一个这样精妙的义理：社会人生都应法"道"而行，直至最后回归自然。

第四章"道"中自是有烟霞：兼容并包的神仙们。道教作为一种宗教，因其所具有的神性之特质，而决定了其道性的神化性，再加上道教的终极追求是"长生久视、羽化登仙"，所以，道教自起源伊始，就有了神仙信仰这个概念。不过，这神仙信仰是建立在"道"的意义上的。所以，道教之中所存在的诸神，无论职能如何，都是"道"之人格化象征的一种存在，为修道之人的偶像和榜样。

第五章皈依入道：踏上"人道合一"的修行路。如何通往道教之门、踏上"人道合一"的修行之路呢？这就要从道教科仪、炼养方术及法术方面着手。道教科仪内容复杂，小到日常称谓，大到出入行走，皆有一定仪范，是为道士修行生活的标准。道教炼养方技，作为道的意义的象征性表现，是为道家修行之人"羽化登仙"的捷径。道教法术，在巫术基础上产生，为道士幻想以道的能量来帮助人们趋吉辟凶、得道成仙的功法，是道家按神的意旨修行的一种方式。

第六章丰盈的"道"之意象：殊妙的神仙境界。在浩瀚的"道"之世界中，既然有神仙的存在，那必然会有神仙居住之处所。神仙们，或居于上之虚幻莫测的天宫，或居于下之虚无缥缈的洞天福地、名山大川、人间宫观，更还有阴森恐怖的地狱。这些神仙们的处所，不仅是神仙的乐园，更是修道之人和世俗之人向往和追求的胜境。

第七章"道"在人世间：风味殊异的道教文化。道教在发展中，逐步形成了自己的文化形态，在它的影响下，无论是神怪小说，还是造像艺术，抑或者诗词歌赋，都成了中国传统文化中璀璨的明珠。此外，道教文化还深入到民间风俗之中，使得人们的日常生活中，无论是婚姻、生子、祝寿等人生大事，还是庙会、斋醮等生活俗事，都烙上了道教的影子。

本书的特点是用生动有趣的语言讲述有关道教的方方面面，融知识性、趣味性于一体，在深挖道教每个方面的最细微之处的同时，让读者不但知其然，还知其所以然。另外，书中还配有两百多幅道教特有的精美图片和详尽图解，带你走进道教的"仙境"；还集有几十个名词解释，可以使你从不同的角度来审视道教；还讲解了与道相合的各种道教方术，给大众最实用的长生秘方和预测之法。总之，通过阅读本书，读者可以了解许多道教知识、故事以及道术秘法，还有意想不到的收获。（阳志辉、张红坤）

# 道教常识问答

《道教常识问答》，陈莲笙著。上海：上海辞书出版社，2009年版。本书2007年由著者亲自编写改定，后收入《陈莲笙文集》，由上海辞书出版社2009

年出版，后上海辞书出版社2012年出版单行本，系"宗教文化常识问答丛书"之一种。

陈莲笙简介详见《太岁神传略》提要。

本书采用问答形式，就什么是道教、道教的主要特征等常识问题进行解答。共分十章：第一章道教的创立，第二章道教教义和经籍，第三章道教神仙，第四章道教的发展和兴衰，第五章道教组织、教制、教职和规戒，第六章道教的科仪和法术，第七章道教修炼的理想和实践，第八章道教宫观的参访和祭拜常识，第九章近现代道教以及道教的传播，第十章道教对中华文化的贡献以及对新世纪道教的展望。本书内容丰富，文字通俗，是一部了解道教知识和道教文化的启蒙读物。本书的独特意义在于，著者作为一代高道，对道教有着切身的体悟，对道教知识既有客观理性的阐释，也有主观构建的成分，故此，书中所展示出来的不仅仅是道教的常识，更有近现代道教传承者对道教的真挚感情与期望。（杨雯）

# 道教征略（外14种）

《道教征略（外14种）》，刘咸炘著。上海：上海科学技术文献出版社，2010年3月第1版，16开，250千字。

刘咸炘简介详见《庄子释滞》提要。

本书分上、中、下三卷，文前有著名学者詹石窗教授所作《前言——刘咸炘先生的道学研究》一篇，书后收录《希夷先生陈抟字图南》《邵尧夫学说》《全真教论》《三虚》《告法言道士俚语》《祀天师科仪》《〈老子〉二抄》《诵老私记》《老子授受考》《老徒裔》《庄子·天下篇》《淮南鸿烈》《概闻录》《道家史观说》等14篇文章。

著者深感以往的道教尚无系统可信的史学，至于大量的传记，虽然有可观之处，却多为灵异之说，其书目杂乱而缺乏条理，所以一般的学者要深入了解和研究道教，存在着颇多困难。于是，他以史传校勘的方法来加以整理，撰写了《道教征略》，力图对道教的历史脉络与道派传承作比较全面的梳理。本书撰写于1924年，并未完稿，文中多留有"空行"以待补充。按著者最初的考虑，本是打算读完全藏后，再对初稿加以增补的。但因其不幸早逝，初稿终是未能得以增补和完善。

著者在序中指出，道教虽有不少传记类书籍，却多以仙为名，充斥着大量灵异之说，对派别的记述却不甚具体。加之，道教书目十分芜杂，三洞四辅的分类方法也有待完善，让之前的学者无从。而道门之中，能融通各家之人甚少，多不屑于考据之事。况且，道术本为内修之事，学道之人以隐士居多，其追求不过是成就一己之身，不一定需要传授他人。他们的修炼讲究个人修道方法，对他术也有一定排斥。这一系列原因导致了道教无系统可信的史学，这对道教本身的发展必然是十分不利的，深感遗憾的著者遂有心取中立之立场，去个人之爱憎好恶，用"辨章学术、考镜源流"的史学校雠之法，审视《道藏》中的相关典籍，梳理中国道教的学术渊源与流变，以成一家之言。

本书上卷着重梳理了道教的渊源和不同时期道教各流派的传承和特点。著者认为道教的渊源乃古之巫、医、阴阳家、道家。由于道教传述的资料，多陈灵异，且相当芜杂，尤其是其中的神仙传记，更显得怪诞，梳理道派的派别的传承线索，甚是困难。经过鉴别，著者形成了"神仙亦只隐士耳"的判断。将飘忽不定的仙家异说归宗于实处。比照相关史料，著者对宋代之前各个主要时期的道教特点做出描述：六朝以前重经箓传授，唐代人重丹家诀法，犹汉学家法与宋学宗旨之殊也。著者比照《四库全书》的分类，按六朝以前七部经传授系统，将道教分为四大派别：太平派、正一派、灵宝派、上清派。通过经典文献的解读，著者梳理了各派的传承世系及基本特点。他指出，唐代传丹诀者最多，但却纷杂而无统，直到钟离权、吕洞宾、施肩吾、刘操显于世，道教才步入正轨。由此，他详细列出自钟、吕开始的丹家传承图，认为北宋之末，符箓大盛，徽宗好道，所好者符箓也。

中、下卷主要是关于道教各类经书目录的整理与研究。著者通过诸多道书目录的考析，指出道书传统的三洞四辅十二类的编列方式存在弊端。他说：三洞四辅，本只一时之称，后来之书，不止于十二类，今之藏目，于本分三洞者混乱其次，而于后出之不属于三洞者，则强分属之。鉴于传统的沿袭，著者认为三洞四辅的分类方式还是有一定的道理，不主张废弃。为了日后更好地整理研究，著者提出了一套新的道书分类方式，指出道教文献可以分为经、符箓、科仪、戒律、论诀五类。在五类的每一个类别中可以再分小类。这个分类体现了其独特的逻辑结构，具有一定的合理性。

本书对道教的学术渊源、各时期的主要派别以及道教经典等方面都有系

统的梳理，其中又不乏创见，能够把握住道教的发展脉络，实为道教研究的珍贵资料。（杨雯）

# 道学讲读

《道学讲读》，谢正强著。上海：上海科学技术文献出版社，2011年1月第1版，16开，210千字，系"国学讲读——现代插图版"之一种。

谢正强简介详见《傅金铨内丹思想研究》提要。

本书除正文外，前有陈兵先生序、序，后有"附录一　道经选录""附录二　天地宫府图""参考文献举要"。附录一选录了《黄帝阴符经》《太上老君说常清静经》《洞玄灵宝定观经》《太上洞玄灵宝升玄消灾护命妙经》《太上洞玄灵宝救苦妙经》《太上感应篇》《文昌帝君阴骘文》《高上玉皇胎息经》《高上玉皇心印妙经》《玄珠心镜》《吕公百字碑》《灵源大道歌》《金光神咒》。

第一章华夏古学，著者以先秦道家、汉代黄老之学、道教的产生、道教史、神仙、《道藏》为线索，简要介绍了道家和道教产生和发展的历史。

第二章道德玄微，著者以"道可道，非常道""含德之厚，比于赤子""道法自然""反者道之动，弱者道之用""我有三宝，持而保之""见素抱朴，少私寡欲""致虚极，守静笃"为关键词，阐述了道家和道教的基本理论。

第三章道在养生：理论篇，介绍了天人合一、元气、形神、动静、医药、守戒积善、自然有度等基本道教养生理论。

第四章道在养生：养形篇，则介绍了导引、按摩、叩齿、咽津、辟谷、服饵、炼气、忘形养形等养生功法。

第五章道在养生：养神篇，介绍了经咒、存思、守一、定观、心斋、坐忘、养神固形等养生功法。

第六章内丹仙学，介绍了精气神、性命、先天后天、返还的构想等内丹基本理论知识。

第七章外丹黄白，分为"完美"理论、神秘的实验、金丹的秘密、黄白之术、兴衰之路、真正外丹、草木炼丹、炼丹与科学等部分，介绍了道教外丹的基础概念以及发展历史。

第八章道术漫谈，则介绍了道教的斋醮法事、符箓咒术、占验术数等，并阐述了著者对道术未来发展的展望。

第九章道家品格（人物），著者将道家道教历史上的代表人物，按照其品德与成就，分为兼容并蓄、功成不居、隐逸脱俗、抱朴全真四类进行介绍。兼容并蓄部分以杜光庭、张伯端、王重阳、刘玉、陈撄宁等为代表；功成不居部分以范蠡、商山四皓、董奉、孙思邈等为代表；隐逸脱俗部分以严君平、严子陵、孙登、陈抟等为代表；抱朴全真部分以葛洪、谭峭、蓝采和等为代表。

第十章道学今用，发掘了"贵生""涵容""责任""权变""逍遥"等道家道教精神的现代价值。（杨雯）

# 道教新探

《道教新探》，孔令宏著。北京：中华书局，2011年11月第1版，16开，310千字。

孔令宏简介详见《中国道教史话》提要。

本书除导论和后记外共有七章，具体内容如下：

导论部分论述了道教的特殊性，道、学、术及其关系，道教史的分期，以及道教研究的范式与方法；还从文化学的角度对道教进行了整体诠释。著者认为，目前道教研究的方法主要有哲学方法、史学方法、介于哲学与史学方法之间的思想史方法、人类学方法等。这些方法固然有其优点，运用它们也取得了巨大的成绩。但用于道教研究中时，多有与道教的特殊性不能协调之处。对此，著者在导论中提出并论证了道、学、术的三重互动关系是道家产生、发展并演变成为道教，道教产生、发展的逻辑动力。著者从道、学、术双向互动的新视角出发，结合哲学、史学、思想史的方法，对道教的发展史做了一个新的梳理。

对于道教史分期问题，著者认为，目前学术界着眼于道教与社会、政治之关系的方法没有把重心放在梳理道教发展的内在逻辑方面，从而提出了从道与术的关系来看待道教的发展历史，因为不同宗派、派系的差别在于对术的不同选择，在被选择的术的组合系统中，各种术被看重的程度不一样，在不同阶段术的组合不一样，以术进道的步骤、程序、方法不一样。这样，既可以从内在的层次梳理道教的实践方法和义理思想的发展，也可以从外在的层次来考察道教与社会、政治的关系，还可以看清楚道教之所以不断地进行着分宗立派和派系整合的真正原因。本着这一观点，著者将道教的历史划分如下：众术并竞的东汉至三国时期；众术杂糅、援道入术的两晋至南北朝时期；道、术结合的隋至唐代中期；道、术汇聚的晚唐至北宋时期；道、术圆融的南宋至明代中期；循道化术的明代中期至二十世纪八十年代；诠道改术的二十世纪八十年代以来。

第一章从道家到道教，介绍了巫术、方术与道家的产生和发展的关系，以及老子的道与术。

第二章汉唐道教研究，论述了道教与魏晋玄学的关系；并从葛洪在岭南的史实论其道术结合的思想；讨论了葛洪以术为底蕴的哲学思想；还以司马承祯的思想为例，从道、术关系总结了隋至中唐道教义理的特点。

第三章和第四章宋代道教研究，介绍了张伯端对钟吕内丹思想的继承与发展、周敦颐思想与张伯端的关系、张伯端的易学与丹道思想、白玉蟾的心性哲学思想。

第五章和第六章元明清道教研究，介绍了净明道、王重阳与全真北宗思想、全真龙门派思想、李道纯心性学思想、盘山派的心性哲学、张三丰的隐仙理论等。

第七章区域道教研究——以浙江道教史为例，介绍了历史上的浙江道教、浙江现存的道教历史遗迹、浙江道教的历史特点及未来的发展。（杨雯）

# 中国道教文化

《中国道教文化》，李刚著。长春：长春出版社，2011年第1版，16开，299千字。

李刚简介详见《隋唐道家与道教》提要。

本书共分六章，前有序言一篇：

在序言中，著者阐述了本书的主旨，即从整体上论述何以"中国根柢全在道教"。鲁迅在《致许寿裳》中说"中国根柢全在道教"，著者从这一事实出发，以道教的信仰核心层面——神仙不死信仰作为全书的主线，追问中国古代普通百姓如何解决生死问题，道教与中国人的日常生活、民俗风情有何关系，道教与中国文学艺术、古代科技是何关系。从这些问题中解读出何以

"中国根柢全在道教"的历史真相。

著者指出，道教是中国土生土长的宗教，具有自己独特的个性和魅力，近2000年来对中国的政治思想、学术文化、民风民俗等都产生了重要影响。研究中国哲学思想史、文学艺术史、科学技术史都不能置道教于不顾，否则就是片面的。要了解中国文化，就不能不了解道教。为此，本书从六个方面描绘了中国道教文化及其对中国文化的影响，并通过对道教文化的分析和论述，剖析了其合理之处和不合理之处。

第一章生命道教，分别从道教神仙信仰的内容、道教神仙信仰对生死问题的独特解决、道教神仙信仰成为普通老百姓藏在心里的秘密三个部分展开论述，阐述了道教的核心信仰及尊道贵生的核心理念。

第二章生活道教，从道教与中国人的日常生活、道教与人生礼仪、道教的宗教节日与老百姓的日常生活三个方面，论述2000年来，道教对中国人日常生活潜移默化的巨大影响。

第三章文艺道教，阐述道教与中国古代诗词、戏曲、建筑、音乐、绘画、古典小说等的关系。

第四章科技道教，介绍道教外丹与化学、医药养生学、气功内丹学、道教与天文历法。

第五章古代道教，分五部分讲述中国古代道教的发展历史。首先是道教发生的历史渊源，然后是汉魏两晋南北朝道教、隋唐五代北宋道教、南宋金元道教、明清至民国道教。

第六章当代道教，论述道教在当代社会的价值，新文化、新问题、新挑战下的道教文化，以及道教在海外的传播，各国对道教的研究。

著者指出，道教就是以长生不老之"道"为最高信仰的中国本土固有的宗教，它用神仙不死之"道"来教化信仰者，劝人们通过养生修炼和道德品行的修养而长生成仙，最终解脱死亡，求得永恒。道教的神仙长生思想曾经给那些渴望不死的人们带去了希望和鼓舞，缓解了他们对于死亡的焦虑。道教神仙信仰反映了自古以来对于生命永存的理想和希望，这种理想和希望，孕育着人类生命的力量和激情，激励着人们不断去努力奋斗。

（杨雯）

# 一本书学会道教常识

《一本书学会道教常识》，周国林主编。北京：中华书局，2012年3月第1版，16开，50千字。

本书为介绍道教常识的通俗读物，分为九部分，每部分由不同撰稿人编写。

第一部分道教的产生与发展，撰稿人陈伟华、周飞。由34个道教知识点组成，介绍道教史上的代表性人物和事件。例如"鬼神信仰与道教""张天师与五斗米道""道教重玄学""丘处机一言止杀""张三丰与武当派""明清时期全真教的衰落和中兴""道教丛书的增补和编纂"等。

第二部分道教宗派，撰稿人贾海辉。共37个词条，介绍了包括"方仙道""黄老道""五斗米道""李家道""灵宝派""上清派""三山符箓""全真道""正一道""遇仙派""龙门派""神霄派"等等在内的各道教宗派。

第三部分道教经典，撰稿人肖海燕、周国林。介绍了《道德经》《阴符经》《玉皇经》《重阳立教十五论》《长春真人西游记》等道教经典；还简要介绍了历代道藏的编撰历史以及"三洞四辅十二类"。

第四部分道教的神仙信仰，撰稿人张玲。采用问答体，共39个问题，介绍了例如"王母娘娘和玉皇大帝是夫妻吗""为什么要送瘟神""为什么道观中也供奉观音菩萨"等。

第五部分道教的斋醮科仪，撰稿人肖海燕、王洪强、冯明。共29个知识点，介绍了道教斋醮科仪的由来、分类、戒、律、科仪坛场的设立等。

第六部分道教方术，撰稿人梁玲琳。采用问答体，共57个问题。涵盖了道教养生、丹道、符箓、咒术、堪舆等问题。

第七部分道教的洞天福地，撰稿人裴攀。多采用问答体，共44个知识点。没有按照道教传统的洞天福地体系进行介绍，而是概要介绍各道教名山及相关典故。除了介绍昆仑山、武夷山、崂山等名山之外，还回答了诸如"宗教建筑奇观悬空寺位于何处""东岳泰山有哪些道教神仙""樟树药帮的祖山在哪里""云南道教的发祥地在哪里""广州为何称为羊城"等问题。

第八部分道教与艺术、民俗，撰稿人王闯、张德兰。共49个知识点，涉及道教文学、道教音乐、道教建筑、与道教相关的民俗等。

第九部分道教与科学技术，撰稿人张平、黄金。共55个知识点。回答了李约瑟为何说"道家思想乃是中国古代科学技术的根本"这一问题，阐述了道教的科学思想，并介绍了道教与古代天文历法、地理、数学、农业科技、建筑学、医学、化学等的关系，以及道教在科学领域的代表性成就。

本书乃是一本多方面描述道教概貌的通俗读本，行文用语有趣，问答形式通俗易懂，加之配有精美的相关图片，值得一读。值得指出的是，本书作者还就一些道教史上长期被误读的人物和事件进行了考察，力图还原其真实面貌，这是难能可贵的。（杨雯）

# 凝眸云水

《凝眸云水》，袁志鸿著。北京：中国青年出版社，2012年7月第1版，16开，450千字。本书最早是由香港中华儿女出版社出版。

袁志鸿简介详见《当代道教人物》提要。

本书的宗旨在于让不熟悉道教的读者了解、认识道教。本书共13章：

第一章中国道教在当代社会的传承和适应，共11节，首先回顾了道教历史的传承与衰弱；而后论述了道教的新生与新时代的改造，以及政治运动对道教的损伤。阐释了著者对当代道教神圣教义精神的坚守与思考，以及从授徒方式的变化看道教传统与现代的链接。阐释了著者对道教研究、教义阐释与文化精神之传播的看法。介绍了道教在当代社会的开放和交流、道教对当代社会的关怀和适应的情况。最后展望了道教事业的未来和前景。

第二章道教之源流，共两节和一个附录，介绍了道教的源起与形成，道教的承续与流传的历史。附录收录了一些道教基础知识的词条。

第三章道教教义、教规和基本信仰，共四节和一个附录，介绍了道教的教义、教规、清规戒律、传戒授箓、神仙信仰等内容。附录介绍了道教的清规戒律和禁忌。

第四章道教经典，共一节和一个附录，介绍了道经整理与编修的情况。

第五章宫观在道教传承中的地位和作用，共五节，阐述了宫观是在道教传承中逐渐形成并完善规制的，是道教沟通社会的重要渠道，是向社会展示道教教义和文化精神的窗口，是信教群众心目中的圣地。并针对当代道教发展面临的新形势，提出了宫观场所应当发挥的作用及承担的责任。

第六章道教宗派，共六节，主要从全真派和正一派进行介绍，兼及上清派，并介绍了历代高道。

第七章道教节日，共十七节和一个附录，第一节介绍了道教的岁时节日行事；第二、三节介绍祭城隍、祭灶神的风俗；第四至十七节分别介绍道教的主要节日。附录介绍了道教的神诞节日。

第八章道教典故，共三节，介绍了三皇五帝与道教人祖崇拜、伏羲炎帝与黄老启教，以及龙抬头的典故。

第九章道教研究，共两节，著者提出，21世纪的道教研究应当为当代道教的教务拓展服务，指导道教界适应当代社会，并站在理论的高度关注当代社会中宗教整体的状况和实际，解答道教面临的新情况、新问题。

第十章宗教与文化，共三节，阐释了中国宗教与传统文化的关系、怎样认识中西方宗教的超越精神。并提出当代社会的健康发展需要中国传统文化精神。

第十一章道教与社会伦理，共三节，论述了道教的社会伦理思想体现，道教教义的社会人文精神体现。并提出道教应该关注并参与社会伦理实践，挖掘整理经典教义，积极弘扬优秀的人文精神。

第十二章道教与和谐社会，共八节，论述了道教是提倡并实践"和谐"教义的传统宗教，在传承过程中与社会不断互动并自我修正，是关注并参与社会政治的宗教。阐述了道教的教义精神对社会伦理的认同和支持，道教思想对"和谐社会"的影响，道教生活方式对社会的影响和意义。并从教内人士的立场提出道教信仰行为对社会的影响和责任，以及道教在当代社会的实践和进步。

第十三章新世纪的道教，共五节，著者总结了当代中国道教的现状，在此基础上提出新世纪的道教应当继承传统、面对现实、寻求发展。（杨雯）

# 道教生死学（第二卷）

《道教生死学》（第二卷），郑志明著。台北：文津出版社，2012年版，32开。
郑志明简介详见《神明的由来》（中国篇）提要。

本书共14章。第一章绪论，探讨"道""神""人"一体性的生命与生死关怀。第二、三章，探讨《西升经》及《老子想尔注》的生命关怀、意义治疗、精神疗愈。第四至八章，探讨《洞玄灵宝诸天世界造化经》《洞玄灵宝玄一真人说生死轮转因缘经》《洞玄灵宝太上真人问疾经》《洞真太上说智慧消魔真经》《太上玄灵北斗本命延生真经》的消灾解厄、轮转因缘、医治护命与本命延生。第九章探讨《赤松子章历》的生死仪式治疗。第十章探讨《云笈七签·禀生受命》的胚胎生命观。第十一至十三章，探讨《太上慈悲九幽拔罪忏》《黄帝阴符经解》《道德真经三解》的拔罪度幽、人身成道、内丹养生。第十四章探讨明代陆西星双修丹法的生命关怀。

道教本质上是一种重视人体生死的宗教，重视生命的养生与送死，特别关注身体的修炼与本命的永生。道教的理想境界是"长生成仙"，落实在学道积道的心性体悟上，开发出各种成就性命的修持理论与斋醮法事。道教的庞大教义体系可以说是离不开"生死"的范畴，要求人们务必真实面对生死的种种课题，从人身的形证入到人心之神，是一套满足民众精神需求的具体宗教形式。

道教在理论的建构上是以超克生死为主要核心，更关注个体生命的永生或解脱的终极归宿，经由斋醮的礼仪设计，用以化解生死历程中的各种疾病与灾难。道教的斋醮是配合养生送死的生命礼仪，教导人们从生存与死亡的种种困境中自我超拔出来。道教的斋醮科仪虽是专为人们修道与行道规划而成的具体仪式，帮助人们进行心性的涵养与成长，以精神性的体验来成就永生的安顿。道教斋醮的目的是经由礼仪操作系统来强化人与天地鬼神的精神感通，是以绵密复杂的仪式程序来扩充人们的心灵，平安走过从生到死的历程，能安顿死后的终极灵性，以长生的成就来济生度死。（简一女）

# 鸿爪雪泥——袁志鸿修道文集

《鸿爪雪泥——袁志鸿修道文集》，袁志鸿著。北京：社会科学文献出版社，2013年4月第1版，16开，344千字。

袁志鸿简介详见《当代道教人物》提要。

本书为袁志鸿道长的修道文集，共收录文章81篇，所录的文章最早的写于1984年，最迟的写于2013年。本书与另一部文集《思问晓录》互为姊妹篇，《思问晓录》收录的文章较为理性，多为学术性文章；《鸿爪雪泥》的文章较多感性，是袁道长入道三十余年的人生记录。从某种意义上来说，当代教内人士所撰写的这类书在一定程度上可以说是新中国新一代道士成长之路的写照，反映了改革开放以来中国道教发展的缩影。

本书的许多内容早已见诸刊物，但也收录了《安福参访纪行》《青城纪事》等未曾发表过的文章。书中还收录了袁志鸿夫人的《冰雪庐山纪行》。其中部分文章正文前著者增补了写作缘由或背景。例如《茅山道教今昔》《茅山香期庙会考》《茅山道协举办"道教知识培训班"》等篇。

本书内容包括著者对名山宫观的考察、道友之间的交往、对各地道教发展的调研与思考，以及对海外道观参访的记录等。20世纪八九十年代是当代中国道教恢复与发展的重要阶段，因著者此时期在中国道教协会工作，参与全国道教事务比较多，成为很多事件的见证人，所以他的文字记载也就具有了一定的史料价值。例如《四川三市五县调研》《广东潮汕道教现状调查》《湘潭散居正一道士情况调查》等调查报告对当时全国多地的道教发展情况做了详尽的调研；以及《正一派授箓简介》和《今日龙虎山嗣汉天师府》等文章详细记载了改革开放后首次授箓情况。

本书的独特之处在于，著者担任中国道教协会教务处处长多年，熟悉道教界内部的情形，亲身处在中国道教发展的洪流之中，故其所作，大多为应对道教发展中的具体问题，极具针对性。本书是一个当代道教徒长期笔耕积累的成果，是他对于自己的信仰的透视和感悟，是一个道教徒自我认识的表白。本书作为教内学者的论述，不仅是对客体的阐释，也是对主体的建构，字里行间常常流露出自己的宗教感情，这就使得著者的文章不仅仅是道教研究的学术成果，同时也是我们认识当代道教、了解教徒面对现代化时的想法的重要材料。我们可以通过当代道教界学人的阐述去了解当代道教的面貌，他们文化素质，他们面临的问题和困惑。（杨雯）

# 思问晓录

《思问晓录》，袁志鸿著。北京：宗教文化出版社，2013年4月第1版，精装，16开，410千字。

袁志鸿简介详见《当代道教人物》提要。

本书收录袁志鸿道长的81篇文章，与《鸿爪雪泥》互为姊妹篇。其中参加研讨会或发表于各刊物的研讨文章36篇，知识性文章7篇，会议等场合发言致辞24篇，应邀为友人著作所作序言、读后感等14篇。主要是袁志鸿道长对当代道教许多情况和现象及应对之策的思考。

作为道教信徒，著者怀着使道教在当代健康传承的使命感，自20世纪80年代入道以来，在学道修道的同时更注重探讨道教的文化脉络和历史传承，进入21世纪之后，尤其关注道教传承发展的情况，对于当代道教的发展现状与出现的问题，著者有自己的思考。

例如，在《道教的自省与自觉》一文中，著者指出："当代道教的状况却是不容乐观：道教明清以降，宫观过分的香火化，而道教神殿拷问良心的神圣性退化了；道教上层专心研习经教的传统不浓厚了，而社会钻营的庸俗滋长了；道教徒必须崇高的修持淡化了，而经营职业香火道士的烙印加深了。"

此外，在《应予关注现代社会道教的迷惘与误区》《当代市场经济环境下道教徒的修养》《宗教的发展与中国社会转型》等篇章中，著者认为道教宫观多多少少已经开始商业化了，而且还有进一步商业化的趋势。但是道教宫观既然"商业化"，就不是道教信仰的活动场所了，道教也就失去了在宫观中活动的资格。道教吸收新时代的成果，跟上时代发展的步伐是理所当然的，但必须认识到道教不是公司或者企业，道教徒无论身在何处，身居何位，都要保持一定的"出世"意识和"山林"情怀。同时，著者也提出，道教应当关注现实，与时俱进，对社会做出应有的贡献。

关于道教史的问题，著者也有自己的思考和观点。《〈史记〉的道教价值》《道教正一派源起简溯——应"第六届海峡两岸道教文化论坛"而作》《茅山上清派简述》《茅山乾元观传承与道教上清派和全真教》《茅山元符宫的兴起》《灵宝道场阁皂山》《道教尊重儒圣及儒道互补的观察和认识》，这七篇是介绍道教知识的文章。在《〈史记〉的道教价值》一文中，著者表示不认同学界关于道教创教1800年的观点，认为这是许多人在没有学习研究的情况下人云亦云。著者认为道教不是创立性宗教，而是在人类社会的发展进步中逐渐形成的，所以道教尊黄帝为始祖，老子为道祖，而尊距今1800年的张道陵天师为师祖；祖天师张道陵是道教历史上划时代的人物，但他并非道教的创始者，因为道教不是始创性宗教，而道教中的天师道和正一道虽然关系很密切，但并非同一的概念。道教属于原发性宗教的范畴，道文化是中华文化水乳交融的内容，中华文化无所不具道文化的内涵。道教信仰方式、宗教仪式，道教的始祖、道祖、重要人物等在《史记》中都有记载。（杨雯）

# 道教概论

《道教概论》，孔令宏编著。杭州：浙江大学出版社，2013年7月第1版，16开，362千字。

孔令宏简介详见《中国道教史话》提要。

本书是以著者1999年出版的《中国道教史话》（河北大学出版社）为底本修订而成的。修订的基本原则是，适合作为高等学校教材和大众读物，能反映1999年以来道教研究的最新进展，学术性与可读性兼顾。

本书共八章及一篇序言。第一至七章概述道教的渊源、产生及发展，重在作思想史的阐发；第八章介绍道教与中国传统文化各领域的关系。旨在系统全面介绍道教文化。每章末尾有小贴士、思考题、延伸阅读书目。

第一章道教的渊源与产生，分为九节，第一至五节分别介绍了《老子》、《列子》、《庄子》、稷下道家与黄老道家、秦汉道家与魏晋玄学等与道教的渊源。第六至八节介绍了太平道、五斗米道等早期道教的情况，以及《太平经》《周易参同契》等早期道教经典；第九节总结了汉代至三国时期道教的总体特点。

第二章两晋南北朝时期援道入术阶段的道教，共九节，前八节分别阐述老子的被神化与《西升经》的道教思想、葛洪的道教理论建构、上清经与上清派、灵宝经与灵宝派、寇谦之的新道教、陆修静的道教理论建构、陶弘景对道教的贡献、《阴符经》的思想与道教哲学的发展；第九节总结了两晋南北朝时期道教的总体特点。

第三章隋至中唐时期道与术结合阶段的道教，共八节，前七节分别阐释了隋至中唐时期道教与政治的关系、重玄哲学、外丹学的发达、司马承祯的服气养命论与坐忘修心论、吴筠的神仙可学论与形神可固论、《清静经》等道经的心性修养论、内丹的酝酿；第八节总结了隋至中唐时期道教的总体特点。

　　第四章晚唐至北宋时期道与术汇聚阶段的道教，共七节，前六节介绍了晚唐至北宋时期道教与政治的关系、《阴符经》思想的诠释与发展、道教政治思想的发展、杜光庭对道教的集大成贡献、斋醮的发展、钟吕陈抟学派的内丹理论建构；第七节总结了晚唐至北宋时期道教的总体特点。

　　第五章南宋至明代中期道与术圆融阶段的道教，共九节，前八节分别阐释了南宋至明代中期道教与政治的关系；介绍了太一教、大道教、真大道、净明道、张三丰与隐仙派等道教派别；以及白玉蟾对金丹派南宗的发展，全真道的建构与发展，全真道与南宗的交流及其在元代的发展；论述了正一道的成型与科仪之学的成立过程；第九节总结了南宋至明代中期道教的总体特点。

　　第六章明代中期至清代循道化术阶段的道教，共十节。第一节论述了明代中期至清代道教与政治的关系；第二至九节分别阐述了道教劝善书的流行、正一派的转变、东派与西派的双修功法、明清龙门派的发展、闵一得与嗣龙门派、中派与黄元吉的丹道思想、傅金铨的双修思想、女丹等内容；第十节总结了明代中期至清代道教的总体特点。

　　第七章现代和未来道教的诠道改术，共六节，分别论述了陈撄宁的仙学及其现代意义、易心莹的教理之学、道教在大陆和香港、澳门、台湾地区的不同发展、道教在国外的传播与发展；并阐述了道教的精髓，以及道教如何适应当代社会并转变为世界性大宗教的可能性。

　　第八章道教与中国传统文化，共七节，论述了道教名山与宫观、道教哲学与中国传统哲学的关系、道教文学与中国传统文学的关系、道教艺术与中国传统艺术的关系、对中国传统民俗的影响、道教对中国古代科学技术的贡献；并总体阐述了道教的特质及对宗教的多维度思考。（杨雯）

（二）道家道教与儒、释关系

# 孔子和老子的政治思想

《孔子和老子的政治思想》，马云声撰。福州：海风出版社，1946年4月版。另有北京：国家图书馆出版社，2018年12月第1版，系方勇主编《子藏·道家部·老子卷》之一种，据1946年本收录。

本书前有作者于1946年3月20日所作"序"一篇，讲述写作本书的原因及目的。作者认为，孔子和老子是中国政治思想史中具有中流砥柱作用的重要思想家，也是"国家精神"形成的主源，不仅左右着数千年来中国的国家命运，也直接或间接地对国气的振靡与民风的兴衰具有重要影响。孔子和老子的政治思想，作为"民族的灵魂""国家的精神"，充分代表了中华民族思想的伟大，为建设新中国，必须要唤醒这种"灵魂"和"精神"。

本书共分六章。第一章介绍孔子和老子的身世，作者经过论证，认为老子是孔子以后孟子以前战国前期的人。第二章论述孔子和老子所处的时代，认为孔子身处春秋时代，老子身处战国前期。第三章论述孔子和老子政治思想的哲学基础，作者从本天、大学中庸之道、教育、正名、师古、仁人的态度等角度讲述孔子政治思想的哲学基础，从"道"和"名"、顺"天"、绝对的态度、反朴的态度，"静"和"动"的哲学、"寡欲"与"弃智"、为人等角度讲述老子政治思想的哲学基础。第四章论述孔子和老子的政治思想，孔子欲通过"礼""德""贤人政治"等途径来实现大同世界，老子欲通过无为、愚民、毁文明去礼刑等方法来实现小国寡民的政治理想。第五章论述孔老政治思想的脉流及其对政治的影响。第六章论述孔老政治思想的异途同归及其评价。作者认为，孔子和老子的治国理想是相同的，只是二人所使用的方法不同；中国的政治思想可谓一个"混元演绎"的宇宙形式，它由"天道一元"汇通了"人道多元"，进而开出"政治混元"，"政治混元"在中国有三种，即政治与伦理的混元、治政与教化的混元、政治与社会的混元。孔子和老子的政治思想虽有显著差异，但其思想根源是一贯的，其最后目的也是一致的，他们都想实现并完成一个"群生""群有""群伦""群治"的人道政治。（赵海涛）

# 孔老材料

《孔老材料》，方觉慧撰。北京图书馆藏，行草墨书手稿本。另有北京：国家图书馆出版社，2018年12月第1版，系方勇主编《子藏·道家部·老子卷》之一种，据手稿本收录。

方觉慧（1886—1958），原名方士楷，后改名方学惠，1912年又改名方觉慧，号子樵，祖籍湖北蕲春。对于历史文化颇有研究，其有意于改造明史，对有明一代的历史颇为精通。主要著作有《两汉学案》《明太祖革命武功记》《老子道德经注解》《孔子编年记》等。

本书为著者手书的稿本。根据目录中所保留的文字来看，本书中涉及有对老子其人其著的讨论，比如"甲、老子考证学"中就有对老子姓名、经书等的考察；还有对孔子和老子二子思想的比较研究，比如"乙、老孔二派之思想冲突"，其中就对儒、道两家的不同主张、相同之处有所说明。此外，《孔老材料》中还对孔子与老子之间的交往进行了考证，如在"二子之生卒"和"二子之初见"中则有提及。本书对《老子道德经》一书的内容进行了提炼和概括，在稿本的"老子道德经内容"目下，著者总结出了六个较为核心的概念作为《老子道德经》全书的关键要点，这反映了他对老学的精辟见解。著者认为：第一，"无"是老子学说的根本所在，是《老子道德经》的"主眼"，是"宇宙之大原理"。第二，"道"作为《老子道德经》一书的核心概念，不同于儒家指涉人间行为标准的"道"，而老子之"道"是宇宙之原理、天地之根、万物之母、万有之奥。第三，"一"也是《老子道德经》中的关键概念，其可以作为"太一"进行解释，也可以看作"唯一"，是"绝对的称呼"，是"无"的别称，是"道之异名"。第四，"无为"作为"无"延伸出来的概念，在《老子道德经》一书中也有特别重要的意义，无是万物之本，而无为则是"圣人的理想"。第五，著者认为"无知"的观念也是老子学说中的重要内容，它是关于"术数诈略"的一种说法，换句话说，是一种对于认识真理的策略之说。第六，"掊时政"，也就是对时政的批评、抨击。在《老子道德经》中，著者认为老子有指摘周朝积弊之论，有批评过时之礼仪的说法。不过，即便老子对当时的时政有所批评，但这种批判并无过激的革命意志。此外，著者还对老学的特质进行了总结，他认为老子之学与孔子之学"完全背道而驰"，老学弃仁绝义，提倡的是善恶是非一律平等、无有差别。

本书既有对老子学说的研究，又有涉及对孔子学说展开研究的部分，是著者研究儒学、道学的重要文献材料。其中涉及老子道学的部分有不少内容，颇能反映著者个人对于老学思想的独特看法。（刘金成）

# 晋南北朝隋唐俗佛道争论中之政治课题

《晋南北朝隋唐俗佛道争论中之政治课题》，孙广德著。台北：台北中华书局，1972年5月出版，分精装、平装两种。

孙广德，1929年生，山东青岛人。于1949年赴台，台湾大学政治学系暨政治学研究所教授。主要著作有《墨子政治思想之研究》、《先秦两汉阴阳五行说的政治思想》（博士论文）、《清末民初的民主思想论集》等。

本书将儒者与道、佛二教之间的争论，分为若干问题，并以之为中心，作为全书内容之架构。是书共计七章，首章绪论，说明佛教传入与道教成立之始末，介绍六朝隋唐道、佛二教盛行的状况及其原因（权臣篡窃、战乱频仍），并分析二教教义及儒家之思想。第二章伦理问题，针对儒者、道士以"孝顺父母""蓄养妻子"两问题向佛教徒展开质疑，而对佛教徒进行辩驳的历项争论进行述评。第三章君臣关系，分析东晋成、安二帝时及唐初高祖、太宗、高宗三世的争论，前者即着眼于沙门对王者是否应加以礼敬，后者则为高祖时，太史令傅奕上奏废佛僧及高宗制敕沙门致拜所引发之议题。第四章华夷之辨，探讨华夷思想影响下的儒者与道教徒，面对佛教展开之争论情况。第五章其他课题，集中讨论财经、劳役、兵役等社会议题，以及佛教兴盛对于朝代强弱、朝政治乱的影响等方面。第六章历朝之毁教，稽考北魏太武帝灭佛，北周高祖、北周武帝佛道并灭，以及唐武宗灭佛之始末，并分析其原因包括华夷之防、财经问题、沙门良莠不齐、二教神职人员背离教旨等项，再说明朝廷灭佛旋即恢复的原因。第七章结论，针对这些争论现象做出较为中道的归结。

综观本书，著者引用南朝梁僧祐《弘明集》、唐释道宣《广弘明集》及清严可均所辑《全晋文》《全梁文》《全北周文》《全隋文》等文献，并参酌史书及前行著述，进而以争论问题作为各章架构，皆可见其用心。且著者更能在20世纪80年代初期即认识到"一般皆以为道教创于张道陵，实则张道陵之前已有道教之雏形"。并举秦代茅蒙、西汉三茅君、东汉于吉等证据，虽未能直接举出将道教创始系于"祖天师"张道陵系刘勰等奉佛文人的后出诋毁之作的证据，但亦可得知著者系兼备史识与史德之学者。（李建德）

# 三教蠡测

《三教蠡测》，吴耀玉著。台北：新文丰出版公司，1976年6月出版。

吴耀玉，早年修习哲学，后任教于大专院校，深研儒释道三家之学。

《三教蠡测》一书乃著者基于三教合流、相资汇通之立场，回应现实世态炎凉、尔虞我诈横流，欲整世风，唯有发扬三教之旨，取长补短，立正教息邪说，力挽狂澜，期以谋求世局之安定和平。然以三教义理渊博，挂一不免漏万，故是书强名曰"蠡测"，实亦著者一片赤子真诚之谦逊说辞，盖本书博大精深，于儒释道三家之历史源流、义理宗派与实践工夫，皆有悉备之阐析，更有佛道、儒佛合参并三教相资相辅之论，皆显其自得之见也，颇有可观。

本书共分五篇，含绪论、结论部分共计16章。

绪论，共计三章，阐述中国古代思想文化源流，以及三教各自发展合流之概况。三教合流之势，滥觞于西汉，融会于魏晋，浩瀚于隋唐。隋唐以后，三教合流灌溉中国文化园地，呈现一番新气象。道家之丹鼎派可名曰新道学，儒家之宋学可名曰新儒学，佛家之大乘教可名曰新佛学，三者相激互荡，共同促进中国思想文化发展之欣欣向荣。

第一篇道家概论，共计四章，第一章首述道家之得名与范围，对于道家之名称及其学术范围做出明确之定义。第二至三章分述老庄哲学思想、方士文化与丹道修炼与各派简介。

第二篇佛教概论，共分五章，第一至三章阐述佛教思想之历史源流与发展，从原始佛教、部派佛教及至大乘佛教之兴起。第四章则依佛陀观、菩萨观、涅槃观、真如观阐析大乘与小乘之区别。第五章则概述中国佛教十宗之历史与教义。

　　第三篇儒家思想概论，共分七章，第一章略述儒家之由来及其道统。第二至七章则分述周儒、汉儒、唐儒、宋儒、明儒、清儒之历史发展及其主要代表人物与学派之义理与文化影响。

　　第四篇、第五篇乃著者在前述理解三家思想文化之基础上，秉持会通之立场分述道佛合参与儒佛合参。三教虽各有宗旨，各有归趋，然其教理、仪式有不谋而合者，亦有相资互润者，基于敬异爱同之怀，存异求同而有合参之论。

　　结论总结全书，提出儒道佛三家合参之论，指出"养心""培德"与"力行"为三家共法。儒曰独善其身兼善天下，佛曰上求菩萨下化众生，道言内圣而外王，三家所言修己治人之方，不出养心、培德范围之外。养心为三家所重，儒曰正心、佛曰明心、道曰炼心，名异实同。修心莫如养心，治人莫如培德，养心为培德之本，养心培德非徒空言，皆以力行为要。（刘见成）

# 儒佛道之信仰研究

　　《儒佛道之信仰研究》，杜而未著。台北：台湾学生书局，1977年初版，32开。

　　杜而未，早期的台湾地区人类学者兼神父，曾任教于台湾大学人类学系，从民族学中的文化传播论角度，论证古代中国的宗教起源及流传，取材以神话为主，主张中国古代的宗教皆为月神崇拜神话的变形，甚至天、道、帝等也是月亮神话的转形，因此儒家中的上帝、老子及庄子中的道等皆是月亮神话的变形。

　　本书共三编，总分为44章，每章篇幅短小。上编儒家之信仰对象，下列13章，分别为尚书的天帝、诗经的天帝、易经的天神、论语的天帝、对天帝的误解、天上神与土地神、特论土地神、关于灵魂、驳胡适论灵魂、帝所与幽都、易经的神道、新儒家论太极、天无形体论。其中一篇附录为史前大神原无形像。主要论及《尚书》《诗经》《易经》及《论语》中的天帝、天神观念，兼论及土地神及儒教之灵魂观念。中编佛教之信仰对象，下分13章，分别为印度大神及其演变、特论梵天帝释与佛陀、论无常与无为之常体、因缘论、佛教的基本问题、灵魂问题、阿怛摩泛神之错谬、黎俱吠陀中之阎王、大黑天、号称金刚的诸神、地狱、乐土、印度与月宫传说。附录常存之本体论。此编主要讨论印帝天神的演变、因缘论及佛教对灵魂的讨论。下编道教之信仰对象，下分18章，分别为道家与天神、道的原意、元始天尊、玉皇之形成、玄天上帝、土地庙与土地公、雷公、太阳太阴、南斗六司北斗九皇、郑玄原义、魂的传述、轮回与涅槃、仙境乐土、所谓成仙方法、地狱、地藏及十王、三教合一说、儒佛道信仰对照表。附录为拜拜种种。此编讨论道的原意、天尊的形成、玉皇的形成及杂论雷公、太阳太阴诸神。三编分别讨论三教之信仰对象。

本书认为儒家的宗教是直承原始游牧文化的天神信仰，简洁而高尚，儒家中亦有许多神，但都受到天帝管理。佛教与道教诸神皆与原始的农业文化相关，而且都有尊卑之别。三者都属于泛神论的宗教体系，但佛教又不欲承认有神。本书即依此研究三教的自然神学，自然神学可分教律、修行及教义三种体系，儒家非宗教，又无教律，佛道有教律及修行指导，而本书所欲讨论者实为教义神学。

本书所欲讨论的教义乃是神及灵魂的问题，例如三教的神的属性为何、人是否有灵魂、典籍中如何解释、人之身后是否有所谓的乐土或冥狱等。著者认为这一切都与月亮神话有关，月亮神是全人类的共通神话，在中国南方及印度都有这种月亮神话的传说，因此，儒佛道之中颇多月亮神话与宗教的结合。全书依此义而展开论述，著者其他相关著作亦都以月亮神话来解释中国的宗教、神话及传说等。（蓝日昌）

# 三教新论

《三教新论》，褚柏思著。台北：新文丰出版公司，1981年9月初版，32开。

褚柏思，1909年生，号佛林居士，历任北平北方日报总编辑、南京军事新闻通讯社总社长、华中军政公署政务委员。后因战乱转赴越南，始研读三教典籍，尤注重于佛教典籍。

本书分三卷：儒教新论、道教新论、佛教新论。其中，儒教新论下分七单元：总论、儒教试论、儒教再论、儒教哲学论、儒教行法论、儒教的文化与生活、儒家的人格修养与人生境界，讨论儒教哲学、儒家对人格修养的关注与所欲达成之人生境界。"道教新论"下分四单元：道教新论、老庄与道教、道家的修养与境界、道家的健康长寿之道，讨论老庄与道教、道教的修养境界问题。"佛教新论"下分九单元：佛教概论、原始佛教论、小乘佛教论、大乘佛教论、人间佛教论、禅宗与禅宗学新论、佛禅人物的圆成及其风姿、佛家的健康长寿之道、成佛之道，则自原始佛教谈起，佛教各阶段的演变，禅宗的出现与佛教的健康长寿之道。

　　本书虽称三教新论，实则重点在于儒家及佛教，著者自言幼时习诗书，长受新式教育，这都是儒家系统。而立之年后，才开始学习道家老庄之说，因而有归隐之志。不惑之年，侨居越南，开始思考生死问题，遂转而学习佛教，最后累积所得撰成本书。

　　著者对于道教道家的论述并不多，不过他认为传统的道教中若去掉丹鼎符箓等，接续全真派的义理，发展成天道教，与儒家的人道教配合发展，将能儒道佛各擅胜场。再者著者认为老庄虽是学术性，但其本体思想在于破我执，其用在于利生，以无为为经世之大用，老庄之学并不忘世。同时，道家虽是学术性，但被道教所攀附，且为佛教所授引，这在本质上似乎又有宗教性。按照著者的期待，若道教能发展出天道教，将可三教并衡，同时也可与天主教并立。（蓝日昌）

# 中国经纬——孔子运钧与庄子神治思想

　　《中国经纬——孔子运钧与庄子神治思想》，李克庄著。台北：中国文化大学出版部，1982年版。

　　李克庄，军旅出身，七十余岁撰述《将帅运心法——庄子与兵家之间择要》《中国经纬——孔子运钧与庄子神治思想》二书，融孔子中庸之道与庄子思想于兵学讨论之中。

　　本书由两篇构成，上篇孔子运钧论，下篇庄子神治思想。上篇分为两章，第一章仁与忠恕之道，下分两节：论仁及忠恕之道，讨论仁之意义及功用，即孔子教仁之方法及目的。第二章君子之修养，下分七节：君子之学问——大学、君子生活哲学、君子治国平天下之道归根于诚、诚之功能与运用、美国应实践中国中庸之理以征服世界等。此中以诚与中庸之道论述征战之事，论述明清之际的作战中，明败清胜之理。下篇分三章，章之前有前言，论述三皇五帝时期及战国时代的政治情形，庄子神治之方如何运于政治之中。第一章托心志于无穷之域以与天地精神往来，下分两节：逍遥游、齐物论；第二章不谴是非以与世处，下分两节：神用之方——养生主篇、臣道；第三章上与造物者游下与外死生无始者为友，下分两节：圣道、帝道。最后为总结论。

何以将孔子及庄子之道融入军战之道，此因著者出身军旅之中，亲身体会近代亚洲的争乱肇因中国的危乱，中国自顾不暇，无力保护邻邦，以致战乱不已。唯有复兴中国，中国以忠恕之道建国，积极面是己欲立而立人，己欲达而达人，消极面则是己所不欲，勿施于人。中国的精神即在于平等互惠并存，均享繁荣。因此当今之世，唯有复振孔子之道与庄子之道于中国，推之于亚洲各国，乱事方得以定。这是著者作本书的经纬。

所谓中国经纬即文经武纬之意，孔子运钧讨论战争之道，即武纬，庄子神治以论兵即文经之意。因此，本书内容实为借孔子与庄子讨论战争用兵之道。既为论政用兵之道，施政者当有三谋三略，三谋者为予人谋，予己谋及与天下谋，这是从楚汉相争论胜败之道。三略者为哲夫三略乃取天下之法，君子三略为治天下之法及圣人三略为让天下之法。有取天下之道、治天下之道，最后是让天下之道，以精神感召天下，使治天下之人皆可安心治理天下之法。

而均者钧也，钧为制器之陶轮，即今所谓制陶器之转盘，所以运钧之意谓政治家运用权力以行治化，而运使权力必需中正无私。因之，本书非仅讨论孔子之道与庄子道，实为尝试将儒道之学融入兵学之中。（蓝日昌）

# 汉魏六朝佛道两教之天堂地狱说

《汉魏六朝佛道两教之天堂地狱说》，萧登福著。台北：台湾学生书局，1989年11月初版。另有香港：香港青松出版社，2013年修订再版。

萧登福简介详见《周秦两汉早期道教》提要。

著者研究指出，中国早期有天界、冥界而无地狱。中国的冥界，在殷周之时是归"天"所管辖。在汉世，人死的归处有二，一为上天，二为入地。天界的领导者，演变到最后为西王母与东王公（玉帝），地下世界（黄泉）则划归"泰山"神所管辖。到了魏晋六朝，由于佛、道盛行，除了沿袭两汉以来中土原有的神仙思想及泰山治鬼说外，又有由印度传来的佛教天堂地狱说，以及道教炼丹成仙与北阴酆都治鬼说。因而使得六朝的冥界思想，呈现出多彩多姿的面貌。

本书分两个单元，上编叙述汉魏六朝佛教之天堂地狱说。著者考察佛教的因果轮回说系沿承自印度婆罗门教，在天堂地狱说上也是沿承印度原有说法而加以阐述。在汉传佛经中，东汉桓帝时的译经师安世高所译《佛说十八泥犁经》应是第一本地狱译经，而东汉灵帝时支娄迦谶译《佛说兜沙经》则是第一本天堂译经。

在天堂方面，研究指出佛教将天界分为欲界、色界、无色界。至东晋后的译经，三界之名才逐渐确立。三界中，又各有高低层次不同之天。境界层次越高者，天的位置距离地面越高。而各层天天人的寿命、生活方式亦各有差异。大抵来说，欲界有六天，色界有十八天，无色界有四天。而三界诸天天人虽然高居六道之首，但佛教认为三界仍是火宅，天人的寿命虽然极长，仍有生死。须出三界，证入四圣（阿罗汉、缘觉、菩萨、佛），才能免生死轮回。

在地狱方面，著者认为佛教各派的说法不一，依数目分，主要有四大地狱、八大地狱、十大地狱、十八大地狱诸说。依受苦性质分，有寒、热、边等三类。地狱的地点，或在地下，或在两山间，或在海中。地狱的王者是阎罗王。东汉至西晋前的译经称"泥犁"，西晋后的译经则大量地采用"地狱"一词。

本书下编叙述汉魏六朝道教之天堂地狱说。研究认为在天堂方面，较著者有以玉清、上清、太清为首之三天说及以郁单无量、禅善无量寿、须延、寂然、不骄乐、化应声等之九天说。其后融汇而成三清三境及三界三十二天之说。天界主宰，初期以为是老子，其后转变为元始天尊。在开天创世方面，道教大抵继承庄子、列子等人之气生万物说，以气为天地万物之始，且将气分为始气、元气、玄气三者。

地狱方面，著者认为乃由冥界转变而来。道教初期沿承中国民间泰山治鬼的观念，有泰山二十四狱之说，后又有九地土皇之九幽狱、酆都三十六狱等。此外，泉曲、十二河源及三涂五苦等处都是刑狱所在。地狱之主宰，则由早期的泰山、九地土皇，最后演变为酆都北阴大帝。佛、道两教相互交融，到了唐代形成了地狱十王说。地狱十王成为佛、道二教的冥界地府主神，佛、道二教的地狱说则基本上为十王所统合了。（林翠凤）

# 道教星斗符印与佛教密宗

《道教星斗符印与佛教密宗》，萧登福著。台北：新文丰出版公司，1993年4月版。

萧登福简介详见《周秦两汉早期道教》提要。

星斗崇拜，是道教思想科仪主要特色。道经中常见星神主宰生民祸福吉凶之说，如北斗注死，南斗注生，东斗主人算纪等。道徒之禹步踏罡，仿自北斗七星。道教符印之文，常刻绘星斗之形及篆书。道士吸取日月精气，观想星神口吐云气，进入修行者身中，用以修仙证道。以二十八星宿来与地上之郡国相配，占卜人事吉凶，逆料未然。以供养北斗及本命宿，来禳灾解厄，治病延生。这些都说明了星斗崇拜与道教有极密切的关系。

著者指出，道教以符、箓、咒、印为仙圣高真之语言文字及信物。符为天上神仙所使用之文字，咒为仙圣要语，箓为鬼神名册，印为征信凭证。以其皆出自于天上之仙圣大神，因而可以命令小鬼神，要其依令行事。且借由天上大神的力量，可用以除妖、灭魔、驱鬼、治病，进而修道成仙。星斗崇拜与符箓咒印，形成了道教思维的主要架构，也深入了中土人民心中，成为民俗与文化的一部分。佛教传入中国后，颇受中土文化的影响，再加以中西方文化交流，佛经中也常出现中土宅第风水、星占吉凶诸说，密宗其起也晚，受中土风习及道教影响更深。

著者研究认为，在星神崇拜上，道教的贪狼、巨门、禄存、文曲、廉贞、武曲、破军、外辅、内弼、天相、天梁、天枢、天机等等星神名讳，不仅出现在密教典籍中，被认为主人生死祸福，用以禳灾解厄，除死籍，注生籍，同时，道教的北斗七星神，也被视为佛菩萨之化身。再者，黄道附近，吾人所常见之天上诸星群，中土将其中较为主要者归纳为二十八宿，西洋则将之归为十二星座，两者在群星的归属与划分上，有极大的不同，不能混为一谈。但密教典籍中，却常将两者牵合为一。著者析道，二十八宿原为中土产物，而密教则将二十八宿拿来与一个月三十日循环相配，并且杂取中土汉代王、相、休、废、囚、死、建、除、满、平、定、执、破、危、成、收、开、闭等五行生克观念，来占卜时日吉凶，禳祭星神。这些都可以看出佛教在星神崇拜上，深受道教的影响。

在符箓咒印方面，著者谓密教除了直接袭用道教神符和印篆之形制外，并将咒语以朱砂、雄黄书写于纸帛器物上，或佩戴，或张贴，或吞服，其作用与道教之符箓印不异。又密教常诵咒加持五色丝，结成咒索，再系于臂上、手上、腰上、身上，用以避鬼治病。其规制疑由道教神符有以启之，也殆亦沿袭《风俗通》所载汉代习俗"五月五日以五彩丝系臂者，避鬼及兵，令人不病瘟"而来。此俗唐、宋时，中土仍盛行之。

本书为著者研究佛道二教相互关系之系列著作，书中所引用之佛经道经，除敦煌写卷外，大都为《大正新修大藏经》及《正统道藏》二书所收者。（林翠凤）

# 道教与密宗

《道教与密宗》，萧登福著。台北：新文丰出版公司，1993年版，32开。

萧登福简介详见《周秦两汉早期道教》提要。

本书为著者《道教术仪与密教典籍》一书之导论，由此引出结集成书，书分上、下篇。上篇《关于密宗》分成两章，第一章密教源起及密教无上瑜珈与印度坦特罗派、中土道教房中导引之关系，第二章密宗之金、胎两界大曼荼罗，这两章是介绍密宗的起源及发展。下篇道教与密宗，共分14章，分别从密宗曼荼罗与道教宫观、道坛的关系，二者术法中皆重视童男童女，道教符箓对佛教密宗的影响，道教潠水、叩齿、咽津、药饵、辟谷、食气、黄白冶炼、称名启清法、灵签占卜、宅葬吉凶对密教的影响，道教术法中的剑与镜、巫蛊、人偶、存思法、神祇名讳与禁忌习俗等与密教的关系等方面介绍。

佛教的发展自释尊涅槃之后，历经原始佛教、部派佛教、小乘佛教、大乘佛教时期，大乘佛教阶段又发展出不同的体系如般若学、法华学、华严学、摄如等，密学是大乘发展的最后阶段。密学结合了原始印度信仰而注重咒语曼荼罗、仪轨等，与初始佛教已有很大的不同。

著者认为六朝唐宋之间不少佛教经论受到道教的影响，甚至是直接抄袭道教经典者，在敦煌藏书中可找到相对应的佛经。在吐鲁番出土文物中，也可见到道教桃人木牌作为镇守墓舍之用，可见道教透过丝路传进印度的可能性不可排除。因此，六朝唐宋的梵本中出现道教的相关词语及概念也不难推论了。这些有道教观念的佛教梵本有些是受到道教影响者，有些是译者进入中土后杂取中土事物加入者，有些则是为取信中土百姓而杜撰梵文者，其状不一，无不受到道教的影响。此中尤以密宗为甚。

著者认为密教的修行方式及仪轨等部分延自印度婆罗门教，有些则是受到了道教的影响。道教的星斗崇拜、风水宅第、符水咒说、书名上奏、增减算纪、司过之神记人善恶等观念及词语也常出现在六朝唐宋的多家经论中。而佛教中受中土道教影响最显著者为密宗，密宗的曼荼罗、符水咒说、莲轮、明王明妃阴阳双修等皆可在道教中找到相对应之处。

然而这些掺大量道教术语的佛经向来被认为是疑伪经典，佛教界并不认为梵本有伪，只有译本有伪，确切的伪经为中土人士所作，译者不明的被列为疑经系列。敦煌藏经中的写抄经也有不少是伪造的。当著者在论断这些大量使用道教术语的经典时，恐需先解决这问题。（蓝日昌）

# 道教术仪与密教典籍

《道教术仪与密教典籍》，萧登福著。台北：新文丰出版公司，1994年3月出版，分精装、平装两种，32开。

萧登福简介详见《周秦两汉早期道教》提要。

本书由自序、凡例、第一篇《大正新修大藏经》第十八册密教部一所见受道教术仪影响之佛经、第二篇《大正新修大藏经》第十九册密教部二所见受道教术仪影响之佛经、第三篇《大正新修大藏经》第二十册密教部三所见受道教术仪影响之佛经、第四篇《大正新修大藏经》第二十一册密教部四所见受道教术仪影响之佛经、第五篇《卍续藏经》所见受道教术仪影响之佛经、第六篇敦煌写卷所见受道教术仪影响之佛经及跋组成。

著者在自序中提到，佛经中常发现杂取中土习俗及道教思想名相以撰写成经，且唐代密典中亦颇有取自道教术法以成其说的现象。因此，本书遂透过梳理《大正藏》《卍续藏经》及敦煌出土佛经中的密教经籍，将其中受道教影响的经文文句加以摘录，并论述其中道、密之关系。凡例则说明本书撰写时之体例，如对重出经籍、多种译本，一般仅列出一种等。

著者指出，在第一篇中，包括唐代善无畏、一行共译的《大毗卢遮那成佛神变加持经》在内，《大正藏》第十八册"密教部一"共有18种密教经典受道教影响；在第二篇中，包括唐代金刚智所译《药师如来观行仪轨法》在内，《大正藏》第十九册"密教部二"共有21种密教经典受道教影响；在第三篇中，包括唐代不空所译《千手千眼观世音菩萨大悲心陀罗尼》及玄奘所译《十一面神咒心经》在内，《大正藏》第二十册"密教部三"共有37种密教经典受道教影响；在第四篇中，包括唐代一行所述《梵天火罗九曜》在内，《大正藏》第二十一册"密教部四"共有69种密教经典受道教影响；在第五篇中，包括唐代义净所译《佛说天地八阳神咒经》在内，《卍续藏经》共有14种密教经典受道教影响；在第六篇中，包括达多罗、阇那崛多等所译《佛说三厨经》在内，敦煌出土文献至少有23种密教经典受道教影响。亦即，《大正藏》《卍续藏经》及目前敦煌已出土文献中，至少有一百八十余种经籍，在内容、行文、思想、术仪等面向，一定程度地受到六朝至隋唐的道教影响而成。

兹举第四篇所收宋代天息灾译之《佛说大摩里支菩萨经》为例，本书认为，该经受道教影响较显著者，在于绘塑人形书写姓名，以橛钉之，用以灭怨、降敌、招魂、使人敬爱，以及用药饵念咒，进而隐身变化、治病延寿等。但道教所用药物，多为植物、矿物，此经所用则多为动物血肉及其身垢秽，如猪左耳血、猫身垢腻乃至男女死尸烧制之灰，而此经作法所用器物、供品，则为人骨、尸肉、尸衣、人及牛马血、髑髅、毒药、酒肉等，以中土观念而论，较为酷恶不仁，且亦不符佛教所言之"慈悲心""智慧性"，反而易增长修法者或行持者内心的愚痴。

透过本书，可以得知唐代密教"三大士"及玄奘等僧众所译经典，很大程度受道教影响，有助于吾人了解六朝以来道教、佛教、密宗经籍之间的渗涉关系，由是，可知本书在学术、宗教等方面，皆有极高的价值。（李建德）

# 道教与佛教

《道教与佛教》，萧登福著。台北：东大图书股份有限公司，1995年10月出版，2009年9月增订二版，32开。

　　萧登福简介详见《周秦两汉早期道教》提要。

　　本书之增订版共分七章，第一章道教坛法科仪对佛教的影响，先论述中土儒家、道教讲经制度对汉传佛教的影响，再就道教坛场及其仪式、禁忌立论，分析其对汉传佛教与密宗曼荼罗的影响；第二章道教信仰、习俗、方术对佛经的影响，依次就道教之星斗崇拜、课择吉凶、符印法箓、建宅安葬、卜问灵签、辟谷食气、药饵冶炼、房中方技、节庆习俗等项立论，分析这些方面对汉传佛教经籍、密宗法门的影响；第三章道家道教哲理思维对佛教的影响，论述老庄思想对佛教禅宗、《大乘起信论》《大乘玄论·佛性义》《金刚錍》的影响，并讨论道教《太极图》与佛教唯识学、禅宗的关涉；第四章道教司命司禄系统对佛教检斋及善恶童子说之影响，先稽考道教司命神的演变及其记录善恶之簿籍、核阅世人功过日期，并论述道教司命神系、庚申习俗对佛教的影响；第五章道教十二兽、十二神与佛教十二药叉神将，先就十二兽之形成加以考证，进而分析十二兽与道教三十六禽、十二神（登明、神后、大吉、功曹、太冲、天刚、传送、小吉、胜先、太一、从魁、河魁等汉代栻法之占用神）、十二将（天乙、螣蛇、朱雀、六合、勾陈、青龙、天空、白虎、太常、玄武、太阴、天后等六壬占法用神）之关系，再就六朝至宋代佛经所载之十二兽、十二药叉（宫毗罗、伐折罗、迷企罗、安底罗、頞儞罗、珊底罗、因达罗、波夷罗、摩虎罗、真达罗、招杜罗、毗羯罗）、十二因缘加以比较，讨论佛典十二兽、十二药叉袭用中土十二兽、十二神、十二将之痕迹；第六章道教中元节对佛教《盂兰盆经》及目连传说的影响，先考述道教中元节之由来，再就中印历法、道佛节庆、家庭观念、救赎方式、孝亲观点、行文用语、袭用经典、习俗、文献依据等面向，考证《佛说盂兰盆经》之晚出与真实程度，进而考述汉地历代中元节庆与目连救母故事之衍变；第七章道教血湖地狱对佛教《血盆经》的影响，先论述道经所载之血湖地狱及其成因，再说明道教血湖对佛教《血盆经》之影响。

　　总的来说，著者透过扎实而全面的考证功力，呈现汉传佛教受到中土道教极大程度的影响，对国人实具有发聋振聩之效，在体现"我固有之，非由外铄"的中华文化方面而言，本书亦具备极高的学术价值。（李建德）

# 道家与禅宗

《道家与禅宗》，李霞著。合肥：安徽大学出版社，1996年6月第1版，32开，215千字。

李霞简介详见《生死智慧：道家生命观研究》提要。

本书共为三部分，第一部分为前言，著者对道家与禅宗的比较如何可能，两者之间的异同，本书的创新之处，以及研究方法等做了简要的介绍。第二部分为正文，共十章（含结语）。第三部分为主要参考书目。

第一章道禅源流与关系概述，著者对佛道两家的发展历程及两家在理论上的契合性进行了梳理与归纳（如在本体论、认识论、解脱论等方面进行了比较）。

第二章道家与禅宗的中心范围——道与心，著者在分别论述老庄的"道"与禅宗的"心"之含义的基础上，比较了两者的异同。其同，如"道"与"心"皆具有自然的特点；其异，如"道"是玄妙高深的，而"心"则是平实的。

第三章道家与禅宗的宇宙论——道本论与心本论，从生成、本质与现象及体用三个层面分析了道本原与心本原、道本论与心本论、道体论与心体论的异同。如在本质与现象上，两者之异在于：玄学改变老庄所强调的两者统一性而突出了本质、贬低了现象，故有"崇本以息末"的主张，而禅宗则始终强调两者的和谐统一。又如在体用关系上，其异在于：道家从相生的关系上强调两者的统一，而禅宗则从相即的关系上强调两者的统一。

第四章道家与禅宗的认识论——以心观道与以心悟心，在分别论析道家与禅宗的认识方法的基础上比较了两者及其与现代直观思维的异同。著者认为道家的"观"与禅宗的"悟"，从思维方法上说，两者并无本质的区别，均有直观性、突发性和会意性的特点。这三个特点是与现代直观思维的共同之处，其不同之处在于：对象不同：前者为精神后者为客观对象；认识基础不同：前者不需要知识的积累后者则以知识积累为基础；追求目标不同：前者是实现自我超越后者是追求客观真理。

第五章道家与禅宗的会意论——得意忘言与不立文字，著者分析了道禅会意论的理论依据、主要内容及其异同。本质相同形式不同，如道家心应意致的体道传道方式表现出虚宁平静性，而禅宗以心传心的传法方式则表现出洒脱活泼性，但实质是一致的，都重在传"心"。

第六章道家与禅宗的真理论——是非无定与以心印心，著者主要比较了两者真理观的异同。两者皆否定了事物之间的差别性而肯定统一性，但两者的基础是不同的，道家虽然否认了事物之间的差别性但仍然承认了事物的客观存在，而禅宗则否认了其客观存在。

第七章道家与禅宗的人生论——傲世成圣与顺世成佛，著者认为尽管道家与禅宗在人生态度与处世原则有不少差异（如道家讲无为，禅宗讲有为；道家讲用智，禅宗讲无心；又如道家傲世，超越社会现实而与现实社会相冲突，禅宗则追求与社会和谐统一），但最终的归宿是一致的，即追求超世的境界。

第八章道家与禅宗的修养论——寡欲坐忘与净心无住，在分别阐述道禅两家修养论的基础上（如道家的修养方法有"寡欲""坐忘"、禅宗的有"三无"）比较了两者的异同。其同在于：皆强调"净心"及守住"本性"；其异在于：道家对外境的态度在于"忘"，而禅宗在于不执着；修养原则不同：一者是尊道贵德，一者是直心常行。

第九章道家与禅宗的解脱论——逍遥与自由，著者主要比较两者解脱论的异同。其同在于：两者在解脱之意蕴、途径（超越分别）、境界（自由与逍遥）上是基本一致的；其异在于：在与现实生活、政治的关系上是不同的，前者与现实生活、政治相脱离，而后者则与它们相协调。

"道禅思想对中国传统文化发展的影响"作为结语，从理论思维、民族心理及对民主意识的影响等方面论述了道禅思想在中国传统文化发展上的影响。

本书比较系统和全面分析了道家与禅宗思想的异同，对推进中国哲学的研究起到一定的作用，但书中有不少说法则值得进一步商量，如把老子的"道"作"精神"解，又如认为禅宗的"心"之自由说始于东山法门，还如玄学在体与用、本质与现象的关系上是否如著者所说存在肯定体与本质而轻视用与现象呢？以王弼而言，他既有"崇本息末"的主张又有"崇本举末"的说法，这表面上看起来矛盾的说法，实际上就是强调本质与现象、体与用的对立统一关系。（张培高）

# 道佛十王地狱说

《道佛十王地狱说》，萧登福著。台北：新文丰出版公司，1996年9月出版，分精装、平装两种，32开。

萧登福简介详见《周秦两汉早期道教》提要。

本书由黄序、自序、第一篇导论、第二篇六朝时期受道教影响所见地狱中土化的佛经、第三篇唐代受道教影响所见地狱中土化的佛经与地狱说、第四篇佛教地狱中土化的终结者——宋代及两篇附录"流行于日本的十三王说：《真言引导要集便蒙》卷六《十三佛本说问答》"及"日本学者《十王经》方面的研究，兼论两种《十王经》的撰作年代"、参考书目、跋构成。在著者跋文之后，另附卿希泰教授、日本密教学者稻谷祐宣法师分别于1994、1995年寄赠之论学书函，以及稻谷祐宣对著者《道教与密宗》《道教星斗符印与佛教密宗》《道教术仪与密宗典籍》三书所撰评介和《密教と道教の比較研究の現状》一文。

黄序由著者就读台湾师范大学国文学系时的老师黄锦鋐教授所撰，指出地狱说传入中国后，深受本土习俗影响而改变，但在著者撰述之前，较少通盘论其影响者。著者在自序中，则对于地狱说传入前后，中国历代对于冥界观的流变，先做了简要的梳理。

本书第一篇导论，先分别论述中国本有的冥界观念与印度佛教地狱说的演变过程，再梳理汉末六朝逐渐转型本土化的佛教地狱观、唐代正式开始本土化的佛教十王地狱说以及宋代定型的本土化佛教地狱说。第二篇六朝时期受道教影响所见地狱中土化的佛经，指出西晋竺法护所译《佛说盂兰盆经》以及六朝《佛说灌顶拔除过罪生死得度经》《七佛八菩萨所说大陀罗尼神咒经》《问地狱经》《佛说决罪福经》等，皆受到道教影响而促使佛教地狱说法本土化，并分析敦煌出土的《佛说净度三昧经》《佛说提谓经》等写卷中的道教思想、传译情形与增补、校订情况。第三篇唐代受道教影响所见地狱中土化的佛经与地狱说，针对唐代藏川所述《佛说地藏菩萨发心因缘十王经》《佛说预修十王生七经》等两种佛教《十王经》的地狱说、道教思想展开分析，并说明唐代的《佛说长寿灭罪护诸童子陀罗尼经》《焰罗王供行法次第》《佛说寿生经》等，同样是受到道教影响而促使唐代佛教地狱说本土化的经典。第四篇佛教地狱中土化的终结者——宋代，则分析《玉历至宝钞》的撰作年代、著者考证、地狱观、罪魂显示的社会结构与社会活动情形。尤其在卿希泰教授的信函中，更赞誉著者此前著作"系统地阐明和揭示了佛教的许多经文，是受道教影响而成，甚至是直接抄袭道教经典而来，资料翔实，言之成理，持之有故，澄清了历史事实，大长了我中华文化学术的志气"。而稻谷祐宣法师的书函与书评，亦多为切中肯綮之语，可见对于有识之士而言，学术真理并不会因为彼此信奉宗教有别而遭受蒙蔽。

由是可知，著者前揭著作及《道佛十王地狱说》等书，在"辨章学术，考镜源流"方面，具有极高的贡献，且更可使学界、教内同道及社会上的一般常民大众，皆能了解"地狱"初始虽由外铄，但经过历代道教的影响，现今中华大地所熟知的"地狱"，在基本义理、神系结构、祭祀日程、彰瘅劝惩等方面，却是"我固有之""自家体贴出来"的系统。若能悉心阅读这些著作，观念则不会受到外界以讹传讹式的误导。（李建德）

# 谶纬与道教

《谶纬与道教》，萧登福著。台北：文津出版社有限公司，2000年6月出版，16开，系该社"文史哲大系"之一种。

萧登福简介详见《周秦两汉早期道教》提要。

本书共11章，第一章导论——谶纬源起，先分析谶、纬之义界与面世年代，再对两汉的谶纬成书先后作系连，进而分析元、明至今的谶纬辑佚成果，并就谶纬沿承先秦子书、两汉经说与子书之现象及谶纬相互抄袭的成果进行考订。第二章汉纬及古籍中天地生成、天人感应说与道教之关系，分析汉代谶纬呈现的宇宙生成说、生命形成观、天人感应理论，并就这些思想对道、佛二教之影响加以梳理。第三章古籍、谶纬所言天界情形与道教九天说之关系，对于汉代典籍、谶纬叙述的天地距离、天帝宫廷配置加以分析，并就道教灵宝派"九天"与周代以来的"九天"进行比较。第四章两汉谶纬中之五天帝与道教五老五帝说，分析谶纬中的五方天帝、分具神格与人格的三皇异说，并说明"五帝子"与孔子在谶纬中的感生神话，再就道教对谶纬中三皇、五帝诸说的容受与转型现象加以分析。第五章古籍、谶纬阴阳五行说与道教之关系，分析先秦古籍、两汉谶纬所载阴阳五行之说，并讨论这些观点对道教的影响。第六章两汉谶纬书中北斗说与道教北斗崇拜之关系，旨在讨论谶纬记载的北斗诸星神名讳与职司对道、佛二教之影响，并梳理谶纬呈现的北斗对帝王执政良窳的反映。第七章谶纬、古籍所见昆仑、幽都与道教之仙鬼世界及生死寿命说，先说明古籍、谶纬中的昆仑山与道经中的昆仑、玉京山之差别，再梳理谶纬、古籍中记载人死后前往的世界，并讨论这些资料对于汉代以后道教经典的影响，进而论述谶纬中职掌记录人之生死、寿夭、善恶的神灵。第八章谶纬及古籍中所见道教神祇名讳、术与道教经书，论述谶纬记载的道教神祇名讳、灵鬼事迹、方术与经典之内容。第九章六朝道佛二教谶记中之应劫救世说——论李弘与弥勒，梳理六朝道、佛二教提出的李弘应劫济民、弥勒出世成佛的预言谶记，以及民间依附这两种说法而发生的民变。第十章从两汉谶纬看道佛二教之谶记预言书，对汉代的预言谶记、道教重要的谶语及典籍，以及佛教的预言书加以胪列，并进行述评。第十一章台湾现今社会中所见宗教方面的预言灾疾谶记书，对当代台湾地区透过扶乩或其他各种方式"著造"而成的宗教预言加以介绍。另有十篇附录，依次为《推背图》《乾坤万年歌》《马前课》《孔明碑记》《藏头诗》《梅花诗》《透天玄机》《烧饼歌》《金陵塔藏碑》及《黄檗禅师诗》。

透过本书的论述与考订，吾人当可了解两汉谶纬对先秦、汉代典籍与治经大儒诸说的承衍现象，并可推测其师法家学之授受渊源；更可得知六朝上清、灵宝两派经典所载的存思、身神、坛仪等项。由是，则本书对于六朝道教文献辨章学术方面的启迪，是极为可观的贡献。（李建德）

# 儒道关系视野中的朱熹哲学

《儒道关系视野中的朱熹哲学》，孔令宏著。台北：中华大道文化事业出版部，2000年版，2册，精装，25开。

孔令宏简介详见《中国道教史话》提要。

本书分上、下篇，上篇为朱熹与道家、道教关系的史料及其分析，下篇为朱熹哲学对道家哲学和道教义理的吸收改造。上篇以五章自成一册，第一章背景，第二章朱熹对周敦颐道学的继承与创新，第三章朱熹对邵雍道教先天易学的改造，第四章张载和二程渊源与道家道教的思想对朱熹的影响，第五章三教合一中朱熹对佛道的不同态度。下篇以五章自成一册，第六章理体论，第七章物体论，第八章性体论，第九章心体论，第十章境界论。上篇前有序言及导论，下篇后附《道体儒用的阳明哲学》一文。

著者认为宋代思想史虽倡三教合一，但儒家终与道家较为接近，道家与道教需一体看待，宋代新儒学代表人物自周敦颐以下与道家道教关系向来密切，周敦颐的太极图说渊源于易，但又授自道士陈抟，邵雍研究《易经》中融合了张载的气论，这都说明了宋代儒学初始便与道家道教之学关系匪浅。作为宋代儒学集大成者的朱熹亦复如是。朱熹汇合了自唐以下以儒融道及以道融儒两股潮流，并以之建立起自己的理论体系。大体说来，朱熹因道教内丹之学而涉及周敦颐，进而涉及邵雍，研究《易经》而统一先天学和太极图说，建立起自己的理论核心框架，引入张载的道家气论，进而与二程的本体论结合，进一步融入人伦社会观念，从而成就其理论体系，故而下册从理体、物体、性体、心体、境界等五项着手，分析道教道家哲学如何影响朱子思想体系。

如著者所言，对于宋代思想史的研究，向来重视儒学与佛教的关系，而对道教与儒学的关系，虽知如太极图说与道教颇有渊源，但向来研究者较少，一者对宋代道教的研究注重于内丹之学，但其如何影响儒学，则语焉不清；二者道藏资料繁杂，从道藏入手者，向来专注于道教的研究，而少探讨道教对儒学的影响。因此本书以一册抉发与朱熹相关的道教及道家的资料着手，另一册则论述道教道家的思想如何影响朱熹思想中的本体论等。（蓝日昌）

# 宋明理学与道家哲学

《宋明理学与道家哲学》，陈少峰著。上海：上海文化出版社，2001年1月第1版，32开，189千字，系"道家文化研究丛书"之一种。

陈少峰，1964年生，福建漳浦人。北京大学哲学系教授、博士生导师，主要著作有《文化的力量》《企业家的管理哲学》等。

宋明理学是在结合经学、佛学和道家道教思想的基础上发展起来的，儒学思想是其主要内容，佛学和道家道教思想是其重要思想渊源和组成部分。近现代以来，在理学与道家道教哲学的关系之研究上，学界虽不乏其人，但以往的研究要么是涉及性研究，要么是以论文形式就某个或某几个理学家的思想展开研究（如柳存仁的《王阳明与道教》等），"尚未有对这一专题进行整体的资料整理并撰述概观性把握的著作"，因此可以说本书是国内较早系统研究道家道教思想对宋明理学如何产生影响的专著。

本书由八部分组成：一、道家文化研究丛书总序，由汤一介先生撰写。二、导论。首先，对理学的动机、目的及其与道家的关系做出了概述性的说明；其次，分析了本主题的研究意义与重难点；最后，叙述了本书的结构、内容及其创新之处。三、第一章概述。从师传、思想文献资源，概念、哲学结构异同及方法论的异同三个方面概述了道家道教对宋明理学所产生的影响。四至六、第二章理学创始时期诸子与道家哲学，第三章程朱与道家哲学，第四章心学与道家哲学。这三章分别分析了理学创始时期的代表人物（周敦颐、邵雍、张载）、程朱代表人物（二程、谢良佐、杨时、游酢和朱熹）和心学代表人物（陆九渊、陈献章、王阳明和王龙溪）与道家哲学的关系。七、附论。分别分析了戴震、日本江户时期的学者及熊十力对理学与道家哲学之关系所做的分析。八、后记。

虽然书名为《宋明理学与道家哲学》，但实际上，著者侧重分析道家道教哲学对宋明理学的影响。

通过著者的研究，宋明理学家是如何吸收道家道教思想的，这一问题得到更为明确的分析，著者认为实际上无论从小程自己所说的话还是从其思想上看，小程不仅有高度评价老庄之语而且其思想也受道家道教思想的影响（如理之自然便是吸收了王弼的"无物妄然，必有其理"的思想等）。（张培高）

# 朱熹哲学与道家、道教

《朱熹哲学与道家、道教》，孔令宏著。保定：河北大学出版社，2001年4月第1版，32开，275千字，系"河北大学博士文库"之一种。

孔令宏简介详见《中国道教史话》提要。

本书是著者的博士论文，共由13部分组成。第一部分为出版社的出版说明，介绍该文库成立的缘由与目的。第二部分为序言，由李锦全先生撰写，对选题的意义、著者写作的经历及其主要观点做了简要的介绍。第三部分为前言，简要介绍了研究的意义及创新之处、论题成立的可能性、研究的方法及主要内容。第四至十一部分为正文，其中第一至二章为上编，第三至七章为下编，最后一章为结语。第十二部分为主要参考书目，第十三部分为后记。

第一章北宋五子与道家、道教的关系，首先简要介绍了朱熹所面临的社会思潮（三教合一）及任务（北宋五子未能建立超越佛道的理论体系），其次分别介绍了北宋五子与道家、道教的关系。如周敦颐、邵雍的易学思想皆受到陈抟的影响。又如认为二程的修养方法也受其影响。

第二章朱熹与道家、道教的不解之缘，阐述了朱熹早年的求道经历和晚年对道教经典的注释（注《阴符经》与《周易参同契》），道家、道教对朱熹思想影响及朱子对佛道的评价（重道轻佛）。

第三章理体论，在追溯"理"范畴形成的基础上，主要论述了道家、道教的"道"与朱熹的"理"的区别与联系（道或理本体之地位的相同而具体含义的不同）。

第四章物体论，主要探讨了朱熹的格物穷理思想的形成渊源及与道家、道教的异同。

第五章性体论、第六章心性论、第七章境界论，分别探讨朱熹的心性论、工夫论及境界论如何受到道家、道教影响及其异同。如著者认为性二元论是由张伯端提出来的，经张载、二程进而影响到了朱熹，又如著者认为《中庸》首章成书于《庄子》之后并深受道家的影响，且与孔、孟思想差别甚大。朱熹的中和新旧说皆受到道家、道教的影响。张载因受道家、道教的影响而提出了"心统性情"，进而影响到了朱熹。

最后一章结语，第一，总结与分析了朱熹哲学的矛盾（存在形上与形下的脱节），这一矛盾导致了许多弊病，如大大降低了人的主体性和自由性，使得理学熏陶出来的人都是循规蹈矩的"顺民"，而且大多数只能"平时袖手谈空性，临危一死报君王"。第二，分析了朱熹哲学对儒道释三家的影响，如朱熹易学思想对后来的道教产生了长远的影响。

宋明理学是三教合一的产物，但就道家道教与宋代理学之间的具体关系进行系统研究的专著，在20世纪90年代是很少的，而专门探讨朱熹哲学与道家道教关系的专著就更少了，正如本书序言所说"这方面的研究，基本上还

属空白"。因此，本书填补了这方面研究的空白，推进了朱熹哲学的研究或者为研究朱熹哲学提供了一个新的角度。（张培高）

# 般若与老庄

《般若与老庄》，蔡宏著。成都：巴蜀书社，2001年8月第1版，32开，240千字，系"儒道释博士论文丛书"之一种。

蔡宏，1970年生，江苏如皋人。2000年到中国社会科学院世界宗教研究所跟从杨曾文教授从事博士后研究，出站后留在该所工作。著有《黄忏华评传》等。

本书在著者博士论文基础上修改而成，共由十部分组成。第一部分为序一、序二，分别由杨曾文先生、赖永海教授撰写，对论文的选题、主要内容、研究过程及其意义做了简要的介绍。第二部分为导论，对哲学的定义、般若与老庄比较何以可能、本文研究的思路及其研究意义做了简要的介绍。第三至八部分为正文（第一至六章），第九、十部分分别为参考文献、后记。

第一章般若与老庄道学思想，著者分别对"般若""道"的含义及其发展与演变的历史做了较为详细的探讨，如著者认为般若有"实相般若""观照般若"和"文字般若"三种，又如认为般若思想大体经历了"龙树、提婆、罗睺罗、佛护、月称"等发展阶段。

第二章般若、老庄本体论思想，在分别论述佛、道两家本体论的基础上（一者以无为本，一者以涅槃、佛性为本），比较了两者的异同。同：皆有体用论的思想，皆从事物的有无两方面来考察本体；异：道家道教的体用是从宇宙生成上说的而佛教的则从空有相即上说的，道家的体用论倾向二元论而佛教的则是彻底的一元论。

第三章般若与老庄认识论之异同，著者认为道家认识方法的本质是超越感性、理性的一种智的直觉，佛教则主张无分别的智的直觉，而作为智的直觉两者是相似的，与此同时通过直觉而达到物我两忘的境界也是相似的。后来的禅宗（如牛头禅）所主张的"无心合道""无心用功"受到了老庄"虚观静观"认识方法的影响。

第四章般若与老庄方法论之异同，在阐述两家"言意观"（言不及意与道不离言）的基础上，分别分析了禅宗和重玄学的方法论，前者受到老庄的影响，后者则受到般若思想的影响。

第五章般若与老庄人生观之异同。同：佛道两家皆肯定现实世界的存在，皆重视人的主体地位，皆把出世与入世打成一片；异：道家道教主张性命双修，而佛家则修性不修命。

第六章般若与老庄思想的特点及其影响，在阐述两家实践观和慈悲观的基础上，分别论述了两家思想的现代价值，即能够推进人间佛教和生活道教的建立。

本书从本体论、认识论、方法论、人生观、实践观、慈悲观等方面对般若与老庄的关系进行了较为系统的分析，并且探讨了它们在历史发展中的影响。显然，本书在一定程度上推进了佛道哲学的研究。（张培高）

# 宋元时期的老学与理学

《宋元时期的老学与理学》，刘固盛著。西安：陕西人民出版社，2002年3月第1版，32开，200千字，系"西部开发与人文学术丛书"之一种。

刘固盛简介详见《道教老学史》提要。

本书是著者的博士后出站报告，由12部分组成。第一部分为导言，主要介绍了《老子》与老学的关系，宋元老学的三个特点（如老学与神仙之术发生了分离）及本书所要解决的问题（宋元老学与理学之间是如何互动的）及其研究意义等。第二至九部分为正文（共八章），第十部分为余论，在总结全书的基础上论及了研究的意义。第十一、十二部分分别为主要参考书目和后记。

第一章唐代老学中的理学"因子"，从重玄学的根本旨趣（追求心灵的自由而超越生死）、对"道"的解释（如以"理"释"道"）及其把心性论融入《老子》等方面分析了唐代老学对理学形成所产生的影响。

第二章北宋道教学者解《老》的时代精神，分别介绍了陈抟及其后学陈碧虚与张伯端的老学思想，在具体内容上，虽然各人的解释有详有略、有粗有精，但基本上体现了时代特色：倡导三教合一、倡导治身与治国合一、主张心性修养。其中的宇宙本体论与心性论思想对理学家产生了较大影响。

第三章北宋儒家学派的《老子》诠释与性命之学，从性命之学上分别介绍了王安石、司马光与苏辙是如何解释《老子》的。

第四章北宋老学与二程理学，主要论述了陈景元的老学对洛学的影响，如陈以"理"解"道"的思想对二程创立"天理"论有直接性的影响。

第五章南宋金元老学的流变，主要论述了理学的成熟及理学对老学的影响，以"理"（天理）解老及老学心性论的成熟是这一时期老学的主要特点。

第六章理学家的老子研究，主要论述了朱熹、林希逸、吴澄的老学思想，虽然他们解老在具体内容上有不同之处，但以儒释老是其共同的特点。以朱熹而言，除上述特点外，其解老主要特点还有：一、欲恢复老子的本意，二、以"术"解老。

第七、八章道教老学的性理旨趣（一）（二），分别介绍了董思靖（上清派道士）、杜道坚、全真道的王重阳及其弟子、南宗的白玉蟾和李道纯等道士的老学思想，以"理"解老及发挥心性论是他们的共同之处。

本书在著者博士论文《宋元老学研究》基础上进一步拓展，较为系统地阐述了理学与老学的互动关系，提出了不少新见，对推进老学、理学的研究具有较大的作用。（张培高）

# 儒道哲学阐释

《儒道哲学阐释》，刘学智著。北京：中华书局，2002年11月第1版，32开，273千字，系"文化寻根丛书"之一种。

刘学智，1947年生，陕西长安人。陕西师范大学哲学与政府管理学院教授、博士生导师。主要从事中国哲学研究，著有《中国哲学的历程》、《中国学术思想编年·魏晋南北朝卷》（合著）、《张载关学与南冥学研究》（合著）等。

本书由十部分组成：一、序，由张岂之先生作。二、前言，著者对本书的主要内容及篇章结构做了简要的概括。三至八部分为正文。九、附录，著者把两篇讨论佛学的论文（《南传佛教概说》《佛教空宗概说》）收入其中。十、后记。

第一章中国哲学的方法思考。首先，著者探讨了哲学的含义及中国哲学的特征（知识与道德融通，本体与价值合一，宇宙原则与社会治道相通）；其次，反思了近现代以来（尤其是中华人民共和国成立以来）研究中国哲学的方法（以日丹诺夫的关于唯物唯心两军对垒的研究方法、以马恩列的否定之否定辩证法或圆圈式发展模式的研究方法及以西方哲学的话语为标准的研究方法）。著者认为中国哲学在走向未来的过程中需要处理好一些方法论问题（如必须解决哲学、学术与政治，马克思主义哲学与非马克思主义哲学等），最后，著者探讨了中国古代哲学的一个特点——没有知识论传统。

第二章儒家哲学的心性论旨趣。首先，著者对"天人合一"的内涵及其与心性论的关系做了分析，认为天人合一的主要含义是指建立在道德心性论基础上的"天人合一"，其旨趣在于为人的生命存在确立一个形而上的根据，并认为"天人一体"与"天人和谐"有着质的区别，两者不可混淆；其次，探讨了孟子和荀子的人性论之异同；再次，探讨了魏晋时期的才性论；最后，介绍了心性论的当代价值。

第三章《老子》"道论"及其文化价值阐释。首先，著者探讨了道、德的含义及其关系；其次，著者探讨了道论的逻辑矛盾（如"道"为"无"与"道"统"有无"的矛盾，"道生一"与"道即一"的矛盾等）及其原因（如内因在于《老子》道论哲学的素朴性）；再次，分析了郭店竹简《老子》是否足本，著者认为简本《老子》很可能是一种摘抄本或抄录本，非完本；最后，探讨了道家学说的历史影响及其价值。

第四章晋、唐时期儒学与佛道的交融会通。首先，著者分析了玄学产生的背景及玄学的基本宗旨；其次，探讨了魏晋儒学的历史作用，认为儒学在汉唐之间，虽然垄断地位已不存在，但儒学仍居宗主的地位；最后，简要分析了隋唐儒学的状况。

第五章张载及关学的思想特征及宗风。首先，著者反思了近年来张载哲学研究的现状，认为应该加强张载的易学及心性论的研究，并认为应该改关洛之学"两军对垒"的思想思维；其次，著者分析了《横渠易说》中的"天人合一"思想及关洛异同；再次，分析与探讨了冯从吾及关中"三李"（李二曲、李雪木和李天生）的思想，如著者认为二曲之学的实质是阳明心学，只是又以朱子学为之补充，同时又继承了关学"以躬行礼教为本""身体力行"的实学学风。最后，对明清实学的思想渊源和基本特征做了研究。其特征为三：实学家都反对空疏清谈，主张经世致用；实学都反对空虚假谬，主张实证求是；实学都反对浮虚空谈，主张笃行实践。

第六章心性论："三教合一"的义理趋向。著者在探讨了三教合一历史的基础上，认为三教合一的旨趣在于"心性论"。

儒道互补是中国传统文化的基本格局，本书选择了儒道哲学的某一哲学问题或范畴、某一学派或某一段时期的思想史做了探讨，提出了不少新见，如著者认为天人一体与天人和谐有着质的区别，天人一体论是以主客未分为前提的，而天人和谐观则是以主客二分为逻辑前提的，又如著者认为李二曲既不是严格意义的"关学"又不是心学与理学的调和者，其学主旨是以阳明学为主，以理学、关学作为补充，这些新见对推进中国哲学的研究有着重要的意义。（张培高）

# 儒释道与魏晋玄学形成

《儒释道与魏晋玄学形成》，王晓毅著。北京：中华书局，2003年9月第1版，32开，248千字，系"中华文史新刊"之一种。

王晓毅简介详见《郭象评传》提要。

本书由七部分组成：导言（介绍本书研究的缘由及其主要内容）、第一章汉魏之际的思想变革、第二章正始玄学奠基人王弼、第三章魏末政局与玄学退潮、第四章西晋玄学的复苏、第五章玄学理论巅峰——郭象《庄子注》、主要参考书目。其中一、二章为上篇，三至五章为下篇。

第一章，著者认为汉魏之际思想变革有两个主要表现：一是道家思想（包括"黄老"的形名学、养生学与"老庄"思想）得以复兴，二是重训诂与义理的古文经学（荆州官学）开始兴盛，官方经学由今文转为古文。同时，从何晏的《无名论》入手分析了玄学与佛教的关系，认为何笔下的"无所有"受到了佛经的影响，由此可窥见中国传统的宇宙生成论在佛教缘起性空学说的刺激下向玄学本体论演变的思想轨迹。

第二章，著者从王弼的祖籍（山阳高平县茅城乡北部，即现在的济宁市市郊喻屯乡）、王弼建构理论的方法论（辨名析理、本末体用、得意忘言）及其著作《老子注》《周易注》《论语释疑》三个方面分析了王弼玄学思想的形成、建构思想的方法论及其具体内容（如王弼通过新的方法将老子的"道体"

以形名角度转化为"无"；又如其从自然人性论的角度对儒家伦理进行论证）。

第三章，著者从四个部分"思想史视野中的司马懿及其政变""钟会的学术与权术""竹林七贤考"和"从《达庄论》到《大人先生传》"分析了魏末的社会思潮。学界通常认为司马懿发动政变后，恢复的是以传统儒学治国，但著者通过考察后认为，所恢复和发展的是曹操、曹丕一脉相承的政治路线。陈寅恪先生认为"竹林七贤"不是历史事实，著者通过统计汉至明清的关于佛经中"竹林""竹园"译名后认为"不是佛经的'竹林说法'典故影响了'竹林七贤'称号的产生，可能是'竹林七贤'的典故影响了佛经翻译发生变化"。学界通常认为，阮籍的《达庄论》和《大人先生传》产生的时间及思想主旨基本一致，但著者通过分析后认为不仅产生的时间不一致，而且思想也不一致，前者强调的是"名教"与"齐物"的不二，后者则强调"越名教而任自然"。

第四章，著者从"司马炎与西晋前期玄、儒的升降""向秀《庄子注》新探"与"西晋玄学与佛教般若学的互动"探讨了西晋初期的社会思潮。司马炎上台后，扭转了魏末以来礼教治天下的局面，清谈之风再次复苏。向秀的《庄子注》即产生于这一时期。与学界看法不同的是，著者并不认为向注是魏末"竹林之游"时期的作品，而是反映了正始、竹林名士经过魏晋禅代的思想变异后，在西晋前期的文化心态，所以最后成书并流行应在此时。虽然佛教在汉末就已传入中国，但真正进入士大夫阶层的精神生活应是从西晋，尤其是后期才开始的，而佛教的般若学对西晋元康玄学的"贵无论""崇有论"及"自生独化论"产生了不同程度的影响。

第五章，著者分析了玄学集大成者郭象的学术思想。首先，与学术界基本不一致的是，著者认为郭象不是《庄子序》撰写者，因为《庄子注》与《庄子序》在学术用语及学术理念上都有差异（如"圣"在郭象的思想中，是圣人的外在表现，因此他不可能用"内圣"的概念）。其次，郭象的本体论哲学之特征是什么，学界没有达成共识，而著者却认为"本性"在其哲学中具有"本体"意义，他通过"辨名析理"，将诸家学说加以整合，并创造了具有中国特色的真正意义上的"性"本体论哲学。再次，郭象否定了宇宙发生过程的存在，认为世界没有绝对的始终，所以人类社会不存在必然性历史退化，仅是世时各异。据此，他对传统的历史退化观做出了新的解释。最后，著者认为郭象圣人哲学的最终目的是既要保留君主政体形式又要虚化君主权力，确立士人的政治"自治"地位。郭象的圣人哲学是建立在其心性论哲学基础上的，在他看来，"性"与"性分"是很不一样的，"性"是指圣人之性，"性分"则指凡人之性，但两者又是相互依存的，凡人只有在无心圣人领导下，才能完成有心向无心的转化，实现自己"有待"的逍遥，而无心的圣人只有通过凡人有心的活动，才能实现自己无待的逍遥。

学界一般认为在思想史上，魏晋时期是由汉代的宇宙生成论哲学向玄学的宇宙本体论哲学转化时期，这一说法大体上可以成立（准确地说，汉代也有本体论，魏晋时期亦有宇宙论，只不过汉代哲学偏重生成论，魏晋哲学侧重本体论）。这一转化过程是如何完成的、每位主要思想家是如何展开论述的及其建立本体论的最终目的是什么，学界许多学者对此展开了分析，取得了较为丰硕的成果，而本书著者在前人的基础上，不仅对上述问题进行了探讨而且对其中的一些重要问题（如玄学与佛学的关系、《庄子注》与《庄子序》之间的关系等）展开了分析并提出了不少新见。笔者相信本书所提出的这些新见必然能够在很大程度上推进魏晋玄学的研究。（张培高）

# 白沙心学与道家思想

《白沙心学与道家思想》，张运华著。广州：广州出版社，2004年10月第1版，32开，220千字。

张运华简介详见《先秦两汉道家思想研究》提要。

本书第一部分为序一、序二，分别由广东省社科院原院长张磊教授及现为杭州师范大学国学院副院长范立舟教授作序，对本书的大要做了简要的说明。第二至八部分为正文（共七章），第九部分为附录，收入了著者三篇论文：《献章无言飞"九洲"》《白沙哲学的价值解读》《陈献章与罗孚山》。

第一章陈献章与明代心学的形成，分析了薛瑄、吴与弼的哲学思想（本体论、心性论及工夫论）及陈白沙的生平及其哲学思想的主要内容与特色（促进了心学的发展，受道家影响而主张以自然为宗）。较有特色的是，著者把薛瑄当作明代道学的开创者，把吴与弼当作明代心学的开启者。

第二章道论与道家思想、第三章主静说与道家思想、第四章境界论与道家思想，分别从道本论、主静的工夫论及其"自然之乐"境界论上分析了陈献章与道家思想的关系。

第五章道德文化的道家品味、第七章社会批判意识与道家思想，分别阐述了陈白沙的生死观、富贵观、功名观、仕隐观及孝道观，尽管其思想渊源主要来自于儒家，但明显受到道家的影响，如他认为生死是一种自然现象，又如"自然之乐"是真正之乐，与功名、富贵无关，等等。

第六章人生之路的道家指向，具体论述了陈白沙对仕隐的看法、仕隐的经历及其原因。在此问题上，他把儒家的"时中"与道家的"归隐"结合在一起，虽然始终关心社会，但道家情怀对其有深刻的影响。

本书从儒道关系的层面着重分析了道家思想对白沙所产生的影响，无疑对推进白沙学术思想及岭南文化的研究具有重要的意义。（张培高）

# 道家道教影响下的佛教经籍

《道家道教影响下的佛教经籍》，萧登福著。台北：新文丰出版公司，2005年3月出版，2册，精装，32开。

萧登福简介详见《周秦两汉早期道教》提要。

本书除自序、凡例外，全书依译经者之年代分章，上册包括：第一章东汉译受道家道教及中土思想影响之佛经，收佛经23种；第二章三国译受道家道教及中土思想影响之佛经，收佛经24种；第三章西晋译受道家道教及中土思想影响之佛经，收佛经51种；第四章东晋译受道家道教及中土思想影响之佛经，收佛经48种。下册包括：第五章宋齐梁陈及北朝译受道家道教及中土思想影响之佛经，收佛经44种；第六章隋唐及宋后所译受道家道教及中土思想影响之佛经，收佛经230种；另收《试论汉代佛教安世高禅学与支娄迦谶般若学两大系统的传承与流变》《受中土风习及儒家、道教强烈影响下的竺法护译经》《受道家及玄学思想浓厚的竺法护译经》等三篇论文。

依据凡例，本书所收佛经文本，为《大正新修大藏经》《卍续藏经》及敦煌写卷之"经"部，不涉及律、论二部，并以译经者年代为纲目，首次出现某一译者时，即略述其出身、经历与译著，以使读者了解其时代背景，而译经者年代之界定，则透过慧皎《高僧经》、道宣《续高僧传》、靖迈《古今译经图纪》、智升《开元释教录》、赞宁《宋高僧传》等僧传文献而定。在密宗部分之经籍，因著者已有专著《道教术仪与密教典籍》逐条论述，故若无新论证时，即标注出处而不另赘述。

著者在自序提出，东汉到西晋的早期汉地译经者如安世高、支娄迦谶、竺法护等，多为个人、少数人为之；受帝王支持的鸠摩罗什，则组成庞大译经团，其成员如道生、僧肇等中土弟子，多为精通玄学、善于格义的僧人，鸠摩罗什所译经典，实为其中土弟子执笔撰写，故难免杂糅玄学思想。因此，东汉至六朝初期所译佛经，受老庄道体论及医学针灸、五行生克、课择吉凶、符箓驱鬼等习俗影响，是必然、显然的结果。著者认为，透过分析、考证，可见原始、大乘经典都不多，但现存汉地佛藏中，无论大小乘或显密，皆常有受中土影响现象存在。

兹举书中所载两种唐译佛典为例。其一为藏川所译《佛说地藏菩萨发生因缘十王经》，著者依次分析经中所见之道教魂魄观点、道教神祇、其他道教冥神、钱幡醮祭、司命检斋等资料，证明藏川援道入佛、合会二教的行为。其二为《佛说却温黄神咒经》，著者引用《抱朴子·登涉》入山佩"黄神越章之印"及马王堆出土《五十二病方》诵咒请黄神治病之举，认为此经以"黄神"为经名，不过，若观经文内容所述，则"温黄"当为"瘟癀"（瘟疫）之异体字，则此经宣说七鬼名字，应系受六朝道典《太上洞渊神咒经》"知其名则其鬼自去"观念所影响，似与汉晋请黄神疗疾或佩黄神越章印之法较无关连性。

综观全书，吾人当可对佛教东传后，历代译经者行文受道家、道教、儒学及中土固有思想、习俗影响处，有较深入而明确的了解。由是，本书对道佛关涉研究史而言，当具有极高的学术价值。（李建德）

# 道教入世转向与儒学世俗神学化的关系

《道教入世转向与儒学世俗神学化的关系》，刘滌凡著。台北：台湾学生书局，2006年2月出版，32开。

刘滌凡，1956年生，字训悟，号阜宁书生、息心斋主，江苏阜宁人。台湾首府大学通识教育中心教授，专长为佛道宗教思想、现代文学、古典小说等。主要著作有：《唐前果报系统的建构与融合》《长生不死与爱情的抉择——从东方〈人与异类恋〉故事系列到西方电影〈变人〉的原型分析》等。创作文类有论述、诗、散文及小说。论述以学术著作为主，研究主题围绕宗教与哲学思想。

本书共分六章：第一章绪论；第二章道教入世转向的考察：道教入世的价值取向，由彼世升霞成仙转向此世道德修炼及济世度人情怀，实滥觞于葛洪，至南宋河北新道教成立才达到普遍化的共识；第三章道教入世转向吸纳儒学道德功能的内外缘因素：道徒多出自儒门及世俗政权的支持；第四章宋金时期道教的劝善书：道教劝善书形成的时代背景及其儒体神用的内涵，其中《玉历至宝钞》《太上感应篇》《太微仙君功过格》三本劝善书最重要；第五章明清时期道教的劝善书：劝善书形成的时代背景及其鸾堂降乩劝善文儒体神用的内涵，详论鸾堂鸾书圣神警示劝善用心深切；第六章民间宗教结社对儒学世俗神学化的推广暨儒学儒者对道教正面的肯定与支持。

本书旨在探讨道教入世转向的历史时空背景，其儒学化的特质，以及依托神意的劝善文书的儒体神用的意涵。其神道设教的飞鸾文书，乃宣扬儒家伦理道德，一方面代表道教入世是由神学宗教向道德宗教转化，一方面则直接对儒学世俗神学化有推广之功。明清时代，道教的劝善终获得儒者普遍的肯定与支持，纷纷为其劝善书作注证、图说、刊印，助其流通，甚至在编纂劝善书时，也采用神训文章。在劝善化俗的同一目标下，儒、道两教趋于合流，因此儒学在世俗化过程和有神宗教结合，道教在其中扮演不可忽视的角色。

本书揭示道教入世转向及其劝善书的文本中儒体神用的特质、社会教化功能和普世的现实意义，让读者了解道教的宗教化的道德对儒学世俗化的影响，从而建立起对道教认知的新视野。（刘焕玲）

# 探寻生命的奥秘：禅与道的现代诠释

《探寻生命的奥秘：禅与道的现代诠释》，戈国龙著。北京：华夏出版社，2006年4月第1版，16开，323千字。

戈国龙简介详见《丹道今诠：乐育堂语录注解》提要。

本书是本札记，运用散文、诗歌的形式主要记录了著者1988—2004年间修道的历程与体会，正文共16章，除把前两年的札记合为第一章外，其余的每年为一章。除正文外，本书还有前言、自序和附录，其中前言简要介绍了本书的主要内容及其风格，自序简要介绍了著者的修道经历及本书的编排和主要内容，"附录部分"著者回答了读者可能会遇到的14个问题（如著者学道、修道的因缘是什么，修道是否需要拜师等）。就正文而言，其主要论述了四个问题：

其一，人生的意义及修道的基本宗旨——向内的精神追求。著者认为，世事纷扰，名者争名，利者争利，到死期将至，悔之莫及。因此，必须建立一个不动摇的精神信念，以思索更高层次的生命意义，唯有如此，人才可以坚定地有意义地活下去。

其二，修道的先天必然性在于"本心"人人自足。作者指出：我们原本有一颗空空朗朗、一尘不染、知觉灵敏的"本心""真心"……这样的本心，就是人人本具的佛性，就是无善无恶而能知善知恶的良知，就是神通广大的般若智慧，就是圆满自在的解脱境界。

其三，修道的基本方法。作者说：到现在为止，他主要经历了两意识运用的模式：一种是在大学时代开始，也是前期主要运用的静心方式……另一种是最近几年主修的法界大定时所运用的意识模式……前一种更近道家的方式，对身体有直接的作用；后一种更近于佛家的方式，对精神有更直接的作用。一开始这两种方式各有所长，也有不同的身心反应；但其本质都相同，到最后都趋于同一种觉悟的合道的境界。而道家道教的修养方法在于"修道之至理，唯顺逆二字"，作者认为，生命修炼的基本原理可概括为"顺逆之道"和"无为之术"。而"精不外泄，神不外驰，身心一体，天人合一"，则是修行的根本口诀。作者指出，佛教的修养方式是："首当防止漏丹。保持心理之清明，不动欲念；练功时不可执身见，应观自身广大如虚空，不可注意身体丹田以下部分；小便时观眉间有文殊菩萨，修保精之法；睡眠时应防止重被压身，晨醒时即起床用功，不可贪睡。"

其四，丹禅的关系，佛道两家的修养方式虽然各有特点，但最终应以佛教为旨归。作者说：儒释道三教之学，皆超凡归真的生命的学问。儒之成圣，道之成仙，释之成佛，皆即人而证真、返本以归源。道教讲性命双修，佛教讲定慧双修，这其中有生命修道理法的共性所在。谈玄理者，可分道分佛、分性分命，其实真正修行只此身心，其原理方法大抵相同。比如内丹学详谈精气之转化与气脉之学，为佛教显教所无，其实佛教皆摄归定学，在深层定境中必有身心气脉之变。作者提出，虚空乃是生命的源泉和归宿，人生就是在无限的虚空里演出的一台戏剧……整个佛学的核心概念就是"空"，成佛的关键就在于从"执有"到"还空"；而道教内丹学的最后目标乃是"还虚合道"。仙学功夫，自亦有其独到之处，其对生理奥秘之了解，转化色身之功效，确为佛教心性修养所不及；然终当以性体之觉悟为本，方有是处。可见，佛道二家，各有所长，论性功则佛学为精透，论命功则道家为切实，而最终都以"空无之道"为旨归。

在本书中，著者对自己多年的修道、悟道的经历做了较为详细的记录，讲述了在修道过程中许多需要注意的问题（如修法要专一，不能经常变来变去等），的确能够给人提供许多启示。（张培高）

# 严复与道家思想

《严复与道家思想》，孙文礼著。武汉：湖北人民出版社，2009年4月第1版，16开，221千字，系"人文社科文库系列丛书"之一种。

孙文礼，1974年生，湖北鄂州人。任教于武汉纺织大学马克思主义学院，主要从事道家思想研究。

本书是在著者博士论文的基础上修改而成的，共由16部分组成。第一部分为丛书总序，介绍丛书出版的宗旨。第二部分为本书的序言，对本书的主要内容及其研究意义作了简要的说明。第三、四部分为中英文摘要。第五部分为引言，对本书所要解决的问题、研究的目的与意义、研究方法及研究现状做了较为详细的说明。第六至十三部分为正文（七章及结语）。第十四部分为参考文献。第十五部分附录了一篇关于严复与道家思想相关的研究综述。第十六部分为后记。

第一章中外文化交流史上的道家意蕴，主要介绍了东汉魏晋时期的佛教、唐与明清的基督教以及清末的西学进入中国时，借助道家思想加以传播的历史。

第二章严复的道家情结，主要探讨了两个问题：一、从生活、学习和工作经历方面探讨了严复亲近道家的原因；二、阐述了严复对老庄的整体看法，如严复认为老子是"圣智者"，并认为其学说与达尔文、孟德斯鸠、斯宾塞相通。

第三章"道通为一"的中西会通观，主要探讨了两个问题：一、论述了严复中西会通何以可能的根据（如中学西学均为人事）；二、阐述了严复是如何运用道家思想介绍西方逻辑学的（如"日损"为演绎法、"日益"为归纳法）。

第四章"道法自然"与天演学说、第五章"无为而治"与民主政治、第六章逍遥游与自由论，分别介绍了严复以"道法自然""无为而治"和"自由逍遥"来会通西方的进化论、民主政治思想和自由主义，在阐述自由主义思想时，严复特别注重思想自由以及老百姓的自治能力。

第七章章、王、冯对道家思想资源的运用，分别论述了章太炎、王国维和冯友兰是如何借鉴道家思想来阐述他们思想的，如冯友兰就以此建构了他的"境界说"和"负的方法"。

最后一部分为结语，主要归纳与总结了严复是如何以道家思想来会通西方思想的及其取得的成就与不足。成就：如以道家思想宣传了西方的民主政治思想，表达了"以自由为体、民主为用"的政治理念。不足：如以道家思想会通西方时，存在简单比附的缺陷。

本书较为系统地分析与阐述了严复的道家思想，能够在一定程度上推进、丰富严复的学术思想或现代道家思想的研究。（张培高）

# 王阳明与道家道教

《王阳明与道家道教》，朱晓鹏著。北京：中国人民大学出版社，2009年10月第1版，16开，223千字，系"阴阳学研究丛书"之一种。

朱晓鹏简介详见《道家哲学精神及其价值境域》提要。

本书共由11部分组成：序、绪论、第一章悠久的道缘、第二章精神的漫游、第三章隐士生活、第四章神秘主义、第五章入世与避世、第六章龙场"吏隐"、第七章进退之道、第八章道术批判、主要参考文献。其中一至四章为上篇"出入佛老——王阳明早期的道缘"，五至八章为下篇"摄道入儒——王阳明中后期的道家道教情结"。

本书试图解决以下几个方面的问题：第一，在三教合流、儒道互补的思想背景下，道家道教到底给予了王阳明及其学派什么影响？第二，阳明学的思想定位是什么，王阳明及其学派的思想主旨、性质和意义又是什么？第三，阳明思想中具有"有与无""入世与出世"等内在的矛盾关系，那阳明学中的这一内在矛盾关系的疏解和统一究竟是靠什么动力实现的，"心体的重建"又如何成为可能？

　　针对上述问题，首先，著者把王阳明的一生分为两个重要时期——早期与中后期，早期指王阳明的青少年时期（明弘治十七年以前），中后期指王阳明"悟仙释二氏之非"以后。王阳明在两个不同的时期，对道家道教的态度是很不一样的：早期对道教是迷恋的，而中后期则对道教既批判又保留。其次，在上篇中，著者又把王阳明的求道活动分为几个阶段：一、被动求道阶段（明弘治元年以前），在此阶段王阳明是受家族文化的影响而对道家道教产生感情的；二、主动求道阶段（明弘治元年至十五年），在此阶段，因自己的生理原因和在"求圣"过程中所遇到的挫折（如格竹失败）而主动求道；三、转型时期（明弘治十五年至十七年），在此阶段，王阳明虽有在阳明洞天中"行导引之术"及与友人"共参道妙"的求道行为，但求道的最终结果"渐悟仙释二氏之非"。在下篇，著者从"入世与避世""进与退""成仙与成圣""养生与养德""有为与无为"等内在的矛盾关系中，分析了王阳明对道家道教的既批判又保留的态度。总之，在著者看来，王阳明在"渐悟仙释二氏之非"后，虽然对道家道教有保留，但其根本的立场是儒家经世致用的入世立场。

　　著者在本书中不仅对王阳明与道家道教的关系做了较为系统的分析，而且对一些具体的史实重新或进一步地做了考察（如王阳明首次游九华山的时间，王阳明筑阳明洞天的时间与地点等），在一定程度上推进了阳明学的研究。（张培高）

# 宋元三教融合与道教发展研究

　　《宋元三教融合与道教发展研究》，杨军著。成都：巴蜀书社，2009年11月第1版，32开，220千字，系"儒道释博士论文丛书"之一种。

　　杨军，1964年生，四川武胜人。电子科技大学政治与公共管理学院副教授、硕士研究生导师。撰有论文《网络环境下舆论的形成机制分析》《论网络热点事件负面信息的"魔弹"效应——以"李刚门"事件为例》等。

　　本书由九部分组成：序、绪论、第一章道佛儒三教关系历史回顾（著者分别阐述了魏晋南北朝和隋唐五代时期的三教关系，三教关系在两个时代的发展是不一样的，在魏晋时期属于比附阶段，理论上未能真正融合，而在隋唐时期，三教已成鼎足之势，三者在本体论、人生观、思维方式等方面进行了沟通与融合）、第二章宋元时期道佛儒关系形成的背景及其特点（著者论述了宋元时期三教关系形成的背景及其特点、宋元统治者的"三教"政策及该时期佛教与儒家的三教思想）、第三章宋元道教代表人物对三教关系的认识及主张（著者选取了宋元时期陈抟、张伯端、白玉蟾、王重阳、李道纯等五个主要代表人物的三教思想进行分析）、第四章宋元三教融合对道教的影响（著者分析了宋元三教合一思潮对新道派三教合一思想的影响）、结语（著者对全文进行了总结，认为在三家中，道教倡导"三教合一"的力度最大，并分析了其原因）、参考文献、后记。

本书较系统与深入地探讨了宋元时期"三教合一"的思想，在一定程度上推进了这一问题的研究。（张培高）

# 阳明学与佛道关系研究

《阳明学与佛道关系研究》，刘聪著。成都：巴蜀书社，2009年11月第1版，32开，270千字，系"儒道释博士论文丛书"之一种。

刘聪，1973年生，安徽宿州人。安徽工程大学马克思主义学院副教授，硕士研究生导师。

本书由八部分构成：序、导论、第一章阳明思想与仙佛之学、第二章二溪之学与瞿昙之秘、第三章江右王学与道家之气、结论、参考文献、后记。

本书主要解决以下两个问题：第一，辨清佛道在阳明心学思想形成和发展的不同阶段所起的作用。在阳明与佛道关系上，著者认为本书与以往研究的不同在于，不是单一地把王阳明看作近道或近佛的人物，而是动态地考察佛道与王阳明思想的发展历程。在第一章阳明思想与仙佛之学中，著者从"早期阳明与神仙之习"和"晚年阳明与佛氏之学"两个部分分析了道家道教与佛教分别在早期和晚期对王阳明思想的形成所产生的影响，如著者认为王阳明早期对"未发之中"的解释受到玄学"体用为二"思维的影响，而晚期对此则以佛教"体用不二"的思维来解释。第二，揭示佛道在阳明后学分化过程中所起到的作用。著者认为以往的研究往往是以阳明学内部对本体工夫问题的不同回答为标准来分析阳明后学分化的原因，实际上，佛道在后学的分化中也起到重要作用。在第二章二溪之学与瞿昙之秘、第三章江右王学与道家之气中，著者以王畿（王龙溪）与罗汝芳（罗近溪）和聂豹与罗洪先为例，分析了佛道思想分别在他们的思想形成中所起到的作用。虽然著者认为王龙溪与罗近溪在吸收佛教思想时两者有别（如王龙溪以《起信论》中的"真心"来解释"良知"，罗近溪则以惠能的"现实之心"来解释"良知"，而"真心"与"现实之心"是有很大不同的），但两人思想的形成无疑都受到佛教的影响。与他们不同的是，聂豹和罗洪先则排佛而近道，聂豹以玄学"体用为二"的思维模式来解释"良知"，在工夫论上提出了"致虚守静"的修养方法，罗洪先在工夫论上主张"主静"和"收摄保聚"，无论是"致虚"还是"主静"实际上都受到道家道教的影响。

本书始终以佛道思想在阳明学及其后学形成与发展过程中所起的作用不同为线索而展开分析，与其他著作相比，这一视角的确是较新的，对阳明学及其后学的研究起了推进的作用。（张培高）

# 《老子》文本与道儒关系演变研究

《〈老子〉文本与道儒关系演变研究》，刘晗著。北京：人民出版社，2010年5月第1版，16开，235千字。

刘晗，1967生，山东微山人。山东济宁学院文化传播系副教授，主要从事中国古代史、中国传统文化的专业教学与研究。

本书是在著者博士论文基础上修改而成的，共由八部分组成。第一部分引言，著者简要阐述了研究的意义、研究的问题及研究方法。第二至六部分为正文。第七部分为附录，附录著者所校对的《老子》。第八部分为参考文献。

第一章中国学术史上关于《老子》文本与道儒关系问题的研究，著者从三个时期（帛书出土前后、郭店简出土后）归纳与概括了近百年来学界关于《老子》的著者及成书年代、篇章结构等方面的争论。

第二章《老子》古本到今本的演变及其学术定位，详细论述了简本、帛书本和王弼本《老子》的文本特点及其在思想史上的地位，主要观点有：一、简本《老子》的时间是战国中期，甲乙丙三组是抄自不同版本的三个本子；二、帛书本《老子》全部吸收简本，增加的部分或是对简本的发挥或来源自简本外的其他老子学说，并对简本《老子》系统化和逻辑化，同时认为，今本德经在前道经在后的布局，在韩非时代就已经形成；三、王弼本是现存各种《老子》注本的最完整、最有价值的注本。

第三章《老子》文本演变引起的差异及儒道关系的变化。首先，从体例、结构和文字风格的变化三方面进一步阐述了三种本子的异同；其次，分别分析了三种本子所处时代的儒道关系，其变化的轨迹是：简本时代，虽然儒道两家的哲学旨趣和价值理论有着明确的差异（自然无为与积极进取），但此时道儒两家在仁、义、礼等方面并没有激烈的冲突；帛书本时代，《老子》中具有强烈的反儒思想，形成时代应是战国中后期百家争鸣时期；王弼本时代，王弼本中虽有强烈的反儒语句，但王弼本人主张调和儒道关系。

第四章相关学术问题再研讨，分别对《老子》的研究方法、黄老与《老子》的关系及《史记·老子列传》中的老子其人等问题进行了分析，如在研究方法中，讨论了"疑古派"的研究方法与"二重证据"法，著者倾向后者。

结语对全书进行了总结，如著者认为，老子其人及其年代之问题学界已基本达成共识，《老子》文本存在先后演变的过程。

从整体上看，本书的出版丰富了学界对《老子》的研究。（张培高）

# 儒教与道教

《儒教与道教》（又名《中国的宗教》），［德国］马克斯·韦伯著，康乐、简惠美译。桂林：广西师范大学出版社，2010年9月版，精装，32开，306千字。

本书的最初文稿于1913年以《儒教》为题发表在《社会科学与社会政策文库》。1915年10月，该文稿的最后部分发表，此后，韦伯对此做了多次修改与扩充，于是形成了四个版本。1919年，韦伯应各方的要求，决意把"世界宗教的经济伦理"一系列作品（《导论》《中国的宗教》《中间考察》《印度的宗教》《古犹太教》）和《新教伦理与资本主义精神》及其他一些相关的论文合为《宗教社会学论文集》，于1920年出版，其中于1919年，他把《儒教》改名为《儒教与道教》。

韦伯的《儒教与道教》被翻译成多种文字，有英译本（如葛斯（H.Gerth）

的英译本 *The Religion of China*，1964年）、日译本（如木全德雄的《儒教と道教》，1971年）、汉译本等。汉译本有台湾地区康乐、简惠美的译本（1989年，台湾远流出版公司出版了繁体版；2004年，广西师范大学出版社出版了简体版，2010年又出新版），洪天富的译本（1993年，江苏人民出版社出版），王容芬的译本（1995年，商务印书馆出版，2008、2012年出了修订版），登泰的译本（彩图版，2007年，人民日报出版社出版），悦文的译本（2010年，陕西师范大学出版社出版）。

马克斯·韦伯（Max Weber）（1864—1920），出生于德国图林根的爱尔福特城，1894年在弗莱堡大学任经济学教授，两年后到海德堡大学任教。虽然韦伯终其一生都在大学任经济学教授，但学界又公认其为著名的社会学家，与卡尔·马克思和涂尔干（迪尔凯姆）同为三大古典社会学理论的奠基人。

本书共分：一、总序，分别由余英时与苏国勋撰写；二、译者的《序》（简惠美作）和《导言》（康乐撰）；三、正文；四、附录，共有三个附录；五、译名对照表；六、索引。

本书正文共八章，第一至四章为"社会学的基础部分"，第五章为"士人阶层"，第六章为"儒教的生活取向"，第七章为"正统与异端（道教）"，第八章为"结论：儒教与清教"。其内容可以分为三个部分。

第一部分为前四章，韦伯从政治、经济、法律等方面较为系统地考察了中国社会有利于或不利于资本主义发展的要素。在韦伯看来，中国虽然也具有利于资本主义发展的因素（如18世纪以来贵重金属数量的不断增加促进了货币经济的发展，又如中国人自古以来就具有强烈的营利欲且自17世纪中叶以来人口剧增，还有纯粹经济的商人阶级的资本主义也有发展，等等），但在中国有更多不利于资本主义发展的因素，即无发达的货币体系、无独立发展的城市、缺乏由市民阶层所形成的共同体、法律制度的缺乏、强大宗族与封建世袭专制的压制，尤其是后者更是阻碍资本主义发展的重要原因。

第二部分为第五至七章，韦伯从精神（文化）因素上来探讨中国不能发展资本主义的原因。他在第四章结尾处说："在西方产业里找到其独特据点的、理性的经营资本主义，在中国不仅因缺乏一种在形式上受到保证的法律、一种理性的行政与司法而受到阻碍，并且也受阻于俸禄的体系；而基本上，是缺乏一种特殊的心态。特别是根植于中国人的'精神'里，而为官僚阶层与官职候补者所特别抱持的那种态度，最是阻碍的因素。"

第八章为第三部分，以基督教新教为基本范式来比较儒教与新教（清教）的异同（主要是异）是贯穿全书的主线。在此，韦伯更系统地梳理与总结了两者的不同。其主要区别有：一、新教对世界彻底地除魅，而儒教与巫术之间却具有亲和性；二、在清教中，人与世界存在激烈的冲突，而儒教却主张天人合一；三、清教的理性主义是指理性地支配世界（既拒斥现世又渴望支配世界），而儒教则理性地适应世界（缺乏改变世界的激情），等等。总之，韦伯认为清教徒本来基于拒斥现世的诱惑而专注自我救赎的纯粹宗教动机，但经过"预定论"与"义务论"（"趁着白日，我必须做那差我来者的工"）的教育，无意中关注并从事经济活动，从而导致了资本主义的产生。这显然是一种无心插柳柳成荫式的非预期行为，这也就是韦伯所说的"吊诡"。

韦伯不懂中文，其研究是在二手资料上展开的，一方面韦伯尽力克服这一缺陷，以其深刻的洞察力从多方面和多维度来分析中国社会的特质和中国文化的特点，得出了一些符合中国实际情况的结论（如在中国传统社会，自然科学与逻辑思维不发达、法律制度与程序缺乏，又如儒教的本质"完全是入世的俗人道德伦理"而非宗教，等等）；另一方面，韦伯也受不懂中文这一缺陷的影响，再加上其本人的民族主义情结及持那时欧洲人对中国文化偏见的态度，韦伯的研究也存在严重的错误（如韦伯认为儒教主张祭祀是因为畏惧鬼神，又如韦伯认为道教是"十足的巫术""绝对的非理性"，等等）。（张培高）

# 理学与道家道教

《理学与道家道教》，傅凤英著。长春：长春出版社，2011年1月第1版，16开，252千字，系"理学学术丛书"之一种。

傅凤英简介详见《二十世纪中国道教学术的新开展》提要。

本书共由九部分组成：序、引言、第一章本原论、第二章气化论、第三章天人观、第四章心性修养论、结语、参考文献、跋。

理学是三教合一的产物，理学产生后，在元明清三代又作为官方的指导思想，所以就道家道教与理学的关系而言，从整体上看，必然是互相影响的。一方面理学的形成与发展受到道家道教的影响，另一方面理学又反过来影响了道家道教的发展。20世纪90年代以来，学界已有不少专著对此进行分析，与其相比，本书的特色之一在于不是以人物或学派为线索而是以概念范畴为线索展开论述的。在思想上，理学与道家道教有许多方面的异同，但著者并非面面俱到，而是以几个重要的范畴为中心来加以分析两者是如何互相影响及其异同的。在第一至四章中，逐一从本原论、气化论、天人观和心性修养论上分析理学与道家道教的异同及其互相影响。并以"太极"为例加以说明。周敦颐的《太极图说》便受到道家道教的影响，进而影响了二程及其后学。后来，理学家的"太极"观反过来又对道教教义思想的发展产生了极大影响。明代道士张宇初对太极的解释便受到宋明理学的影响。又如著者认为宋明理学的理气论受到道家道教道气论的影响，但两者的宗旨是不一样的，道家道教的气论之主旨并不是解释宇宙万物的生成，而是解释人之生命的产生与消失，理学理气论的最后落脚点在社会伦理规范上。

　　著者以概念范畴为中心，从本原论、气化论、天人观和心性修养论上对理学与道家、道教是如何互相影响的及其思想异同是什么，做了较为系统的分析，丰富了理学的研究。（张培高）

# 禅与老庄

　　《禅与老庄》，徐小跃著。南京：江苏人民出版社，2012年6月第2版，32开，237千字。该著作由浙江人民出版社初版于1992年11月，2010年重新出版，此版著者增加了"著者的话"一章，系"凤凰文库·宗教研究系列"之一种。

　　徐小跃，1958年生，安徽滁州人。曾任南京大学哲学系主任、南京图书馆馆长，现任南京大学中华文化研究院副院长，南京大学中国哲学、宗教学教授、博士生导师，主要从事中国哲学、宗教学的教学和研究工作，专著有《罗教与禅宗》《罗教与〈五部六册〉揭秘》《禅林宝训》等，合著有《中国无神论史》《中国宗教史》《哲学概论》等。

　　本书由九部分构成。第一部分为著者的话，这是新版序言，也可以说是解题，即把"禅"与"老庄"进行比较何以能够成立进行了解释，著者认为两者具有共同的价值取向和思维方式。第二部分为前言，这是初版序言，简要介绍了禅与老庄的发生与发展的历史。第三至七部分为正文（共五章）。第八部分是主要参考书目。第九部分为后记。

第一至第五章，著者从本体论、心性论、工夫论与思维方式等方面比较了禅与老庄的异同。

第一章老庄思想与禅学源流，主要分析两方面的内容：一、老庄的道论及其向黄老道、道教的演变历程；二、中国早期禅法及其与道家道教所发生的宗教联系。

第二章老庄本体之道与佛禅本体之空，主要阐述了四方面的内容：一、老庄之"无"与佛教的"空"之异同及早期佛教徒以"无"释"空"；二、庄玄的"即无即有"与佛禅的"非有非无"之异同（形式相同，内容不同）；三、老庄的"无为而无不为"思想的演变及与僧肇"即生即用"思想的比较；四、庄子的"齐物论"与僧肇的"物我一体"思想的比较。

第三章老庄的天人之学与禅宗的心性之学，主要论述了三方面的内容：一、分别简要地探讨了印度与中土早期佛教心性学的演变，尤其着重介绍了僧睿与道生对禅宗的影响。二、在分析探讨老子的"道法自然"、庄子的"天人关系"及自"达摩至神秀"楞伽禅代表人物心性思想的基础上，比较了两者的异同。如达摩虽未受到老庄的影响，但老庄的本体论与其心性论所蕴含的本论具有相通性。又如弘忍和神秀的思想受到《大乘起信论》的影响，把"心"赋予了"染心"与"净心"两种属性，这一思想与老庄有明显的差异（老庄把"道"视为最高的范畴，只有"自然"一个属性），但他们将本体实体化、绝对化和形上化，这与老庄相同。三、从工夫论上，把老庄的思想，分别与达摩和慧可、僧璨和道信、弘忍和神秀的思想进行了比较。如僧璨、道信的"自然任运"思想受到了老庄的影响，但他们又扬弃了老庄，使"自然任运"真正具有了它所应该具有的一切不留、一无所滞、自由自在的含义。

第四章老庄的契道合天与慧能禅的明心见性、第五章老庄的天人合一之道境及后期禅宗的我佛一体之禅境，著者从本体论、心性论及思维方式等方面比较了慧能禅及后期禅宗与老庄的异同。以慧能禅而言，它对佛教的革命，除了体现在对传统佛教自身的思想改造和发展外，还体现在他们对中国传统文化，尤其是老庄思想的扬弃，表现在：一、慧能的"即性（心）即佛"的思想除了受到大乘有宗及楞伽师思想的影响外，还受到老庄"道即一切"的影响，同时，据此改造了以前佛性为实有的佛教禅学的心性之学。不过，慧能的思想与老庄有别，克服了老庄思想中的实体化、形上化及其宇宙生成论。

二、慧能的"三无"（无念、无相、无著）受到老庄的"三无"（无物、无情、无待）"三忘"（忘物、忘己、忘适）的影响，但克服了老庄的对外物的摒弃及执弱破强和专注道境的偏颇，并消除了老庄自然论中的矛盾。后期禅宗在慧能的基础上，更是对老庄思想进行了扬弃，从而完成了禅宗中国化的历史任务和使命。（张培高）

（三）道家道教与中国文化、中国社会

# 老墨哲学之人生观

《老墨哲学之人生观》，蔡尚思著。上海：上海启智书局，1930年出版，1933年4月再版，1934年1月三版。另有台中：文听阁图书有限公司，2010年5月版，精装，16开，系"民国时期哲学思想丛书"之一种。

蔡尚思简介详见《老子哲学之人生观》提要。

本书是著者对道家与墨家哲学思想中有关人生观的阐释。究其根源，则是著者于1925年在北京求学，写《自家思想》评说孔、老、墨三家之时就自觉以墨子思想为师，同时兼论孔子和老子的思想学说。《老墨哲学之人生观》与《孔子哲学之真面目》及《孔子人生哲学》合成一书为《中国三大人生观之哲学》。

本书分为上、下两篇。上篇主要阐述"老子哲学之人生观"。著者从老子哲学中的宇宙观谈起，以观察人生观中的一切善、恶、美、丑、真、伪之如何。明此道理，则欲去恶当绝善，不尚善，自无恶；推而广之，一切善恶美丑真伪之分别即不存在。进而老子以失为得、以退为进、以无为有，再进一步就是得亦若失、进亦若退。此论的目的在于阐发世人的积极方面以及在人生观建树上的过失处。并将世人与老子二者做一比较，阐发老子对于人世间的主张以及其心目中的理想人格的缩影。

下篇主要阐述"墨子哲学之人生观"，以墨子哲学中"贵义"的方面进行论述。概而言之"墨家十仪"中的"尚义"不仅是其理想的人生观，而且是天志、明鬼、兼爱、非攻、节用、节葬、尚同思想的核心原则。（宋霞）

# 道家思想与中国文化

《道家思想与中国文化》，赵明著。长春：吉林大学出版社，1986年7月第1版，32开，207千字。

本书有七章。第一章引论，是从中华文化的源头上进行追溯。春秋战国时代产生了中华文化最原始的自觉意识，这种自觉意识的主要奠基者就是相互对立又圆融互补的儒道二家，二者不仅体现了先秦诸子百家争鸣中多有体现的人文理性，更是体现了民族理论思维的方式。儒道二家的动态互补正是中国文化多元性和整体性的统一。第二章则是以老子思想的评说开始研究，主要包括道家思想的渊源和老子其人其书、道论的本体始源、无为而治的政治思想、贵柔尚弱的辩证思想。第三章注重庄子对老子思想的延展，主要内容包括庄子其人其书以及老庄学派的说明、归本于老子的道论以及其社会理想的建构、"别为一宗"的"齐物论"哲学、逍遥游的自由观与人生观、自然天放的人性论，本章还涉及老庄思想之异同的比较研究。第四章从老庄的哲学思想生发出道家独有的美学观念。非传统反世俗、崇尚自然、高扬天籁的特质使得中国传统美学的思想得以充实，并为中国传统艺术和文学奠定了深厚的思想基调。道家之中庄子无疑是最具有艺术气质的思想家，因此本书第五章主要从作为艺术家的庄子入手，阐发《庄子》一书中的形象思维体系和寓言故事，并通过对比论证的方式，将以英气著称的孟子和具有浪漫气质的庄子的创作方法作为比较对象，突出庄子思想的浪漫主义色彩。第六章则是以历史线索沟通道家思想与两汉时期黄老之学，"黄老之学"对于汉初的休养生息、奠定文景之治的盛世无疑具有重要的作用，同时司马迁的史学、两汉盛极一时的文学思潮皆受到了道家思想的熏陶。第七章则是以最具有道家色彩的魏晋玄学为论述对象，其主要内容包括魏晋玄学兴起的缘由，玄学的兴起与经学的衰落是密不可分的；论及玄学的盛极一时与道家思想的关系、玄学中的"天人"和魏晋名士的风度，并涉及人的觉醒和魏晋玄风在文学上的应用。

　　本书立足于"中国文化"这一宏大视野，突破人们对道家原有的看法，从人的认知、评价到审美的层次，剖析道家思想的整体结构。本书以道家思想为核心，从微观处窥见中国文化的全部，深入细致地阐释老庄思想对中国传统思想和中国文化特质的奠定所起到的重要影响。著者通过横纵交织的论述方式，在横向上对老庄思想的哲学性、艺术性进行阐释，纵向上则从道家思想对两汉政治以及魏晋玄风的影响入手进行梳理。其目的在于从横纵两个方面探讨在春秋战国的变革时代所孕育的中华文化的自觉上，道家思想所具有的不同于儒家思想的特征，以及儒道互补所造就的传统文化的精神气质。总体上看，本书不仅具有宏观上的理论架构，同时其微观上对道家思想的探

究功力也可见一斑，因而在道家文化的研究领域中，卓然而自成一家。（宋霞）

# 道教与中国文化

《道教与中国文化》，葛兆光著。上海：上海人民出版社，1987年9月第1
版，精装，32开，280千字。另有台北：东华书局，1988年版。

葛兆光简介详见《屈服史及其他——六朝隋唐道教的思想史研究》提要。

本书分上、中、下三编：

上编论析道教的理论、神谱、仪式的来源，如何形成以及道教的成熟与
定型过程。论述道教是在人类基本欲望所构成的内驱力的支持下，在汉魏六
朝被逐渐整合而成体系，其体系糅合了中国古代的自然、社会、人的"同源
同构互感"理论，楚文化的神鬼谱系，古代巫觋方术与健身术，以及依据不
同类物的"互感"原则创作的炼丹术，其真正成熟与东晋南朝文化和佛教的
兴盛有关。

中编按时间顺序讲道教的发展变化，从道教信仰的狂热阶段唐、宋入手，
从士大夫文化与俗文化角度着眼，将道教分为士大夫道教与民间道教两种形
态，重点讲述中唐到北宋道教史上的三种发展趋向：其一，以斋醮、符箓等
仪式为主，迎合了人民的生存和享受欲望；其二，以老庄思想和养生思想为
重，吸收了佛教哲理，向士大夫阶层渗透；其三，结合了轮回思想并与封建
伦理结合，向民间渗透。著者特别指出，金、元时期道教臣服于统治者的政
治权力，导致了道教性质与功能的改变，使得道教逐渐向世俗化封建化转变，
在失去士大夫精英阶层的青睐和自己的特色后，道教逐渐在上层失势，只能
在民间流传，最终走上没落之路。

下编分述道教对士大夫文化、俗文化及中国古典文学的影响。在老庄哲
学、禅宗、中医养生学的影响下，中国士大夫追求自然恬淡、少私寡欲的生
活和清静虚明、无思无虑的心理，以期求得生理上的健康长寿。唐宋之后，
道教的鬼神系统、仪式法术和伦理教义的扩衍，使得道教日益世俗化，成为
中国俗文化的重要组成部分。而道教为中国古典文学提供的神仙胜境、鬼魅
精怪、道士与法术三种意象，背后都有追求自由的共同精神。这不仅刺激了
人的想象力，更从深层次反映了人的生存忧患意识。

本书视野开阔，着重从思维方式和人们心理深层的本能与欲望方面来剖析道教的形成、发展、没落以及道教与文学艺术之间的关系。本书最大特色在于从道教理论与信仰中、从精英与世俗之间观念的互动中揭示道教构成及发展的复杂底蕴。（李利）

# 生死·享乐·自由——道家及道教的人生理想

《生死·享乐·自由——道家及道教的人生理想》，赵有声等著。北京：国际文化出版公司，1988年12月第1版，32开，130千字，系"蓦然回首——对中国传统文化的反思丛书"之一种。

赵有声，重庆大学教授，兼任重庆市行政管理学会副秘书长。

本书正文共八章，分述道的观念与创世神话、恋母情结与归根心态、生与死、逍遥与超然、游仙与隐逸、神仙境界与凡人企羡、道教法术与现代迷信、太平梦幻与黄巾模式。具体来说：

首章从考古学、历史学、民族学、民俗学方面对母神崇拜做了梳理，说明老子的"道"与母神创世神话、先民的混沌创世神话有关。后被道教袭取，并被神化为最高神祇。

第二章论述对道的追求需以"守雌""致柔""善下""好静""去知去欲""见素抱朴"来达成"食母""归根"。通过对道的皈依，与道合为一体。

第三章围绕生死问题，指出道的本体论即生命本体论，老庄以生死为自然，齐生死。道教则执迷于生，追求不死。南宋后道教对生执迷的苏醒是衰亡之兆。而生命的"不再性"本质导致人对今生的沉溺。

第四章论述自由观，以庄子、李白、苏轼为例，说明中国传统自由观由追求自由到实现自由再到逃避自由的逻辑进程。

第五章从游仙与隐逸两个领域继续对传统自由观进行探讨，指出游仙诗文的基础为追求自由与渴望享乐，最终的发展则享乐成分压过了自由；进而以明中叶以来的浪漫思潮为例，说明自由仍同享乐相连。隐逸领域则融正义、生存、自由于一体，由庄子阐发理论，由陶潜落实，并从伦理学角度说明深层意蕴。著者指出游仙与隐逸都是中国传统自由观"摆脱……而自由"的具体化，这必然会导致摆脱者的孤独，难以超越自我。

第六章考察道教洞天仙境，指出神仙的形象渊源于道家，仙界是据人的愿望而构建，也是现实等级世界的折射。并从入仙境而复失的游仙模式中，指出其实质为"本我"对快乐原则的服从，而"自我"理性则服从现实原则，因不可实现，转而祈求现实中的消灾避祸。

第七章以镜、剑、符咒为代表，论析道教法术思想及其心理意义。

终章指出，道教的政治思想吸收了大同思想、平均思想及墨家思想，并主要介绍了政教合一的五斗米道和黄巾起义的两种参与政治形式，说明太平天国运动仍具有黄巾模式。结尾阐述大同理想对后世的影响，肯定了以共产主义思想指导建设大同世界的可行性，并对建设期间的失误进行了文化上的反思。

本书的主要贡献在于，从生死、享乐、自由的人生理想视角，深度揭示了道家道教对中国人生存意识、思维方式、情感态度的影响。（李利）

# 《庄子》与现代主义——古今文化比较

《〈庄子〉与现代主义——古今文化比较》，张石著。石家庄：河北人民出版社，1989年8月第1版，32开，100千字，系"中外比较文化丛书"之一种。

张石，1956年生，曾任日本《中文导报》副主编。著有《川端康成与东方古典》《樱雪鸿泥》《寒山与日本文化》《东京伤逝》等。

本书的创造性在于跨学科的研究视野。著者以科学哲学、文化人类学、心理学、美学等方法为审视框架，指出在时空上相距遥远的两种文化迷津——《庄子》和西方现代派文学之间惊人的相似之处，揭示了文化深层结构中蕴含的人类文化的共同规律。

本书在导论之后，以四章内容，分别论证各章之间内在的共同性：

第一章论述《庄子》与科学哲学的关系，包括与量子物理一致时空观，否定绝对时空，认为时间和空间都具有相对性；从现代物理学中，发现与《庄子》一致的强调事物的二象性，取决于我们如何看待；"空"和"无"之间其来无迹、其往无崖，以及非彼无我的"靴袢假设"。

第二章论述《庄子》与社会人生哲学的共鸣，与西方现代派一样陷入"不可知论"的茫然，只是《庄子》中的"不可知论"来自对人类认识界限的深刻理解；同样反对人与自然、社会对人、人和人之间的异化，认为自由是绝对的、也是孤寂的，生命高于主义，反对对生命的戕害。

第三章论述《庄子》与心理学的同构，同弗洛伊德心理学一致，《庄子》也提出突破知见障碍，向人的本性回归，神动天随，艺术创造的心理状态是"忘"，是人进入无意识状态而产生的。

第四章论述《庄子》与美学的接点，美学认为人的感觉是不分界限、可以相互融通的，庄子化蝶、得意而忘形，言在此而意在彼的寓言，与"通感"理论根本上是一致的。

本书能够发现不同文化之间的异同，抛开时空偏狭，面对完整世界，从而获得完整的智慧。这种思维方式，无疑是非常可贵的。（周睿）

# 道教与中国社会

《道教与中国社会》，李养正著。北京：中国华侨出版公司，1989年12月第1版，32开，90千字，系"中华本土文化丛书"之一种。

李养正简介详见《当代中国道教》提要。

本书讲述了道教与社会生活的多个方面，于前言后分十二个部分展开论述。即：一、道教的特质及其在社会生活中的表现形式，认为道教肇始于西汉成帝甘忠可献书，完成于东汉顺帝天师道创立。主要思想渊源为殷商时的鬼神崇拜、神仙信仰以及黄老道。二、道教与封建社会的政治，列举两汉以来史实，以证道教因"神权"与封建社会的政治关系密切，影响深远。三、道教与社会经济和人口，指出早期道教对经济发展、人口问题的解决有积极作用，魏晋之后则因大量修建宫观，耗费社会财富，劳民伤财，阻碍社会经济发展。四、道教与我国的传统文化，阐述在哲学思想、文化艺术、古代科技方面，道教吸收诸家思想，对其他哲学思想予以影响。与儒、释相比，道教对古代科技贡献较多。五、道教与伦理道德和民族心理，称道教仪范体系与儒家道德同为传统道德的组成部分，有主和反战、修道养德的积极之处。六、道教与秘密宗教及行会。七、道教与秘密会社。著者指出秘密宗教以传播非传统宗教的"异端"道会门为宗旨，秘密会社则反抗当时政府。并列举四个秘密宗教黄天道、红阳道、皈一道、一贯道和秘密会社洪门会为例，简析秘密宗教和秘密会社与道教的联系，并指出不少行业祖师多与道教有关。八、道教与术数。著者指出，术数乃以阴阳、五行、八卦、干支循环相配合，以生克制化的数理附会人事，以此推测人和国家的吉凶、命运。术数的渊源不在道教、但道教中术数资料丰富。九、道教与社会妇女问题，举《太平经》为例，以男女先天无别，本元气而来，证道教对女性较为人道、平等。十、道教与民间风土习俗，依古籍《梦粱录》《东京梦华录》《帝京岁时纪胜》等列举民间各月岁时习俗，使人了解习俗与传统文化、道教的关系。十一、道教与少数民族，以史证道教形成与发展与西南少数民族有密切关系，并介绍彝族、白族、壮族、瑶族、毛南族、京族、黎族的道教信仰。十二、道教的现状，略述国内道教教徒数量、道教协会组织情况、兴办道教院校的情况、开展道教文化研究工作的情况、道教名山宫观、宗教活动情况。（李利）

# 道教与女性

　　《道教与女性》，詹石窗著。上海：上海古籍出版社，1990年5月第1版，32开，90千字。另有北京：宗教文化出版社，2010年8月版。

　　詹石窗简介详见总主编简介。

　　本书共六章，正文前有前言，后有结语、附录。具体来说：

　　第一至三章为上编，研究女性崇拜的起源及其在道教中的沿袭与发展及在文化史上的影响。著者论析道教继承发展了先秦存在的女神崇拜和女仙崇拜，考察神仙传记、符咒斋醮中的女性崇拜，将考古资料、文献资料同古文字学以及带女偏旁的古姓联系起来，追溯道教女性崇拜的渊源，指出母系氏族社会中女性在生殖上的特殊作用，以及崇高的社会地位是导致女神崇拜这种宗教现象产生的根本缘由。并通过对《道德经》思想意蕴的探讨，指出崇水、无为、守柔、主静等观念是《道德经》主阴思想的贯彻，是女性崇拜在道教中得到继承和发展的理论原因。

　　第四至六章为下编，研究道教与女性修行的关系。从道教伦理和养生健身美容方面探讨修行理论内涵和现实意义，考察了《女丹合编》等书中女性气功、美容术的来源、特点、思想意蕴和具体实施过程。从道教伦理学说、养生、健身、美容的层面上发掘柔静意识。著者肯定了女性修行"不杀生”"道德反省"等修行戒律与现代社会的契合，从医学的角度充分肯定了道教女性修行者采取的沐浴、干浴、叩齿、咽液等养生健身美容的措施。并肯定了道教女性伦理修行中布施、散财、广生仁爱、积功累德、忘我无私，指出这些概念范畴可为建立现代宏观伦理学服务。

本书选取的研究角度独特，逻辑推演严密。从女性崇拜之定义解说入手，分别探讨女神崇拜与女仙崇拜以及二者相互融合问题，接着研究女性崇拜在道教中的继承与发展，在此基础上，自然地引出"道教与女性崇拜"的概念，并说明道教女性崇拜在中国文化史上的影响。本书以道教与女性的关系为中心线索，抓住道教"柔静"意识的内核问题，源流兼顾，对我国传统文化进行综合研讨。从宗教、神话、心理学、美学、民俗学、伦理学、文学、艺术、养生学多领域、多侧面地揭示道教与女性的密切关系，展现了我国古代主阴、柔静意识的源流。对于文化史、道教思想史以及民俗学的研究来说，都有较高的学术价值。（李利）

# 道教与中国传统文化

《道教与中国传统文化》，卿希泰主编。福州：福建人民出版社，1990年9月第1版，精装，32开，384千字。

卿希泰简介详见《中国道教史》提要。

本书先有前言，末有附录，正文共11章，共有12位学者参著本书，其主要内容为：

第一章综述道教在中国传统文化中的地位，指出道教的思想渊源"杂而多端"，许多文化思想也因道教经典而留存。其后即分章论述。

第二章论道教的基本信仰与教义，著者归纳道教的最高信仰为道，表现为多神崇拜、斋醮忏诵、符箓道法、修仙与炼养，道教教化体现为以忠孝为轴心的伦理说教。

第三章论道教的神与仙，以道教神学为中国宗教传统神学思想"天人并尊"的继承与发展，以"道""气"为宇宙本源，以"化"为成神为仙的过程，"道、气、化"观念是神人合一思想的联结点。

第四、五章分述道教哲学在两汉经学、魏晋玄学、南北朝隋唐佛学、宋明理学时期的内容与特征，以及道教与儒、释的关系，指出，三家以道教融合儒、释为主。唐前期佛道冲突激烈，宋元起道教融合儒、释，主三教合一之说。

第六章分论道教与文学、艺术，总结道教文学内容主要为述说感悟、描写胜景、表现灵异、铺述仙术、演绎教理，而神话传说为道教与文学之津梁。艺术方面主要论述道教对音乐、美术的影响。

第七章论述道教炼丹术与古化学，介绍了各时期炼丹术的发展，在衰微时又为丹道医家的活动创造了条件，对合金学、冶金学、金石类药物学做出贡献，但未能发展出现代实验化学。

第八章道教与医学，列举了符咒斋法在医疗中的应用，道教学者对医学理论及本草学的贡献。

第九章论道教与养生文化，指出其渊源在于将神仙思想与养生关连，养生思想、理论方法成型于魏晋，隋唐时结合医道，宋元时内丹为主流，明清时发展趋缓。

第十章论道教与气功，简述道教气功的发展概况及影响，并对道教静功中的炼神、服气、存思、守窍、内丹五大类做了介绍。

第十一章道教与少数民族，从典籍中证明道教并非仅是汉族宗教，道教创建便有少数民族参加，道教神中也有少数民族烙印。附录分述道教在朝鲜、日本、东南亚的传播及海外的道教研究。

本书的主要贡献在于从思想史的角度，对道教在中国传统文化中的地位和作用做了多方面的探究，指出不应仅关注儒家文化，道教对中国的政治、经济、哲学、历史、文学、艺术、古代科技、社会习俗等方面均有深刻影响。论析有理有据，澄清了历史事实，有助于人们对道教与传统文化之错综复杂关系进行整体把握。（李利）

# 道家文化与现代文明

《道家文化与现代文明》，葛荣晋著。北京：中国人民大学出版社，1991年4月第1版，32开，234千字。

葛荣晋简介详见《老子的商道》提要。

本书的产生有其特定的时代背景，一是在东西文化交流的过程出现的对传统文化全盘否定的民族虚无主义的倾向，二是对"道家热"和"老子热"研究的回应。本书的产生不仅是对道家哲学思想的重新梳理，而且通过研究道家思想与养生、文学、科学、环保等方面的关系，确立道家思想在当代社会中的价值与现实意义。

本书分为15个章节，具体来说：

第一章人生旋律与处世奥秘，试图揭示人在复杂的环境中如何应对逆境的哲理智慧，"身重于物""少私寡欲""柔弱胜刚强"和"上德若谷"的处事原则为在逆境中的人们起到了调节心灵平衡的重要作用。第二章老子思想与中医，意在说明特别是受道家影响而形成的中医学理论和实践在现代条件下如何契合世界卫生组织全球性的卫生战略目标。第三章老子思想与养生，阐发道家养生学的基本原则"道法自然""少私寡欲""牝牡之合"为现代养生学提供了新的方法启示。第四章老子与气功，以"虚静之道"和"自然之道"统论华夏文化与传统气功，特别推介老子及道家为传统气功和保健所奠定的基础。第五章老子与中国文学之魂，注重"道法自然"和"大音希声"对中国现代文学的散韵意象和朦胧诗风的影响。第六章老子思想与中国书画，旨在说明老子的"道"论、返璞求真等思想所开拓的中国书画艺术的审美理念和思维方法。第七章老子思想与企业管理，以"道"为基础，阐述"自然无为""有生于无"和"反者道之动"在营造企业文化氛围与企业治理和创新方面的应用。第八章《老子》与用兵之道，以"不以兵强天下""以弱胜强""以奇用兵""胜而不美"作为现代战争中的战略和战术。第九章老子与"自然农法"，旨在说明道家崇尚自然的思想是有机农业实践中重要指导思想和原则，"自然农法"抛弃人为因素的干涉，完全回归自然的终极目标是与老子"自然无为"相一致的。第十章老子哲学思想与环境保护意识，以"道"的整体概念为切入，阐发"道"论在人类环境、生态平衡、可持续发展方面所具有的现代价值。第十一章《老子》与建筑，将"有无相资""回归自然"的思想转变为现代建筑的灵魂，将现代建筑与自然完美融合，形成建筑领域的有机论。第十二章"道"的幽灵与"无"的科学，以"道"与"无"的概念追溯宇宙创生的问题，以期说明老子的思维秘史与当代科学发展趋向的一致性。第十三章《老子》与科学的未来，试图从道家的宇宙生成论中吸取智慧，为现代工业文明所导致的僵化与危机提供了解决的思路和可行的办法。第十四章

《老子》、老聃与道教，阐述了道家和道教复杂的生成关系，老子由思想家变身为宗教教主，《道德经》从诸子学原典到宗教圣典的演化过程，不仅具有思想史的意义，亦具有较高的宗教价值。第十五章老庄与西方诗人哲学家，试图通过诗歌这一媒介汇通老庄精神与西方近现代哲学，通过中西哲学的比较，挖掘老庄哲学的现代意义。（宋霞）

# 道教与仙学

《道教与仙学》，胡孚琛著。北京：新华出版社，1991年12月第1版，软精装，32开，128千字，系"神州文化集成丛书"之一种。

胡孚琛简介详见《魏晋神仙道教——抱朴子内篇研究》提要。

本书正文之前，有季羡林先生所作序，介绍了道教的起源、发展及现状、道教的基本内容、内丹仙学的流派和具体修炼方法等。本书提出，其中的"仙学"，采陈撄宁先生的说法，为宋元以来逐渐成熟的内丹学和外丹学。本书正文共五章：

第一章根据对道教的研究，对道教下了定义。指出道教源于古代原始宗教，是将黄老之学宗教化、方术化并融合了儒家伦理，借鉴了佛教的宗教形式产生的，是社会历史发展的必然结果。还列举了道教的一般特征、宗教观念以及与世界三大宗教的不同。

第二章回顾了道教的发展，方仙道、黄老道、巫鬼道为道教形成的前驱；东汉末年主要在社会下层传播的太平道、五斗米道为早期道教；魏晋时期道教分化为上层神仙道教和下层民间道教；南北朝时期天师道由寇谦之和陆修静革新、重建而臻成熟；因与政治相关，在隋唐五代道教日趋繁荣并被国教化，其间道教组织、制度日益完善正规，道教哲学和教义也得到深化，道教的音乐、舞蹈、建筑、文学艺术也随之全面发展；宋辽金元时期，融合神仙道教和禅宗的内丹派兴起，全真道流行全国，同时兼有融合经箓派和内丹派而成雷法诸道，融合儒家与道教而成的净明派、太一道、真大道，修炼观念已由不老不死转为炼成永存的元神，与道融为一体；至明清时期，道教转衰并日趋世俗化。

第三章就道教中的神仙信仰、科仪及斋醮、仙人境界、内丹仙学展开论述。指出道教尊神、求仙与"道"的信仰的关系；科仪、戒律、斋醮正体现出了道教的组织形式、管理制度、宗教活动；道教的仙人世界是老庄的真人学说与后世的神仙学说的结合，与中国封建宗法社会的现实世界互补；内丹仙学则是通往仙人境界之阶梯。种种外道旁门，虽有健身之效，但不如内丹仙术纯正。

第四章详论以进入仙人境界为目标的内丹仙学。先述内丹仙学源流，认为内丹仙学源自原始宗教，理论基础源于《老子》《庄子》。以道教创立之前为内丹仙学的理论和方术的准备时期，后形成于隋唐，成熟完善于五代，并由钟离权和吕洞宾传开。次论内丹仙学之功理及种种效果；随之概括南宗、北宗、中派、东派、西派、文始派、三丰派、青城派等派丹法要诀，最后特别介绍了清静派内丹修炼程序和女子内丹功法。

第五章简述民国之后道教的发展、现状，及在朝鲜、日本、东南亚诸国的流传，并介绍国外学者对道教的研究现状。

本书的主要贡献在于指出了内丹仙术修炼追求的是人与道的契合，力主用现代科学的手段对内丹仙学进行整理和研究，并从生理学、心理学等现代学科对内丹仙学的功效进行了解释与分析。（李利）

# 周易老子新证

《周易老子新证》，刘坤生著。南京：江苏文艺出版社，1992年10月第1版，32开，230千字。

刘坤生简介详见《〈庄子〉九章》提要。

本书分上、下两篇，具体来说：

上篇《周易》包含两章。第一章是论《周易》的研究方法。在本章中，著者介绍了《左传》《国语》《十翼》三部著作的研究方法以窥《周易》之研究方法。著者将高亨先生的《周易古经今注》所用的注《周易》的方法和湖南宋祚胤先生在治《周易》的方法上所做的突破进行了比较，得出了较为正确的治《周易》方法。第一，从形式和文字上说，《周易》对占筮书均有借用，但并不是占筮之书。第二，从全书的结构来看，要读懂全书，首先要揣摩透乾坤两卦的含义。第三，《周易》的卦象全是比喻，卦爻辞也多比喻，如何透过诸多比喻知晓喻意，辨别主旨，值得一谈。第四，认清卦象与卦名、卦名与卦辞、卦辞与爻辞、爻辞与爻辞的关系。第五，辨明内外卦的主要方面和次要方面及其矛盾推移的不同情况，并把主爻和辅爻结合起来。最后，认识比喻的复杂性和广泛性。以上便是研究《周易》应采取的较为正确全面的方法。第二章是论《周易》的思想内容。本章中，著者论述了《周易》一书作者的政治观点、成书年代、乾卦包含的思想端绪及与坤卦的关系、天道循环思想、弃刚取柔的实践方式、以"孚"为代表的理性内省精神、《周易》的影响。

下篇《老子》包含三章。第一章有关老子其人其书问题的澄清。第二章观点的检讨与正确的研究方法。著者从现代释义学的角度探讨了研究老子的正确方法。正如著者所言："就老子而言，首先应做到'以老解老'，对老子整个思想体系的达成与展开，做出能够贯通原文的解释，这是在用'唯心'或'唯物'归结性的结论得出之前，所应下的功夫。结论的正确与否，关键在于对原文能否'贯通'。"第三章论老子哲学理论的架构和内容。著者认为："老子哲学发端于对人生真实价值的追求，由此而进入虚灵的精神境界，而终归于实践的无为政治。他的宇宙论，道的本体观念，从实质上说，仅是他人生哲学的副产品。道的理论在五千言中的展开，是兼历'心''物'而圆满自足的，也是'心物不二'的。"

本书的价值与创新点多体现在理论内容和研究方法上。研究方法方面，恰如黄宗羲所言，做学问不可"以水济水"，而应"学有宗旨"，也就是经过积累，把学到的东西慢慢转化变为自己的东西，而后经由抽象形成理论，最后用简单的语言将其表达出来。著者在本书中用"中行"（中道）贯之的三种理论概括《周易》六十四卦的内容，以"心物不二"表达老子理论的本质，就是有意识地在这方面所做的尝试。（黄田田）

# 道家混沌哲学与彝族创世神话

《道家混沌哲学与彝族创世神话》，普珍著。昆明：云南人民出版社，1993年11月第1版，32开，200千字，系"彝族文化研究丛书"之一种。

普珍，1960年生，云南楚雄人。云南省社会科学院楚雄彝族文化研究所副研究员，长期从事彝族社会历史调查研究，并担任《彝族文化研究》副主编。主要代表作有《中华创世葫芦——彝族破壶成亲，魂归壶天》《摩哈苴彝村文化符号的人类学还原》《人类历史的缩影》等。

本书是在对先秦道家自然哲学、宇宙生成论的混沌宇宙观高度概括的基础上，从彝族民间神话中攫取创世神话，借此阐释道家和彝族的混沌宇宙观，拓展了老庄哲学研究的新思路。

本书的主要内容，分为三部分：

上篇专论道家哲学中的混沌宇宙观，著者通过对上至老子、庄子之"有""无""泰初"，下至宋明清"混沌""太极图"等概念的论述，总结出道家哲学中的混沌宇宙观。《老子》一书中并未有"混沌"一词，《老子·第二十五章》中却有"有物混成，先天地生"的说法，而这个先于天地万物而存在的就是混沌。到了《庄子·应帝王》中就明确提出"浑沌"的概念；《庄子·在宥》篇中的"浑浑沌沌"，在《庄子·天地》篇中被人格化为"浑沌氏之术"。《庄子》中"泰初"之有无与《老子》中"天下万物生于有，有生于无"相会通。这样便有了"老庄混沌宇宙观"和"道家混沌哲学"的说法。

中篇专述彝族创世神话中的混沌宇宙观，本篇通过对彝族有关宇宙起源神话即"宇宙混沌未开""开辟天地万物"和葫芦"天人合一"，发掘隐藏在神话中的民族共同意识，窥视彝族文化中所包含的原始意象，总结出彝族文化中的宇宙万物雄雌观、虎宇宙观、混沌宇宙观和表征宇宙混沌和人类母体创生含义的葫芦崇拜。在这些论述中，著者特别提出创世神话中的混沌宇宙观，并试图与老庄的混沌哲学相联系，在宇宙观的论述上，折射出彝族与道家所共有的文化倾向。

下篇是根据彝族的民间风俗阐释道家哲学及其相关性，主要内容包括与彝族先民具有亲缘关系的古羌戎遍布长江南北、贯穿于中国文化各个领域的彝族十月历"三十六"和"七十二"两成数以及彝族文化与中华文化。本篇在前两篇对道家哲学中的混沌意象和彝族创世神话中的混沌意象阐述的基础上，通过对比论证的方法，立足具体，加以彝族现存的古俗进行补充，从微观角度窥探彝族现有的风俗中所残存的与道家混沌哲学相贯通之处。

由于文中所引用的彝族创世神话是从诸多神话史诗中选取出来的，其分散性过强，所以著者在附录中引用七篇神话散片完整详尽的附于书后，这七篇神话散片主要是云南的老虎尸解创世歌《梅葛》、天地万物起源歌《查姆》、天下万物分雌雄《阿细的先基》、母祖孕育生万物《阿黑西尼摩》；贵州的金锁管混沌《西南彝志选》；四川的混沌演出水《勒俄特依》、宇宙昏沉沉猴子创天地。附录中收取的七篇神话虽数量有限，但其基本可以为读者展示彝族创世神话的主要内容，并使得对彝族创世神话和道家混沌哲学之关系的探讨更加深入。（宋霞）

# 道教与诸子百家

《道教与诸子百家》，李养正著。北京：北京燕山出版社，1993年11月第1版，32开，297千字，系"道教文化丛书"之一种。

李养正简介详见《当代中国道教》提要。

本书前有自序，后有结语，并附原发表于《道教会刊》上的论文两篇，著者以"诸子百家"为传统文化诸学派之总称，将佛学、理学纳入诸子百家之列。

正文共17章，首章分析道教义理，认为道教义理的原始形态源自中国原始宗教，神仙传说和神仙家。第二至五章分别论老聃、尹喜、列御寇、庄周的思想与道教义理，以及后来道教对这些人物及其著作的尊崇。第六至十七章分述道教与诸子百家的关系，涉及墨家、杨朱、法家、名家、纵横家、兵家、杂家、阴阳、五行家、方技、术数、儒家、佛教。指出道教教理教义、神谱、丹道均与阴阳五行说有密切关系，道教敬神祀鬼、贵生重术取法墨家，并吸收了杨朱"贵生"思想及法家《管子》《韩非子》部分篇章思想，名家思想为老庄思想之逻辑化，为道教义理体系所吸收，杂家古籍中的观念与道教义理有一定思想联系，神仙家因涉及医药学、养生术与道教有实质联系，术数为道教承袭发展，其资料通过道教典籍得以保存，《鬼谷子》之"道"与道教之"道"相近相通，认为兵家《孙子》之思想与道教无实质的联系。指出儒道关系以交融为主，从儒家的宗教意识、伦理道德、理想境界、心性之学入手，说明儒家学说为道教义理的重要渊源之一。佛教与道教魏晋时期求同存异，南北朝开始斗争，唐、元两朝最激烈，实质为势利而非义理之争。两教义理方面的宇宙观、人的质性、人生观、理想境界、成道途径各有不同，道教主要融摄了佛教关于彼岸世界、因果报应、轮回地狱和心性之学的理论。总结语指出《四库提要》指责《道藏》收载典籍牵强，并未发觉其中内在的思想联系，而应从宗教义理体系方面加以理解。附录一为著者论文《宋代理学"图"说与道教之关系》，考辨周敦颐《太极图》、陈抟《无极图》及《上方大洞真元妙经》中的《太极先天图》源流，对五代至宋儒、道之间的交融加以探讨。附录二为陈撄宁先生撰《论四库提要不识道家学术之全体》，指出道教学术包罗万象，贯彻九流。

著者将道教置于思想发展史中，以历史、文献为据，采择百家典籍，从中揭示诸子同道教的思想联系，角度宏观、立论中肯、论述精当，有助于正确认识古代传统文化与道教之间的关系。（李利）

# 道家的直觉与现代精神

《道家的直觉与现代精神》，那薇著。北京：中国社会科学出版社，1994年1月第1版，32开，178千字。

那薇，1947年生，辽宁沈阳人。北京市社会科学院研究员，主要著作有《道家与海德格尔相互诠释：在心物一体中人成其人物成其物》、《魏晋玄学史》（合著）等。

本书提出以"直觉体悟"的方式解说道家。在著者看来，直觉体认是既不选择、也不判断；既不喜悦、也不厌恶；既不赞成、也不反对；以超越一切的态度、以心灵的一体化来沟通世象的千差万别，将过去与现在融汇于当下的情感体验之中。道家推崇直觉体验，但是也没有否定理智的作用，按著者的观点，对直觉体验的理性概括就是"道"；同时，"道"也并不是在经过了直觉体验之后才获得的，而是贯穿于直觉体验的全过程。道家的直觉体验同样可以作为解决当下因实证科学和工具理性所导致的精神危机。对于精神世界的拯救，不仅需要道家式的内观与沉思，亦需要理智的综合与分析，只有将二者相结合才能够以整个的身心投入到实践中体验生命的意义和价值。

本书分为六章。第一章着重阐释直觉体验在主体方面尤其是主体的知与欲方面的要求，即无欲无求的人生极境与至知无知主体哲学。第二章旨在说明主体超越时空界限，体认道体虚无而最终与道通为一的直觉体验。第三章物我同一则是阐发在与宇宙万物的本体相契合之后而达到的与物无间的效果，包括天人合一、物我共感、有无相包、虚实相合、无己超越、道生万物。第四章游心与养神，则是意在说明精神上的高度自由并不是脱离方内的隐居山林，而是在"乘物"的过程中达到自由的漂浮即游心；内神之养是不外越，集中心智、反观内求以培养与万物乃至本体相契的无知无欲之心，同时也谈及养神之难，即如何处理直觉的培养与现实的世界、人生乃至政治框架的构建之间的张力问题。第五章则是理想人格的界定。道家的理想人格并不是像儒家那样"知其不可为而为之"的圣贤气象，而是通过直觉体验达到如保赤子、返璞归真的人性，是真人、至人、神人，其与自认、社会、他人和谐相融，随顺一切的自在的本心体现，并由此启发我们在现代条件下如何寻求自我本真成为至纯之人。第六章则是上升到理想治道的建构上，从有所为乃是治国之大开始的反向论证，到顺服自然的顺乎人情的无为之治，其终极目标则是天下大治与君民同心的国邦之兴。（宋霞）

# 道教与周易

《道教与周易》，刘国梁著。北京：北京燕山出版社，1994年1月第1版，32开，134千字，系"道教文化丛书"之一种。

刘国梁简介详见《道教养生秘法》提要。

本书共九部分，分述道教易学"法天象地"的宇宙模式、道教炼丹术、道教的因果报应思想、道教与《周易》三才思想、道教建筑中的易学、道教法术与易学、道教与易学中的数学、道教的卜筮与易学、道教易学的主要代表人物及其易学思想。

先述道教宇宙论，分别论述太易、太极说，"复卦建始萌"，八卦方位说、卦气说，爻辰说，十二辟卦，纳甲说，九宫说，六虚说，阴阳五行说，坎离为易说等十一种理论以及在道教易学中的反映。继而论述在"法天象地"理论、铅汞二元配料理论指导下道教炼丹术和道教炼丹史，并特别介绍了陈撄宁先生的静功疗养法。论道教的因果报应思想，指出东晋之前的道教因果报应思想是承袭《周易》的因果报应论而来，后与"承负"说和修道成仙思想结合并吸收了佛教轮回和来生说，至宋明时期则与内丹修炼和理学思想结合。论道教与《周易》三才思想，指出早期道教学者受《周易》影响，论述宇宙生成论，魏晋时转向本体论，隋唐时则关注如何修炼内丹以期与天地合一。论道教建筑中的易学，指出道教宫观多按《先天图》方位安排，以易学思想为指导，法天、地、自然，以自然为规律。举"景山坐像""紫霄坐像"为例，前者取法后天八卦位，后者取先天八卦位，实蕴含道家养生练功图示，为"后天返先天"的道家内功修炼方法，是以易学为指导的道教建筑的典范。论道教法术与《周易》，主要谈祈请神灵术、书箓咒文、"捏诀"、镇岳、罡法、门榜等与易学八卦的联系。论道教与易学中的数学，指出《周易》中的二进位制是道教先天图之源，十进位制数学启发了道教对河图洛书的运用。论道教的卜筮与易学，对雷思齐的"之卦"做了介绍，详述《灵棊本章正经》的卜筮所得125课，对《周易》的推演方法做了比较。最后专论道教易学的主要代表人物魏伯阳、钟离权、吕洞宾、彭晓、陈抟、张伯端、俞琰及其易学思想。魏伯阳为道教易学奠基人，其说以坎离说、月体纳甲说、十二消息说为代表；钟离权、吕洞宾将天人合一、阴阳五行观念融会其中；彭晓援易学以述内丹；陈抟重视卦画图象，以卦爻象和阴阳之数说明内丹炼制，以图式说易；张伯端主取坎填离，颠倒坎离，俞琰主"降心火入于丹田"的内炼之道。

　　本书从道教宇宙论、道德观、内丹、外丹说入手，多方面考察易学对道教的影响，以及道教理论、实践活动取法《周易》之处，肯定了道教易学的积极作用。（李利）

# 老子与企业管理

　　《老子与企业管理》，杨先举著。北京：中国人民大学出版社，1994年3月第1版，32开，170千字。

　　杨先举简介详见《老子管理学》提要。

　　本书共有六章。在序言中，著者先介绍了老子的生平以及《老子》的主要思想。从老子思想与企业管理的联系出发，著者认为《老子》有"六论"可资借鉴。

　　第一章道论——文化篇，通过"'道'的幽灵与文化灵光""'民自化'与企业文化""域中有四大，人居其一""'见素抱朴'与企业价值观""其中有物""企业文化的'玄鉴'""'自强不息'与'厚载万物'"这七小节，说明"道"是《老子》的中枢之论，老子一切议论皆发呼于此。而企业文化是企业管理的灵魂，在企业管理中具有类似"道"的地位。企业管理的种种活动，都在"道"的支配下展开。

第二章德论——治理篇，从"'德'的命题与'无为而治'""'混而为一'与管理模式""治大国若烹小鲜""百姓皆谓'我自然'""'始制有名'与组织建设""善用人者，为之天""为大于其细"这七个方面，揭露形而上谓之"道"，形而下谓之"德"。假如"道"是意象实体，那么"德"就是溅落于社会的政治实体，而企业管理也需要"南面之术"，要探讨"治大国若烹小鲜"的奥义。

第三章柔论——谋略篇，从"老、孙兵论与管理谋略""柔论与权谋艺术""柔弱胜刚强与全胜""知雄守雌与攻守燮理""将欲取之，必固予之""以奇用兵""不以兵强天下"七个方面，说明企业管理、企业经营、企业竞争是讲谋略的。

第四章无论——创造篇，从"'无'的奥义""'无'与创造发明""'无'与创造思维探微""当其无，有车之用""'有生于无'与创新""恍惚、朦胧与创新""'冲气为和'与创造技法"七个方面，说明创新是企业生机盎然赖以存在的基础。

第五章反论——艺术篇，从"'反者道之动'与管理'悖论'""'音声相和'与管理艺术""道天地人与系统管理""'独立不改'与变易管理""'重为轻根'与比较管理""'祸福依伏'与逆反管理"六个方面，说明《老子》一书充满反论思想，企业管理同样充满悖论，企业管理中最根本的方法是矛盾分析方法。《老子》的"反"论为企业管理矛盾分析提供了思路。

第六章水论——修身篇，从"'上柔若水'与领导玄德""善下为百谷王""敦兮若朴""上德若谷""清净为天下正""养生"这六个方面，以"水"的特性说明"水利万物而不争"，指出企业领导人也应该具备这样的素养。

本书将《老子》与现代企业管理相融合。著者从《老子》中汲取营养，把传统文化和老子哲学中的合理部分，运用于现代企业运营思想、企业文化、经营谋略、管理艺术、创造学和企业家素养中。本书融理论性、实践性、趣味性于一体，文笔流畅，值得阅读。（宋霞）

# 老子思想与现代领导艺术

《老子思想与现代领导艺术》，段维龙著。北京：中国广播电视出版社，1995年3月第1版，32开，90千字。

段维龙，1955年生，山西翼城人。毕业于山西师范大学中文系，曾任翼城县委政法委员会干部。

本书共有四章，具体如下：

第一章领导艺术——老子思想的旨归。从"有为与无为""名与实""识人与辩才""决策与用人""权术与权威""对内与对外""工作方法与工作作风""凶事尚右""安与危"九个方面，较为详细地介绍了老子的主要思想。

第二章策略——领导艺术的灵魂。从"策略的重要性""顺其自然——策略的本质属性""欲取先予——策略的基本原则""政策与策略"四个方面，通过列举海内外的多个事例，阐明策略在管理中的重要性。

第三章个人修养——领导艺术的基石。从"道与德""主观与客观""名与利""形与神""谦虚与骄傲""真与假""生命有限　事业不朽"七个方面，说明了《老子》中"德"的概念意义，试图揭露"德"与"道"的关系，并以此说明"德"对于治国者的实际意义。

第四章结论。从"手段与目的""理论与实践""历史与现实"三个方面，总结出"无为"并非什么也不做的消极无为，而是要求领导者不做违反领导艺术规律的事情。

本书的最大贡献在于，以讲论"统治术"这一独特视角为主，从《老子》对立统一的观点入手，揭示了"无为"领导艺术的"管理"方法，"策略"的运用以及治国者应具备的个人修养。（宋霞）

# 道家文化与科学

《道家文化与科学》，祝亚平著。合肥：中国科学技术大学出版社，1995年7月第1版，32开，429千字。

祝亚平，曾任职于中国科技大学自然科学史研究室。

本书由著者的博士论文修改而成。本书以整理《道藏》的科技史料为基础，由此探讨道家文化对中国古代科学技术的催生作用，并在此基础之上比较了儒释道三家分别对中国古代科技的影响，在道家的科学思想、天文物理、炼丹术、生命科学等方面挖掘了《道藏》中的新史料并对此做出了独创性的研究。本书的出版，为广大的哲学爱好者提供了一个了解道家的全新的视角，也给予了对自然科学和社会科学研究的人员哲学层面的思考和启发。

本书主体部分分为九章，另外还附有结语、附录、综合索引、参考文献与后记。第一章主要是在前人的研究之上对"道家"的概念进行了厘定，确定研究的对象和范围，进而以对《道藏》的介绍为切入点，从对《道藏》的编撰、《道藏》的内容和分类、《道藏》的学术价值以及国内外对《道藏》的问题研究为开端，清理了诸家学说对《道藏》一书的理解上的偏颇，进而深入地阐发了《道藏》包含的"经"与"术"层面的内容和价值。第二章从先秦、两汉、魏晋南北朝、隋唐五代、宋元明清五个时间段描绘了道家的科学活动的形成、兴起、发展、鼎盛、复兴与衰落的全过程。第三章从道家科学思想的渊源进行追溯，从学术渊源、基本理论、认识论和方法论以及中国文化与科学的象征符号——"太极图"四个方面总论道家所包含的科学思想。第四至八章则是从科学分类的角度即天文物理学、炼丹化学、数学、地理与气象、技术与发明以及生命科学的层面，阐发道家的科学思想在不同领域的应用，以及中国古代科学与西方现代科学技术的生发关系。第九章综述道家文化与古代科技文明的关系，其中亦涉及了儒释道三家在中国古代科学技术中各自的作用和价值，并特别强调道家是古代科学的渊薮，是影响中国古代科技的主流因素。

本书的一大特色在于附录中还列出了《道藏》科技史料主题词表与《道藏》科技史料的分类目录。结语部分则是上升到东西文化的融合与超越，著者从东西思维方式的外在表现及文化的象征性符号来比较东西文化的不同特点。中国文化与科学的象征性符号——"太极图"，是中国古人对天人关系、自然观、宇宙观凝练的结果，太极图这一象征性的符号不仅具有文化意义，亦有宗教内涵。太极图象征性的符号也折射出中国文化所具有的整体性、有机性和辩证性的特点。而产生于基督教文化背景中的西方，其象征性符号则是十字架，其折射出的是西方文化的对称性、外向性、逻辑性的特征。以有机论为代表的中国古代科学和以机械论为主要特点的西方近代科学虽然存在巨大的差距，但是二者在全球化的时代中，必然会产生东西文明的碰撞，这里面包含了冲突和和合。这两种符号如何有机地结合在一起而催生出一种新的文明形态，以及中国古代科学如何在面临的新问题下仍散发出光芒，确立在世界科学史上的价值，这是需要我们共同思考和解决的重要问题。（宋霞）

# 易学与道教文化

《易学与道教文化》，詹石窗、连镇标著。福州：福建人民出版社，1995年12月第1版，32开，303千字。

詹石窗简介详见总主编简介。

本书于导论之后分四编八章，末有结语、后记。导论阐述易学研究的状况及易学与道教文化的关系，并提出了具体研究过程中的四点要求。

第一编为第一至二章，论析易学与道教文化关系之基础，著者从先民的自我意识中考察八卦的起源，继而论述八卦符号的排列与演化，并从思想史、文化史的角度总结出《周易》的三方面价值，指出易学与先秦道家学派和传统医学存在理论联系。

第二编为第三至四章，论述易学与道教文化关系之确立，先论汉易之传授及易数、卦气说、纳甲说与律历的联系，以及占卜体系中蕴含的神仙思想。次述易学思想对原始符箓派道教、原始金丹派道教的影响，并指出后来道教学者画出的契合易理的图像，反过来推动了易学的发展。

第三编为第五至六章，论述易学与道教文化关系之发展，指出从道教人物的《易》注、对老子形象的塑造、创作教义文章三方面可看出易学义理派对道教的影响，继而论述魏晋至晚唐易学象数大家的理论及道教中人对象数学的应用和发挥。

第四编为第七至八章，论述易学与道教文化关系之衍扩，在理论方面，分析了《易》图书学兴起的原因，指出道教内丹修炼与图书学兴起的内在联系，详述陈抟的图书学建树及其引发的图书象数学的勃兴，主要表现为刘牧、邵雍的象数易学，以及义理之学的道学化；在实践方面，从道教气功养生学入手，阐述道教对易学的进一步应用和发挥，集中探讨了北宋紫阳派气功养生状况和理论以及全真道郝大通的易学研究和气功养生，李简易、李道纯著述中的易学内容。

本书结语指出，人类生存困境问题的解决方案，应从"易学与道教文化"中的宇宙和谐旋律、阴阳相长旋律、运动化生旋律中寻求。

本书从整体把握了易学与道教文化的关系，将易学发展史同道教发展史的各个阶段对应，揭示出易道融通的规律，指出易学为道教理论体系提供的象征思维模式既是道教学入门途径，也是研讨道教文化的关键。《周易》的象征哲学是道教富有多层意蕴的概念体系之源，道教文化史就是《周易》象征哲学的应用、演变、发展、衍扩的历史。易学的发展启迪了道教文化的发展，道教的实践活动和理论研讨又丰富了易学的象数语言与思想宝库。本书理清了易学与道教文化之间错综复杂的关系，对探索易学发展和道教文化发展的底蕴、动因和深层次的内涵有着极为深刻的意义。（李利）

# 老子与商战权术

《老子与商战权术》，杨灿明著。武汉：湖北人民出版社，1996年5月第1版，32开，115千字，系"圣贤商战术系列"之一种。

杨灿明，1963年生，湖南桃江人。现为中南财经政法大学党委副书记、校长，博士生导师。

本书分为十个章节。第一章"无中生有，有无相生——创业权术"，试图揭示任何事业都要经历从无到有、从小到大，继而又从兴盛到消亡的发展过程。创业是一个企业家向经营领域、向商战战场的勇敢跨入，这里面潜藏着许多关于"有"与"无"的深刻哲理。第二章"与时迁移，因物变化——应变权术"，意在说明市场是千变万化的，企业家也应当知变善变。老子思想启发我们要把握机会，及时而动，做到同水一样随着动荡的趋势而动荡，随着静止的状态而安详静止。第三章"以弱胜强，不争善胜——克敌权术"，意在阐发"柔能克刚、阴能制阳、弱能胜强"的思想，表明老子的辩证思想为现代小企业的生存提供了新的方法启示。第四章"欲弱固强，欲夺固与——营销权术"，以"将欲弱之，必固强之""将欲取之，必固举之"和"将欲取之，必固与之"这种独特的思维方式，总结出了老子思想在经营权术方面的多个核心理论。第五章"君上主道，臣下主事——统御权术"，认为企业家的基本功是"以心制窍"，并且从"君设其本，臣操其末"和"令智者谋，令勇者怒，令辩者语"这两方面说明企业领导者从老子神秘莫测的"道"中吸取到的艺术和智慧。第六章"以智治愚，圣人之治——组织权术"，注重管理中的"无知""无欲""无私"，解释老子的"道"哺育万物，却不做万物的主宰。第七章"一慈二俭，三不为先——自律权术"，从"慈而得众""俭而示众"和"不抢先战略与后发制人"三个方面，阐述了老子的思想对于现代商战以及企业家们的指导意义。第八章"图难于易，为大于细——危机权术"，以"千里之堤，溃于蚁穴""居安思危，反去其危""细微深处见功夫"三个方面，说明一个成功的企业应该要懂得尽量避免危机以及深谙化解危机的方法。第九章"守雌装愚，以静制动——治乱权术"，认为"伏柔守雌，拨乱反正""临危不乱，以静制动""大勇若怯，大智若愚"这三个道理不仅可以用于修身、齐家、治国、平天下，还可以用于指导现代企业的经营与竞争。第十章"治大国者，若烹小鲜——领导权术"，以老子"清静无为"的思想为切入，阐发治大国与烹小鲜亦有相似之处，烹小鲜与现代企业经营管理亦存在紧密联系，保持政策和经营方针的一贯性与稳定性，是治理企业的法宝之一。

本书每一章都分三个小主题来阐述老子思想与现代商战的关系，思路清晰，逻辑严谨，内容丰富，其突出的优点是，实事求是地介绍了老子思想在管理手段方面的方法，指出了一个企业的成功——或者说是它的幸存——就依赖于进攻和防守战略的混合运用。本书集中反映了老子思想在商战权术方面的智慧结晶，对于提高现代企业领导层的领导能力有一定的指导意义。（宋霞）

# 老子与现代管理

《老子与现代管理》，潘乃樾著。北京：中国经济出版社，1996年5月第1版，32开，146.9千字。

潘乃樾，著有《老子与现代管理》《孔子与现代管理》与《韩非子与现代管理》，这三本书是探索儒、法、道三家与现代管理关系的三部曲。

本书共有11章。第一章老子及其"道"，主要介绍"老子其人其书""老子之'道'""老子管理思想概貌"以及"老子的人本思想"四个部分，一方面详细地介绍老子的生平及著书原因，另一方面概括性介绍老子思想与现代管理之间的联系。第二章自然无为，从"道法自然""无为而无不为""历史背景"这三个层次来说明"无为"思想在老子思想体系中的重要性。第三章"太上，下知有之"，通过几个典型案例，说明"自然无为"思想运用到管理领域，就是要重视人的作用，要消除领导者独断意志和行为，让下属在管理活动中享有自主性。这也是人本主义在管理中的体现。第四章不言之教，探索了老子"不言之教"的真实含义，以及"不言之教"思想如何在现代管理中实现。第五章辩证管理，通过介绍"老子的矛盾观""管理矛盾和管理的基本矛盾""'图难于其易，为大于其细'"以及"管理重心"四个部分的内容，突出老子朴素的辩证法思想，进而又将老子的辩证哲理和自然无为的管理思想相结合，派生出一系列独具特色的具体管理思想和管理艺术。第六章管理矛盾的相互转化，阐发"'反者道之动'""祸福相依""损益的辩证法""与得的辩证法""迂直、壮老之转化"这五种思想，试图揭示管理中的辩证思想。第七章处柔守弱，一方面介绍了老子的"柔术"，实际上是以柔克刚，以弱胜强，以守为攻，以屈求伸；另一方面则阐述老子关于"处柔守弱"思想在现代管理中的价值。第八章以奇用兵，介绍老子谋略思想的特点，就老子对谋略特征的论述以及"兵不厌诈"的问题作一番探讨，以期澄清国内企业在这一问题上的一些疑虑。第九章处下不争，是对前两章的扩展，介绍老子的"处下不争"思想是适用于特定处境下，至今仍有现实意义。第十章慈、俭，通过对"慈爱"和"俭啬"这两方面的阐述，揭示在管理思想体系中必然要突出"爱"的主题以及企业应该在日常管理中坚持俭啬。第十一章管理思维，主要通过"静观玄览""自知者明""知足知止""深根固柢与大制不割"这四个方面来说明企业经营管理者应有的管理思维。

在我国历史上，对老子学说的评价历来众说纷纭，褒贬不一。有人斥之为消极哲学，有人誉之为充满了朴素辩证法的伟大哲学。本书持后一种观点。本书集中了大量笔墨，列举众多事实讨论了老子"无为而治"的管理思想。这种哲学观点与孔子和韩非的管理哲学是完全不同的。

本书是建立在"人性本善"的认识基础之上的，讲究顺应客观发展规律的理论。本书启发我们，管理一个企业是否成功，不仅依赖于管理者的水平，而且依赖于企业内外部的环境和整个社会发展的规律。对于管理者来说，只有不断提高管理思想的修养，才能不断更新自己的管理技巧，以适应企业的发展需要，满足社会发展对企业的要求。（宋霞）

# 道家与民族性格

《道家与民族性格》，吕锡琛著。长沙：湖南大学出版社，1996年6月第1版，32开，218千字。

吕锡琛简介详见《道学通论——道家·道教·仙学》提要。

道家学脉源远流长，在历史发展的轨迹中虽不像儒家那样被定为正宗，但是仍积极参与百家学术，渗透到中国人精神世界的方方面面，凝结为中华民族所独有的民族性格。本书从更为广阔的视角纵观中国人的精神世界和生活现实，试图阐明道家是如何在中华民族的性格培养中留下深深印记的。

本书除绪论之外分为六章：绪论，试图从道家思想产生的社会背景出发探讨道家思想在产生和发展过程中与中华民族性格的动态互补关系，在阐述道家与民族性格的互动关系中，也引述儒家思想对民族性格形成的影响，并做出了细致的分析与比较，肯定传统文化中的多元化，突出了道家思想是在保持个体的身心两全和肯定个体价值的基础上塑造民族性格这一鲜明特点。第一章，旨在说明道家的"天人合一"的思维方式是通过内省式的直觉致思而实现的，并通过比较西方的分析科学式的外求的思维方式，突出了在现代条件下东方注重整体性思维方式的智慧。第二章，强调道家顺应自然的行为原则在现代社会的积极意义，包括在当时特定的历史条件下对改革开放历史发展大势的态度、个体如何处理理想和现实之间的关系，以及心理学的临床医学治疗等。第三章，以"抱朴守真"的价值取向为题，以期挖掘中华民族精神中的真诚朴实性格的来源以及当今社会条件下对于人类发展和完善的重要价值。第四章，论述了崇俭抑奢的生活信条。著者从个体、家庭到国家的勤以修身、俭以养德的角度，提出崇俭抑奢生活信条应当薪火相传。第五章，注重从个体角度说明在面临复杂的社会关系的时候，如何处理竞争和不争之间的关系。不争之德是个人乃至整个民族赢得自尊心、自信心的取胜之道。第六章，论述了重生养生的人生追求。著者从道家的清心寡欲、致虚守静、见素抱朴等处世原则的角度，审视自身的生命价值，探求道德和健康之间的密切关系。

本书对道家与民族精神的互动关系的探寻，目的在于阐扬道家思想中的精华部分对民族性格的塑造和完善功能。毋庸置疑，道家思想中所包含的思维方式、行为原则、处事原则、生活信条等方面无疑会导致过分重视个体价值而忽视整个社会道德的发展，但是其顺应自然、兼收并蓄、抱朴守真、崇俭寡欲的品格在完善个体人格、优化民族性格、促进社会发展方面确实发挥着积极的功能，并在天人相谐的基础上促进社会的进步与持续发展。（宋霞）

# 玄境——道学与中国文化

《玄境——道学与中国文化》，张立文、[美国]张绪通、刘大椿主编。北京：人民出版社，1996年10月第1版，32开，275千字。

张立文，1935年生，浙江温州人。著名哲学家、哲学史家，中国人民大学哲学院一级教授、博士生导师，曾任中国人民大学孔子研究院院长、学术委员会主席，中国传统文化研究中心主任等职务，主要代表作有《和合学概论——21世纪文化战略的构想》《朱熹思想研究》《宋明理学研究》《周易思想研究》《中国哲学范畴发展史（天道篇）》《中国哲学范畴发展史（人道篇）》等。

张绪通简介详见《道的养生学——科学的内功》提要。

刘大椿，1944年生，贵州安顺人。中国人民大学一级教授，曾任国务院学位委员会哲学学科评议组成员、教育部哲学教学指导委员会副主任委员、中国人民大学校长助理、中国人民大学研究生院常务副院长、图书馆馆长等职务。主要著述有《科学技术哲学引论——科技革命时代的自然辩证法》《科学技术哲学的前沿和进展》《科学哲学》等。

本书是在张绪通博士的资助下所进行的学术活动成果之一，并受到参加本书撰写的各位教授、先生的大力支持。道学文化长期以来在儒学占主流的背景下一直处于边缘的地位，但是道学文化的源头可追溯甚远，道学文化不仅完成了传统哲学对形上本体的建构，同时亦渗透到中国文化与百姓人伦的各个方面。其与儒学一样共同构成了传统文化的源泉活水。道学不仅像儒学一样有其自身的传承统序，其终极目的也是对生命的体贴与关怀。道学是对于自然、社会、人生所当然和所以然的追寻，是贯穿天、地、人和合一体。本书立足于对道学文化基本精神的把握，运用了多种研究方法如训诂学、比较法、解释学，从道学文化的大视角出发，研究道学与哲学、道学与道家、道学与伦理学、道学与社会学、道学与法学、道学与管理、道学与文学艺术、道学与科学技术、道学与医学、道学与养生、道学与气功、道学与术数以及道学与韬略之关系，重点剖析道学在传统文化的分支学科上的应用和精髓所在，从整体的角度把握道学文化的精神实质及其与传统文化的动态互动。本书的撰写既有历史层面的纵向贯穿，亦有对现代层面的把握和研究，对于人的生命存在、人的价值意义都具有积极的启示作用。（宋霞）

# 道家文化与中医学

《道家文化与中医学》，江幼李著。福州：福建科学技术出版社，1997年5月第1版，32开，302千字，系"中华文化与中医学丛书"之一种。

江幼李，中国中医科学院教授，著名中医学家，主要从事中医基础理论研究、中医内科临床和中医高级人才培养等工作，主要著述有《岳美中医话集》（合著）、《慈禧光绪医方选议》（合著）、《中医老年病学》（合著）等。

本书从道与中医文化源流的角度剖析了中医学与中华文化的内在联系。分为序、弁言、正文和后记。正文共有五章：

第一章道——中医文化之根柢。本章从道家、道教的角度来研究中医学和中华文化之间的关系，这是人们鲜少涉及的领域。中医学又称"岐黄之术"。"岐黄"，指的是黄帝和岐伯。以岐黄来代称中医，可见在中华文化与中医学的关系中，首推道文化。同时，作为中国医学的奠基之作，《黄帝内经》冠黄帝之名，亦可见道与中医之密切联系。道文化分道家文化和道教文化。道家思想与中医学最密切相关者有四：崇尚自然，清静无为，注重实践和追求长生。道教文化与中医学最密切相关处在于：炼丹术，内丹与健身术符箓禁咒，研究医学、阐发医理。

第二章道家思想是中医学理论基石。本章首先明确了道家文化在中华传统文化中的主干地位，然后再来论证中医理论源于道。医学受道学影响，首先表现在中医学理论是在道家"道—气—精气"学说影响下，在系统总结先秦医疗经验的基础上而逐渐构建起来的；其次表现在医学取法自然是源于老学道法自然；再次表现在医家创造的"五运阴阳为道"，这明显受到了道家的影响；还表现在中医学的"藏象学说"受到了"无象之象，实为大象"的道学思想的影响；最后还表现在医经多取材于道经上，如《黄帝内经》以黄老哲学为自身思想依据之一，多受《道德经》《庄子》《黄帝四经》等的影响。

第三章道门医学的贡献与思考。经络学说是中医学的独特发明源于道家的导引行气内炼之术，是发现经络俞穴的重要途径，这是道门医学的贡献之一。道家要求阴阳调和，故房中要术亦为道门医学贡献之一。另外气功、石药、禁经等也是道门医学的贡献。

第四章历史上著名道医述评。医道通于仙道，医术通于仙术。著名医家中，有不少兼通道术，或其学术承自道门者，这就是道医的由来。本章评述了历史上比较著名的道医及其主要成就，比如上古先秦时期的巫咸、岐伯、扁鹊，秦汉晋南北朝时期的张仲景、华佗、葛洪、陶弘景，隋唐宋时期的孙思邈、司马承祯，元明清时期的马丹阳、朱权，近现代时期的陈撄宁、蒋维乔、张觉人等等。

第五章道藏中的医药成就。本章择《道藏》中医药成就之要者进行介绍，其中包括养生术、内科秘传、外科及其他秘传和重要医学道书。

本书既广泛运用了中国古代中医学经典作品，又广引道家、道教典籍著作，文献资料较为充足。本书打破以往研究道家之学多注重"老学"的局面，对"黄学"进行了较为充分的研究，理清中医学和中华文化的脉络，找到中医学源头，追寻中医学的发展路径，重要的是古为今用，这是研究道与中医学的出发点和归宿。（黄田田）

# 道教与民俗

《道教与民俗》，韩秉方著。台北：文津出版社，1997年5月出版，32开。

韩秉方，1937年生，北京人。中国社会科学院世界宗教研究所研究员。研究领域为中国民间宗教及道教研究，主要著作有《中国民间宗教史》（合著）、《中国道教史》（合著）、《道教大词典》等。

本书以历史与逻辑统一的方法，从中国远古时代到明清时期，以历史为顺序，将道教与民俗二者结合起来进行考察，并注意突出不同历史时期的特点与文化内涵。

著者研究指出，道教是中国土生土长的宗教，从发生学的角度讲，它是华夏民族远古原始信仰中自然而然地成长起来的传统宗教，深深地植根于每个中国人心灵中。民俗由社会上的民间群体自发地产生，而又自觉地传承于民间群体中。具有世代相沿的传承性事象（包括思想和行动），并以有规律的常住性活动来约束行动和意识。这种约束力主要依靠心灵信仰，道教信仰对中华民俗的形成和发展无疑具有深厚的影响力。

著者将中国道教史分为三个阶段：原始道教、民间道教、正统道教。此一新论目的在显示道教历史的悠久与真实面貌，并证实中国宗教发展的连续性，中国历史上根本不存在无宗教信仰的断层。研究分析谓，原始道教的上限，至少要追溯到战国时期。战国时期方士们的活动已经引起诸侯、士大夫们的注意，在社会上产生了影响力，正是这些方士成了酝酿催化出道教最初经典教义的产婆。民间道教阶段应以西汉成帝时甘忠可造经教人干政为起点。东汉时，有记载的民间道教派别甚多，以"托验神道"相号召的起义此起彼落，酝酿成了太平道和五斗米道两大民间道派支脉，最终形成普及的全国性宗教。道教成为被朝廷承认并给予支持的正统宗教，则要到南北朝时期的北魏太武帝和南宋文帝。到唐宋时期则达致鼎盛，对民间社会生活的影响力较之前是更加强大了。

著者观察离乡游子必定落叶归根，及海外唐人街的维护传统，从而反映了民俗在保持传统化方面具有重大意义。民俗以习惯力量规范着人们的生活，有其产生、发展、演变，乃至更新的内在规律性，其重要性和复杂性绝不亚于文艺、经济等其他人文学科。中国将民俗学作为一门人文学科，正式展开研究，是在"五四"运动之后。1925年顾颉刚等学者考察北京妙峰山进香民俗，乃首开风气之先。著者认为，从民俗角度研究宗教，要尽可能客观地分析某一民俗的宗教内涵。关于对宗教、民间信仰乃至迷信在民俗考察中，应采取实事求是的态度。（林翠凤）

# 道家与兵家

《道家与兵家》，姜国柱著。北京：西苑出版社，1998年2月第1版，32开，287千字。

姜国柱，1938年生，辽宁盖州人。哲学硕士，国防大学教授、中国社会科学院研究生院教授、中国哲学史学会理事、《国际汉学》编委。著有《张载的哲学思想》《李觏思想研究》《吴廷翰哲学思想探索》《中国认识论史》《兵学与哲学》《中国历代思想史》（先秦、宋元两卷）等。

本书按历史与逻辑相统一的原则，利用道家与兵家的历史资料，从比较联系的角度发掘道家与兵家军事思想的联系与不同，厘清两家的军事思想和理论价值。本书分前言、正文、后记三部分。正文分十一章。主要论述了秦、汉、唐三个朝代道家与兵家的军事谋略思想。之所以对宋代以后不做详论，一是因为理学的创立使儒、释、道融为一体，此时的道家已不纯粹。二是《武经七书》在军事学上正统地位的确立，使得包括道家兵略的在内的其他兵书处于次要地位，故完整独立的道家兵略不复存在。

第一章中国兵学起源。为探索道家与兵家军事思想的出现和形成，本章考察了战争的起源、发展等问题，并且说明了二者重军事、讲谋略、通战术的原因。

第二、三章分别述及老子的用兵之略和先秦道家的军事谋略思想。论老子军事思想时，认为《老子》虽是一部"言道"的哲学著作，但其中蕴含着丰富的军事思想。先秦道家中，着重兵略之人、之书，主要有范蠡、《黄帝四经》、文子、《管子》、鹖冠子等。

第四、五章分别是孙武、先秦兵家的军事谋略思想。在论述孙子军事思想时，以《孙子》为依据。《孙子》一书，对孙武的战略决策、战争指导、作战指导、战役指挥以及战术地形、气候等都做了明确的阐发，形成了整体思维的战争论、唯物主义的战争观、对立统一的方法论、知己知彼的认识论组成的严密的军事思想理论体系，并把哲学与军事同为一体。在先秦兵家中，除了孙武之外，第五章还列举了田穰苴、吴起、孙膑、尉缭、《六韬》的军事谋略思想。

第六章是先秦法家的军事谋略思想。因道家言"道"亦言"兵"，兵家言"兵"亦言"道"；道家言"道"亦言"刑名法术"，法家言"刑名法术"亦言"兵"，故法家和道家联系紧密，所以在论述先秦道家和兵家的时候，不可忽略法家。在此，著者论述了《管子》的谋兵思想和商鞅、韩非的军事思想。

第七、八章分别论述了秦汉道家和汉代兵家的军事谋略思想。《吕氏春秋》《淮南子》《阴符经》是秦汉道家军事思想代表之作。汉代兵家则选取《三略》、王符、曹操、诸葛亮为代表。

第九、十章分别论述唐代道家和唐代兵家的军事谋略思想。唐代道家选取李筌、王真为代表，唐代兵家选取李靖、赵蕤为代表。

第十一章论述了道家兵略的发展趋向。本章论及的是宋代及以后道家军事思想，以王安石、陈亮、叶适、陈第、王夫之为代表。

本书的特色和创新之处在于文献资料的选择和比较鲜见的研究视角。本书十分重视历史文献的广泛搜集和使用。不仅广泛引用了《老子》《孙子兵法》《文子》《吴子》等道家和兵家著作，而且还从其他与这两家有关的文献或著作中汲取养分，如引用《周易》《尚书》《诗经》《礼记》《黄帝内经》等各文献中的道家和兵家史料。需要指出的是，本书选择的是与道家有关的兵家和与兵家有关的道家的文献资料，大大提高了线索的一致性和本书主旨的准确性。学界对道家的研究侧重于对"道"的阐发，对兵家的研究则专注于对其军事理论、战术战略的分析。本书是一部研究军事谋略的作品，但侧重道家与兵家的相互关系，即从比较、联系的角度去分析二者的异同，选取的也是与道家有关的兵家和与兵家有关的道家。

本书重要的学术价值在于突出论述了"'道家与兵家'之军事思想"。道家与兵家是相互影响、相互吸取、共同成长的关系。兵家研究军事思想自不待言。道家注重宇宙奥秘"道"和人君治国之术的探索，其重人生和治国的态度必定涉及军事卫国思想。于是，二家便产生了理论的结合点，互相缠绕，成为本书的主旨。（黄田田）

# 道教与中国少数民族关系研究

《道教与中国少数民族关系研究》，张桥贵著。成都：四川大学出版社，1998年3月第1版，32开，145千字。

张桥贵，1963年生，云南大理人。曾任大理大学党委副书记、校长，并兼任云南大学民族学博士生导师，云南民族大学社会学博士生导师，主要社会兼职有国家社会科学基金宗教学学科评审组专家，中国宗教学会副会长，中国西南民族研究学会副会长，中国社会学会常务理事等，主要专著有《独龙族文化史》、《宗教人类学》（合著）、《中国原始宗教资料丛编》（合著）等。

本书采用历史文献分析与民族学田野调查资料相结合的方法，阐明了道教与中国少数民族之间的联系有其历史的必然性，即道教有向少数民族传播的主观愿望和客观条件，少数民族亦有信奉道教的需求和条件。

本书分六章和结论：

第一章道教与少数民族发生联系的社会文化背景，阐明了道教有向外发展的需求和条件及少数民族有接受道教的需求和条件。

第二章长生信仰与周边民族的关系，从文化人类学的角度，对道教的长生信仰主题与周边民族的关系做了分析和理性阐释。分析了人类的长生信仰在三种不同的社会发展阶段中形成了相应的三种存在形态，即原始社会、部落社会和阶级社会里人类分别的长生信仰。

第三章道教的创立及其在少数民族中的传播，首先阐明了从"鬼教"到"鬼道"的道教对少数民族宗教吸收改造的历程，其次分析了道教向外传播的东西两条路线的情况，说明道教不仅早已传入长江中下游的各少数民族聚居区和多民族聚居的云南，而且早已传入我国今天的广西、新疆、内蒙古，还穿过云南传入印度的多民族聚居区，并与当地宗教融合为密教后，又传入西藏，再从西藏传入云南、青海、四川和甘肃等地的少数民族当中，并分析了这种文化传播的和平价值。最后阐释了道教与氐羌系统民族先民之间复杂的相互关系。

第四章氐羌、拓跋和女真对道教发展的促进，阐述了氐羌建立的成汉政权、拓跋鲜卑建立的北魏、完颜阿骨打建立的女真这三个以少数民族为主的国家政权，都在各自的历史发展中与道教发生了深刻的联系，曾利用道教来巩固政权，亦以政权推动了道教的改革与发展。

第五章道教与蒙古贵族的政治文化策略，阐述了从丘处机奉诏西觐去教化一代天骄成吉思汗开始，道教就积极地以汉文化影响着蒙古贵族，对蒙古王室的政治文化策略发挥了重要影响，在社会政治经济文化领域扮演着极为重要的角色。道教徒赢得了蒙古贵族的信任之后，在拯救无辜的生灵，保护汉族地区的社会生产力，重修《道藏》，保存道经，发掘和推广汉文典籍，努力保存汉文化等方面做出了积极有益的贡献。

第六章近现代道教在少数民族中的发展，首先以道教化程度较深的瑶族和苗族为典型，分析了少数民族宗教的道教化现象；然后阐述在仫佬族、毛南族、白族、纳西族、彝族、傈僳族和土家族等民族中，道教演变成的几种形式；最后以中国少数民族中人口最多的壮族为例，阐述广大少数民族群众信奉道教之虔诚。

结论部分总结了道教是汉族和少数民族先民宗教文化相互交流、吸取和融合的结晶，是汉族和少数民族进行思想文化交流，团结战斗和共同发展的精神纽带。总之，道教增强了中华民族的向心力和凝聚力。

本书系统地阐述了各个历史阶段道教对中国少数民族多方面的影响，以及少数民族在道教发生和发展过程中所起的补充和促进作用，探讨两者之间发生相互影响的历史原因、条件、途径、历程和意义，揭示宗教文化交流在中华各民族多元一体文化格局形成过程中所发挥的重要作用，有助于我们更清楚地认识中国各民族之间宗教文化交流的历程和价值，更清楚地认识少数民族文化在中华各民族多元一体文化格局中的地位和作用，填补中国民族学和宗教学在这一研究领域的空白，说明了道教并不仅仅是汉民族的宗教，具有重要的学术价值。（王永康）

# 老庄意境与现代人生

《老庄意境与现代人生》，王德有著。北京：中国广播电视出版社，1998年3月第1版，32开，211千字，系"诸子百家与现代文化丛书"之一种。另有北京：中国广播电视出版社，2007年1月修订版，16开，241千字。

王德有简介详见《老子指归全译》提要。

先秦诸子学说是中国2000年来思想发展的源泉。老庄意境，作为一种古老的文化遗存，不但影响着现代人生，而且对现代人生还有一定的指导作用。本书旨在揭示和分析老庄意境，以便自觉地扬弃和借鉴它，从中得到有益的启发，也可以增强民族自尊心与自信心。

本书共四章，具体内容包括：

第一章寻根溯本求自我，从六个部分来讲："自我意识的智能积累"介绍智能发展的基本历程以及两个飞跃；"人类自我的老子初见"通过"智"与"明"来阐述老子对个体自我意识的认识；"老庄之学的求我之路"讲老子追溯到了人类源头的源头，找到了看待人类自我、分析人类自我的准绳；"先秦易学的借鉴光大"讲道家站在宇宙论的高度观察自我的思维方式，打开了易学的思路，又通过易学打开了宋明儒家的思路，从而将整个中华民族的思维从"形而下"提高到了"形而上"的境界；"宋明硕儒的高扬奠基"介绍了宋代之后，儒家学者谈人的时候，总是要从人的源头，从宇宙那里寻找根据，总是要把他们归结为"天道"；"现代人生的指导思想"这一部分结合了西方形而上学的思维特点和老子的宇宙论思想，旨在表明近现代以来，西方智慧被纳入中国传统智慧之中，经过中国社会熔炉的冶炼，重铸了中国智慧。

第二章天大地大人亦大，分为四个部分："老庄传统的人格自尊"表明老子人格自尊的突出特点是追求高尚的精神；"易学系统的人格自尊"阐述《易传》讲的"以人为大"和"以人为尊"这两种思想是受到老子"天大地大人亦大"思想影响，认为天地变化的永恒法则是"道"；"儒家系统的人格自尊"说明儒家将老子的思想深深注入进了儒家人格自尊理论思想当中；"现代人生的自尊自爱"通过对日常话语"毫不利己，专门利人"与"人生在世，贵在精神"这两种说法的分析，揭示老庄意境对现代人思想建构的价值。

第三章名利富贵皆烟云，通过"名誉面前的辩证思考""利益面前的辩证思考""财富面前的辩证思考""地位面前的辩证思考"这四个部分，阐释老庄意境在名誉、利益、财富、地位方面对现代社会思想建设的启发。

第四章立身处世观其妙，通过"事物状态的度势审时""局势转换的宏观预测""经世理事的随机对策""安身立命的警世之言"四个部分，试图揭示老子不但为人们求取成果提出了总体思维方法，而且还将这种思维方法运用于立身处世的诸种环境之中，提出了一系列具体的思维方法和应变对策。

本书的贡献在于探索老庄学说中规律性的见解，一分为二地评介老庄为人处世的原则，实事求是地介绍了老庄意境认识事物的方法和建功立业的方略，老庄开启的人格自尊观念，经过道家系统、易学系统、儒家系统的理论阐释和发扬光大，已经深深融化在中华民族的血液之中，成了中华民族的传统观念。本书体现了中国传统文化的精华，集中反映了人生哲理与人生智慧，对于提高人们的精神文明和思想文化素质有积极意义。（宋霞）

# 北港朝天宫的神明会

《北港朝天宫的神明会》，郑志明、孔建中著。嘉义：南华管理学院宗教研究中心，1998年出版，25开。

郑志明简介详见《神明的由来》（中国篇）提要。

本书为田野调查专著，除导论北港朝天宫神明会的祭祀组织外，调查的对象分成四大类，第一类为附属于朝天宫的神明会，对象有：祖妈会、二妈会、三妈会、四妈会、五妈会、六妈会、金懿顺、庄仪团、太子爷会、虎爷会、土地公会。第二类为铺会，内容为：菜、鲜鱼、点心、豆干、酱油、布郊、纸箔、米、面线、敢郊、屠宰、什谷、油车、饲料、青果、槟榔、百货郊、饼、电器商、药郊、金银、西药、运输、鲁班公会。第三类为阵头会，对象为：金声顺、北港乐团、丽声乐团、武城阁、圣震声、集雅轩、振乐社、新街锦升社、震威团、飞龙团、新龙团、德义堂龙凤狮、德义堂本馆、勤习堂、龙凤国术馆、维德堂、聚英社玄龙阵、凤阳国术馆、武德堂国术馆、南安德义堂。第四类为附属于其他庙宇神坛的神明会，对象包括：小西天崇佛会、集圣轩仙童团、诚心宫神童团、北港太子会、赐福团神童团、圣济会、济公会神童团、圣佛堂大圣会、苏厝村镇安宫元岁会。

　　神明会是传统社会最常见的人民团体，其目的是为了礼拜神明，进而组织社区民众，建构出信仰与人群组合。随着时代的发展，这种人群组合的宗教组织经历了时代的变迁，展现出多样的文化样貌，成为地区重要的民俗现象。

　　北港朝天宫的神明会，大多是附设性质，成立目的主要是为了参与朝天宫一年一次的祭典绕境活动，组织人群出钱出力来为妈祖凑热闹，这种纯粹为了祭祀而组织的团体延续了几十年，依旧表现出对妈祖浓郁的信仰感情。这种神明会大约可以分成三大型态，即：铺会、阵头会与轿班会，大多是自愿组织而成，其目的只是一年一次的绕境迎神及会员吃会而已，纯粹是因信仰而组合的社团组织。（简一女）

# 庄子与现代管理

　　《庄子与现代管理》，熊礼汇、夏忠编。上海：学林出版社，1999年1月第1版，32开，150千字，系"经营管理智慧丛书"之一种。

　　熊礼汇，1944年生，字敬之，湖北公安人。武汉大学文学院教授、博士生导师，兼任中国古代散文学会副会长、公安派研究会副会长、孟浩然研究会副会长、《长江学术》编委，长期致力于中国古代文学的教学和科研工作，主要研究方向为魏晋南北朝隋唐五代文学研究、中国古代散文研究。

　　本书在前言之后列十三章，表达庄子思想与现代管理的内在契合。

　　第一章逍遥生涯，指出庄子从愤世到逍遥，以自由的精神游于"沉浊之世"，道是无情却有情，开辟了光明的精神圣殿。第二章庄子的道论，指出"道"是产生世界万物的根源，是人类生存的智慧之门，宇宙万物的活力来自"道"，体道而行是人生的最大智慧和快乐。第三章走出人生迷途和第四章回归自然，两章内容相类，认为天下没有人为的共同价值标准，相对论是迷途知返的最好方法，懂得珍惜生命就会轻视外物。第五章"无为而治"是最好的管理和第六章顺道而行，两章内容大体一致，认为社会的混乱来自"圣人之治"，"绝圣弃知"才能使天下回到根本，顺道则治，逆道则凶，知天乐的人才能内圣外王，虚静、无为、顺"道"而行是领导者的人生方式。第七章立己安人和第八章不以智巧取人，都是讲领导心态和用人思路，认为要养成开放的心态，在困厄中也能安之若素，选材用人首先注重德行，忌用锋芒太露或危及组织的人。第九章为臣之道，告诫人们炫耀才智和追逐名利会惹来灾祸，别爬上自己不能胜任的位置。第十章以德相交和第十一章对话的艺术，这两章提出，以德相交而非以利相合，避免卷入无意义的辩论，在管理中要讲究上下沟通的技巧，组织内应营造自然亲和的氛围。第十二章鬼斧神工，主张把工作当成艺术，注重品质管理。第十三章养生之道，指出从"道"真谛，避免工商社会的文明病。

本书特别强调，庄子提出的万物平等、个性解放，以及博大宽容的精神和自由开放的心灵，都是与现代精神相通的，尤其是反对文明异化，主张回归自然，在当今工商社会的经营管理中具有直接的现实意义。（周睿）

# 庄子神游

《庄子神游》，王德有著。北京：社会科学文献出版社，1999年2月第1版，32开，236千字。另有北京：东方出版社，2010年4月第1版，32开，225千字。除书名外，又添加一副标题，即《庄子神游：退隐不争的生命哲学》，章节内容则略有调整。

王德有简介详见《老子指归全译》提要。

本书旨在探讨《庄子》的内涵和智慧，将《庄子》33篇的内容提炼整合，按著者的思路重新布局，分为12篇。

第一篇游于方外无生死，在庄子看来，"方外"是宇宙之源、万物之本，

"方内"是宇宙之流、万物之表；方外世界一无所有，无事物、无方向也无生死。

第二篇凿死混沌有凡人，"混沌"代表"道"，大道本来浑然一体，无分边界，凿开七窍混沌死了，破坏了大道的同一，而后出现天地分界和凡人。

第三篇小雀安知鲲鹏志，小雀在低空飞行，能看清树林与房屋，大鹏高飞九万里，大地在它眼中变成一片云气，说明只有站得高，才能体验到万物同一、天地一体。

第四篇大而无当自是才，小才只有小用，大才才堪大用，无用之用其乐融融，是祸是福重在时命。

第五篇无近于名无近刑，生命有限而需要认识的东西无限，用有限的生命去追求无限的知识是危险的，知道危险还要去做，就更加危险，这不符合自然而然的养生法则。

第六篇正而后行天下治，天地万物各有自身的性能，也有保护自己的方式，只要让他们按照各自的方式自然地生活，天下也就条理有序。

第七篇有暇无为南面王，主张天下有道则与世皆昌，而在天下无道的时代，高尚的人以让王、避官为高。

第八篇仁义礼教非真情，仁义礼教是人们主观臆造出来的东西，与人的自然本性相背，是欺世盗名。

第九篇有真人后有真知，认为人来源于自然界，但人与自然界其他东西相区别在于，人有智，这是人脱离自己本性的祸根，应该"绝圣弃知"。

第十篇心斋坐忘如槁木，主张忘掉外物，把自己的心境打扫干净，体悟独一无二、浑然一体的"道"。

第十一篇心不忧乐德之至，人之所以快乐和忧愁，因为自身得失，心中若没有任何东西，与大道融为一体，这种纯洁本性是为"德"。

第十二篇大智若愚愚也智，世界上的事物本来就是在对立中存在，失去了对立的一个方面，另一方面也失去了存在的依托。（周睿）

# 《庄子》神话的破译与解析

《〈庄子〉神话的破译与解析》，朱任飞著。长春：东北师范大学出版社，1999年4月第1版，32开，197千字，属"中国文学与文化丛书"之一种。

朱任飞，文学博士，研究方向为中国古代文学，尤其侧重先秦两汉道家文学。

本书是在其博士学位论文基础上增修出版。本书于导言之后分四编十四章，具体来说：

第一编《庄子》神话原型破译，下列四章，分别对"鹏鸟—扶摇""昆仑—黄帝""混沌"以及鸟类等多个原型意象，做出了具有创新意义的解读和破译，这些原型在庄子的故事中成为创造新神话的材料，从而发掘这些意象中潜藏的深层内涵以及相互关联。第二编《庄子》喻道神话解析，下列四章，分别对庄子神话中出现频率较高、借以喻"道"的"海""雷""风""树"意象的象征意义进行考察，对这些原型的固有意涵和庄子神话所创造的全新意蕴之间进行对比分析，从整体上把握看似孤立、零散的神话片断，以及所传达的对于永恒宇宙的构想，和自由精神的探寻。第三编《庄子》神话意境考察，下列四章，分别对意境的构成、意蕴、渊源与流变进行深入解析，微观视角和宏观视野相结合，探寻庄子神话中波澜壮阔、奇思妙想境界的现实依据。第四编《庄子》神话结构考察，下列两章，分别对外部结构和深层结构及其意蕴进行考察，从人神杂糅——故意模糊原型中的"神"与现实生活中的"人"的界限的背后深意中，厘清产生这些神话的纵轴坐标和同时代思想，从而探究庄子神话亦真亦幻中潜隐的本质内涵。

本书以《庄子》的神话原型破译为主轴，借鉴西方文化人类学、原型批评等理论和方法，同时运用中国传统的考据和训诂等方法，在前人的研究基础上，对《庄子》中的神话传说在原型、意境、结构、风格以及思维模式等方面进行了破译、解析，从而把《庄子》神话的研究推向更深的层面。（周睿）

# 道家与中国法文化

《道家与中国法文化》，程维荣著。上海：上海交通大学出版社，2000年7月第1版，32开，242千字，系"东方法学"丛书之一种。

程维荣，1957年生，浙江宁波人。主要从事中国法制史、行政法专业研究，华东政法大学法学所宪法室研究员，主要论著有《中国审判制度史》《走向法治时代》《当代中国司法行政制度》《拓跋宏评传》等。

本书从道家思想学说的角度来考察中国历代法律思想和法律制度，揭示了道家学派与中国法文化之间的密切关系。本书共分14章：

第一章道家与中国法文化概述。著者简要介绍了道家产生的社会背景、理论渊源、道家法律学说的演变和道家在中国法文化中的地位。道家法律思想的产生，其实是与春秋战国时期的社会政治、经济以及各思想派别的状况密不可分的。

第二章说明了道家法律学说的肇始是《老子》的自然法思想。《老子》的自然法思想建立在"道"的基础上，正是在"道法自然"的基础之上，所以才形成了独具道家特色的法律本质论。也正是在"道"的理论基础之上，《老子》提出了"无为而无不为"的法律运作观。《老子》一书中，一方面对其他学派的思想进行了吸收，另一方面又根据"道法自然"的法律本质论和"无为而无不为"的法律运作观，对儒家、法家的礼法观念进行了批驳，树立了"小国寡民"的理想社会。

第三章讲述的是道家法律学说的基础——以道为本、唯道是从的思想。道家法律学说具有浓厚的哲学色彩，反映出道家学派对于法律本质的追求。法律的本质在于道，故"道"就是一种自然状态的法的本质。

第四章采取纵向的方法更为饱满地对道家学派中批判礼法的思想进行了阐述。著者从《庄子》的法律虚无主义、《淮南子》对礼法的否定和魏晋至唐代对礼法观念的批判，具体分析了道家学派和礼法观念的微妙关系。

第五章阐述了道家学派"无为而无不为"的思想。《庄子》的"彷徨乎尘垢之外，逍遥乎无为之业"，黄老学派的无为思想，西汉前期无为而治方针的确立与发展，《淮南子》等的"无为而无不为"的思想，以及魏晋至唐代的无为而治理论，具体说明了道家的"无为而无不为"。

第六章具体阐述道家黄老学派及其以后的法治思想。黄老学派主张法律的本质是"公"，强调法律规范的严谨和统一，要求人人守法、名实相符、通过发展经济来减少犯罪等等。除了黄老学派，本章还涉及了《管子》涵摄道法的学说、《尹文子》以名兼道说、《黄帝四经》等的"诛禁当罪"说、《吕氏春秋》等的法治思想，以及魏晋至唐代的法治思想。

第七章阐释了道家法律学派的约法慎刑学说。"约法慎刑"，是道家黄老学派在道法自然、明法守法理论基础上，吸取儒家仁义教化、胜残去杀观点而形成的学说。主张法律简约，反对酷刑。

第八章论述了道家黄老学派的变法与发展经济的思想。变法与发展经济预防犯罪，是黄老学派的两个重要的观点。前者吸取了法家"法随时变"的思想，认为法律要随时代的变化而变化；后者提出要大力发展农业，使民众不再因为贫穷而引发犯罪。

第九章是道家黄老学派的"势""术"理论。"势"即鼓吹君主至高无上的地位，代表人物为慎到；"术"即主张君主治理天下应该注重权术谋略，代表人物为申不害。

第十章论述了道家黄老学说与儒法间的互渗。例如黄老与《易传》的无为思想、黄老与荀子"壹于道法而谨于行令"的理论、韩非"归本于黄老"的法治学说和《吕氏春秋》与云梦秦简中的思想互渗。

第十一章论述了道家黄老学说与封建官方法律思想。西汉中期社会经济的发展使统治者不甘心再无为而治，经过汉武帝的"独尊儒术"等一系列政策，形成了新的官方法律思想。黄老学派也被纳入其中，但与此同时又保持着一定的独立性，成为影响后世封建王朝的重要学说。

第十二章论述了道家黄老法律学说的立法与司法实践。著者讲述了东汉的司法状况、北魏统治者的"好黄老之术"和隋唐时期的删繁废酷。

第十三章论述了渐趋衰微的宋代及以后道家法律学说的影响。

最后一章，著者对道家法律学说与中国法文化进行了反思。

人们往往认为道家只有哲学思想，甚或是政治思想，而没有法律学说，与社会现实并没有太密切的关系；也有的认为早在西汉中期，道家就已经寿终正寝；更有甚者会把道家和道教混为一谈，认为道家是一种土生土长的宗教。本书从道家学说视角上，比较完整而深入地揭示了中国历代法律思想和法律制度的发展规律。从本书的参考资料来看，著者较为广泛地应用了道家、儒家、法家等文献资料以及前人的研究成果、综合性资料，展示了运用文献资料的能力。（黄田田）

# 道教与土家族文化

《道教与土家族文化》，邓红蕾著。北京：民族出版社，2000年9月第1版，32开，228千字，系"土家族问题研究丛书"之一种。

邓红蕾，1954年生，湖北武汉人。曾任教于中南民族学院（即现在中南民族大学），硕士研究生导师、教授，湖北省有突出贡献的中青年专家。主要从事中国传统文化的研究，主要著作为《从混沌到和谐：儒道理想与文化流变》等，在《哲学研究》《中国文化月刊》（中国台湾）等学术刊物上发表论文三十余篇。

本书由导论开始，并于导论之后分六章展开。导论说明了研究道教对各民族文化的影响或民族文化与道教关系的意义，即撰写本书的动因。阐述了道教与土家族文化在同为中华文化上具有的差异和联系。

第一章巫与宗教，根据宗教学原理，对土家族"巫"的原始宗教性进行历史的考察，通过发掘土家族"巫"文化意蕴，揭示出"从巫到道教"的文化流变规律。为此，本章将考察研究："巫"的文字学解释，巫的形式，土家族"巫"的民族特色，巫与文化的关系，土家族巫与道教的产生，从巫到道教的土家道教化意义等。本章这种研究模式，有望突破以往"巫"研究的模式，使"巫"的研究同中国传统文化的研究结合起来，使"巫是道教产生的源头之一"的理论猜测与抽象分析，真正建立在史实的基础上，使土家族文化的研究与中国传统文化的研究接轨，使科学研究进入一个深层空间。

第二章傩与道教，从"巫"这一准宗教，自然过渡到"傩"这一民间宗教，揭示"土家道教化"由浅入深、由表及里的发展规律。为此，本章以湘西土家族为例，从以下方面进行分析：傩的宗教学意义，湘西还傩愿的特征及礼仪，傩的宗教功能，傩与道教，从傩到道教的土家道教化意义等。本章认为，"傩"以其娱神娱人、人鬼同乐、承诺自我、平衡心理的特点，为道教提供了雏形，从而成为"土家道教化"的典范。

第三章信仰与道教，分为"自然崇拜""图腾崇拜""祖灵崇拜""岁时节令"。以"岁时节令"为重点，侧重研究土家人在庆贺、纪念、祭祀、禁忌等活动中的文化特色与信仰类型、发掘道教对土家人信仰的影响之途径及表现形式，建构"道教土家化"的信仰模式。

第四章习俗与道教，分为"人生礼仪"与"生活习惯"两部分。"人生礼仪"又分为"诞生""成年""婚嫁""丧葬"四个环节。其中结合土家族的民族特色，侧重分析了"婚嫁"与"丧葬"，通过具体探究"哭嫁""跳丧"的由来、形式、内容、作用、民族风格及意义，发掘深藏其中的民族文化精神及其与道教文化的内在联系。"生活习惯"分为"服饰""饮食""居住"三大环节，通过对土家人简朴而实用的服饰文化、辛辣而粗杂的饮食文化、依山傍岭而自成一楼的居住文化的分析与研究，发掘其崇尚自然、重视人生的文化底蕴，建构"道教土家化"的生活模式。

第五章文学艺术与道教，探究了道教的文学艺术化和土家的文学艺术道教化的倾向。本章所论土家族文学艺术主要是土家族的神话、传说、故事、民谣、情歌、诗词等，它是土家族文化的重要组成部分，因此才能以其形象化、艺术性、民族感的方式，表达土家族文化对幸福、自由、平等的理想追求，从而将道教崇尚自然、向往自由、追求个性解放的文化精神，予以土家化的艺术再现，成为"道教土家化"的重要环节。本章的论述分几个方面展开：文学艺术与宗教，土家族文学艺术典型例举，土家族文学艺术中的道教精神，"道教土家化"的艺术模式的文化学意义。

第六章总结与展望，在导论及前五章的基础上，从文化流变的高度，对道教与土家族文化进行动态的研究，涉及内容有："道教土家化"与"土家道教化"的理论总结，道教与土家族文化的前景展望，从中寻求民族文化在市场经济条件下的出路、途径及前景，从而为创建具有中国特色的社会主义现代文化提供一份具有民族风格的独特"答案"。

本书认为，道教主要是通过四种途径影响土家族文化、实现"道教土家化"的，这四种途径是：宗教（道教）伦理化、幸福现世化、仪式地方化与信仰民间化。并分析了在"道教土家化"之前，就存在着"土家道教化"的历史，以及二者之间相通相感的双向影响。这也是本书的创新之处。

（王永康）

# 中国宗教学概论

《中国宗教学概论》，吴洲著。台北：中华大道文化事业股份有限公司，2001年1月初版，精装，25开，378千字。

吴洲，1970年生，上海人。厦门大学哲学系教授，主要从事中国哲学的教学与研究工作。主要著作有《缘起论的基本问题》《中国佛教大百科全书·仪轨卷》《唐代东南的历史地理》《中晚唐禅宗地理考释》等。

本书针对中国宗教最一般的理论问题，进行概要性的论述，同时就中国宗教中的各个教派发生、发展历史、思想特质等方面进行简括的阐发。另一方面就中国宗教学研究领域也提出了许多值得关注的新问题，在讨论过程中也表现了相当的理论深度。

本书先有序言、导论，而后五篇正文，末有结语。

导论，阐述"宗教"命题的定义，了解古往今来对宗教的认知与态度，进一步探讨为何建立中国宗教学思想架构，透过回顾过去的研究方法，以启发未来中国宗教整体发展的展望。第一篇，以宗教的分类、宗教的本质、宗教的要素、宗教的功能等课题，概括出宗教学基本问题的研究方向。第二篇，先以整体华夏文明，从新石器时代原始宗教至今整个中国宗教史，作通盘鸟瞰广泛认识，然后分别详述儒教、道教、中国佛教及民间宗教和民间信仰。第三篇，理解研究中国宗教所必须具备的物候学及阴阳五行模式，以之探求中国宗教的现世性、中和性、宗法性及包容性等特征，有利于进一步了解中国宗教的本质。第四篇，认识中国宗教的神灵谱系、思想与体验及终极关怀等课题，再回归制度与伦理的探讨。第五篇，探讨农业生态环境、人口、移民、战争、政权更替及其他意识形态对中国宗教的交互作用影响。最后，著者总结中国宗教是博大精深的思想体系，在文明的发展上是先锋亦是后盾，并对文化长远的发展充满信心。

透过种种论述，著者导引出另一个精练的观点，宗教是围绕生与死的辩证法而展开的人类精神的超越向度，它通过超自然的预设情境，试图帮助信仰者从世俗存在的有限性所导致的罪恶或痛苦状态中，获得解脱或救济。（熊品华）


# 玄通之妙：易学与道教符号揭秘


《玄通之妙：易学与道教符号揭秘》，詹石窗著。北京：中国书店，2001年2月第1版，32开，310千字。

詹石窗简介详见总主编简介。

本书于前言后分八章，末有后记。篇章结构设计巧妙，正文八章，暗应八卦之数；各章分三部分，合函三为一之理。前言阐述道教符号特征与易学及其相关研究的意义。具体内容如下：

第一章从"道"在道教信仰中的核心地位入手，论述神仙人物、神异故事、语言是用符号象征表达的"大道信念"。并指出道家学派渊源中含有以易解道的种子，多有易学涵养的道教中坚人物常用易学思路注疏《道德经》，以象征或阐述"道"的意义、功用。

第二章围绕道教神仙故事中的易学符号展开论述，揭示道经中太上老君、"三清"、东王公、西王母等形象、故事中的符号意义与易学内蕴。

第三章探究"天地说"的易学根底，指出征兆观念先于《易经》，是卦象符号创制的原始依据。对天地征兆的观察与转换是古代符号学，对自然征兆进行"卦象符号翻译"是象数学的扩展，并阐明道经中观天文、察地理内涵的易学意蕴及其重要意义。

第四章论述易学与金丹养生理论，考察了黄帝、扁鹊、嫦娥传说中不死观念的符号隐喻，指出《周易参同契》通过对卦爻符号和易学"纳甲法"的应用与变通，以象数思维模式，统一了外丹烧炼和导引气功，成为丹道宝典。并分析其他道经中蕴涵的丹法思想、易学理念在起居中的进一步应用和发挥。

第五章论述符咒与易学的关系，探析了符咒的起源，指出符法契合易学象数模式与理念，以及镜、剑、印等法器中蕴含的易学理趣。从咒语的预言作用、发生途径、内容、解读四方面揭示其易学内蕴，发掘符咒法术的思维方式、宇宙时空演化理论与道教象数易学的联系。

第六章从符号学角度研究斋醮科仪中易学数理象法的内涵，从易数、干支、卦象方位学、存在状态的符号性、实施状态的符号性、通讯功能多方面揭示科仪中的易学内蕴。

第七章从象数角度解读道教占卜的符号意义，指出周易的象数符号在道教占卜中形态得到扩展，承载信息更多。卦象、爻象、干支、五行、六亲都是符号代码。

第八章围绕"灵棋课法"、奇门遁甲、太乙、六壬的易学卜筮变体的符号结构和功能展开论述，分析其来源、蕴含的符号结构、主要思想内容、与易学的关系，指出这些均是以易学为主干的符号体系。

本书的最大贡献是将符号学应用于道教研究，将符号学与中国传统易学的象数体系与道教文化联系起来进行探讨，对道教基本理论、神仙意象、金丹养生、道教对天文地理的记录、符箓咒法、斋醮科仪、占卜术等方面进行符号解密。本书资源丰富翔实，理论解释深刻、准确，勾勒了易学与道教符

号之间的联系。（李利）

# 易学与道教思想关系研究

《易学与道教思想关系研究》，詹石窗著。厦门：厦门大学出版社，2001年3月第1版，32开，268千字，系"南强丛书"之一种。2002年9月第二次印刷。

詹石窗简介详见总主编简介。

本书正文前有总序、序，而后为导论，正文分上、中、下三编七章及结语，末有后记。主要内容包括：

导论确立了尊重事实与大胆探索的研究方法，并提出了具体研究过程中的四点要求。

第一、二章为上编，论易学与道教思想关系之基础，著者以文化人类学的方法，从先民的自我意识中考察八卦的起源，继而论述八卦符号的排列及其向六十四卦的推演，并从思想史、文化史的角度总体把握易学的体系功能，论析《易》与先秦道家理论和传统医学理论的联系。

第三、四、五章为中编，论述易学与道教思想关系之建立，易学象数派的形成对早期道教符箓派、金丹派构建理论体系的影响，并指出易学义理派对道教理论也有不同程度的渗透，表现在道教人物的《易》注、对老子形象的塑造、创作教义文章三方面。继而论述易学大宗及道教中人对易学的应用和发挥。

第六、七章为下编，论析易学与道教思想关系之衍扩，从象数和义理两方面，围绕陈抟、刘牧、邵雍等人的学说，探讨道教内丹修炼与"图书学"的联系及其在易学史上的影响。继而论述道教养生学对易学的进一步应用和发挥，围绕紫阳派、全真道的养生与易学的实践和理论，以及李简易、李道纯著述中的易学内容展开探讨。

结语部分，指出道教理论建构继承了《周易》的象征思维模式，其发展与易学休戚相关。道教利用易学思想和形式构建了自己的理论体系，并对易学的发展变化产生了反作用。其理论和实践活动丰富了易学的象数语言和哲理思维，二者融合的最高境界是以《周易》的象数义理为主干、以老庄哲学为核心内容、以人类生存为宗旨的"易道合一"理论。

本书是首部将易学和道教联系起来进行系统研究的学术专著。首次全面揭示了易学与道教在历史进程中相互融合、相互渗透、相互影响关系，融汇符号学、文化人类学与中国传统训诂、考据方法，从易学体系结构的整体把握入手，追溯了道教产生之前道家学派、中国传统医学与《易》之关联。并对易学象数派、义理派对道教思想的影响以及道门中人对易学基本原理的应用和发挥等问题，进行多方辨析。本书的最大贡献在于运用符号学的方法对《周易》卦象以及道教体系中的各种符号进行解读，并揭示出其中的方术意蕴。（李利）

# 新道鸿烈：《淮南子》与中国文化

《新道鸿烈：〈淮南子〉与中国文化》，杨有礼著。开封：河南大学出版社，2001年8月第1版，精装，32开，280千字，系"元典文化丛书"之一种。

杨有礼，1949年生，湖北武汉人。华中师范大学副教授，主要从事中国古代史教学和研究，主编有《中国帝王宰相辞典》等。

本书共七个部分，以刘安的生平故事为开篇，之后分六个部分论述《淮南子》的内容。第二部分《淮南子》的主要思想，在基础理论"道论"中，讨论了"道"的含义和特征，"道"与太一、阴阳、无为、仁义礼乐、法之间的关系；在宇宙论中，讨论了宇宙的形成、天人关系、地人关系；在政治论中，讨论了无为而治、民本思想、君臣之道、新道家政治论体系。第三部分《淮南子》与中国古代政治观，汉初政治王、霸并用，汉武帝儒、法、道兼治，《淮南子》通过总结黄老新道家的政治理论，从道本源论直接引申出与老庄不同的无为政治观。第四部分《淮南子》的传统教育观，讨论了"循性保真""率性而行"的道德本源论，儒道结合的德育评价标准；"仁智统一"与"掩其聪明"的才智论，"不学"与"学"的智育教学论，丰富的科技教育内容，构成《淮南子》的智育教育观；"自然"与"和谐"的审美理想，"无为诚乐"与"美善相乐"的审美教化，构成《淮南子》的审美教育观。第五部分《淮南子》与道教，道家向道教过渡的过程中，《淮南子》的神仙出世理论为其过渡起了桥梁作用；在道教义理方面，《淮南子》给生成宇宙的"道"以"元气"来解释，强调"道"的神秘性；道教重生恶死的教义，在《淮南子》

中也有所反映。第六部分《淮南子》与传统军事理论，认为战争是不可避免的，拥护义战、反对不义之战；还讨论了"以无形制有形"等具体的用兵之术。第七部分《淮南子》的历史地位和评价，指出它是西汉前期至中期新道家理论和实践的总结，以道家为主，集众家之长归之于新道家，被后世书籍广泛引用，对学术思想有重大影响。附录中还选译了《原道训》等二十一篇。
（周睿）

# 庄子与中国文化

《庄子与中国文化》，李锦全、曹智频著。贵阳：贵州人民出版社，2001年10月第1版，32开，224千字，系"大思想家与中国文化丛书"之一种。

李锦全，1926年生，广东东莞人。1954年中山大学历史系任教，1960年转到哲学系任教，1983年晋升为教授，1986年被国务院学位委员会批准为博士研究生导师。直至退休一直任中山大学哲学系教授、博士生导师，主要研究中国哲学史、思想史，主要著述有《中国哲学史》（合编）、《海瑞评传》《陶潜评传》《人文精神的承传与重建》等。

曹智频简介详见《庄子自由思想研究》提要。

本书共七章：

第一章绪论，总论庄子其人及《庄子》一书的核心内容，之后列六章，讨论庄子与中国文化的关系，挖掘其文化内涵。

第二章庄子思想的文化背景，《庄子》所覆盖的神秘色彩可溯源到上古浓烈的巫筮之风，荆楚文化剥蜕了神性观念，这种神性是庄子文化思维框架的直接根源，百家争鸣是其产生的学术原因。

第三章宗天文化观，天人关系是中国文化的主体之一，也是庄子思想建构的有力支点，庄子承认"天"的存在及变化有其自然性的一面，"命"是维系"天"与人之间的纽带，人必须"安时处顺"。

第四章道的阐释，认为老庄都重视"道"的阐发，所不同的是，老子偏重道的本根意义，庄子继承了老子的道论，但将"道"更泛化开来，"道"在主体上处于至上地位，"道"先于万物，诸事依"道"而行，概莫能外。

第五章庄子的思维方法，庄子思维的相对性特征非常鲜明，从相对性上否定事物的差异性，并将其绝对化；《周易》和老子所包含的辩证法思想，也是庄子思维的根源之一。

第六、七章庄子思想的文化衍射，论述庄子思想对中国文化的影响：如陶渊明重自然、李白的玄思都出自庄子，山水画的表现也出自庄子的"物化"和"齐一"，等等；庄子与老子思想互补构成道家文化的主干，从道教方面来看，庄子思想与其注重个体人生，尤其在养生方面，观点趋同。

本书的特点是，以点带面，从中原文化、楚文化交汇中展开研究，抓住"天""道"和"齐"三个支撑点，全面系统地阐发庄子思想与老子思想、先秦儒学等的关系，及其对后世的影响。（周睿）

# 两汉易学与道家思想

《两汉易学与道家思想》，周立升著。上海：上海文化出版社，2001年11月第1版，32开，209千字，系"道家文化研究丛书"之一种。

周立升简介详见《老子的智慧》提要。

本书共十章，除正文外有前言、后记。著者认为，汉易之流变始终与道家有或隐或显的关系，故择取汉代与《易》有关的十个代表著作和人物的易学思想，以时间为序，阐述了汉易与道家关系的演变。论及人物及著作分别为《淮南子》、《韩诗外传》、孟喜、京房、扬雄《太玄》、郑玄《易纬注》、荀爽、魏伯阳、宋衷、虞翻，并将之分为四个有所交叉的阶段。

第一阶段为西汉初年及文景之治，以《淮南子》的易道观和《韩诗外传》中的黄老思想及其易说为代表，即本书之一、二章。此时期以黄老思想说易为基本特征，道家易开始彰显。第二阶段为昭、宣之际，道家易的分支——隐士易异军突起，儒门易发生根本性转变，于第三、四章分别论述孟喜的易学思想、京房的象数易学，及孟喜四正卦说、京房纳甲筮法对后世的影响，并特别指出将阴阳术数纳入《易》学对此后的易学和经学乃至整个传统文化的发展都有重大影响。第三、四阶段起于西汉末，历经整个东汉，在时间上有所交叉。第三阶段分别论述扬雄对《易》《老》的会通及其拟《易》之《太玄》、郑玄的宇宙生成与衍化的象数理论、荀爽的易学思想、宋衷的易学思想、虞翻的象数易学，即第五、六、七、九、十章，指出《太玄》会通《易》

《老》；郑玄之爻辰说，上承孟、京卦气说而来；并以《老子》的思想注《乾凿度》；荀爽易学对魏晋玄学义理易学的产生有理论上的铺垫；宋衷以象数阐发义理，影响兼及王肃经学、王弼玄学；虞翻易学源于孟喜和魏伯阳，其《易》注广引《老子》，其易学与道家的关系远比与儒家关系密切，以及其易学对象数的拓展；此阶段的特征为易老会通和儒道互补。第四阶段为第八章，详论东汉末魏伯阳的丹道易学，指出魏氏《参同契》糅合《易》《老》，托易象论丹道，《周易参同契》标志道教易学的产生，将汉易象数学的内容在道教易系统内传承下来，并遥启了两宋图书易学，对道教易的发展有开风气、定基调的影响。而汉末思想界力图契合《易》《老》、会通儒道，正是魏晋玄学兴起的前奏。

总体上看，本书横跨两汉易学，于各家易学条分缕析，理据兼备，有助于人们对两汉易学与道家思想之错综复杂关系进行整体把握。（李利）

# 道家道教与中国古代政治

《道家道教与中国古代政治》，吕锡琛著。长沙：湖南人民出版社，2002年6月第2版，32开，404千字。本书为增订重版，初版时书名叫《道家、方士与王朝政治》，1991年，长沙：湖南出版社，289千字。

吕锡琛简介详见《道学通论——道家·道教·仙学》提要。

本书从思想与社会互动、宗教与社会互动，特别是从伦理道德与政治行为互动的角度，详细探讨了道家、道教与中国古代政治之间千丝万缕的联系。全书分为"理论篇"和"史鉴篇"：

一、理论篇。侧重从理论上分析道家和道教的政治伦理思想，明确区别其精华和糟粕。道家倡导道统万物、天人同源、身国同治、生德相养。道家在政治上的作为包括外部的国家社会制度方面和内部的个人道德方面。从制度方面看，道家对于当时的政治制度、法律做出了评判，例如老庄、黄老道家和魏晋玄学家对仁义礼法的道德批判。从个人道德方面看，道家非常重视对统治者的道德素质的要求，约束统治者的行为，最终达到"任性当分"的理想政治治理局面，而达到这个局面的途径就是"无为而治"。"无为而治"需要统治者做到守朴去智、以慈为怀、崇俭寡欲、谦下不争等道德要求。道教政治伦理思想既继承了道家，又与道家相异；继承了道家尊道贵德的宗旨，但又不再斥责仁义，而是从正面提倡仁义。故道教的政治伦理主张自然无为、贵生乐生、忠孝仁义、中和均平、俭啬柔弱。而实现这一主张，就需要树立"为天陈法"的道德权威、"天道赏善罚恶"的外在制约机制，以及修德以致成仙的内在驱动机制。道教对中国古代政治的影响表现在统治者会利用道教的神权为自身统治的合法性做辩护，但神权同时又会对皇权产生一定的制约作用，被统治者可以借助道教神权对统治者进行反抗。而道教之所以能影响中国古代政治，归因于道教有深厚的社会基础，其长生追求适应了人们的欲求，并且道教的方术人士能为人们涉政开辟道路，故中国古代，道教与政治必然会发生极为密切的联系。

二、史鉴篇。侧重从历史史实的角度来考察历代统治者践行道家道教政治理念的成功案例和历史教训。从历史事实中，我们能看到道家道教的政治伦理思想是如何影响中国古代政治的。著者详细描述了新道家、方士的活动与秦王朝崩塌的关系，黄老政治伦理对汉初政治的影响，汉武帝对神仙方术的迷恋，道教在唐、宋、元、明、清各朝代政治中发挥的作用。道家道教的政治伦理思想包含如何合乎正义地进行政治统治、如何实现社会和谐稳定的深刻智慧。当然，道家道教对政治的影响取决于政治主体自身素质和对这些理念的认同程度，但确实提醒人们深入考察思想和社会的相互关系，亦让人们感受到道德的巨大影响力。

本书运用了非常丰富的文献资料，古今中外历史资料使得本书有了坚固的底架。本书不仅综合运用了《太平经合校》《道家金石略》《道藏要籍选刊》等道家和道教著作，《史记》《三国志》《资治通鉴》《二十二子》等各种文献中的道家和道教史料，《中国道教思想史纲》《道教哲学》《汉代道教哲学》等现代哲人的优秀成果，还广泛涉猎了《伦理学》《行政伦理概述》《政治社会学》等其他领域的专著，使得史实构成骨架，理论成其血肉。

著者在前人基础上，深入分析大量历史资料，客观评价道家、方士对中国古代政治的诸多影响，不仅有理论意义，更有现实意义。本书不仅敢探新路，还提出了一些与先人不同的观点。著者指出，曾被当作儒家学说部分的天人感应论、谶纬迷信，实际和道家学派有更密切的联系，并且董仲舒的新儒学实际上是儒家、黄老、仁政德化观念相结合的思想体系等等。著者十分注意具体问题具体分析，从正反两方面进行论述，一切言论以翔实的历史事实为依据。研究方法上，著者把学术研究落实到社会政治与社会发展这一层面，开创了中国传统思想与社会发展这一新的研究方向和道家研究的新领域。本书还打破学科界限，将历史研究与思想史研究紧密结合起来。（黄田田）

# 道家与中国思想史论

《道家与中国思想史论》，杨胜良著。厦门：厦门大学出版社，2002年8月第1版，32开，200千字。

杨胜良，1966年生，浙江人。厦门大学哲学系、宗教研究所副教授，硕士生导师，担任"马克思主义哲学原理""应用伦理学"等课程的教学工作，主要从事儒、道家哲学，以及中国古代环境伦理思想的研究工作。

本书简要地阐述了从先秦到近代道家思想在中国思想史上的兴衰变化，包括其与中国古代行上学、玄学、佛学，以及近代思潮的关系等。本书分绪论和正文九章。

第一章老庄道论，主要阐述老子和庄子道论的异同。以先秦诸子多以天道推演人道的思维模式，老庄思想差异的根基无疑在其形上学——道论。老子之道是在万物之外创生、主宰万物的本源，而庄子则把道当作万物的本质和总和。

第二章老子的治道，主谈老子的道论。老子道论的出发点和归宿都是人道，老子之治道是其思想中最受后人推崇的部分，也是最受诟病的部分。老子治道为"无为而无不为""无为而治"，"无为而治"重在俭，简政；慈，反对战争；不为天下先；贵柔；宽容和自由。

第三章庄子的批判思想及影响，作者指出，对后世的思想家来说，《庄子》中的激烈的社会批判思想是重要的思想资源，后世中国的异端思想家，可从其中找到维护其思想的武器。

第四章庄子的人生哲学，作者认为，庄子的人生哲学，有两个貌似矛盾、实际一致的理论，即安命论和逍遥游论。人生中的无可奈何称为"命"。与命相类的另一概念是"时"，"时"是人生活的时代，也是影响个人能力发挥的外在遭遇。命、时不可改变，不可违背，人面对他们只能安、顺，这就是"安命顺时"。安命顺时不完全是消极的，一方面是无可奈何、不得已而为之，但另一方面又是主动选择悠然自得、超然物外的生活方式。对人生的无奈之事，庄子主安时顺命、淡然处之，但其更期冀能超然物上获得精神上的自由，这就是"逍遥游"。

第五章老庄道论与中国古代形上学，著者以《易传》、黄老之学、《太极图说》为主线，说明了在中国历史上，《老子》较早构建了形上学体系，中国后世的形上学思想都在某种程度上受到了以《老子》为代表的道家道论的影响。

第六章从道家到道教，叙述了从道家到道教的演进过程，包括形神关系说的演进、养生说的演进。

第七章魏晋玄学，阐述了道家思想的复兴，玄学的产生：从清议到清谈，玄学讨论的主题（才与性、有与无、形与神），玄学的发展阶段（正史时期、竹林时期、元康时期和东晋时期），南北朝之玄学。

第八章道家与佛学的中国化，讲述的是佛教作为外来宗教，要想在中国落地生根，必须借助中国原有的思想理念，其中主要的便是道家的思想。魏晋时期，名士、名僧的交游，使得佛学带上了玄学的色彩，这玄学化的佛学即般若学。人们以老庄、玄学思想来理解佛教般若学，从而使中国的般若学带上了道家玄学的色彩。

第九章是道家与近代思潮，作者指出，同佛教的中国化一样，引进与宣传西方的自由民主思想，不得不借助中国固有的思想来解释与连接，故"以新知附旧学"成了晚清学术的主要特征。而道家思想就是其中最好的思想资源，众多近代的思想家，像梁启超、章太炎、严复等都纷纷用老庄思想来解释自己的学说。

本书引用了较丰富的历史文献资料，比如有贯穿全书的道家经典《老子》《庄子》，佛教资料《物不迁论》《不真空论》以及儒家文献、近代西学文献等等。本书对道家形上学（天道）、政治思想（治道）、处世思想、批判思想及其在中国思想史上的某些影响进行了简要的阐述。综合而言，周秦之际，百家争鸣，其中最兴盛的派别之一是道家。到了战国后期，逐渐形成了以道家思想为骨干，融汇百家的黄老之学。西汉初年，黄老之学在政治上占了统治地位，形成"文景之治"。但汉武帝时期"独尊儒术"，致使道家边缘化，逐渐沦为异端。魏晋南北朝，有道家色彩的玄学流行，佛教借道家而在中国扎根。近代，道家也一反千年来被排斥的命运，成为当时知识分子理解西学的"先见"。由此可见，道家思想与中国思想的流变密不可分。（张馨月）

# 老子与当代中国人

《老子与当代中国人》，罗尚贤著。广州：广州出版社，2002年8月第1版，32开，233千字，系"中国新文化传播书系"之一种。

罗尚贤，1936年生，广东兴宁人。1962年毕业于暨南大学，留校任教多年，负责创办《暨南学报》并任主编。曾任广东省社会科学院副院长、研究员，兼《广东社会科学》主编、广东老子文化研究会会长等职。主要研究方向为中国思想史与当代哲学。

本书是著者在已发表的关于老子研究的论文基础上集结而成，论述了老子学说与当代中国人文精神的关系。本书分为序言和六章，每一章立一个标题说明论述主题。第一章老子思想的产生及最近原貌的《老子》书，阐述老子思想的产生和论《老子徐氏经说》。第二章老子思想体系及其对中国历史的影响，论述老子的哲学思想和对中国古代政治的影响。第三章大道制度的社会实验及其影响，考证老子思想西传对中国和西方社会的影响。第四章老子道学和宗教神学，阐述老子思想对道教和西方宗教的影响。第五章老子学说与当代中国的人文精神，叙述老子学说思想对当代中国人的影响。第六章老子的幽灵在世界游荡，论述老子思想在当代的价值。总的看来，第一、二章，主要讲老子思想的产生和老子的思想体系；第三、四章，主要讲老子出关后进行大道制度的社会实验及其影响，所创大道之邦，实是早期道教；第五、六章，主要讲老子思想的当代价值。

本书紧扣时代主题，用历史发展的眼光展示了老子哲学思想对社会的贡献，围绕"老子哲学思想的形成和对人类社会人文精神影响"这一中心主题，立意鲜明，目标明确，不仅具有一定的学术价值，还有一定的实践意义。（张兴发）

# 道教与唐代社会

《道教与唐代社会》，王永平著。北京：首都师范大学出版社，2002年12月第1版，32开，433千字。

王永平，1966年生，山西离石人。博士，博士论文题目为《道教与唐代政治》，因得霍英东教育基金会的资助，得以在原来博士论文的基础上进一步研究扩充，遂成本书。

本书由政治篇、经济篇、文化篇、社会生活篇四部分构成。

第一部分政治篇，包含三章，分别为皇权与神权的结合、唐代道教发展的三个高潮、唐政府对道教的控制和管理。"政治篇"分析了唐代道教与政治的关系，二者之间的关系是在道教教权承认王权至上的基础上，王权保护和扶植道教的发展、道教教权从属并服务于唐代政治的互动关系。这种关系包含利用、控制和冲突三个层次。这种政治上的不平等关系表现为王权与道教、君与臣、主与仆的关系，这是由唐代王权至上决定的。尽管如此，道教与唐代政治的结缘仍具有重要的意义，唐王朝利用道教神权粉饰王权，巩固封建统治；道教则在唐代王权政治的保护和倡导下，得以迅速发展，道教的理论化建设大大加强，更适合为唐代政治服务。虽然道教与王权政治之间也曾产生重重矛盾，但这种矛盾在皇权控制神权的基础上以互相妥协的方式基本得以解决。

第二部分经济篇，包含四章：崇道之风下道观及道教徒数量的急剧膨胀、王权政治保护下道观占田的合法化、道观经济活动的世俗化、道教经济活动中的阶级关系。

"经济篇"总体分析了唐王朝在经济上赋予了道教许多特权，使得唐代道观经济取得了较大发展，从而大大增强了道教的势力。但道教势力的过度发展与膨胀，势必造成与封建国家争夺经济利益的矛盾，另一方面，在道观经济中还存在有阶级剥削与阶级矛盾，如寺观依附百姓，或者雇佣劳动等。但道观经济在国家的不断控制和调节下，基本上保持了适度规模与稳步发展，所以道教与封建国家之间关于争夺经济利益的矛盾，在道教承认皇权至上并接受王权控制的前提下，以相互妥协的形式基本上得到解决。在这方面，佛教与道教的情况迥异，佛教寺院经济的无限制膨胀，侵及国家利益，会昌灭佛之灾跟寺院经济的膨胀不无关系。

第三部分文化篇，包含四章：道教与唐代文学的影响、道教与唐代艺术、道教与唐代科学以及道教与儒、释之间的斗争与融合。本篇从道教与唐代文学、艺术、科学以及哲学等四个方面进行了一些探讨，认为唐代道教渗透于文化的各个方面。从道教与唐代文学的关系而言，道教思想不仅深刻地影响到唐代文人士大夫群体的行为方式，而且对他们的文学创作也产生了巨大影响。唐诗的仙风道韵颇为浓烈，词的形成与出现也与道教不无关系，至于小说中的道教色彩就更为浓厚。对艺术的影响则从音乐、绘画、雕塑、书法、建筑以及园林艺术等诸多方面表现出来。唐代医学、天文学与道教关系密切。哲学则表现在唐代以成玄英为代表的道教学者，发展了"重玄之道"思想；王玄览分"可道"与"常道"，发展了宇宙生成理论；吴筠从本体论角度说明修炼方法，同时强调精神的修炼，对后来内丹方术发展有影响；李筌认为战争的胜负在于人事，是对先秦军事辩证法思想的发展。

第四部分社会生活篇，包含五章：在"道教神仙与唐代民间信仰"部分，分析了唐代民间信仰是道教神仙信仰的一个重要来源，比如玉皇信仰、城隍信仰、灶君信仰、钟馗信仰、梓潼帝君信仰、二郎神信仰等。在"岁时节俗中的道教印记"部分，从道教色彩较浓厚的节日和传统节日中的道教印记两方面展开。在"道教法术与民间习俗"部分，分析了道教法术与民间习俗的关系，比如符箓、禁咒诸术与民俗的关系，道教斋醮与民俗的关系，道教法术与民间祈雨、占卜诸俗的关系。在"神仙道教与唐代社会"部分，解释了唐代诸帝多饵丹药之谜，唐代社会的求仙学道之风，神仙道教对唐代妇女的影响以及神仙道教的流行对唐代社会的影响。"民间道教与唐代社会"部分，提出民间道教与巫术迷信进一步合流，鬼道在唐代民间进一步流播。

本书以马克思主义理论为指导，在参考和吸收前人研究成果的基础上，试图从道教与唐代政治、经济、文化以及风俗的关系入手，全面考察道教在唐代社会中的重要地位，为整体把握唐代社会的历史风貌提供依据。本书资料来源尽量以正史为主，同时参考了大量的唐代诗文、笔记小说和佛道教文献以及敦煌文书、出土碑刻、文物等。其中所征引的佛道文献（包括一些笔记小说）资料，虽然未必全部都可作信史，但也可以作为反映当时社会现象的佐证。（王永康）

# 道家与中国文化精神

《道家与中国文化精神》，崔大华等著。郑州：河南人民出版社，2003年1月第1版，32开，510千字。

崔大华简介详见《庄子歧解》提要。

本书以先秦原始道家思想尤其是老庄思想为线索，兼及老庄思想与其他传统文化的互动，彰显了道家思想独特的历史价值和地位。本书分引言、正文、后记几部分。正文共有五章，分别是道家原始、道家与中国古代思想体系、道家与中国古代文学艺术、道家与中国古代自然科学、道家与中国古代社会生活。

著者将道家分为三派：老聃派、稷下派和庄子派。最先产生的是作为奠基的老聃派，而后是逐渐走向兴盛的稷下派，最后是理论最完善的庄子派。本书虽未有论述道家思想文化的专门章节，但著者倾向于老子主要受西周文化影响，稷下学派和庄子受诸子文化影响。三派都将"道"作为宇宙本原，皆主张清静寡欲、自然无为。老子派在"道"的基础之上提出"无为"的观念，并描画出了理想的圣人形象。稷下派把"道"解释成"精气"，把"无为"作为"贵因"而肯定社会的"礼、法、利、分"。庄子派的思想体系最为完善，包含着自然的"自化"，人生的"逍遥"，认识的相对、理性。这三种派别相互融合，共同构成了道家思想文化体系的核心。

道家思想的发展经历了先秦原始道家和秦汉黄老道家两个阶段，汉武帝"独尊儒术"之后，道家失去独立地位，故其思想不再以独立的体系出现，而是融入三教合一中去。第二至五章着重考察了道家对其他主要传统思想形态和文化形态的渗透。道家影响了儒学。孔子问礼于老子，《易传》《礼记》吸取道家思想，董仲舒的"天人感应"思想和对"刑德尊卑"的解释、韩婴"圣人之心""治国""治心术"的观念等等，都渗透着道家思想的印记。魏晋玄学继承道家学派超脱、自然的风格，来应对汉末精神危机。宋明理学对道家思想进行扬弃与超越，形成了以理为核心的哲学体系。佛教初传时的"六家七宗"、对"空"等经典名词的解释，无不体现出佛教受道家影响之深。竺道生"涅槃佛性"说亦吸收庄子哲学的印记。隋唐天台与华严的判教、天台"性具实相"和华严"法界缘起"等佛学本体论，以及禅宗的"识心见性"理论，都不同程度受到了庄子思想的影响。道教以道家思想文化为内核，拥有"天地之精"的神灵，是道家思想文化中"气"的自然本质。道家思想对古代文学艺术也产生重要影响。中国古典美学的主要框架由道家设计完成。道家重自然，因此与古代自然科学密切联系，道家整体自然观为古代自然科学开辟了一条探索自然奥秘的真实之路，气、阴阳等基本理念，某种程度上决定了中国古代自然科学的发展走向。在民众的生活方面，超脱逍遥、浪漫自在成为士人的生活追求。

总之，本书规模宏大、资料繁多、观点众多、论证较为严密。虽然书中有些资料稍显重复，有些说法也有些突兀，但本书从道家思想文化这种中国古代传统文化中颇具代表性的思想类型着手，详细考察了其精神传承、历史转变的理论形态及社会价值，还是值得重视。（张馨月）

# 周易与庄子研究

《周易与庄子研究》，闻一多著。成都：巴蜀书社，2003年1月第1版，32开，120千字，系"闻一多学术文钞"之一种。

闻一多简介详见《庄子章句》提要。

因《闻一多全集》收入著述数量巨大，涉及领域广泛，不便于对某一类成果进行阅读和收藏，因此巴蜀书社采取"以类相从"的原则，辑成《周易》、《诗经》、《楚辞》、神话、唐诗人五个研究领域，各为一册。

本书分为四部分：第一部分周易义证类纂，将《周易》依社会史料性质，分类录出：有关经济事类、有关社会事类、有关心灵事类，并在此基础上进行了学术研究及分析运用。第二部分庄子、第三部分庄子内篇校释以及第四部分道教的精神，这三部分在内容上有一致性。著者从对《庄子》的研究扩大到对道家与道教的研究，从对文学作品本身的迷狂扩展到广阔的文化史领域，深入对思想与文化的思考，保留了对庄子思想中精华部分的赞扬与肯定，也表现出对糟粕部分的清醒认识和强烈批判。

本书写法新颖，可读性强。著者试图从文学、人类学的角度，追溯道家各派学说的渊源与流变，对庄子思想产生的背景和内容做了清晰梳理，以传统的训诂考据研究为基础，扩大到"说明背景"的文化史研究，渐开了庄子学研究的新气象。（周睿）

# 证悟《道经》——老子与二十一世纪

《证悟〈道经〉——老子与二十一世纪》，车乃亮译著。北京：宗教文化出版社，2003年3月第1版，32开，180千字。

车乃亮，1948年生，北京人。曾任中国地质作家协会会员、北京道教协会理事、河北省道教协会理事、道家书画院秘书长。

《老子》一书五千言，由37章《道经》和44章《德经》构成，是道家学派最权威的原始文献，亦是道教无上至高的宝典。《老子》尊道贵德，立教垂世，涵盖百家，是治世、修身取之不竭的宝藏。历朝历代为《老子》注疏者不计其数，更有唐玄宗、宋徽宗、明太祖和清世宗为其作御注。可见其书虽仅五千余言，但字字珠玑，对中华民族文明体系的建构和民族精神的形成是一笔不朽的财富。

本书主要是在21世纪科技突飞猛进所带来的人与自然、人与社会、人与人以及人与自我所产生矛盾的大背景下，以37章《道经》为文本依据，探求《老子》一书中所含的"自然无为"之意，以期解决人类生命所面临的困惑和危机。在对文本解释的过程中，对重要的字词，著者则是根据春秋古义，尽可能地保持《道经》原有价值；同时著者以道教信徒的身份，以自身的实践实修丰富了《道经》中所包含的修持微旨。本书具体分为37章：

第一章道与名；第二章自然而为，涵养自然；第三章为无为；第四章道成；第五章守中；第六章谷神；第七章无私；第八章不争；第九章天之道；第十章玄德；第十一章虚中；第十二章戒欲；第十三章患身；第十四章道纪；第十五章不盈；第十六章致虚极；第十七章谓我自然；第十八章四有；第十九章抱朴；第二十章独异；第二十一章道信；第二十二章抱一；第二十三章同道；第二十四章不处；第二十五章道法自然；第二十六章重德；第二十七章袭明；第二十八章常德；第二十九章去奢；第三十章不道；第三十一章尚左；第三十二章知止；第三十三章智明；第三十四章道泛；第三十五章大象；第三十六章微明；第三十七章自正。

本书着眼于当代社会所面临的各种问题，基于《老子》所提供的思想智慧，提出方法，以期为之提供可参考的解决思路。（郑泽颖）

# 返朴归真——道教与人生

《返朴归真——道教与人生》，张振国著。上海：上海书店出版社，2003年7月第1版，32开。

张振国简介详见《道教源流三字经》提要。

本书共分五章，包括走近道教、认识道教、阅读道教、了解道教、思考道教。

"走近道教"从道士的日常生活着手，介绍当今道观的现实生活。内容涉及道教信仰，道士的称呼、服饰、头饰、饮食，以及道士是否可以结婚、道士的挂单仪式、道士的日常生活、道士的戒律等。

"认识道教"介绍道教的历史渊源、主要道派、主要神灵。具体内容涉及：道教的信仰溯源，道教的方术、道术、法术，道教的生殖崇拜、星辰崇拜、长生不老、谶纬神学。还介绍了道教大联合以后的流派，即正一派和全真派，以及宣扬长生的方仙道、理论为本的黄老道、宗教与军事合一的太平道、清整而来的北天师道、强调三会日制度的南天师道、雄踞一方的上清茅山宗、元始教化的灵宝派、紫气东来的楼观派、名震天下的武当派。

著者言到，不介绍神仙等于没介绍道教，也无法与人生联系起来，但道教的神灵多得数不清。所以此章只介绍了道教神灵的分类及其最主要的神灵，包括黄帝、三清、赵财神、城隍神与秦裕伯、行业神、水神、药王医神等。

"阅读道教"旨在表现道教文化的穿透力和作为民族传统文化的张力所在。本章简要介绍了道教重要典籍，如《道藏》《老子》《太平经》等。阐释了如"袁世凯做道场""张良无后与李白之死""上海正一派道教音乐""步罡踏斗与舞蹈""道教与戏剧""昆曲与道教科仪""道术与魔术"，以及文人与游仙诗、文人与涉道诗、李白与他的道诗、道教造像与绘画、外丹术与火药、道教的内丹术等大量相关材料。

"了解道教"旨在表述道教对人生多方面的影响。社会公德、家庭美德、职业道德、人生观、价值观、生死观、财富观、婚姻观、孝道观等方面的行为处事，以及道教环保思想都包含在这一章中。

"思考道教"旨在告诉大家，兼收众家之长的道教，在几千年的发展过程中难免鱼目混珠，泥沙俱下，它的臃肿庞杂确实使人眼花缭乱，它的功利性和神秘性被某些道士利用，成为敛财的工具和手段。道教虽然有2000年的历史，笔者的思考不能替代读者的思考，罗列在此，只是想抛砖引玉，不涉褒贬。

按著者后记里的说法，本书乃"小书大题目"的写法，是一本"带有闲适味道"的小书。（王永康）

# 道教风俗谈

《道教风俗谈》，史孝进、刘仲宇主编，黄景春等编。上海：上海辞书出版社，2003年12月第1版，32开，288.5千字。

史孝进简介详见《威仪庄严——道教科仪及其社会功能》提要。

刘仲宇简介详见《钦赐仰殿与东岳信仰——一个宗教人类学视角的考察》提要。

本书取名为《道教风俗谈》，是想向读者介绍道教对中国风俗的影响，指出道教在民间风俗中渗透的普遍和深入。风俗与民众的日常生活结合在一起，难以分割。影响中国民俗的因素很多，道教就是一个不可忽视的因素。

要说明的是，本书的定位，在为一般读者谈谈道教风俗的某些侧面。说"谈谈"，表明著者注重书的通俗性、可读性与知识性。当然，这样做并不排除本书的学术性。只是这种学术性是融于通俗性之中的，表现为对所谈的内容有严肃的查证，特别是对某一风俗在道教中的渊源，基本查考了道教文献。但是，与严格意义上的学术著作不同，著者对有关文献不做全面和大段的征引，更不做烦琐的考证，以期能使一般读者有兴趣读下去。说某些侧面，表明著者不想全面地介绍道教与中国民俗相关的一切方面。

本书分为五个部分，人生礼俗篇、岁时风俗篇、神诞庙会篇、消灾祈祥篇、旅游陶冶篇。

人生礼俗篇包括：道门送子娘娘多；"象征"求子与"谐音"求子；妙趣横生的"拴娃娃"习俗；唯一的男性赐子神——张仙；"千里姻缘一线牵"的由来；婚礼上敬拜的神仙们；姜太公与"回避"贴；道教神仙与长寿；男拜"寿星"，女拜"麻姑"；活跃在祝寿活动中的八仙；热热闹闹祝寿戏；道教和民间的阴间观念。

岁时风俗篇包括：过大年时祭祀多；破五都来接财神；天官赐福话元宵；二月二，龙抬头；清明节城隍出巡；把酒话端午；宋真宗钦定的天贶节；七夕乞巧话织女；地官赦罪中元节；中秋节赏月也拜月；重阳登高插茱萸；十月初一的追思；水官解厄下元节；小年祭灶王；岁暮神仙多。

神诞庙会篇包括：正月初九拜玉皇；猛将出巡扫蝗虫；燕九节上结善缘；

当坊土地当坊灵；二月十五老君诞；蟠桃会上尝仙果；盘古山上祭真人；真武大帝庙的香火；妈祖神诞酬神恩；温元帅出巡逐瘟疫；三月廿八拜东岳；葛仙翁诞日求仙方；四月十四"轧神仙"；泰山娘娘香火盛；药王庙会敬药王；城隍庙会祈太平；关帝庙堂遍九州；都天大帝出巡收灾；八月初一朝仙会；黄大仙香火传海外。

消灾祈祥篇包括：打醮和看戏；最隆重醮仪——罗天大醮；社区安全的祈祷——太平清醮；纸船明烛送瘟神；两岸同风说王醮；简化的送瘟仪式——拔茅船；对延长生命的向往——拜斗；仙乐悠扬渡仙桥；度亡消灾翻九楼；对人际仇隙的消弭——解冤结；对付凶神的现象手段——送白虎；抵御育儿风险——度关煞；话说护身符；照妖镜趣话；戴福还家与仙家吉祥物；黄大仙前话抽签；台湾香港的扶乩习俗与道教活动；从白族的奠土看道教对少数民族风俗的影响；苗族民间咒水治病中的道教成份。

旅游陶冶篇包括：第一仙山武当山；洞府天成说茅山；道教圣地华山；五岳独尊数泰山；仙都龙虎山；神仙之庐话庐山；仙境幽幽青城山；二郎神故里都江堰；龙门祖庭白云观；第一福地楼观台；人间酆都平都山；神窟仙宅崂山游；洞庭湖中觅仙踪。

由于道教与中国民间风俗的联系过于广泛，一本书很难兼顾到一切有关的领域。而且，如古话所说，千里不同风，百里不同俗。风俗具有全民性，又具有地域性。同一与道教有关的风俗，在各地的表现会有差别，比如民间举行的太平清醮，各地请的神就不完全一样，因为除了道教神仙谱中固有的那些神仙之外，各地还有各种民间信仰的神，举行仪式虽是道教的，请的神却要求涵盖当地百姓信仰的全部神灵；同一送瘟神的民俗活动，因为地理等因素，各地具体做法乃至于叫法都会有所差异。所以，本书著者只采集其中的一部分或者一个侧面加以介绍，本书展开的是道教风俗的若干片段画面，而不是一副全景图。（王永康）

# 道教研究与中国宗教文化

《道教研究与中国宗教文化》，黎志添主编。香港：中华书局有限公司，2003年版，25开。

黎志添简介详见《广东地方道教研究——道观、道士及科仪》提要。

本书分为经典、历史、修炼与仪式三大部分，共九篇专论，以"道藏经典""道派历史""道教科仪"和"道门修真"四个道教知识范围引领相关领域的研究发展。

第一部分经典，收录四篇专论，第一篇为黎志添《〈女青鬼律〉与早期天师道地下世界的官僚化问题》，著者从早期天师教团对于道民的规律教条角度剖析，引《上清骨文髓灵文鬼律》说明《女青鬼律》。第二篇傅飞岚《天师道上章科仪——〈赤松子章历〉和〈元辰章醮立成历〉研究》，著者以《赤松子章历》和《元辰章醮立成历》，剖析天师道的上章科仪的作法。第三篇王承文《敦煌古灵宝经与陆修静"三洞"学说的来源》，该篇论陆修静以国家认可的方式，确立三洞经书的分类，其"十二部类""三十六部尊经"源自古灵宝经，故陆修静的"三洞学说"为古灵宝经的承继与发展。第四篇王宗昱《评张萱清真馆本〈云笈七签〉》，该篇重新考证明代张萱清真馆版本《云笈七签》，并以《太清金液神丹经》与孙思邈丹经的问题为讨论案例，提出以《云笈七签》为题材作研究或是史料论证时，应注意所引用的版本。

第二部分历史，收录两篇论文，第一篇杨莉《从边缘到中心：唐代护国女仙与皇室本宗情结——兼论李唐皇室与地方政府及道教界的互动关系》，本文以唐代女道士黄灵微为切入点，讨论从唐睿宗至僖宗时期的黄灵微、边洞玄、董上仙、谢自然与薛玄同五名升仙女道士，与地方官、唐代天子的互动关系，借此反映出唐代女道士的群体力量使其成为护佑皇室的女仙。第二篇王岗《明代王侯与道教关系探究：以兰州和昆明为例》，本文以兰州与昆明两地的王侯为研究对象，从王侯在地方上的角色与地位，并以兰州肃王与玄妙观、云南黔国公与昆明虚凝庵两个案例，讨论明代王侯与地方道教的关系。

第三部分修炼与仪式，收录三篇论文，第一篇庄宏宜《北宋道士张伯端法脉及其金丹思想》，本文以张伯端为中心点，从历史资料、经典文献与个人的修炼体验的三方面内容，剖析张伯端金丹思想的内容与特色，借此说明南北两宗的区别。第二篇刘红《仪式环境中的道教音乐》，本文将道教音乐置于道教仪式的特定环境中，先厘清概念，再从仪式与音乐的关系中，讨论道教音乐在仪式中的位置、角色与意义，重新定位道教音乐实为整体仪式所不能缺少的一部分。第三篇李丰楙《收惊：一个从"异常"返"常"的法术医疗现象》，以台湾台中县大雅乡正一道观道士施行"收惊"仪式作为分析的个案，详述收惊仪式的场地与法术操作过程，认为收惊仪式实为一项重要的民俗医疗，建立在施术者与民众的互信默契之上，具有调整身心的机制，宗教师从"异常"巧妙运用道教术数，快速的返"常"，进而重建被治疗者的身心整体秩序，显示收惊师具有宗教、心理与治疗作用，展现千年来精神性医疗者的角色。

本书所收录的九篇专论，皆为该主题的重要论文，都具有开拓该领域、提出新研究观点的特性。此外，研究的对象与范围，也突破以往朝廷政治的色彩，开始注意地方、边界、女道士、民俗仪式等，提供了道教研究的新方向。（萧百芳）

# 中国古典道学与名学

《中国古典道学与名学》，张吉良著。济南：齐鲁书社，2004年1月第1版，32开，239千字。

张吉良，1925年生，湖南湘乡人。国际中国哲学会会员，主要著作有《老子研究》《名家研究》《周易通读》等。

本书分"老子和中国古典道学"和"《公孙龙子》和中国古典名学"两编。著者认为，老子是中国名学的奠基人，中国名家和公孙龙继承这一传统，从逻辑定义的公式研究哲学，根据《通变论》所论证和接触的哲学根本规律，统一物，"二无一"，是互相排斥而关联的"二"，非"一"的重复，着重搞清了"一般和个别，概念和感觉，本质和现象等等的辩证法"，形成独立的名家学派，补充发展了老子名学，乃道家的别派。

上编老子和中国古典道学，分序论、正文和后记三部分。正文详细论述了老子的历史时代、人生论、社会政治思想、思想局限性和中国古典道学的思想来源、发展阶段、体系论证方法，并附年表。"老子和中国古典道学"是著者在《老子研究》和《老聃〈老子〉太史儋〈道德经〉》的基础上，研究了中国古典道学的创始发明及其在历史上的发展而写成的。本编的主要研究成果有：一、春秋是奴隶制改革时期，奴隶制发展到封建制的过程经由土地奴隶国有化、公田奴隶制到土地奴隶私有化、私田奴隶制，再到解放奴隶为农民、形成地主与农民的关系，最终成为封建制。在本部分，著者肯定了郭沫若古史分期划分的正确性，并纠正了其"有了私田，也便有了地主"和"初税亩是对地主所有制的承认"的观点。二、老子和中国古典道学是私田奴隶制改革时代的产物。老子创立中国古典道学后，并未著书，门下弟子将其言论刻录于简，再传于人。这是中国古典道学的创始阶段。大约经三、四代传人，即"彭蒙之师"时期，一个不知名的弟子将老子的遗言搜集起来而成简体《老子》，成为系统的文献。这是古典道学第二阶段。至稷下先生环渊"言道德之意五千余言"，成为学术界的潮流。这是在简体《老子》基础上完成的。由此，中国古典道学臻于完善。三、著者从中国古典道学的整个体系，从逻辑上讲通《老子》，以现代明白的哲学语言和思想来表达它所蕴含的意蕴，使这个古典道学再现于世。

下编《公孙龙子》和中国古典名学，从《公孙龙子》的整个体系，从它的内部联系来研究、寻找、确定和阐发它的哲学范畴的本来意义，把它从所谓的"诡辩论"中解放了出来，恢复了它的古代辩证唯物论认识论的本来面目，进而恢复了它在中国哲学史上应有的地位。本编部分主要观点曾以《论战国名家的哲学思想》发表于《中国哲学史研究》1984年第二期。本部分包括序、原序、前言、正文、附录几个部分。正文部分主要讲述了名家代表人物和著作、《公孙龙子》校译、名家自成体系、名家和刑名家的异同、名家主要诠释考辨等。对于什么是名家，著者认为，"名家主要是从逻辑学，从逻辑概念，从逻辑定义的公式研究哲学的"。也就是说，名家从形式逻辑出发进入哲学领域，由形式逻辑上升到辩证逻辑，其旨归在于从朴素唯物论的基础上探索知识论中的若干范畴性问题。这样，就把名家从唯心论和诡辩论的牢笼里解放出来，把历史上加之于名家的误解纠正过来，恢复名家的本来面目。名家的理论体系反映在《公孙龙子》全书的六篇中，著者认为除第一篇外，其余五篇均为原作。"白马论"和"指物论"旨在解决认识论上的一般与个别的关系问题。"通指论"旨在阐述名家的宇宙观问题。"坚白论"旨在解决感觉与概念的问题。"名实论"旨在解决现象与本质的关系问题。

通过上述对本书结构及内容的叙述，可以看出其不同于前人之处。譬如其对老子历史学术公案的解决，无论简本《老子》还是《道德经》，虽出于后学之手，"指意"却是老聃的东西，因而历史上称为《老子》，这是从本源上来说的。又如其对郭沫若"有了私田，也便有了地主"和"初税亩是对地主所有制的承认"观点的纠正，等等。下编中，著者用马克思主义的观点对《公孙龙子》进行解读，就名家思想的渊源、历史地位与作用，以及前人与近人的研究中所存在的谬误与臆断等等，做了多方面的考辨。如指出名家是道家的别派，并非祖述墨家，且与庄子相对峙；名家自身并不存在惠施与公孙龙的对立。著者还对诸家有关《公孙龙子》六篇的译释做了种种考辨。另外，本书利用了较为丰富的文献资料，不仅包括《老子》《庄子》等道家经典文献和名家典籍，还大量参考了马克思、列宁等的著作。这些都体现了其在学术史上不同于前人的学术贡献。（张馨月）

# 道家与中国哲学

《道家与中国哲学》，孙以楷主编。北京：人民出版社，2004年6月第1版，凡6卷，32开，1849千字。

孙以楷简介详见《〈老子〉注译》提要。

本书以道家哲学的发展为主线，从“史”的角度，探讨了道家哲学与中国其他哲学流派之间的相互关系，揭示了道家哲学在中国哲学发展中的历史地位与作用。本书六卷分别为先秦卷、汉代卷、魏晋南北朝卷、隋唐五代卷、宋代卷、明清卷。在正文之前，主编先就本书之研究方法做了说明：首先把讨论的范围限定在中国哲学，而非中国传统文化的范围之内。其次，中国哲学的特质是偏重人生境界论、政治哲学、伦理哲学，寻求天人合一之路。再次，要把哲学和政治、把儒家哲学基本精神和儒家学者的人品作风区别开来。

道家哲学的形成与发展经历了不同的阶段。道家形成的第一阶段是原始道家。老子、关尹是道家学派的理论奠基者和创始人。他们把道作为哲学的最高范畴，认为道是天地万物的本原、本体，是天地万物的运行规律。老子、关尹之后，道家学派成立，其成员有：老子、关尹、文子、杨朱、列子、范蠡、《黄老帛书》的著者。道家发展的第二阶段是道家哲学体系建构的完成与黄老学的形成。从第二代道家学者起，道家学说向两个不同的方向发展。一方面，杨朱、列子从形而上学的本体论高度，发展养生养性之学。庄子进而由养生养性说深入到心性说，构建了道家的人生学说。至此，道家学派基本上完成了本体论、认识论、人生论的理论建构。另一方面，文子重点发展老子学说中救世之弊的部分，从自然无为的天道中引出治世救国之道。范蠡在治理军政方面有独特建树。《黄老帛书》是黄老学的标志，突出了道生法的理念，即自然高于社会，治理国家最重要的就是因循自然。当时稷下学宫的道家是北方的黄老学派，而南方黄老学派则以鹖冠子为代表。战国后期，因中国社会统一的走势而产生融合百家的需要，《吕氏春秋》应运而生。《吕氏春秋》产生于稷下学宫，是先秦诸子学说的集大成者，亦是先秦道家学说的总结。汉初，黄老学思想占统治地位。黄老学著作频出，其中《淮南子》则标志着汉代之前道家哲学的终结。道家学派发展的第三阶段是黄老学的分化——与士林儒学结合走向玄学，与纬学及方仙道结合成为道教。汉武帝"独尊儒术"使儒学成为官学，而黄老学则走向民间，分成两股潮流：一是与士林儒学结合，回到老庄，为社会政治、道德伦理学说提供本体论、本原论的支持。二是发展黄老学的养生思想，与纬学及方仙道结合成为道教。北方的太平道和蜀中的五斗米道便是早期的道教。道家发展的第四阶段是玄学。玄学经历了从注《老》到解《庄》的过程。正史玄学代表有王弼、何晏、夏侯玄，主要是吸取老子思想精华，围绕有无、言意、本末、体用、名教与自然等问题，完善老子的宇宙本体论体系。竹林玄学代表有嵇康、阮籍、向秀等，这些人的思想更关注人本身，关注人的自由与价值。道家发展的第五阶段是重玄学与金丹道哲学。重玄学萌发于东晋，形成与发展于隋唐，创始人是孙登。重玄学是道家融摄佛学后的发展，源于老子的"玄之又玄"和庄子的"无非无"，是对魏晋玄学有无之辨等命题的提升，亦是对郭象独化论的深化。唐代成玄英、李荣的道性论，王玄览的道体论，司马承祯的"坐忘论"，吴筠的"玄纲论"与"性情论"，都是此时期的成果。五代末的陈抟，将道教的内丹修炼过程和宇宙生成过程相统一，认为二者程序正相反，发展了道家的宇宙本原本体理论。宋代金丹道的代表有张伯端、陈景元、白玉蟾、北七真，他们对道体、道性、人性、心性等问题进行了深入研究，实现了外丹论向内丹论的转换。明清时期，道教出现世俗化的倾向，并对儒学进行渗透，同时自身也被儒、佛反渗，三家交融，出现三教合流的高潮。当时无论各家，无不在倡导三教合一。

　　本书运用了较为丰富的历史哲学资料，包含了古代不同时期各家有代表性的著作，不仅有各历史时期道家、道教的代表文献资料，还有像《礼记》《尚书》等儒家典籍以及《韩非子》这样的法家著作，另外亦有名家、佛教、墨家等各家材料。本书的基本观点就是道家根基说，即道家哲学是中国古代哲学的根基。根基不是主干，主干是儒道互补。捋清中国哲学史主干问题，便是本书的写作目的。具体方法便是把道家作为一个哲学学派放在中国哲学史长河中加以考察，即考察道家哲学的形成和基本理论，以及它和儒、墨、名、法、阴阳、佛的相互影响。（张馨月）

# 玄学与长江文化

《玄学与长江文化》，马良怀、徐华著。武汉：湖北教育出版社，2004年10月第1版，32开，384千字，系"长江文化研究文库"之一种。

马良怀简介详见《中国老学史》提要。

徐华简介详见《道家思潮与晚周秦汉文学形态》提要。

本书主要从历史与思想传承的角度，阐发了玄学、道学与长江文化之间的关系。本书分总序、导论、正文和参考文献几部分。正文共五章：

第一章长江、道家、玄学，本章主要阐述了长江文化、道家以及玄学三者之间的传承。壮阔的黄河流域孕育了儒家文化，而秀美的长江流域孕育了道家文化，魏晋玄学理论体系的成立，与道家有着密切的关系。所以虽然说魏晋玄学首先盛行于黄河流域，魏晋思想家也主要活跃在北方，但无论从思维方式和内容，还是其精神性格上看，玄学都是源于长江文化的。由长江文化而道家文化再魏晋玄学，这便是玄学与长江文化和道家学说之间的逻辑关系。

第二章详细介绍了"玄学产生的时代"，东汉末年，政治局势动荡，而天人感应学说也因自身神秘主义而导致荒诞不经和两汉经学的烦琐，以及受频发的自然灾害的冲击而逐渐衰落。此时的士人也逐渐注重个人以及个人的精神追求，他们想远离政治，冲破儒家的礼法束缚，于是重视精神生活、注重个人追求、洒脱自然的道家逐渐被重视起来。正是这样的社会现实和流行风气，为玄学的发展提供了基础。但从学术发展本身来看，著者认为，从两汉经学到魏晋玄学的发展，有一个渐进的过程，这个过程就是"汉初弥漫朝野的黄老道家思想——汉代中期的儒术独尊——两汉之际道家思想的复兴——汉晋之际儒学思想的衰落、黄老思想再一次被人们所重视——玄学的产生"。这就是说，道家学说中对万物本体、真实人生和精神超越的关注，为魏晋玄学的产生奠定了基础。

第三章详细阐述了"荆州学派、曹氏父子与玄学产生之关系"。董卓之乱后，荆州在刘表的治理下成为一方乐土，吸引了大量文化士人前来，逐渐形成了荆州学派，此时道家学派也获得了进一步发展。曹操得荆州之后，对荆州学派的士人也进行重用，深刻影响了魏初的政治、社会、学术，荆州学派的重义理、尚玄术的风气促进了魏晋玄学的兴起。并且，荆州学派的王弼亦成为魏晋玄学的主创者。另外，玄学的产生与发展与当政者曹氏父子有很大关系，曹氏父子"用人唯才"的举措、"术兼名法"政策的推行以及邺下文人群体新生活方式的出现等都为玄学的出现提供了条件。

第四章玄学的发展及南方士人对玄学的学习，作者认为，玄学孕育于长江流域，但却诞生于黄河流域，理论上的发展也主要在北方。魏晋玄学的发展经历了三个阶段：正史玄学、竹林玄学和元康玄学。随着西晋的统一，地处长江中下游的吴国不再固守传统，而是努力接受玄学，出现了南北文化的大交融，玄学得到了更广泛的传播。

第五章东晋时期玄学的南移，作者提出，晋朝的繁荣并没有持续多长时间，"永嘉之乱"后，各世家大族纷纷南迁。北方政局动荡，使得玄学逐渐南移，南方秀丽的山水，吸引了南迁的士人，他们在此建立了新的庄园定居。同时，外来的佛教要发展便与当时的玄学发生了融合，在道安的推动下，佛教思想向玄学靠拢，而在葛洪的推动下，道教也逐渐成熟，佛、道、玄彼此融合、相互交汇。东晋时期，玄学的清谈之风虽盛，但也表现出了不同于前代的特点，表现在玄谈的重点已经由"玄理"转移到"言谈"上，此时的清谈不再是探求哲理的手段，而成了超越现实人生、获得精神满足的一种生活方式。待到南朝时期，据著者言，"与魏晋玄学相比，南朝玄学在总体上呈现出'玄礼双修'，'儒、释、道兼综'的特征。南朝学者的知识结构，普遍都是由玄学、经学、佛学及史学、文学等共同构成，而非如东晋时期，高扬玄学的同时，将经学、史学束之高阁"。

本书运用了较为丰富的文献资料，不仅包括《论衡析诂》《嵇康集》等玄学典籍，还有《庄子集释》《老子指归》等道家资料和《高僧传》《出三藏记集》等佛教经典文献，以及文学、艺术方面的资料。本书是一部系统介绍玄学与长江文化之间关系的著作，在此之前，并无论述二者之间联系的专门性、系统性的著作。通篇而看，本书是从历史的角度，以历史现实为线索而成，在每一时期又涉及了当时思想的特点等情况。玄学完成了汉晋之际中国古代思想的一次变革，即从本源到本体、从世俗到精神、从人间到理想的转

变。魏晋玄学虽兴起于北方，但却深深扎根在南方长江文化之中。这便是本书的主旨。（张馨月）

# 道教人格的社会形态

《道教人格的社会形态》，陈昌文著。成都：四川人民出版社，2005年4月第1版，16开，235千字。

陈昌文，1955年生，现任四川大学心理学研究所所长，教育部高等学校社会学类专业教学指导委员会委员，四川省学术带头人，四川省社会学学会会长，成都市社会学学会会长等职务，主要从事社会心理与宗教社会学研究，著作有《跨世纪的新生元——独生子女与中国社会》《宗教与社会心理》《社会心理学》等。

本书的主干内容系著者的博士论文《道教人格论》加上著者对宗教哲学的理论思考汇集而成。

宗教的内学价值往往通过形而上的反省和讨论获得充分表达，而不是经验归纳的再现。当著者认识到对道教人格的研究结论不足以泛化为现实的普遍意义时，遂补充了理论的延伸与扩展部分。尽管如此，"自下而上"与"自上而下"的两种研究道路要在宗教课题上对接起来仍有待深入。

实际上，道教的历史阶段划分标准虽然存在学术争议，但是不能把一个文化分支的发展阶段与政治历史的朝代更替相重叠，所以，本书的历史分期直接采纳了卿希泰先生在其巨著《中国道教史》中的模式。

全书分为四个部分：

第一部分道教人格及其历史。在"道教人格的历史变迁"一章，分为五个时期：萌芽期（先秦两汉）、创建改造期（汉魏两晋南北朝）、兴盛期（隋唐五代至北宋）、分化发展期（南宋金元至明中叶）、衰落期（明后期经清朝至民国）。

第二部分环境关系。在第七章"帝王态度与道教行为"一章中，得出了一些结论，比如：历代帝王的崇道事迹是其反道事迹的六倍；帝王对道教既利用又控制，但总体趋势对道教越来越不利；道教创教行为把自己分解掉了；逆反的道教人格逐渐温顺。

第三部分个案分析。其中的第十二章"葛洪：由儒向道的心理轨迹"一章包括：神话和现实；家世认同的名实冲突；环境与亲子关系的二重性；挫折和阅读经历；谦卑的自我意识；入仕经历；性格自鉴。

第四部分延伸与扩展：宗教与日常哲学。分为两部分展开："学术孤独与宗教关怀"与"向日常哲学的回归"。

本书通过对人物传记资料进行统计归纳，概括出11个道教行为范畴和由"道"的核心信仰派生的其他相关范畴。道教主导行为一直在变化，各类道教行为的同期构成也在不断变化。社会环境—道教行为—道教信念，这三者之间的多因互动是进一步考察的方法论框架。（王永康）

# 道家与长江文化

《道家与长江文化》，萧汉明著。武汉：湖北教育出版社，2005年7月第1版，32开，378千字，系"长江文化研究文库"之一种。

萧汉明简介详见《〈周易参同契〉研究》提要。

本书遵循历史和哲学相统一的原则，按照时间线索阐述了道家和长江文化之间千丝万缕的关系。本书分总序、导论、正文和参考文献几个部分。正文共分七章：

第一章首先谈的是老子的道德论。老子的"道德论"是一个涵摄宇宙论、人论、社会论、认识论在内的理论结构十分严谨的系统。根据著者的观点，在宇宙论中，道是宇宙的源头和归属，道向德的嬗变是天地万物的发生与发展；在人论中，道则包含着生理与人性两个方面；在社会论中，人类社会被归结为五种治世形态，即道、德、仁、义、礼。以上宇宙论、人论、社会论的基本构架，都贯穿着道与德之间的互相转换。

第二章探讨的是庄子的自然哲学与社会思想。首先谈到的是庄子的性命说与观物论中的道性二重观。万物的生成是自然而然的，非别物创造。它们生成的内在根据便是存于道中的命分，而命分本身的成分差异也就形成了万物之间互相区别的独特性质。道性二重观包括以道观物得出的万物的同一性和以性观物得出的万物的差异性，二者既相互联系又相互区别。其次是庄子养生论及其思想转折的阶段性考察。养生论主要探讨如何通过集气与养神的修持与训练，以实现延年益寿的目标。然后谈到了庄子的人性朴素论、德行修养观和庄子的内圣外王之道。人性的本质是"朴素"的，但在烦扰的现实社会中，却容易发生"变质"，故需要修养德行。

第三章探讨的是长江文化中的黄老思潮。著者列举了三部长江流域著者所写的著作，来展现长江文化和黄老思潮的联系。马王堆四篇古佚书对战国时期黄老思潮的兴起以及对汉初黄老思想的重盛，都起过重大的推动作用。从《鹖冠子》中，可进一步看出长江文化对黄老思潮的推动作用。而《淮南鸿烈》则可以说是黄老思潮的终结。

第四章玄学思潮与长江文化。本章以整个玄学思潮为背景，对长江文化中玄学向道家的回归潮流做了着重论述，包括嵇康的"越名教而任自然"、杨泉的元气自然论、陶潜的返归自然论和范缜的神灭论。

第五章讲的是隋唐道家的重玄思潮与长江文化。隋至唐代中期，道教学者与应试士人，习学道家典籍的风气非常兴盛，如李白的谪仙气象、陆希声的"孔老旨一"论以及罗隐的"老内孔外"论，直到唐肃宗重新提倡儒学，此风才有逐渐减弱之势。

第六章探讨的是宋元明时期传统文化转型中的道家与长江文化。宋代以后，自东汉以来道家占儒释道三教融合潮流主导地位的局面基本告一段落，变成了儒学为主导，兼容释道的趋势。道教虽在此时的地位不如从前，但其内丹修炼的理论和实践取得了很好的成绩，对古代人体生命科学起到了决定性的促进作用。

第七章探讨的是晚明至清代的个性解放思潮与启蒙思潮中的道家思想。著者讨论了晚明至清代长江流域道家思想的形态变化。明代中叶，随着资本主义生产关系和市民阶层的形成，许多不得意的士人将目光转向了新兴市民阶层。此时有陈献章、湛若水、王阳明出现，他们反对朱熹的由外格物求理的路径，转向即心求理，使一部分人从"存天理，灭人欲"的桎梏中被唤醒，使其觉知到自我的存在，形成了个性解放思潮。其中，王夫之对老、庄进行了扬弃，认为"无者非大始，冲气以为和"，"庄生之说，皆可因以通君子之道"。

本书运用了较为丰富的文献资料，不仅包括《老子》《庄子》等道家经典文献和《论语译注》《王阳明全集》等儒家典籍，还参考了其他学者的一些研究成果。中华民族有5000多年的文化，而中国古代文化有南北之差，北方以黄河文化为代表，南方以长江文化为代表。而道家，恰是在长江流域的荆楚地区孕育出来的一个学术流派。从时间上来看，文化中心先在北方，宋元时期移到南方。可见，文化中心并不是固定的，而是一个时期在北方，另一个时期在南方。从区域上来看，文化有整体文化和区域文化之分，而长江文化就属于区域文化。对区域文化，包括对长江文化的研究，能够纠正目前大部分中国通史对中国古代文化描述的偏颇，即将研究重点放在黄河文化、对长江文化注意不够的问题。（黄田田）

# 全真七子与齐鲁文化

《全真七子与齐鲁文化》，牟钟鉴等著。济南：齐鲁书社，2005年7月第1版，16开，408千字。

牟钟鉴简介详见《老子新说》提要。

本书著者认为，山东是孔子、孟子的故乡，是儒学的发源地。同时，山东也是道教七真（以丘处机为代表）的故乡，是全真道的发祥地。齐鲁文化开始是地区性文化，后来走向全国并成为中国的主流文化。在这个过程中有两次文化扩展最为重要：一次是儒学的创立与传布，另一次便是全真道的创立与传布，都曾给予中国传统文化的发展以极大的推动。全真道在道教史上的地位，类似于禅宗在佛教史上的地位和宋明道学（包括理学、心学和气学）在儒学史上的地位。道学、全真学、禅学代表着中国哲学的三个理论高峰。以对社会民众的实际贡献而言，山东栖霞的丘处机是道教史上的第一人。其西游雪山、规劝成吉思汗爱民止杀之伟绩，不亚于佛教玄奘法师的西行印度取经。所以，丘处机称得上是伟大的宗教思想家和实践家。

牟钟鉴承担了"全真七子与齐鲁文化"这一课题的主持工作。白奚教授撰写了第一章齐鲁文化的深厚底蕴和道教文化传统，厘清了齐鲁文化产生道教的历史背景。

常大群博士撰写了第二章金与金元之际山东社会政治、文化态势，第五章全真七子的思想特色，及附录二全真道在山东的文化遗存。常大群博士在实地考察时拍摄了许多全真道遗存的珍贵图片作为本书插图，为本书增色不少。

白如祥博士撰写了第三章王重阳在胶东传教的成功和全真道的兴起、第七章明清山东全真道概况及附录四全真道研究论著要目。

赵卫东博士撰写了第四章全真七子在山东的修道与传教活动、第六章全真道由山东走向全国和附录一王重阳与全真七子修道传教活动大事记。

叶桂桐教授提供了附录三莱州神仙洞王氏道教家族调研报告，这份调查显示了元明清全真道世俗化和家族化的趋势。

本书是集体智慧的结晶。在论题上大家有明确的分工，但在内容上不可避免会有某种交叉重叠。不过，每一章的重心和评析并不相同，各自保持了特有的思路和风格，又能互相联结为整体，形成多样性的统一。本书的侧重点在全真道与齐鲁文化的关系，所以对于全真道在山东创立的早期历史论述较为详密，以弥补以往道教史研究之不足；而对于全真道发展成为全国规模以后的历史，论述则较为简略。（王永康）

# 道教与彝族传统文化

《道教与彝族传统文化》，吉合蔡华著。北京：民族出版社，2005年10月第1版，32开，208千字。

吉合蔡华，1963年生，哲学博士，西南民族大学教授，研究方向为少数民族宗教、道教。

本书是著者博士学位论文同题著作，也是国家社科基金项目。四川大学道教与宗教文化研究所潘显一教授作序。本书对道教与彝族传统文化在不同时期相互影响、相互吸收的研究，不仅有助于更好地认识道教的发展，也有益于更加全面和深入地认识彝族传统文化。

本书主要内容包括三编和结论。第一编含三章，第二编含四章，第三编含三章。

第一编彝族的历史与渊源。包括：第一章彝族与古羌人的渊源，介绍了彝族先民氐羌的历史，彝族保存的古羌人的生活习俗。第二章彝族与古蜀国，介绍了古蜀国的渊源，古蜀国与彝族先民的渊源的考证。第三章彝族与昆明、叟的渊源，包括"彝族与昆明""彝族与嶲、叟人"两部分内容。

第二编道教与彝族先民氐羌文化的关系。主要包括：第一章五斗米道与彝族先民氐羌文化，分五节展开，即："天师道与氐羌宗教的渊源""天师道与氐羌巫教之争""彝族先民氐羌人与五斗米道的联系""青衣羌与道教""五斗米道对氐羌宗教的吸收"。第二章道教与西王母、彝族咒语的关系，分四节展开，即："西王母的渊源与流变""西王母与道教的关系""彝族毕摩咒语的渊源""道教咒语与彝族先民咒语的比较"。第三章道教"仙葫"与彝族"葫芦"崇拜，包含三部分，即"葫芦神话及其文化内涵""彝族葫芦崇拜""葫芦与道教壶天"。第四章道教哲学与彝族哲学，分四节展开，即"道教哲学与彝族哲学的思想来源""彝族万物雌性宇宙观与道教阴阳观""道教、彝族的尚黑与母体崇拜""八卦与彝族八方观念"。

第三编道教在彝区的传播。主要包括：第一章巍山彝区道教文化传播与发展，分六节展开，即"巍山彝区彝族的源流""巍山彝区道教的传播""道教对巍山彝区土主崇拜的影响""道教宫观与彝族宗教信仰""巍宝山道派的发展""巍宝山道教的主要节日、书籍和金石碑文"。第二章道教与彝族撒梅人西波宗教的渊源与流变，分四节展开，即"关于撒梅人历史的文献记载""彝族撒梅人西波宗教的斋醮仪式""西波宗教的神灵系统""西波宗教的经文"。第三章洞经会在彝区的传播与发展，包含五个部分，即"洞经会的缘起""洞经音乐在彝区的传播""洞经会彝区传播的原因分析""洞经在各地彝区的发展""在彝区洞经会的会期和经籍"。

在结论部分，笔者提到有几个方面还需要进一步研究，主要包括：道教在初创时期祭祖仪式、招魂仪式与彝族祭祖仪式、招魂仪式的比较研究，道教的朝北斗与彝族祭祀中神枝所代表的神灵、星辰的含义，道教的"三十六洞天、七十二福地"与彝族的数字"三十六、七十二"以及彝族十月太阳历的关系等等。

为了完成该论著，笔者从2000—2004年多次深入云南、贵州以及四川凉山彝族地区进行田野调查。论著中的创新点包括：

其一，根据文献典籍以及田野调查材料，论证了彝族先民作为我国古代西北高原上生息繁衍的一个大族群，与自有神仙思想的氐羌、古蜀人、昆明、叟等族群有亲缘关系。张道陵所置二十四治中的鹤鸣神山太上治、平冈治都是彝族先民居住和流动的地方，而蒙秦治就在彝族的腹心地越西、西昌一带，张道陵创教、传教过程中对彝族先民氐羌的"鬼道"不断地进行了斗争、吸收和改造，涤除了氐羌先民中"鬼道"的巫祝部分，吸收了其中的神仙思想，为道教神仙思想奠定了一定的基础。

其二，通过以彝族巫师的咒语与道教咒语的比较，如呼唤各种神灵前来助威、呼唤鬼名以制之、强调咒语的巨大威力、强调对鬼的尸体的肢解等等，可见彝族巫师的咒语与道教咒语如出一辙的痕迹。同时笔者通过对凉山彝区、贵州彝区、云南彝区的彝族毕摩调查，论证了明清以后彝族咒语在道教咒语影响下的流变。

其三，通过以葫芦与彝族、道教的关系为事例，论证了彝族葫芦崇拜与道教"壶天"有一定的渊源关系。同时，论证了道教哲学与彝族哲学的同源异流。笔者以彝族先民尚黑观念、万物雌雄观念、八方观念等哲学思想为例，认为彝族哲学思想与先秦哲学观念都有非常相似的成长土壤。

其四，道教在彝区的传播与发展。主要通过对巍山彝区的调查，探讨了巍山彝区道教的传播以及道教与彝族传统文化的交融，巍山是彝族南诏国的发祥地，在南诏统治时期以及以后的1000多年里的历史长河中深受道教影响，巍山彝区成为道教名山的源流。特别指出了与汉族杂居的昆明近郊的彝族撒梅人，由于较早受封建中央王朝的控制，撒梅人的民间宗教深受道教影响，形成不同于其他地区彝族的特点，既保留有本民族原始宗教的成分，也吸收了道教的成分，即形成了有统一最高神的神灵系统、有一些粗糙的经文和教义、教规的西波宗教。

其五，论述了道教洞经音乐在彝区的传播与发展情况。一方面明清之际洞经音乐随着大量汉族军人和商人涌入彝区，道教洞经音乐开始传入；另一方面明太祖特别强调对少数民族的教化，当时的彝族土司等纷纷学习汉族文化甚至送子女到成都学习，接受汉族文化，再加之当时彝族地区道教宫观的建立也为道教洞经音乐的传入提供了可能。

本书被批准为国家社科基金项目，应该说与上述创新点和整体价值分不开。本课题的研究，有助于我们认识道教独特文化特色及其在中国传统文化中的特殊地位，以及对各民族文化产生呈辐射状的渗透与影响，推进道教学和其他有关学科的研究。（王永康）

# 道教与长江文化

《道教与长江文化》，杨立志、李程著。武汉：湖北教育出版社，2005年11月第1版，32开，367千字，系"长江文化研究文库"之一种。

杨立志简介详见《武当道教史略》提要。

本书由杨立志负责拟定提纲和润色统稿。具体内容撰写方面，杨立志执笔序言、第八章、第十一章，并负责全书的统稿；第一至七章、第九至十章、第十二章由李程执笔。本书首先按照纵向时间顺序，叙述道教在长江流域的产生、发展、鼎盛和衰落的历史过程，每一章根据各道派的兴衰变化情况有所侧重，尽可能地勾勒出长江流域道教发展史的概貌。然后按横向分类介绍长江流域的道教文化，每一章都围绕一个主题来叙说，分别讨论了道教哲学的现代意义、宫观建筑艺术、斋醮科仪与音乐、雕塑绘画艺术、道教文学和民间道教信仰习俗等问题。

第一章长江流域是道教的主要发源地，首先介绍了长江流域的早期民间道教，如巫鬼道、方仙道、黄老道等，接着介绍了老子及其《道德经》《老子想尔注》，再次介绍了张陵、张修、张鲁与五斗米道的创立和传播。

第二章魏晋南北朝时期长江流域的道教，介绍了魏晋时期葛玄、葛洪与神仙道教，上清派和灵宝派的形成，魏晋时期长江流域的农民起义与道教，最后叙述了南朝著名道士陆修静、陶弘景等与道教的发展。

第三章隋唐北宋长江流域道教的发展，介绍了隋唐和北宋的皇室崇道情况，隋唐道教在理论层面的发展，由外丹派的兴盛、外丹的负面影响而转向内丹派的兴起历程，江南"正一、上清、灵宝"三山符箓派的发展。

第四章南宋元朝长江流域新道派的兴起，介绍了南宋皇帝的崇道促进了长江流域道教的发展情况，以及在南宋时期天心、神霄、清微、净明、武当等江南各道派的兴起。自丘处机与成吉思汗"雪山会面"之后，全真道在北方的发展引起了元室的猜忌，因此在元世祖统一江南后，渐次把扶持道教的重点转向龙虎宗，以及既属龙虎宗又有相对独立性的支派——张留孙等人创立的玄教。

第五章明代长江流域道教的鼎盛，介绍了明皇室的道教信仰及崇道活动，随之而起的是明代武当山、龙虎山等处道教的鼎盛，《正统道藏》和《万历续道藏》的编辑。紧接着的第六章以"清代以来长江流域道教的兴衰"为题，分析了清代皇室的抑道政策与长江流域道教的衰落。

第七章道教哲学的现代意义，介绍了道教的宇宙观、人生观，道教哲学的生态保护意识，道教与现代精神文明，道教重生养生思想的现代价值。

第八章长江流域的道教建筑，介绍了长江流域道教名山建筑的设计思想，以及长江流域的道教建筑艺术。

第九章长江流域的道教斋醮科仪与音乐，介绍了道教斋醮科仪的源流和宗教功能，道教音乐产生和发展，道教音乐理论与中国传统医学。道教斋醮科仪蕴含着道教的神学理论、哲学思想、祭祀观念、信仰习俗，涉及道教文化的诸多层面。研究道教斋醮科仪，对于挖掘道教文化内涵，弘扬中华传统文化具有重大的意义。

第十章长江流域的道教文学，就典型文学形式做了介绍，包括：魏晋南北朝时期长江流域的神仙传记、唐宋时期长江流域的道教诗词、元代长江流域的道教名山志、明代长江流域的神魔小说。

第十一章长江流域的道教美术，介绍了道教美术的起源，长江流域的道教雕塑，历代名家道画和道教画家，道教神像挂轴、壁画、版画等艺术。

第十二章长江流域的民间道教信仰习俗，介绍了长江流域的道教与民俗，长江流域与道教相关的民间岁时节日，神仙崇拜与道教名山朝圣风俗，长江流域的城隍、土地、灶神信仰。

长期以来，长江文化在中华文明史乃至世界文明史上的重要地位，并未得到学术界应有的重视。已有的中国历史文化著述对中国传统文化的认识似乎形成了一种定势，认为黄河是中华文明的唯一"摇篮"，即黄河中心论或中原中心论。1995年8月在武汉举行的长江文化暨楚文化国际学术讨论会，把多学科、多层面、全方位研究长江文化提上了议事日程。与此呼应，本书全面深入地研究了长江文化，这些内容不仅有利于对中华文明起源的探索，而且对于从整体上认识长江流域历史上的政治、经济、文化的状况及其与东南亚、南亚、中亚乃至环太平洋地区的交流，对于弘扬中华民族优秀文化，加速我国的物质文明、政治文明和精神文明建设，促进长江经济文化带的生成与发育，都有一定的理论意义和实践价值。（王永康）

# 宋元道教易学初探

《宋元道教易学初探》，章伟文著。成都：巴蜀书社，2005年12月第1版，32开，280千字，系"儒道释博士论文丛书"之一种。

章伟文简介详见《郝大通学案》提要。

本书前有序，后有结束语，正文分绪言、上篇、中篇、下篇四部分：

绪言为道教易学概述，分四节探讨道教易学的内涵、确立、历史分期及基本特征等问题，指出《易》学引入道教，弥补了道家哲学偏重形上学的弱点，开辟出道教由人事通向天道的实践之路。

上篇为宋元易学内丹学，分四章分别考察了南宋陈显微、储华谷以及宋末元初俞琰、元代陈致虚的易学内丹学思想。指出此四人均借助《周易》理论论证道教内丹学的鼎器、药物、火候以及人性与道性等问题，并通过注释及阐发《周易参同契》的思想来确立自己的理论体系，由此形成了不同于其他道教内丹学流派的内容和特征。

中篇为宋元道教易图学，分三章分别考察了晚唐五代至北宋初期的陈抟，金元时期郝大通，元初雷思齐的道教易图学思想。指出此三人均以易图的方式表达了道教对宇宙生成问题的看法和态度，对天地生成之理和节序以理论化方式进行说明，为道教的修丹实践服务。

下篇为宋元道教易老学，重点研究元代李道纯的道教易老学思想。指出李道纯补《易》入《老》，通过将《周易》卦爻变化的节序性、规律性的思想与《老子》论道体的自然无为思想相结合，将道体的虚无自然视为个体变化的本质，而个体变化过程中表现出的规律性和节序性又是道体的内容和显现，以体用的方式贯通道体与器用，沟通形上与形下，为道教修持确立了形上的本体依据，也为形上的道体奠定了形下的基础。其思想是吸收《易》《老》，且与之不同的新理论体系。

本书的主要贡献在于揭示了道教援易入道的主要方法和途径，对宋元道教易学的产生、发展和流变的过程做了系统考察，指出道教易学着力于对自然天道及人与自然天道的合一等问题的研究，其特质在于援引《易》义以诠释自然之理与修丹的路径与方法。宋元时期出现的易学内丹学、道教易图学、道教易老学是道教易学与内丹学结合的结果。易学内丹学以个体为本位，对天道进行体悟，以求个体与天道相通、相融的具体方法和路径；道教易图学以易图的形式对天道进行探讨，以为道教内丹修炼提供理论的指导；道教易老学结合了这两种天人之学，以体用的方式来贯通天与人、道体与器用、沟通形上与形下。此三种理论共同构成了以内丹修持为主旨的道教易学思想体系。（李利）

# 老子与百姓生活

　　《老子与百姓生活》，姚淦铭著。北京：中国民主法制出版社，2006年2月第1版，16开，260千字。

　　姚淦铭简介详见《哲思众妙门——〈老子〉今读》提要。

　　本书是著者在《百家讲坛》等诸多演讲的基础上再加工而成。其用诗化的语言和幽默的比喻，将《老子》五千言的智慧精髓与百姓的人伦日用相结合，以老子的智慧反观现代社会现实中人的存在所遇到的诸多问题。

　　本书共分为18讲，是著者从不同的角度对《老子》智慧的解读。第一讲从老子其人其书开始论述老子虽然是几千年前的人物，但其思想智慧对我们的现实生活有着极为重要的启示作用。《老子》的智慧是以"道"为中心，以五千言文字言说原本并不可道之"道"，对从政者、从军者、从艺者以及普通百姓提供了一个可跨越时空与老子思想进行交互的平台。著者还从学术的角度为听众辨析了《老子》的帛书本和郭店楚简本，为读者开阔了视野。第二讲以老子所言"五味令人口爽"为文本基础，应对现代人对饮食健康极为重视的现实。老子的饮食之道就是要"甘其食""味无味"，即以饮食之味为美，但是又不过于贪求；其二就是又能够体味箪食瓢饮这种通常所体验不到的味道。第三讲以重生、贵生、虚静、知足言生存智慧，为现代人的心理健康问题进行把脉。第四讲以有为和无为的对举谈老子所言恍恍惚惚的成功之道。著者倡导人们学习老子道论所阐明无为的智慧，故能无为而无不为；若取得了成功，也不自矜自满，懂得"功成身退"的道理。第五讲以老子的智慧言现代女性之美。著者以"天下皆知美之为美斯恶已"言现代女性应该摒弃众人所崇尚的世俗之美，而倡导女性的大道之美、玄妙之美和柔静处下之美。第六讲是著者针对现代多元化的婚姻观和浮躁气，言现代爱情观的"得一""自知"之道。

　　第七讲是继承第六讲的爱情观和婚姻观进而言老子智慧与家庭的和谐。著者主张以"七善"，即"居善地，心善渊，与善仁，言善信，政善治，事善能，动善时"来保持家庭的安定和谐。第八讲则是针对现代高离婚率而发言。以老子所言"万物并作，吾以观复"的态度及早发现婚姻中出现的问题，并提供了四种智慧与方法化危为安；若真的是不得已要结束婚姻，也要顺其自然，善始善终。第九讲以挖掘老子的智慧来处理现代人的人际关系为主要论题，解读了老子人际关系的三层内涵：一是老子"小国寡民""民至老死不相往来"人际关系的理想境界；二是老子希望以淳朴、惬意的人际关系矫正当时以及之后不合理的人际关系；三是老子并不是脱离于现实而沉浸于理想的状态中，而是最终要回归到现实生活中。这三层含义的深层次剖析就在于启示现代人掌握人际关系处理的要道。第十讲意在发明在人际关系交往中的识人之道。只知人，仅为智，这并不是老子所言最终极的识人。识人的最高境界是自知则明。因为只有自知才能知人。第十一讲以"处下"言说老子智慧与人际交往当中的定位问题。从定位中的"处下"到用人中的"处下"，最后以"处下"的修养问题倡导人们在处理人际关系中要选择好坐标系统。第十二讲中著者结合当下现实中愈演愈烈的竞争，以"为而不争""不争为善胜"的智慧处理人与人之间的关系，最后落实到市场竞争理念的说明。

　　第十三讲是针对在人际交往中的个体心灵向度的问题阐发老子的教诲和智慧，以心灵向度中的淳厚朴实作为人际交往的重要原则。第十四讲则是以"美言可以市尊""知者不言""言者不知""道之出口，淡乎无味"阐明人际交往中说话的重要性。第十五讲则是以交往中的聆听智慧为主体，"信言不美，美言不信""轻诺必寡信"的箴言给当下人"闻道"而为上士提供了启发性的说明。第十六讲是以老子言"善"讲人际交往中"善"的智慧。著者以老子对"善"的解说将人分为"善人"与"不善人"两类，并各自提出了解决和应对的办法，最后则站在"道"的高度上阐发"善"的智慧链条。第十七讲则将老子对人生存问题的思考以及人际交往的智慧称为"厚黑学"，"与人为善"则是最简单和最行之有效的"厚黑"术。第十八讲落实到人际交往的最高境界，以"技"与"道"的对举明"上善若水"这一境界的升华。（郑泽颖）

# 台湾的妈祖庙

《台湾的妈祖庙》，陈仕贤著。台北：远足文化事业股份有限公司，2006年2月版。

　　陈仕贤，台湾彰化鹿港人。长年从事鹿港文史研究，鹿水文史工作室主持人、鹿水草堂负责人。著有《宝殿篆烟——鹿港天后宫》《龙山听呗——鹿港龙山寺》《彰化历史散步》等。

本书分三部分：第一部分探讨妈祖信仰在台湾的源起，清朝、日本占领时期及光复后的妈祖信仰传播，妈祖的称呼等；第二部分介绍妈祖庙的欣赏重点，包括神像、建筑、匠师派别、皇帝或政治人物的匾额等。第三部分针对台湾古迹级的妈祖庙，包括历史沿革及建筑特色，进行讲解。

妈祖信仰在台湾沿海一带十分普及，迄2006年止已列为文化遗产的妈祖庙，共有23座。本书所撰述的妈祖庙有第一级古迹2座，第二级古迹2座，第三级古迹17座，县定古迹2座，特色妈祖庙3座。

明郑时期信士于安平创建妈祖庙，称为"安平开台"（并改称安平开台天后宫）。清康熙二十三年（1684）施琅克台，奏请加封为天后，此后妈祖庙称为"天后宫"。康熙五十九年（1720）奏准列入官方祀典。朱一贵事件后，雍正帝赐颁"神昭海表"匾额。林爽文事件后，乾隆帝于府城与鹿港敕建天后宫，为官建妈祖庙，即今日台南海安宫与鹿港新祖宫。著者指出，清代妈祖信仰兴盛的原因有四：其一为妈祖为航海的守护神；其二为妈祖常显神迹；其三为台湾多瘴疠之气，恶疫流行，祈请庇佑；其四为政治因素，官方重视推崇。今日，妈祖已成为台湾民间信仰的"万能之神"。

观察日本占领时期为振兴不景气的商业，各地纷纷举行妈祖宴，迎神会也很盛行，并多有前往湄洲祖庙进香，而日人并未阻挠。如，鹿港天后宫仿雕一尊与湄洲祖庙相仿的神像前往湄洲谒祖，被湄洲祖庙供奉于正殿，湄洲祖庙回赠的"圣母宝玺"和"圣母大符"至今为鹿港天后宫镇殿之宝。日大正元年至昭和十一年（1912—1936）间，台湾多数的妈祖庙均在此时重修，如关渡妈祖庙、彰化南瑶宫等。皇民化运动时期，凡未经申请设立的寺庙陆续被拆毁，计有361座全毁，八百余座转为他用，部分转入日本佛教体系，以避免被拆。民间宗教活动停办，直至台湾光复。

光复后，台湾各地妈祖庙曾有正统之争，其中以"鹿耳门天后宫与正统土城圣母庙"及"新港奉天宫与北港朝天宫"之争最为激烈。著者认为，每座妈祖庙都是当地区域性的"开台妈祖"。台湾妈祖庙多数同时供奉观世音菩萨，显现台湾民间信仰的包容性。近年来，大甲镇澜宫与通霄白沙屯拱天宫的绕境进香，成为年度盛事。从原本地区性活动，跃升至国际舞台，举世瞩目。（林翠凤）

# 妈祖信仰与台湾社会

《妈祖信仰与台湾社会》，林美容著。台北：博扬文化事业有限公司，2006年3月出版。

林美容，博士，台湾"中央研究院"民族学研究所研究员。研究专长为文化人类学、中国亲属研究、台湾民间信仰、汉人社会组织。著者研究妈祖始于1987年5月，经过深入调查研究，发展出信仰圈的理论，并以此来解释大型区域性祭典组织，补充了过去祭祀圈理论仅限于解释地方祭典组织的不足，赢得"妈祖婆""南港妈祖"等称号。著有《祭祀圈与信仰圈——台湾的民间信仰与社会组织》《妈祖信仰的发展与变迁》《妈祖信仰与汉人社会》等。

本书把妈祖信仰放在台湾汉人社会形成与发展的历史脉络当中，来解释台湾诸多的地方性与区域性的妈祖信仰及其与聚落、村庄、连庄组织、区域联盟的关系。同时也解释了妈祖信仰与民俗艺团及俗民生活的密切关系，从历史的相关性来看，本书可说是兼具了社会史与文化史的考察。

本书整编了著者1988—2004年，所发表的有关妈祖研究的论文，除首章通论外，共分为四篇。第一篇妈祖与信仰圈，主要是关于彰化妈祖与关渡妈祖信仰圈的论述，并且更广泛地讨论台湾之区域性祭典组织及其与妈祖信仰的关联；第二篇妈祖信仰与地方社区，是逆向地思考在大型区域性组织之外，妈祖信仰与地方社区信仰的密切关系；第三篇妈祖信仰与民俗艺团，呈现彰化妈祖信仰圈内调查曲馆与武馆的研究成果，及妈祖信仰与民俗曲艺与武艺的关系；第四篇妈祖信仰的俗民观点，主要从俗民观点讨论妈祖信仰在民间文学、民俗医疗、水利经济、海洋文化等俗民生活上的表现及其历史意义。本书可作为透过妈祖信仰理解台湾传统社会与文化的主要参考书。

本书内容大致偏向台湾妈祖信仰之社会面与文化面意涵的探讨，特别是妈祖信仰与台湾之地域社会及民俗曲艺的关系。这也是著者一向的研究重心。如果说，台湾汉人的血缘社会是由父系继嗣群牵连起来的，那么台湾汉人的地域社会，便是借由隐喻着女人的流动之妈祖信仰所形成的村际互动与村际联盟而展开的。当然，台湾汉人对天地鬼神的信仰皆能形塑以村庄为基础底层组织的地域社会的层级结构，但无疑妈祖信仰是其中的佼佼者，含涉的层级可小可大。最重要的，是她的女性形象之社会隐喻所引发的对传统父系结构之象征的对抗，使妈祖成为民众与学者注目的焦点。（林翠凤）

# 瑶族的宗教与社会：
# 瑶族道教及其与云南瑶族关系研究

《瑶族的宗教与社会：瑶族道教及其与云南瑶族关系研究》，徐祖祥著。昆明：云南人民出版社，2006年6月第1版，32开，250千字。

徐祖祥，1967年生，贵州余庆人。1990—2004年在云南民族大学民族研究所从事科研工作，2004年至今执教于云南民族大学人文学院，2001年8月破格晋升为副研究员，现为云南民族大学教授，人类学专业博士生导师，中国西南民族研究学会理事，主要专著有《瑶族文化史》、《寻找失落的民族》（合著）等。

本书是在建立在著者自1997年以来从事云南瑶族调查研究的大量第一手资料和研究成果的基础上完成的。著者到访过的地方有云南师宗县瑶区、金平县瑶区、河口县瑶区、富宁县瑶区，并在本书之前已独立出版过专著《瑶族文化史》。

本书旨在分析清楚瑶族道教中从汉族道教吸收进来的那一部分道教因素的基本特征，以及道教瑶族化的特点和程度，再以此为基点，讨论瑶族原始宗教的道教化，并进一步探索瑶族道教与云南瑶族社会之间的深层次关系，以及道教瑶族化和瑶族文化道教化的途径，探寻瑶族文化道教化的程度比其他少数民族更深一层的成因。

基于这一研究思路，在第一章绪论之后，共安排了四章内容予以深入分析。

为论述瑶族道教的基本特征和瑶族化的特点，第二章云南瑶族中所见的道教信仰，根据宗教学原理对瑶族道教构成的基本要素分别进行系统而详尽的阐述。为此，本章将考察研究"教派、宗教组织与瑶经""瑶族道教的神灵系统""庙宇与神像""度戒和挂灯""瑶族道教中的佛教因素""瑶族道教中的儒家因素"等。通过这一系列系统的研究，使我们不仅对瑶族道教的各要素有一个较为全面的认识，充分认识到道教的"瑶族化"之特性，更为以后各章考察瑶族道教与云南瑶族原始宗教因素和各社会文化层面的关系打下了坚实的基础。

　　为了探讨瑶族原始宗教道教化的特点，本书通过第三章瑶族道教中的瑶族原始宗教因素，进一步从远离世俗生活的层面揭示道教与云南瑶族原始宗教之间的关系，通过深入分析，展示瑶族道教与原始宗教各种崇拜形式之间的有机结合与整合特点，揭示"瑶族宗教道教化"的特性。为此，本章分别探讨了瑶族道教与云南瑶族原有的自然崇拜、鬼魂崇拜、图腾崇拜、祖先崇拜以及巫术之间的内在关系，认为云南瑶族原始宗教的各种崇拜形式经过长期与瑶族道教水乳交融的历史发展，均已成为瑶族道教有机组成部分，其中祖先崇拜和图腾崇拜堪称云南瑶族原始宗教"道教化"的典范。

　　为进一步论述"瑶族文化道教化"的独特品格，第四章瑶族道教与云南瑶族社会，揭示了彝族道教对云南瑶族文化的其他重要层面所产生的巨大影响，这一章立足于从瑶族民间生活、民族文化的角度，去论述瑶族文化与瑶族道教的关系，从而以其具体而鲜活的样态凸显"道教与瑶族社会"之主题。本章共介绍了"瑶族道教与经济生活和政治制度""瑶族道教与古瑶文""瑶族道教与习俗""瑶族道教与命名法和伦理道德""瑶族道教与文学艺术""瑶族道教与传统教育和传统医学"等内容，分别探讨它们之间的内在关系。其中"瑶族道教与经济生活和政治制度"部分对瑶族道教对云南经济生活和政治制度的影响进行分析，着重探讨瑶族道教对传统游耕经济和寨老制的影响。"瑶族道教与古瑶文"部分对瑶族道教与古瑶文的关系进行探讨，着重讨论古瑶文的产生及运用与道教传入的关系。"瑶族道教与习俗"讨论云南瑶族人生礼俗和生活习俗中道教影响的痕迹，并对道教功能进行分析。本章所论的习俗分为人生礼俗和生活习俗两个部分。"瑶族道教与命名法和伦理道德"部分对瑶族道教与命名法和理论道德之间的关系进行分析，认为瑶族道教在其中起到了核心的作用。"瑶族道教与文学艺术"部分对瑶族道教影响文学艺术的程度进行探讨，建构"瑶族文化道教化"的艺术模式。"瑶族道教与传统教育和传统医学"探讨瑶族道教在传统教育和传统医学中的地位和所起的作用。

　　最后一章结语对全书进行总结，对"道教瑶族化"和"瑶族文化道教化"的途径进行了归纳和分析，进而对瑶族道教成为云南瑶族文化核心的原因进行了理论探索。

　　需要说明的是，本书关于瑶族道教及其与瑶族社会文化关系的若干论断，主要是在分析云南瑶族田野调查资料后得出的。虽然云南瑶族是从两广等地迁徙而来，由于他们是瑶族历史上迁徙最为频繁的一支，其宗教信仰的状况必然与现居于两广、湖南等地的瑶族之间存在着一些地区性差别。（王永康）

# 金元四大医家与道家道教

《金元四大医家与道家道教》，程雅君著。成都：巴蜀书社，2006年12月第1版，32开，200千字。

程雅君，1972年生，安徽安庆人。苏州大学公共管理学院教授，博士生导师，主要研究方向为中医学、哲学，已经出版《医道还元注疏》《中医哲学史》等专著多部，在《哲学研究》《世界宗教研究》等发表论文多篇。

著者在构建本书框架时，选择宋金元时期这个矛盾交织的历史时期作为时间点，选择儒（宋明理学）、道（金元全真道）、医（金元四大医家）作为空间点，选择金元四大医家作为契入点。因为在医、儒、道三个点中，唯有从医学契入，才能厘清影响和决定中医发展的文化思想到底是什么，以及呈现什么规律；选择金元四大医家与道家道教作为突破点，是因为从中医文化的角度，与之关系最为密切的文化是道家道教；从道家道教的角度，中医学是道家道教文化孕育的最有代表性的奇葩。笔者认为，立足于中医，结合道家道教研究，是给中医这条龙找水，且是找它的"母亲水"；而立足于道家道教，结合中医研究，则是在《道藏》海洋中觅龙，且是找它的"嫡系龙子"。

有关金元四大医家的研究很多，但绝大多数是研究医学学术思想，尤以临床为重，少数研究四大家生平和著述。而根据金元四大医家的生平、著述、学术思想，研究其内在的文化渊源，国内外迄今未见有相关成果。任何学术思想的形成，必然与其所处时代的文化背景有深刻的、必然的联系。何况是在"医之门户分于金元"的特殊时代。

金元时期整个社会思想文化处于分久必合的状态，理学以儒为本，全真教以道为本，但它们的基本精神都是三教合一。宋金元时期这种三教合一的文化思潮，必然会影响到作为文化一部分的医学。因为医学和哲学，虽是两门不同的学科，然而在医学未能独立之前，哲学家常将医学作为其研究的对象。

"儒之门户分于宋，医之门户分于金元"。金元时期医学门户，主要体现于著名的金元四大家：刘完素、张从正、李东垣、朱丹溪。

作为金元四大家之首的刘完素，受业于道教中人，屡次谢绝朝廷征聘，可谓以道自居、以道自守的模范；其学术理论基础的五运六气学说，他所倡导的病因病机"六气化火"论，他所主张的"水善火恶"论，以及他以慎养人身"三宝"为核心的养生观，说明了他是以道为本。刘完素，字守真，自号通玄处士。刘完素的名、字、号，是他"道风"的很好写照。因此，刘完素是一位纯正道医，"高尚先生"。

张从正因其代表作《儒门事亲》，长期以来被定为"儒医"。对于其中的道医部分，中医学界几乎视之为糟粕，道教学界也无人论及。其实，张从正对医学的改革突出体现在援儒革道上，他的学术渊源于道医，而不是儒医。

李东垣的家学、师承、际遇决定了李东垣是个儒医，但是，从他的学术思想中，尤其是时令方药和养生观点，我们又能看到李东垣存在着一定的"向道"倾向。

朱丹溪的医学思想直接来源于理学，援"理"入医是朱丹溪医学上取得巨大成就的深刻原因。但就其学术渊源而言，本质是融摄儒道，即立足于儒，实际的理论阐述上却更偏向、取法于道家道教思想。

金元时期儒学的正统地位一方面使得部分医家援儒革道（如张从正），甚至儒医化（如李东垣）；另一方面，很多儒者加入医学行列（如朱丹溪），共同促成了传统医学从道医学向儒医学转化。从北宋的道学到南宋的理学都是三教合一的新儒学占据思想主流，从而使得道医、儒医几乎没有明确的界限，甚至干脆称为儒医。

然而，传统医学以道为本，换言之，任何大医，都离不开道家道教。如此就产生矛盾，即正统思想以儒为本，非儒不荣；医家思想以道为本，非道不彰。这种矛盾对医家而言，是无法逃避的。对于甘心做良医的，则安贫乐道可也；而对于有一定政治抱负的，则很痛苦。痛苦之余，就调和改良之，所以才有张从正的援儒革道，李东垣的根儒向道。张从正做过太医，李东垣也有捐资为官的经历，他们之所以革道，与其想走仕途有莫大关系。而作为金元四大家之首的刘完素，屡次推辞皇帝的征聘，根本无为官从政之心，所以是个纯正的道医。到了丹溪时代，新儒学理学已经融摄三教，朱丹溪也将道医之精髓尽括于儒医之中。

金元四大医家与道家道教的医学对于研究中医与哲学具有典型性，几乎是中医学哲学历史的缩影。在本书的写作中，著者重视了以下两点：一、注重实用性，列举了较多的临床案例；二、注重学科交叉，即文献考证与案例并重，力求做到有所言必有所据。（王永康）

# 台湾的王爷庙

《台湾的王爷庙》，谢宗荣著。台北：远足文化事业股份有限公司，2006年版，25开。

谢宗荣，宗教与民俗、传统艺术研究者。研究领域以台湾汉人民俗艺术、民间信仰、道教文化为主。1995年成立耕研居宗教民俗研究室，并担任研究室的主持人，主要著作有《台湾传统宗教文化》《台湾传统宗教艺术》《台湾的信仰文化与装饰艺术》等书，论文数十篇，散见于《台湾文献》《台北文献》《历史》等刊物。

本书乃是著者于2003年参与李丰楙教授所主持的"台江内海迎王祭"专案所做的实地调查，再融合学界民俗研究的成果所完成的著作。本书有六章，第一章汉人王爷信仰探源，认为台湾地处亚热带，瘟疫频传，信众祈求王爷借此获得健康与平安，因此台湾的王爷信仰与驱瘟疫关系密切。并引民俗学者刘枝万的研究，说明台湾王爷原型为瘟疫的厉鬼，渐成为逐瘟神、医神等，最终成为万能之神。第二章台湾王爷信仰概说，讨论台湾王爷信仰与闽粤等沿海地区的五点差异。其一先民渡海赴台，使王爷由天上来转变成自海上来，具有海神的特质；其二清初先民赴台水土不服，瘟疫频繁，具有医生特质的保生大帝、药王，成为台湾王爷信仰的主流；其三台湾王爷是以江苏皋香山的五岳神为主型，随时代转变以池府千岁、温府千岁等传说为主，具有台湾当地特色；其四台湾王爷虽以逐瘟神的医药神为主，但仍有如戏神、英灵等类型的王爷信仰；其五因为以海神为主，促成送瘟习俗的王船祭盛行。第三章台湾各地王爷庙记览，从《台湾宗教调查报告书》等书，说明日本占领时期台湾王爷庙有香火携来型、王船漂著型、神迹供奉型、分灵崇拜型、厉鬼崇拜型与灵物崇拜型等六型。各型分别采样不同王爷庙作记览。第四章曾文溪流域代表——西港香与萧垄香，台湾王爷信仰，以庙宇庆成与王船祭为要，有六大系统，其中屏东东港的"迎王船平安祭典"与台南西港"王醮刈香祭典"，被称为"南东港、北西港"，因此著者分别于四、五两章介绍代表台湾王船祭典的两个系统。本章先论曾文溪系统，以具有隆重王醮祭典的西港为主，讨论西港王爷信仰的历史到西港香祭典过程、特色与受瞩目之因。第五章东港溪流域代表——东港平安祭，主要介绍东港平安祭，通过观察"东隆宫祭典委员会"，以及活动的照片，讨论整个平安祭典的前置作业与祭典过程。第六章王爷信仰文化底蕴，本章为台湾王爷信仰的整理与总结。

本书将台湾王爷信仰作系统性的整理，除论述台湾王爷信仰的特质，也论述整个王爷信仰的源起、类型、传承与赴台过程。此外，呼应本书书名"台湾的王爷庙"主题，除介绍台湾王爷信仰的类型特质、神格转变外，也详尽的将全台各地王爷庙的特色做介绍，强调王船祭典为台湾王爷信仰的特质，并从萃取精华的西港香与东港平安祭两处，将著者多年田野调查成果，除以文字说明外，还置入精彩的祭典写真，更为本书的精粹所在。故读本书对于台湾的王爷信仰与王船文化，可有一全面性的了解。（萧百芳）

# 老子在今天

《老子在今天》，侯才著。济南：济南出版社，2007年1月第1版，16开，200千字。

侯才，1952年生，吉林长春人。哲学博士，中央党校教授、博士生导师，曾任中央党校哲学部副主任、党总支书记。主要著作有《郭店楚墓竹简〈老子〉校读》《马克思的遗产》等。获国务院颁发有突出贡献专家政府特殊津贴，是国务院学位委员会第六届哲学学科评议组成员，马克思主义研究与建设工程课题组首席专家。

本书是集结了著者多年以来致力于老子和《道德经》研究成果而形成的，其中的论文虽完成于不同时间，但是其主旨都是集中于对老子思想精华的挖掘以及做出的当代阐释。

本书主要分为三个部分，具体包括：

第一部分老子在今天。第一篇通过分析老子在传统文化中的意义和价值，以及老子对西方文化的重要影响，结合现实分析了老子的学说精髓和现实价值，旨在弘扬老子文化，推动经济社会持续快速发展；第二篇通过对郭店楚简《老子》与传世本《老子》的文字、内容和思想理路上的比较分析，重新对道家思想与儒家思想之间的关系进行定位；第三篇通过对老子学说的精华，即尊道、贵德、无为、寡欲、玄览阐释老子思想所代表的中国乃至东方的"悟性主义"的思维方式，并通过与西方理性主义思维方式的比较，试图重建更具有文化包容性和世界性的人类知识结构。第四篇则通过对道教的内蕴和文化功能的分析进行积极的评价，著者认为道教在中国传统文化发展过程中所起到的特殊作用和贡献是巨大的，所采用的表现形式已经表明了道教所承载和担负的文化职责，从一定意义上来说，道教就是文化之教；第五篇则是鉴于老子思想精华所具有的当代意义，倡导人们继承和光大老子的思想精华，让老子思想造福于人类。

第二部分是以郭店楚墓出土的《老子》为文本基础，经过著者的释读、校勘，并以著者《郭店楚墓竹简〈老子〉校读》一书中的释文为基础修订而成。

第三部分介绍了古今中外名人对老子之论，包括68位古代名人，39位近现代名人以及34位国外名人。足以见得，老子及其思想不仅对其同时代的诸子百家具有重要的影响，其思想精髓在千百年来的继承与发展中已经渐渐融入中华民族的骨髓，成为民族精神的一部分；对于国外来说，从传教士时代开始，他们几乎都无法忽视老子这一位轴心时代的哲学家对中国思想和文化产生的巨大影响，无怪乎鲁迅有言中国文化的根柢全在道教。（郑泽颖）

# 庄子很"生气"：从"于丹红"现象说起

《庄子很"生气"：从"于丹红"现象说起》，李剑主编。北京：科学技术文献出版社，2007年4月第1版，16开，127千字。

李剑，北京师范大学比较教育学博士，长期研究教育美学和庄学。

本书在扉页题为"正本清源"。著者认为，于丹在《〈庄子〉心得》中，有很多地方歪曲了《庄子》的原意，错解了庄子的生死观、是非观、名利观，需要坚持真理、明辨是非、居仁去恶，还原庄子精神的实质。

本书在引子之后，列十章，论述著者的观点：

第一章庄子很"生气"的三个理由，著者汤军、李剑认为，于丹曲解

《庄子》的生与死、是与非、名与利，庄子是超脱生死、超越功利的，所追求的是无私欲和无害人的澄明境界。

第二章我心中的庄子，著者聂语认为，于丹对庄子的误读在于不知敬畏，把一个绝望而孤独、苦难而伟大的灵魂，曲解成一个游戏人世、无比逍遥的"快活神仙"。

第三章黄连丛中的犬儒，著者李悦认为，于丹把庄子精神自由的逍遥境界，降格为"随遇而安，不与世争"，过平庸世俗化生活的犬儒主义。

第四章境界的层次，著者李剑认为，境界无大小但有高低，庄子强调法天贵真，追求自由是人之本质的一种体现。

第五章河伯的实力，著者鄢圣华认为，不要总以为自己对事物的看法是最正确的，人的认识是有局限性的，应该最大限度顺应客观必然性来做事。

第六章三无才逍遥，著者叶涵认为，于丹将"逍遥游"的圣人无名、神人无功、至人无己，理解为淡泊为大、天地至尊、永恒之用，是断章取义。

第七章万物平等的人道主义理想，著者毕宝魁认为，由道而生的万物，其本根相同，这是"齐一"；万物总处在永恒的变化中，没有永远不变的物，这是"物化"。齐一而物化，生命才自由。

第八章道是无为而治的，著者鄢圣华认为，无为是反映行为者与行为作用对象之间关系的概念，权力行为合乎"道"，政权才有生命力。

第九章鲜为人知的庄子之独，著者汤军认为，不与人为伴，是庄子之独的第一个层次，更深层次表现在庄子的"有用之用"与"无用之用"上。

第十章"庄子物语"，著者董利晓将庄子生平、思想等做了梳理。

本书在附录中，再次罗列了《于丹〈庄子〉心得》的16个错误。（周睿）

# 庄子现代版

《庄子现代版》，流沙河著。上海：上海古籍出版社，2007年4月第1版，20开，314千字。本书题为"增订本"，在1992年2月第1版的基础上增加了"庄先生的故事"和每篇前的"引读"，并修订原版错谬而成。

流沙河（1931—2019），原名余勋坦，四川金堂人。当代著名诗人，先后出版了《锯齿啮痕录》《独唱》《台湾中年诗人十二家》《流沙河随笔》《流沙河诗集》《故园别》《游踪》《Y先生语录》等著作。

本书据中华书局1982年版郭庆藩辑《庄子》，并依该版本体例，列内、外、杂共三十三篇。"内篇"七：《逍遥游》认为凡有所待、受环境约束，都不是真自由，无所待才是真逍遥。《齐物论》认为万物形态虽有差别，但以道观之，却是齐的；齐万物，齐是非，齐一切存在的价值。《养生主》不提倡体育，也不鼓吹营养，强调灵魂安恬是养生的关键。《人间世》讨论悲逢乱世的做人处世之道。《德充符》认为圣人的内涵是顺应天命，内涵充实而不外显，已到否定德充符的最高层。《大宗师》鲜明显示庄子是无神论者，以"道"为师，"独与天地精神相往来"。《应帝王》代表庄子的政治哲学，认为百姓应自治，国君应无为。

"外篇"十五：《骈拇》谈仁义肿瘤病的治疗。《马蹄》谈伯乐有罪，逼马学坏。《胠箧》研究盗贼与知识的关系。《在宥》讨论无为主义的具体操作。《天地》认为机心巧智促进天下大乱。《天道》认为读书无用，妙道不在书中。《天运》强调应该皈依自然。《刻意》提出勿妄想、勿盲动，养神要紧。《缮性》强调修复天性。《秋水》是相对论的发挥。《至乐》认为生死是相对的。《达生》提出通达生命的原理。《山木》认为从国王到寒士都活得很累。《田子方》十一章各有主旨。《知北游》畅谈神秘主义的道论。

"杂篇"十一：《庚桑楚》预言文明制度的结果是争抢吃人肉。《徐无鬼》除第一、二章，其余每章各有主旨。《则阳》《外物》各章之间无直接关系，属杂记体裁。《寓言》是寄托古人代我说。《让王》强调生命可贵，而王位、政权、江山等是肮脏可贱之物。《盗跖》以三场辩论，向儒家挑战，向名利开火。《说剑》像是纵横家所言。《渔父》隐士睿智，息影绝迹。《列御寇》各章之间各有主旨。《天下》简评春秋战国以来的六家。

本书不是对《庄子》原文的逐句翻译和串讲，而是著者把自己的人生体验和思考装进了对庄子言词的译写中。（周睿）

# 古树新枝：道教与中国科技文明

《古树新枝：道教与中国科技文明》，贺圣迪著。上海：上海辞书出版社，2007年6月第1版，32开，194千字，系"上海城隍庙现代视野中的道教丛书"

之一种。

贺圣迪，1940年生，浙江宁波人。先后在上海理工大学、上海大学任副教授，从事中国古代思想史、科技史、道教史研究，著有《大雄睿智——中国哲僧》《中国学术名著提要·科技卷》（合著）、《中国科技思想史》（合著）等，并在《世界宗教研究》《中华文史论丛》等刊物上发表论文六七十篇。

本书正文分上、下两编。上编为道家、道教科技成就的现代启示，下编为道家、道教科学智慧的现代启示。

上编道家、道教科技成就的现代启示，包含三章：第一章对当代科学和社会发展的启示；第二章怡情悦心，裨益健康；第三章增强信心，腾飞复兴。在第一章"对当代科学和社会发展的启示"部分，以物理学家F.卡普拉著作《物理学之道》，叙述了现代物理学与古代道家的关联，并指出现代科学与古代道家的联系。第二章"怡情悦心，裨益健康"分为"怡情悦心""健康益寿"。第三章"增强信心，腾飞复兴"分为"民族复兴""重光道教"。

下编道家、道教科学智慧的现代启示，包含三章：第一章指点正确的治学思想，第二章提供多种多样的研究方法，第三章展示表达成果的不同形式。

总体上看，本书主要讲述的是道家所取得的科学技术成就，及其所表现出的智慧。这些科学成就是古代社会的产物，然而，其中包含的智慧，对于当今科学活动仍然有一定启示。（王永康）

# 新时期文学的道家话语

《新时期文学的道家话语》，刘小平著。北京：中国社会科学出版社，2007年7月第1版，32开，217千字。

刘小平，1966年生，安徽安庆人。博士，教授，硕士生导师，暨南大学中文学院副院长。主要研究方向为现当代文学思潮与批评、现代中外文学文化关系，主要学术著作有《欲望的重新叙述——20世纪中国的文学叙事与文艺精神》等。

本书以"道家话语"作为新时期文学研究的切入点，把文学研究和思想文化研究结合起来。文中的"新时期文学"是从1976年10月开始，一直到当前仍在持续的文学。由于研究需要，本书涉及的文学现象和作家作品截至20

世纪末。所谓"道家话语"，指有关道家思想文化的"所有被书写、被言说的东西，所有引起对话或交谈的东西"，或者是对道家的各种具体陈述以及陈述领域、陈述实践。本书分为正文五章、参考文献和后记：

第一章引论：亟须开垦的问题领域。著者在本章中阐述了文献综述、课题价值和研究思路，以及关键词考辨。

第二章新时期文学的道家话语发生，本章通过对"文革"潜在写作、反思文学、寻根文学的分析讨论来回答这一问题。

第三章新时期文学的道家话语构成，本章着重讨论三个问题："道"的诗性表达：隐遁与显现；对自然的态度：亲近与崇尚；对生活世界的态度：隐逸或疏离。

第四章道家话语与当代文化语境的关系，主要讨论道家话语与启蒙主义、存在主义、消费主义之间的关系问题。具体来说，启蒙话语对道家话语的改造和拒斥，道家话语与存在主义对接与会通，消费主义对道家话语拆解和迎合。

第五章结语：道家话语被现代阐释和被遮蔽的背后。著者指出，道家话语一方面被现代阐释，另一方面却被遮蔽，这便是道家话语在20世纪中国的文化命运。在本章中，著者描述了道家话语被现代阐释和被遮蔽的表现方式，并进一步揭示了道家话语被现代阐释和被阐释所隐蔽的价值规范和文化心理问题。

通过正文几章的探讨，本书得出了四点基本结论：第一，新时期文学的道家话语是一个"继续不断地建构"，是由哲学领域分化的"弥散的系统"。道家话语在"文革"潜在写作时期和反思文学时期并未得到社会认同，直到寻根文学时期才取得了话语的合法性。第二，新时期文学的道家话语属于道家话语的"弥散的系统"。第三，道家话语在新时期话语格局中并不占主流，而是处于边缘位置，它与启蒙主义、存在主义、消费主义等当代文化语境发生了错综复杂的关系。第四，道家话语在新时期文学和文化中被遮蔽隐藏着的价值规范，其实都反映了中国人"向往现代性"和"反思现代性"的文化心理。

本书的创新之处在于，从现有学术成果来看，学术界对"道家文化与中国文学"之下子课题的研究情况不同。具体而言，对"道家文化与中国古代文学""道家文化与中国现代文学"的研究比较广泛、深入，但对"中国当代文学与道家文化"的课题研究数量并不多，也缺乏深度和广度。故本书以"新时期文化的道家话语"为题展开探讨，立意在于开拓，以便把这个课题的研究向前推进一步。（黄田田）

# 道教文化与现代社会生活研究

《道教文化与现代社会生活研究》，卿希泰著。成都：巴蜀书社，2007年9月第1版，精装，16开，430千字，系"国家'985'工程二期四川大学宗教与社会研究创新基地丛书"之一种。

卿希泰简介详见《中国道教史》提要。

本书分上下两编，共十个部分。书末附录选载有著者的一部分诗词。

上编是"立足当前"，包括五个栏目。汇集了著者近年来对道教文化的研究，首先是从当前的社会现实出发，从理论上探讨道教文化在当代社会生活中的意义，并对道教文化的未来发展和传播方式以及如何承前启后继往开来、进一步弘扬道教文化等问题进行了一些思考，提出了一些总体的构想。

第一栏目为"探索道教文化在当代社会的意义"，收录15篇文稿，其中有《道教文化在中华传统文化中的地位及其现代价值》《道教文化与世界和平》《道教文化与现代社会生活》《试论道教对中国传统科技的贡献》《道教生育观考论》《道教生态伦理思想及其现实意义》《再论道教伦理思想的现实意义》《道与三清关系刍议》《关于道家道教文化研究问题漫谈——为祝贺萧萐父教授八十寿辰而作》《〈重刊道藏辑要〉缩印本序》《〈道教医学〉序》《〈道教科学思想发凡〉序》《〈道教人学研究〉序》《重温鲁迅先生"中国根柢全在道教"的科学论断》《从儒道的封建礼教观说到鲁迅所谓的"食人民族"》。

第二栏目为"对道教文化未来发展的思考"，收录7篇文稿，其中有《道教文化未来发展的思考》《在世纪之交展望道教文化的未来》《在世纪之交看研究中华传统文化的意义》《首届香港道教节道教文化展览开幕典礼嘉宾致辞》《在上海"道教思想与中国社会发展进步研讨会"第一次会议闭幕会上的发言》《在德国慕尼黑召开的"第三届国际道教与现代大会"开幕大会上的致辞》《在庆祝陈莲笙道长九十华诞会上的讲话》。

第三栏目为"道教文化传播方式探索"，收录3篇文稿，其中有《弘道创举，功德无量——祝贺蓬瀛仙馆创建七十五周年》《在庆祝蓬瀛仙馆道教文化资料库启网一周年大会上的讲话》《有关蓬瀛仙馆道教文化资料库条目的通信选载》。

第四栏目为"追念前贤，继往开来"，收录5篇文稿，其中有《可贵的开拓，后学的楷模——〈蒙文通文集〉读后》《民族精神，永放光芒——纪念汤国华先生逝世一周年》《永远也不会忘记的纪念——关于候宝垣先生二三事》《沉痛的悼念，永远的尊仰——惊闻龚群先生不幸逝世》《精神永在，道业长存——沉痛悼念赖宗贤先生》。

第五栏目为"总结过去，规划未来"，收录4篇文稿，其中有《艰苦奋斗，团结拼搏，勇于探索，不断创新——在庆祝四川大学宗教研究所建所二十周年大会上的讲话》《道教文化研究经验谈》《国家"985工程"二期四川大学"宗教与社会研究创新基地"公约》《全面落实"两个文件"精神，努力打造哲学社会科学学术精品》。

下编是"历史回眸"，包括五个栏目，它与上编"立足当前"是紧密联系的。在编排上虽有先后之分，但在文章具体的发表时间上，是交错进行的。下编反映了著者近年来为使道教文化的研究工作进一步向纵深发展，对地方道教史、不同道派、道教人物及其思想，以及道教与封建统治者的关系等各个方面的问题所进行的一些探讨，并对整个道教研究做了历史性的回顾和展望。

第六栏目为"地方道教史研究"，收录4篇文稿，其中有《道教在巴蜀初探》《瓦屋山道教文化考察刍议》《关于峨眉山佛道兴衰的历史演变刍议》《〈中华文昌文化——国际文昌学术研究论文集〉序》。

第七栏目为"道教人物及其思想研究"，收录3篇文稿，其中有《试论葛洪的社会进化论思想》《司马承祯的生平及其修道思想》《张伯端的生平及其〈悟真篇〉的基本思想》。

第八栏目为"道派研究"，收录4篇文稿，其中有《神霄派初探》《天心正法派初探》《全真道在金代的产生及其思想特点》《南宋时在南方兴起的一个金丹道派——紫阳派的形成及其传系和特点》。

第九栏目为"道教与封建统治者的关系研究"，收录4篇文稿，其中有《宋高宗与道教》《宋孝宗与道教》《元代前期统治者宗教政策初探》《明太祖朱元璋与道教》。

第十栏目为"道教研究的回顾与展望"，收录两篇文稿，其中有《二十年来道教文化研究的回顾与展望——兼论多卷本〈中国道教史〉的学术价值和社会影响》《百年来道教研究的回顾与展望》。

"附录：诗词选载"栏目，收录9首诗词，其中有《蜜蜂吟》《故园情》《悼亡二首》《腊梅颂》《喜闻格非医生考试奏捷》《欢庆海若四十九岁生日》《祝贺李锦全教授八秩大庆》《祝贺陈莲笙道长九十华诞之喜》《祝贺孙女绿漪十二岁生日》。

本书是将著者所发表的部分文章，分类收集整理而成。由于这些文章是在不同的时间、因应不同的需要而写作的，经此汇总整理，结集出版，系统地反映了著者多年来在道教文化研究方面所思考的问题，又可从侧面反映出著者近年来在思考、研究道教文化方面的延续性。（王永康）

# 再说老子与百姓生活

《再说老子与百姓生活》，姚淦铭著。北京：中国民主法制出版社，2008年1月第1版，16开，280千字。

姚淦铭简介详见《哲思众妙门——〈老子〉今读》提要。

本书从百姓的当代生活入手，通过18讲讲述如何运用老子的智慧让现代人变得更加智慧。第一讲以狄更斯在《双城记》中的一段话"这是最好的时代，这是最坏的时代"来说明当下复杂的现实社会，著者以"尊道贵德"作为我们选择自由的生存胜券，以"尊道贵德"为真谛，以"由道而生"悟道，以"由德而畜"得道，以"由势而成"功成。第二讲著者试图以老子智慧中的"三宝"为人们更加勇敢地面对生活提供启迪。"三宝"是任何人都可以使用的法宝，当代人依旧对生活充满了许多的困惑，"慈、俭、不敢为天下先"则让我们正确看待幸福、咎祸、功名、利禄和得失。第三讲则是以老子思想精华中的相对性和辩证性的智慧看待人生的沟坎、迷茫和险阻，帮助人们穿越人生的困惑。第四讲则言老子处世的戒律问题。第五讲中分析了老子智慧中看似"悖论"的方面，如"无私而能成其私""自见不明、自是不彰"等。第六讲通过对生命的状态和类型的分析说明"深根固柢"才是长生久视之道。第七讲著者总结了老子养生智慧的内核"摄生"，"摄生"才是"卫生之经"，修道才能养寿，而养心才是"摄生"的关键。第八讲以老子"专气致柔"的养生智慧为题，旨在说明道家养生之法的丰富性，由"练气"而能达到精、气、神、虚相合为一的境地。第九讲则是适应了当下对和谐社会的倡导而联系其与老子智慧的关系，从"以正治国之道""处下与民本之道""国际关系和谐之道"的探索等方面，著者都进行了深入浅出的分析。第十讲以"治大国若烹小鲜"探求管理智慧和深层的智慧根基。第十一讲提到老子智慧与青少年的成长问题。第十二讲以"创业创富的生生不息"，"做大·做强·做实·做人·做久"以及"创业创富族的自爱不自责"为主要论述内容，言老子智慧对创业创富族人的借鉴作用。第十三讲则针对当下生态文明建设的潮流，旨在说明老子"道法自然"的理论基础对当下生态文明的建设具有重要的思想意义。第十四讲论述老子智慧与生态平衡，倡导人们学习老子的智慧与大自然和谐相处。第十五讲从宏观角度分析老子杰出的辩证思维智慧——"正言若反"。第十六讲以总括式的方法总结出了老子思维智慧的多样性：直觉思维智慧、意象思维智慧、数学思维智慧。第十七讲倡导一种人格的修炼和诗性的生存。第十八讲老子与道家以及道教之间的关系。

著者认为，《道德经》确实玄之又玄，储存了几千年的思维菁华。《道德经》的思维是一个开放的系统，使得人们通过对老子智慧的学习，让生命自由舒展进入古今融通的极高境界。（郑泽颖）

# 名家品庄子

《名家品庄子》，过常宝、刘德广主编。北京：中国华侨出版社，2008年2月第1版，16开，300千字。

过常宝，1964年7月生，安徽马鞍山人。博士，曾任北京师范大学文学院院长、教授、博士生导师。主要研究方向为先秦两汉魏晋南北朝文学史及唐宋诗词鉴赏，已出版专著9种，发表论文60余篇。

本书是名家文集，收文39篇，分为五卷：

卷一题为"庄子通读：旷代哲人，千古奇书"，下列四篇：《道家的第三阶段：庄子》，著者冯友兰。《庄子的思想》，著者宗白华。本文言简意赅地介绍了庄子的天道观以及以天道观为基础的思想。《思想和文字美的结合：〈庄子〉》，著者闻一多。著者以诗人的心灵与庄子交接，又以诗意的笔墨涂写出庄子的生活状态。《〈庄子〉的主要思想》，著者庞朴。本文是著者在清华大学的学术报告，文中谈了《庄子》的文学价值、学术史价值、主要理论，以及对中国社会的影响。

卷二题为"社会关照：热心冷眼，离俗孑立"，下列七篇：《庄子学派概观》，著者梁启超。本文认为庄子契合真我而不离现境，与后来的大乘佛教相近；庄子反对因果，认为自然可以无我，对于世界随所遇以事其事；对于社会，庄子不是一味消极顺应，而是救世热肠。《庄子的批判》，著者郭沫若。本文节选自《十批判书》，主要评述庄子的厌世乃至愤世倾向，庄子与儒家、黄老学派的关系，庄子在道家学派中的地位，《庄子》书中的思想及其矛盾之处，庄子思想在后世的卑污的发展等问题。《庄子的政治思想》，著者茅盾。《庄子的政治观》，著者朱谦之。本文探讨庄子政治哲学中"无为"这一根本观念和其理想中的"至德之世"，认为庄子是很激烈的无政府主义者。《〈人间世〉：知识分子的悲剧意识及其隔离的智慧》，著者陈鼓应。《个人与社会——避世、从俗与明王之治》，著者孙以楷、甄长松。本文讨论庄子在处理个人与社会之间的关系时所持的避世思想、从俗态度和明王之治的理想。《在宥》，著者萧公权。本文认为《庄子》主张不为物役和自适其适，对有为政治持悲观态度，庄子的政治思想是古今中外最彻底最纯粹的自由思想。

卷三题为"人生哲学：逍遥无待，齐物达生"，下列九篇：《庄子的学说》，著者吕思勉。本文从庄子的不可知论谈起，认为这些思想有助于了解庄子齐物达生的人生哲学的理论逻辑。《庄子的名学与人生哲学》，著者胡适。《庄子的齐物论和逍遥游论》，著者许地山。文中介绍了庄子的齐物论和逍遥游论，分析了关于"至人""神人""圣人"三种得道者的解说，并指出至人是最高的境界。《庄子的生死观》，著者林语堂。《庄子对精神自由的祈向》，著者徐观复。本文讨论的是庄子在危惧、压迫的束缚中，对精神彻底自由解放的追求。《虚静和游世》，著者任继愈。本文分析了庄子对心灵静虚的追求和游世的人生态度。《"无待"》，著者汤一介。本文阐释了庄子"无待"思想的内涵及其产生的原因。《蝴蝶梦》，著者陈鼓应。本文阐释了《庄子·齐物论》篇末庄周梦蝶故事的寓意，领悟融通物我、顺任自然的人生哲学。《庄子论个人存在》，著者葛兆光。本文探讨了庄子的"达生"观念及其对个人生命在宇宙间的存在意义的看法。

卷四题为"心性道德：去知去情，至德不形"，下列七篇：《庄子的伦理学》，著者蔡元培。本文主要剖析了《庄子》中体现的世界观和人生观，以及推崇的理想人格。《荣辱》，著者林语堂。本文先对《老子》第十三章加以翻译，然后引出《庄子》中关于如何对待得宠和受辱的言论。《"心不死"的意义》，著者张恒寿。本文论述了庄子所追求的"心不死"的意义，并据此分析了庄子的道德观。《〈德充符〉：理想人物的审美心胸及宇宙精神》，著者陈鼓应。本文认为道家理想人物是能够传达"不言之教"，达到"游心"与"常心"境界的人。《庄子与孔子道德论的对比》，著者孙以楷、甄长松。本文揭示庄子与孔子的道德论，既有整饬风尚之目的同归，又有方法和发展上的殊途。《德不形：超越现象，追求本质》，著者周山。本文讨论《德充符》超然外形、追求德性的思想，真正德性是不着形迹的。《庄子之复心言性》，著者唐君毅。

卷五题为"审美之维：自然虚静，大美不言"，下列五篇：《庄子的艺术欣赏》，著者徐复观。本文论述了《庄子》所体现的艺术精神的主要内涵，庄子的道与艺术家的道的关系，只有偏与全之列，而无本质区别。《庄子对人生境界的追求》，著者汤一介。《"天放"的人性美论》，著者敏泽。本文论述了庄子因任自然的真美论对我国传统美学思想的影响，同时也指出其中包含的消极因素。《异象、异境、异言、异事：庄子戏谑调弄的颠覆策略》，著者叶维廉。本文论述《庄子》书中的奇境异象、特异的逻辑、攻人未防的字句和故事，留下广阔的游思空间。《美论："天地有大美而不言"》，著者陈望衡。

卷六题为"现代启示：文化衍义，玄理旁通"，下列七篇：《庄惠濠梁之辨》，著者张岱年。本文指出庄子肯定"鱼之乐"是以类比为根据的直觉，动物的情感与人相通，惠施"泛爱万物，天地一体也"，也是承认人与其他生物之间可以有爱之情感。《伽达默尔的他山之石及庄子旁通》，著者曹慕樊。本文从伽达默尔著作对先哲的称颂，谈我们民族对孔、孟、老、庄的偏见或漠视，认为《庄子》虽难懂但可旁通。《〈庄子〉的现实主义》，著者孙犁。本文认为《庄子》是现实主义的，在夸张中也表现了现实生活的具体细节，读《庄子》应对此多加注意。《自形上学发挥老庄哲学之大用》，著者林继平。本文认为大智与小智的明确划分始于庄子，大智即万物一体的形上哲学慧境。《老庄与科技结合可主导人生走向》，著者林继平。《〈庄子·秋水〉现代版》，著者流沙河。本文生动呈现河神和海神的对话，展示超人间的无限宇宙境界，体现了庄子的相对论。《漫谈庄子的"自由"观》，著者叶秀山。本文比较了西方"自由"思想

和中国老庄"自由"观，给庄子"物化"思想找到常理上的"根源"。（周睿）

# 养怡之福——道教与老龄社会

《养怡之福——道教与老龄社会》，葛壮著。上海：上海辞书出版社，2008年7月第1版，32开，169千字，系"上海城隍庙现代视野中的道教丛书"之一种。

葛壮，1955年生，广东潮州人。上海社会科学院宗教研究所研究员，中国宗教学会理事，上海市宗教学会理事兼秘书长，主要从事伊斯兰教、当代宗教和中国古代宗教史的研究，著有《宗教与近代上海社会的变迁》《伊斯兰教与中国社会》《二十世纪中国社会科学·宗教学卷》（合编）等论著，发表《改革开放形势下的西北伊斯兰教——对西北若干地区伊斯兰教的调查观察》《伊斯兰教与中国传统文化关系》《关于中国上古时代政教关系的阐释》等论文。

本书所属的"现代视野中的道教丛书"，并非狭义的弘道之书，而是对道教的学术研究之作。在相互尊重、共同探讨、相互切磋的前提下，各位著者对于自己的观点有充分阐释的自由。这也符合道教发展所要求的现代视野的特征。

在本书绪论"重视人类生命意义和质量的道教文化意识"部分，著者提到了中国已经进入老龄社会的情况，提出本书祈望尽量挖掘道教文化中有益于老年生活的精华思想或生动事例，以期对当今的老龄社会提供可以直接或间接汲取的传统文化养料。

第一篇尊崇敬重老人的传统渊源，分为两章。第一章信仰文化显底蕴，内容包括：神仙系统亦尊老，传承道学敬老者，修道避俗话沧桑。第二章老道仙真留英名，内容包括：高道妙手定乾坤，悬壶济世展奇功，仙道贵生传方术。在"高道妙手定乾坤"部分，列举了北魏道士寇谦之、陆修静、人称"山中宰相"的陶弘景、能"一言止杀"的龙门派开创者丘处机等人的事例。在"悬壶济世展奇功"部分，叙述了张角以符水咒语替民众治病的原始道教巫医的事例，以及与成语"悬壶济世"有渊源的"壶公"、东汉末神医华佗、唐朝药王孙思邈等人的故事。在"仙道贵生传方术"部分，列举了初唐至盛唐的道士叶法善、张果和司马承祯，以及长春真人丘处机的故事。

第二篇道教贵生意识和增寿实践，分为两章。其中，第三章魅力无穷善养生，内容包括：颐养天年不是梦，增强观念利长生，饮食有度保健康。第四章起居动静求适宜，内容包括：养老添寿讲方法，房中之术有名堂，坚持锻炼看毅力。

第三篇调节人们心理的特殊方法，分为两章。其中，第五章笑口常开心愉悦，内容包括：抛弃烦恼去三恶，淡泊名利是逍遥，多行善事安心境。第六章天道无为最聪明，内容包括：道教典籍益身心，上善若水境界高，返朴归真大智慧。

第四篇营造一个和谐安康的社会，分为两章。其中，第七章宁静致远共和谐，内容包括：护持三宝善处世，老少和睦成风气，事亲重孝倡关爱。第八章老龄社会不足惧，内容包括：清净无为法自然，老当益壮发余热，老有所终皆欢欣。

最后，本书以"最美当属夕阳红"为结语，做了总结和展望。（王永康）

# 汉末魏晋南北朝道教与社会分层关系研究

《汉末魏晋南北朝道教与社会分层关系研究》，钟玉英著。成都：四川大学出版社，2008年10月第1版，32开，201千字，系"四川大学哲学社会科学学术著作出版基金丛书"之一种。

钟玉英，四川德阳人。任教于四川大学公共管理学院，主要从事宗教社会学、社会制度与社会政策、社区发展与社会建设等方面的研究。

本书在著者博士学位论文基础上修订而成。著者从宗教社会学和道教的双重视角指出，宗教不仅是一种意识形态，更是跨世代存在的、对一般社会成员有着重大影响的文化资源，要真正理解宗教就必须将其放到社会系统中加以分析。而一个社会中的资源和权力分配从来就是不均等的，社会分层乃社会生活中最重要的变量之一。研究道教与社会分层的关系问题不仅有助于探求社会结构、社会秩序对道教的影响和制约，也有助于透视道教对社会结构和社会变迁过程的形塑和整合。本研究旨在运用宗教社会学的理论与方法，利用汉末魏晋南北朝社会发展与道教发展的历史材料和经典文献，梳理道教与社会分层的互动事实，透视二者的互动关系。

鉴于此，本书的研究目的在于：运用宗教社会学的理论与历史分析方法，利用汉末魏晋南北朝社会发展与道教发展的历史材料和道教经典文献，从历史现象中梳理道教与社会分层的互动事实，从宗教与社会的互动视角出发透视道教与社会分层的互动关系，更将这种互动关系引向一般的层次，力求进一步揭示道教与社会、宗教与社会的互动关系，和对构建和谐社会的启示。

首先，以二十五史、《资治通鉴》和社会史论著为依据，在第一章中，将汉末魏晋南北朝的社会分层划分为上、中、下三个等级，每个等级中又区分几个更细的阶层，并简要分析主要阶级、阶层之间的矛盾冲突。然后以此分层体系为基础，对汉末魏晋南北朝与社会分层的关系展开微观和宏观两种视角的研究。

其次，第二至四章展开道教与社会分层的微观研究，该研究主要是依据正史和道教经籍，将道教信徒分为上、中、下三个等级，并透过道教史中源自各等级的道教信徒典型人物，分析各等级道教信徒的信仰特点、利用道教治世及治身的特点，以及不同等级信徒对道教发展的作用，实际上相当于汉末魏晋南北朝道教信徒的社会分层研究。

再次，第五至六章对道教与社会分层关系做宏观研究。著者将社会分层视作包含社会分层观念、社会分层体系、社会阶级矛盾和阶层冲突、社会流动在内的综合概念，将道教当作包含教义、经典、仪轨、神仙谱系、组织的一个文化系统，在微观研究的基础上，运用宗教社会学的相关理论，进一步结合历史文献和《道藏》《广弘明集》等宗教文献，全面分析汉末魏晋南北朝时期两者的互相作用、互相影响关系。

结论部分，除了对汉末魏晋南北朝道教与社会分层的微观、宏观研究的发现做出总结外，更将此关系引申向一般的层次，力图透视道教与社会乃至宗教与社会的互动关系，并为当今社会的和谐追求提供经验和启示。（王永康）

# 老子文化与现代文明

《老子文化与现代文明》，李世东、陈应发、杨国荣著。北京：中国社会出版社，2008年10月第1版，16开，315千字。

杨国荣简介详见《庄子的思想世界》提要。

　　本书以老子是现代文明的先知这一论断为主题，分为三个部分，这三部分分别从不同视角阐明老子及其道家理论的先进性、时代性和先知性。并从当代科学发展、历史哲学发展、世界文化发展、世界文明发展等高度，以面向世界、面向未来的广博思维，对道家文化进行全面的阐述和深刻的分析，在新世纪、新条件下对道家文化进行重新定位。

　　第一篇理论与实践篇。本篇分五章介绍历史上的道家理论和当下道家理论对实践的指导意义。第一章旨在通过对道家主要人物的介绍、道家治国思想的说明以及道家养身养性观的梳理，阐述道家治国与处世的理论；第二章介绍道家理论与中华文化五大盛世，即田齐道法结合的稷下黄老之学、西汉黄老政治与文景盛世、垂拱而治与唐初贞观盛世、明初休养生息政策与仁宣之治、轻税减赋与康乾盛世，意在说明道家理论与中国历史的兴亡更替有密不可分的关系；第三章对历代《道德经》注释情况做了清晰的分析和说明，重点研究了唐玄宗、宋徽宗、明太祖和清世祖御注《道德经》，其目的在于为《道德经》的传承做出思想内容上的贞定。第四章和第五章则是跳出中国文化，以老子与西方文化的关系明确老子道家文化的先知先觉性。

　　第二篇，传承与应用篇。该篇主要从道家文化与儒家文化的关系，以及道家文化与生态文明和道德自化的关系问题为着眼点。就儒道二家文化的关系来说，著者认为道家文化才是儒家文化的活水源头，道家文化贯穿于儒学发展的各个时期。从儒家文化的起点《周易》、董仲舒的新儒学、魏晋玄学的以道释儒到宋明理学的兴起，道家文化恰恰弥补了儒家文化没有哲学根基这一缺憾，儒家必然要大量吸取道家思想。就道家"道法自然""自然无为"的理路来说，其对当下生态文明建设无疑具有重要的思维借鉴意义。道家的思想原理以及形成机制为道德建设提供了重要的探索和引路。

　　第三篇，研究与探索篇。本篇首先对老子的道论进行深层次的分析，提出了老子三种独特的本体论，即"母体道"的本原型本体论、"规则道"的存在型本体论以及"道"的本体论，并以三种独特的本体论思想明确三类先知功能和三种本体论之间的关系；此外以老子的三种本体论为契机，以老子思想是哲学的制高点和文明的归宿与范式入手倡导对道家文化的重视和传播。老子思想之所以是哲学史上的制高点就在于老子创立了统合万物的道统哲学，且道统精神是中华文化的根底，老子之道在与西方文化的交互中成为先知先觉；老子思想之所以走在世界文明的前列，重要原因在于其"德顺自然"的行为准则，将"上德无为"进行哲学的升华，并为中国百家文化提供了德治逻辑；道家文化是世界文化的归宿，就在于其所倡导的原生文化，为世界范围内的文化寻根浪潮提供了原点；道家文化是普世文化的范式，其倡导文化的大同具有普世文化的风范。（贺朵）

# 年轻人成功必读的庄子

《年轻人成功必读的庄子》，史东梅编著。呼和浩特：内蒙古人民出版社，2009年4月第1版，12册，32开，1500千字。

本书是一本《庄子》文摘导读，旨在帮助忙碌的年轻人，用传统国学陶冶情操、开阔心胸、提高人文修养，用先人的哲思涤荡心灵，同时使国学得到弘扬光大。

本书掇菁撷华，图文并茂，按编辑要旨分为五篇：1.性情心态篇。该篇告诉年轻人不要患得患失，不要被非议和赞誉左右，要学会恬淡宁静，笑对人生任逍遥。2.为人处世篇。该篇告诉年轻人远离纷争，君子之交淡如水，有所为、有所不为，做人要有尝试，居功不可自傲。3.自我展示篇。该篇告诉年轻人知人者智、自知者明，追求要有取舍，别把进取心变成贪心，德有所长、形有所忘，安时处顺，大智若愚。4.涵养包容篇。该篇告诉年轻人要做一个至真的人，处世正直，心胸开阔、心境平和，学会谦逊，珍惜美好。5.人生磨炼篇。该篇告诉年轻人不要一味追求物欲，要了解事物的常理，领会事物的变化规律，逆道则败、顺道则成，得意时要冷静。

本书的最大特点是每则文摘后的"智慧运用"，该部分结合社会现实，贯通古今中外事件实例，将《庄子》的"智慧"提炼重组，深入浅出，娓娓道来，使年轻人能够很容易理解跨越千年的文字所传达的人生真味。（周睿）

# "道法自然"与中国传统文化精神

《"道法自然"与中国传统文化精神》，刘清著。北京：线装书局，2009年8月第1版，32开，110千字。

本书认为"道法自然"是道家学者对于自然社会人生进行反思的结晶，甚至是道家智慧的第一原则，它与儒家思想体系中的积极入世一样深深地影响着中国传统文化精神。尽管在历史上，道家思想在多数情况下作为非正统理论在民间存在，但却始终保持着警世醒世的巨大社会功能，体现着可贵的时代忧患意识和社会批判意识。其所推崇的人与社会的自然状态、兼容并包的平等精神和开放心灵、对专制主义的批判等等都值得人们认真研究，特别是能为现代乃至未来的合理社会的建构提供启迪，具有深远意义。本书还指出，道家对中国文化的贡献是与儒家同等重要的，只是在政治思想上一为表显一为裹藏而已。正因为道家思想的鲜明性，以至于有些西方学者认为中国古代哲学的代表是道家学派。至于道家文化在中国艺术、绘画、文学、雕刻、建筑等各个方面的影响则更是占据绝对性的优势主导地位，即使说中国艺术的表现即为道家艺术的表现也不为过。

本书对"道法自然"与中国传统文化精神关系的梳理上做了清晰的归纳分类。认为正言若反是"道法自然"的辩证智慧，"反"是道的重要表现形式，具有深刻的辩证智慧。尤其是这种古代朴素的辩证法在科学性的唯物辩证法传入中国后更有发展意义。抱朴见素是"道法自然"的特性风范，是修养自身与处理人际关系、社会道德风尚的原则。无为而无不为是"道法自然"执政治国的宗旨，对"私智""巧伪"的批判精神蕴含着人本主义内涵，也有反战的和平主义精神。贵柔守雌是"道法自然"的价值力量，蕴含着逆向思维的辩证法，但也应取其精华去其糟粕。宽容不苛是"道法自然"的为人处世襟怀，当然也不能陷入相对主义而没有原则尺度，要采取科学的态度。崇俭抑奢是"道法自然"的生活信条，是中华传统道德中的有机组成部分，对今天人类有深刻的警示意义。知足知止体现出"道法自然"对今日生态环境所具有的现代价值；虚静逍遥是"道法自然"的艺术魅力，无论是山水自然美的趣味、中国诗文书画的艺术特色、建筑中的"尚自然"，还是庄子的浪漫主义，都体现着这一点。重生养生是"道法自然"对人生以及对人身心的调节手段，是道家生命意识的集中体现。生死同一是"道法自然"的参透达观。取与奇正是"道法自然"的统御韬略，韬略中的无为论、转化论、守愚藏锋意识、后发制人、以奇用兵、隐退、愚治与民本说等等都源于道家。

本书不仅仅揭示"道法自然"对中国传统文化的影响，且十分注重揭示其对当今，甚至未来中国的思想文化发展的启示。（黄田田）

# 道教与传统兵学关系研究

《道教与传统兵学关系研究》，于国庆著。北京：东方出版社，2009年9月第1版，精装，16开，312千字，系"国学新知文库"之一种。

于国庆，1977年生，山东东营人。博士，现为四川大学道教与宗教文化研究所副研究员，四川大学老子研究院副院长，硕士生导师，《老子学刊》副主编、编辑部主任。曾主持国家社科基金青年项目"道教善书与社会治理研究"，参与"中国宗教思想的历史发展研究""百年道学精华集成"等国家、教育部多项课题研究，在《哲学研究》《社会科学战线》《宗教学研究》等刊物发表论文数十篇。

本书是著者在博士学位论文的基础上略加修改而成。从传统兵学对道教的影响及其表现、道教对传统兵学的影响及其表现及道教与传统兵学双向互动关系三个层次展开研究。首先介绍道教兵学思想的文献资料、思想内容和特征，接着从道教的神仙理论、科仪法术、哲学、医学等方面就道教对传统兵学的变通和化用进行详细探讨，并从战争观、战略战术原则以及社会理想和个人理想等角度论述了道教对传统兵学的影响，最后分析了道教与传统兵学双向互动关系的历史表现、文学展现和内在原因。

本书内容分为五章，外加导论和余论。

第一章就道教兵学思想的文献资料、思想内容和特征进行详细论述。本章首先梳理了道教思想来源中的论兵文献、道教典籍中的论兵文献，而后在此基础上从战争论、兵略论、治军论三个方面论述了道教兵学思想的主要内容。最后，本章指出，道教兵学思想体现出两个非常明显的特征，即从"道"的高度来论兵和宗教神学色彩。

第二章和第三章就道教与传统兵学的变通和化用进行详细探讨。本章提出：第一，道教神仙理论中的神仙来源与演化、神仙形象以及神仙职权等思想受到了传统兵学的影响；第二，道教科仪法术的由来与演变过程、实施与操作过程以及功能与作用等受到了传统兵学的影响；第三，道教哲学之主体精神、时机观念等思想受到了传统兵学的影响；第四，道教医学之医学理论、临床医疗手段和方法以及符咒治病术受到了传统兵学的影响。

第四章就道教对传统兵学的影响进行详细考察。本章认为，道教对传统兵学的影响主要体现在以下几个方面：第一，道教对包括战争起因论、战争性质与目的论、战争态度论在内的传统兵学观有着巨大影响；第二，道教对传统兵学的战略战术原则、战略战术实施过程有着巨大影响；第三，道教对传统兵学的社会理想和个人理想有着巨大影响。

第五章详细探讨了道教与传统兵学双向互动关系的历史表现、文学展现和内在原因。

余论从宗教与战争的关系这一视角展开论述，希望为缓解当前的某些国际争端和地区冲突提供一种思维的向度。

道教与传统兵学之关系是前人研究不多的一个课题。传统兵学虽然是中国传统文化的重要组成部分，但"兵学"一词直到明清时期才被明确提出，用以表示中国传统的军事及军事学思想。近代以来，也有人直接用"兵学"称呼古代的军事思想，但是"兵法"还不足以概括传统社会中所存在的与军事战争有关的全部思想智慧。本书"兵学"所论是指代包括军事思想和军事学思想在内的种种与传统军事战争相关的思想智慧。在中国历史上，为数不少的兵家名将的身上表现出明显的道家道教色彩，比如曹操、诸葛亮、唐太宗、李靖、刘基等等。这些著名的军事思想家在构建自己的人生理想和人格理想时，其骨子里面有着道教影响因子，体现着道教化的色彩。本书研究的内容，对于理解传统兵学家的思想观念、思想内容和演变都具有重要意义，它既可以加深我们对道教之兵学思想、哲学思想、医学思想、神仙思想、法术与科仪等的理解，从而有利于道教思想史的研究；同时，它也可以让我们更加了解道教与传统兵学在历史的演变过程中所发生的千丝万缕的关系，并在这个基础上深入理解中国传统兵学的特色和价值。（王永康、于国庆）

# 汉唐道教修炼方式与道教女性观之变化研究

《汉唐道教修炼方式与道教女性观之变化研究》，岳齐琼著。成都：巴蜀书社，2009年11月第1版，32开，160千字，系"儒道释博士论文丛书"之一种。

岳齐琼简介详见《道教与生态——宇宙景观的内正之道》提要。

本书由卿希泰先生作序，主要内容分五章展开。第一章汉魏时期道教流行区域修道女性的宗教生活，第二章汉魏晋南北朝道教双修术的演变（上），第三章汉魏晋南北朝道教双修术的演变（下），第四章魏晋南北朝女性独立修行的兴起，第五章唐代女性独立修行制度的成熟。

宗教与妇女这两个看似毫不相干的问题存在着某种内在的联系。著者以女性的身份，从宗教学与妇女学交叉的角度，将道教与女性置于社会性别制度的背景下去考察，以期做出一些有意义的发现。

在我国的传统文化中，道教一贯重视女性的社会地位，主张男女平等。老子的《道德经》，便突出阐明了阴柔思想的重要意义，而早期道教经典《太平经》一书，更是十分鲜明地指出："天下凡事，皆一阴一阳乃能相生，乃能相养。一阳不施生，一阴并虚空，无可养也；一阴不受化，一阳无可施生统也。"实际上，《太平经》对当时歧视妇女、虐待妇女的社会现象的谴责，在当今仍有其现实意义。

从道教史的层面上看，汉唐时期是道教由产生、发展到兴盛的重要历史时期，妇女对道教的发展贡献巨大，唐代更是产生女仙、女道的黄金时代，而今天我们所见到的各种版本的道教史，其中女性的角色仅仅是一种点缀。道教史中女性角色的缺失，无疑是一件令人遗憾的事。近年来有关道教历史的著述很多，但有关汉唐道教时期道教女性的研究，尤其是道教修炼与道教女性观之间的关系的研究几乎是空白。

由汉至唐，是有组织的道教社团从产生到成熟的漫长历史时期。作为追求长生成仙的本土宗教，道教又是最擅长于修炼的宗教。聚焦这一时期的修炼方术的变化使我们有了诸多有意义的发现。本书从社会性别的视角出发，结合当时社会历史的大背景，从女性的视角去审视和解读道教经典，对道教与女性的关系问题进行了开拓性的研究。

本书围绕道教修炼方式从双修向清修演变这一主线，分析了早期道教以"合气"为主的修炼方术的宗教神圣性和正当性，探讨了其中所体现出的道教女性与男性基本平等的主体地位。在此基础上，著者剖析了这一变化产生的原因和变化的方式，探讨了这一变化所折射出的道教女性观的演变以及所呈现的女性与道教的互动关系。

著者指出：道教女性观有其复杂性和矛盾性——在崇拜女性的同时又受歧视女性观念的深刻影响。故相对于其他宗教而言，道教在对待女性方面，表现出更为宽容的情怀。

本书从女性学的观点出发，将女性学与宗教学结合起来研究，把部分早期道教的重要经典及其相关资料置于当时的社会大背景下，从女性的视角去审视和解读，并结合相关史料进行综合分析，以探讨汉唐时期道教的修炼方式及其演变，以及道教女性观的变化。本书将道教的女性观与当时的社会历史状态相结合，去发掘被埋没了的女性的宗教活动及其宗教经验，考察当时女性修炼制度的逐步形成过程和修道女性的修炼特点，为道教史的研究开启了一条崭新的路径，提出了一些颇有启发性的观点。

当然，要从宗教学与女性学的结合出发，对道教与女性的关系进行全面系统深入的探讨，建立起自己的一套独具特色的比较完整的理论体系，这是一个相当艰巨的系统工程，道教与女性的关系这一研究领域，仍然有许多问题值得进一步深入和探讨。（王永康）

# 道教的社会传播研究

《道教的社会传播研究》，曾维加著。台北：文津出版社有限公司，2010年8月初版，32开。

曾维加，1973年生，四川乐山人。博士，西南大学政治与公共管理学院哲学系教授，博士生导师。主要从事中国哲学、道家、道教、民间宗教以及宗教学原理的教学和研究工作。出版著作有《西南和平法会特刊校注》（与杨孝容共同校注）、《唐代道教：中国历史上黄金时期的宗教与帝国》（译著）等，在《世界宗教研究》《宗教学研究》等国内重要学术期刊发表学术论文二十余篇。

关于道教研究，一般学者大多从道教史的角度切入，以分析其源头、发展与流传，本书却与众不同地使用了宗教传播的观点，由巴蜀特有的三星堆文化谈起，延伸到民间的方士传统，进而谈及道教的成立及后来的发展等。在绪论中，著者确定了宗教构成的四大面向有思想观念、情感和体验、行为活动及组织制度，而这些正是宗教传播的内容与过程。故本书乃以此为基础，分别从道教传播符号的形成、道教传播与社会的关系、道教传播系统及特色等三个面向来分析道教的发展。首章道教传播符号的形成，主要说明道教的源头。从传播的观点而言，本书认为道教的源头有三：一是三星堆信仰，其宗教符号为神树，其后遂发展成为道教中的通天之树与长生之树；二是方士传统中神仙信仰，主要是由考古出土物的探讨，以印证方士信仰中与道教相关的长生技术，随着方士由民间进入宫廷，进而传播到社会高层；三是老庄典籍当中所记录有关神仙思想的语言符号，如道、气、不死、保精、积善等词汇被道教接受之后，随着衍化，最终成为道教的哲学核心。其次在"道教传播与社会"中，主要是说明道教与社会之间的相互影响，依照内容分为上、下两章：第二章道教传播与社会（上），从战争、政治、灾难等三方面分析道教传播的概况，论述主要集中在汉晋六朝时期，涵盖了五斗米道与巴蜀巫鬼信仰的互动，佛教东传与道教的冲突与相融，新旧天师道的变化，天灾——特别是地震，对于道教思想、仪式传播的推波助澜等；第三章道教传播与社会（下），是从地方与族群信仰的角度，探讨道教与民间信仰之间的互相传播，地方信仰如"泰山府君""华山使""庐山神""河伯""蚕神""灶神"等，族群信仰如蜀地的"鬼道"，賨族、壮族、白族、纳西族等西南民族的信仰等。终章道教的传播系统及传播特点，着重介绍道教传播的语言媒介如咒语、口诀；文字符号媒介如道经、道符等，及具体呈现以利传播的意象化教理教义、医疗、炼养、科仪法术等各方面的描述，在组织形态上则整理了历来道教组织的形式，如教团形式有官民制、师徒制、宗族式，宫观制则以楼观道为例来探讨等。最后则分析了道教传播的特点，包括：以血缘家族为纽带、以人伦忠孝为血脉、以人口迁移为契机等三项。著者认为，道教在传播过程中将社会各地的道德观念、价值体系、生活方式、人际关系、文化崇尚等与道教信仰相融合，因此道教的传播也是一个与社会共同发展的过程，其传播行为与社会环境是相辅相成的。（陈昭吟）

# 和老子学养生：老子的健康传播智慧

《和老子学养生：老子的健康传播智慧》，郭汉文、谢清果著。北京：宗教文化出版社，2010年11月第1版，16开，200千字，系"厦门朝天宫道教文丛"之一种。

郭汉文，1962年生，福建泉州人。自幼继承家学，为原中国道教协会副会长陈莲笙大师的受业弟子，获"万法宗坛"正一道大法之嫡传。现任中国道教协会副秘书长、福建省道教协会副会长、厦门市道教协会会长、厦门市朝天宫住持，"百年道学精华集成"编纂理事会副主席、《道学研究》顾问委员会副主任、《老子学刊》理事会副主席，"厦门朝天宫道教文丛"主编、"厦门朝天宫道学教材丛书"主编等，曾参与国家哲学社会科学重大课题项目"百年道学精华集成"的组织与编纂工作。

谢清果简介详见《中国道家之精神》提要。

本书试图从十个方面多维度深入展现老子的健康传播理念。第一章以"尊道贵德"为养生之源头，将生命之本与道和德相结合，以道为养生之根、德为养生之本，进而提倡"生道合一"。第二章以"道法自然"为养生之法，认为养生的三个方面即有"道""道法自然"和自然养生去做才能安平泰。第三章以"专气致柔"为运动养生之要，强调只有刚柔相济才能强健体魄。第四章以"味无味"的饮食养生方法作为饮食养生的要领。第五章"动而愈出"的性爱养生思想，强调"复归其明"为性爱养生的重要法则。第六章继承前几章对养生之道的论述进而强调"见素抱朴"的精神养生原则和养生要诀。第七章则是将老子的养生智慧应用到行政领域中，形成"功遂身退"的行政养生智慧和养生范式。第八章从老子养生智慧在行政领域中的应用扩展到整个社会之中，以"修之于天下"作为社会养生的圭臬。第九章以"知不知"和"病病不病"为文本基础，旨在倡导人们形成养生防病意识和防病理念。第十章则彰显了老子养生智慧对生命的终极关切，以"死而不亡"为养生长生的生命情怀。余论部分，著者总结前十章中老子养生智慧的精髓，以"深根固柢，长生久视之道"作为对老子养生智慧继承和发展的最终诠释。

（贺朵）

# 向老子学管理

《向老子学管理》，魏万磊、杨先举著。大连：东北财经大学出版社，2011年1月第1版，16开，181千字，系"中国人民大学国学院国学与管理丛书"之一种。

魏万磊，博士，中央团校（中国青年政治学院）中国语言文学系副教授，研究方向为中国近现代思想史、政治心理学，主要著作有《20世纪30年代"再生派"学人的民族复兴话语》《民族主义：走向现代的五条道路》《精神病理学与政治》等。

杨先举简介详见《老子管理学》提要。

本书将老子的管理思想归纳为六大法则，即"道""德""柔""无""反""水"，并围绕这六大法则展开论述，将老子内在的管理思想展现给读者。

导论篇首先对老子以及道家学派进行简要的介绍，并说明《老子》一书的核心思想，进而发掘老子思想在管理上的应用。

第一章坐而论道，主要从老子"道"论思想出发，言天道与人道的贯通处，人道效法"天道自然"必然是"为无为""事无事"，而管理是人道中的一个重要方面，著者以老子道论中的"抱一"思想与企业文化建设对举，强调企业文化建设中"涤除玄鉴"之方就是要以人为本，进而提出了道与阴阳的企业二线管理法。

第二章孔德之容，著者首先站在哲学的视角分析了在学理层面上"道"与"德"之间的关系，以道教阴阳鱼这一直观的方式言说管理模式的运用。老子的"治大国若烹小鲜"本意是勾画其理想之治，但其思想在管理中具有同等的效果。著者强调管理者自身的德行，只有因循自然，在成功管理企业后不骄不嗔，才能实现对企业管理模式的成功探索。管理者只有自知才能够进一步知人，善于管理企业人才，加强企业自身的组织建设。

第三章以柔克刚，将老子中"贵柔处弱"的方面引申为管理谋略，并将其与孙子兵法中的权谋之术融合并创新，以老子所言"柔弱胜刚强""知雄守雌""将欲取之，必故与之""以奇用兵"和"不以兵强天下"对管理术数形成体系具有重要的借鉴意义。

第四章无中生有，著者从老子的"道"论中引申出对"无"的意义的阐释。"无"并不是说什么都没有，若"无"是什么都没有的空，那么又怎么能够生"有"呢？老子说的"无"就是"道"，"道"不可言说，无相无形，但却是创生天地万物的本源的根本，而本身不能以具体事物局限之，因此是"无"。著者通过对老子所言"无"的阐发进而谈及在管理过程中的创造性管理思维的发散与运用。

第五章反其道而行之，笔者通过对《老子》文本中表面上看似是悖论的分析，明确将其运用到管理中所产生的管理"悖论"会产生极大的效果，将

"音声相和"应用于管理艺术，将道、天、地、人的模式运用到系统管理，将"独立不改"应用于变异管理，将"重为轻根"应用到比较管理，将"祸福相依"应用到逆反管理之中。

第六章上善若水，老子认为在世间具体事物当中，只有水最近于"道"，将"上善若水"的智慧应用到管理中所形成的水性智慧对于领导层面来说会产生极大的影响，这有助于形成领导的诚信力、宽容力，并进而在企业管理中形成动态健康的管理模式。（郑泽颖）

# 和老子学管理：老子的组织传播智慧

《和老子学管理：老子的组织传播智慧》，谢清果、郭汉文著。北京：宗教文化出版社，2011年6月第1版，16开，180千字，系"厦门朝天宫道教文丛"之一种。

谢清果简介详见《中国道家之精神》提要。

郭汉文简介详见《和老子学养生：老子的健康传播智慧》提要。

本书继承和发展了《道德经》一书所流传下来的修身治国之道，并融入了组织传播学的理念，首先探讨老子管理智慧的远古溯源和历史光辉，归纳出老子管理思想的基本特点；其次，从自我管理、国家管理、家庭管理、企业管理等角度探索老子的思想精华在管理方面的应用；最后则立足当代管理实践，深入剖析老子管理智慧对组织战略抉择、战术运用、人才选任以及管理者素质养成等具有积极意义，从而以全方位的视角展示了老子思想所具有的管理意蕴。

本书主要内容分为十二章。第一章从老子的史官背景与管理经验的积淀、老子对上古帝王治世经验的承继以及老子与礼乐文明的管理智慧追溯老子管理智慧。第二章以老子思想与中华五世文明即文景之治、贞观之治、开元盛世、明太祖仁宣之治以及康乾盛世，分析老子管理智慧的历史光辉。第三章以无为：管理的基本前提，守柔：管理的过程取向，和合：管理的终极境界，进而归纳出老子管理智慧的基本特征。第四章以"知常曰明""惟道是从""不争而善胜"阐明老子的自我管理智慧的依据、维度和目标。第五章则试图从《老子》文本中寻找君王管理地位合法性的依据、君王行使管理职能的基本原则、君王管理的人格境界，说明老子智慧在国家管理层面的应用。第六章意在说明老子管理智慧对军事作战的重要借鉴意义，包括"不以兵强天下"的军事战略思想、"以奇用兵"的战术思想和"用人之力"的军队管理智慧。第七章则是将老子的管理思想与现实生活的距离拉近，通过"天下神器，不可为"的企业制度安排、"报怨以德"的客户至上管理方法和"为学日益，为道日损"的企业自我成才之道，论述老子的企业管理智慧。第八章以老子的管理智慧处理家庭关系，倡导"子孙祭祀不辍"的道德传家意识、"不言之教"的家庭教育思想及慈孝为本的家风建设。第九章老子论管理的战略抉择，以"无有入无间"定位组织，以"知和曰常"阐发合作战略，以"三宝"言说战略管理中的人性取向。第十章意在说明要使得老子的管理智慧在战术上得以运用就要行"微明"之道、持"柔弱"之术和藏"利器"之力，如此才能功成事遂，顺天之道。第十一章集中处理老子管理智慧中的人才选任问题，要求管理者要坚持"救人而无弃人"的使用人才原则，形成"王居其一"的人才管理意识，坚守"为之下"的尊重人才观念。第十二章则是落实到个体，论老子管理智慧中的主体修养，主张管理者要有"大器晚成"的管理者目标和成长意识，有"五不"的管理者心性磨炼意识以及"五善"的管理者才能锻造意识。（贺朵）

# 道教爱国主义教程（试用本）

《道教爱国主义教程（试用本）》，中国道教协会编。北京：宗教文化出版社，2011年7月第1版，32开，230千字，系全国宗教院校思想政治理论课教材之一种。

本书共有九章，前有导论，后有结束语。开篇附有22页彩色插图。本书在导论部分，首先对爱国主义下了几个结论：爱国主要是理论的又是实践的；爱国主要是历史的又是现实的；爱国主要是全民的又是自己的；爱国才能爱教，爱教必先爱国；并且要求"学好道教爱国主义教程"。

第一章天道的平等和民族的独立风雨搏击，具体细目为：为了天道的平等而努力、为了民族的独立而奋斗、为了人民的解放而搏击。

第二章中华民族的亲生骨肉，具体细目为：作为黄老道的代表的黄帝是中华民族人文始祖、道家和道教在中华民族形成中的作用和贡献。

第三章中华民族共同的精神力量和行为规范，具体细目为：道教对于中华民族民族精神形成的贡献、道教对中华民族伦理规范形成的贡献。

第四章中华思想宝库的重要组成成分，具体细目为：中华民族有丰富的思想宝库、道教哲学和神学对中华思想宝库的贡献。

第五章灿烂中华文化中的奇花异葩，具体细目为：在中国文学哺育下的道教文学家、道教为中国文学增添异彩。

第六章道教对中国艺术发展的贡献，具体细目为：对中国音乐的贡献、对中国美术和建筑的贡献。

第七章为了中华民族的健康生存，具体细目为：人的生命健康贵重如千金、对于长生不老孜孜不倦的追求。

第八章建设人和自然和谐相处的生存环境，具体细目为：让祖国像神仙居住的洞天福地、道教对中国古代科学发展的贡献。

第九章道教不断与社会主义社会相适应，具体细目为：当今道教徒修道的目的是为人民、道教与社会主义社会相适应。（王永康）

# 道教唱道情与中国民间文化研究

《道教唱道情与中国民间文化研究》，张泽洪著。北京：人民出版社，2011年8月第1版，16开，400千字。

张泽洪简介详见《张天师》提要。

本书是宗教学、民俗学研究的创新之作。著者通过道情发展的纵向历时性研究，理清了1000多年来道情在中国社会的传播历史。通过道情传播形成地方特色唱道情的横向共时性研究，深入考察道情在全国各地的流播及地方化过程。文献资料与田野调查相结合的学术取向，大传统与小传统相结合的文化分析模式，多学科研究方法的综合运用，凸显出著者研究的显著特色。

道情，又称渔鼓，作为一种民间说唱艺术和民间俗信仰的一种文化形态，其产生发展与道教的关系最为密切，值得从宏观角度研究的问题也还很多。因此，著者在前人研究基础上，注意广泛收集相关文献资料，力图对中国民间俗文化中的唱道情，做出更为系统深入准确地阐释。

道情以宣扬道家思想为特色，其流播又与道教在中国民间社会的影响密切相关。大约因为道情的民间化、民俗化的特点，对道情的研究多由民间文艺、民俗文化研究者进行。对道情在中国各地的流播情况，许多本土文化工作者有较为翔实的调查记录，保存了各地道情艺人及其演唱传播的历史。但道情作为与道教密切相关的说唱艺术，从宗教学角度进行的研究还明显不够。本书拟在充分汲取前人调查研究成果的基础上，在中国传统文化及道教史发展的大视野下，来考察道情产生发展的历史。本书采用宗教学、历史学、人类学、民俗学等多学科方法，力图对道情的内涵及其文化价值，做出新的解读。

本书认为：中国民间文化的唱道情，是传播道教思想的一种说唱，是道教济世度人的教化方式，是道教与民间信仰结合的产物。道情在宋元明清时期的中国社会，由于其丰富的曲目和通俗化的说唱，成为民众喜闻乐见的艺术形式。道情说唱旨在劝化世人，道教经典中繁复的伦理说教，在道情中转化为浅显的人生警语。

道情的唱词有道经的根据，其曲目创作出自名士高道的手笔，是对道教教义思想的通俗演绎。道情说唱是道教民间化的产物，在民间俗信仰体系中占有一定位置。在中国文化的大传统和小传统中，道情可谓融大小传统于一体，在民间文化领域极具研究价值。

本书的研究充分吸收了前人的研究成果，广泛收集史籍道经中有关道情渔鼓的记载，并亲赴道情流播地区进行田野调查，深入考察当代道情传播的现状，力求使本书的研究奠定在实证研究的基础之上。对20世纪80年代以来各地区中国人民政治协商会议文史资料编辑委员会对道情艺人的调查材料，本书广泛地征引和借鉴。这些民间口传资料为本研究的当代道情传播发展部分，提供了极具学术价值的资料。可以说史籍道经等历史文献与当代民间口传资料相结合，文献资料与田野资料相结合，形成了本书将大小传统相融通的显著特点，也是本书与同类著述最大不同之处。（王永康）

# 建立新道家之尝试——从老子出发

《建立新道家之尝试——从老子出发》，陆建华著。合肥：安徽大学出版社，2011年8月第1版，32开，149千字。

陆建华，1965 年生，安徽合肥人。博士，安徽大学哲学系教授，主要研究道家和礼学，主要研究成果有《荀子礼学研究》（著作）、《道家与中国哲学》（合著）、《告子哲学的儒家归属》（论文）、《商鞅礼学思想研究》（论文）、《无为而法自然——老子生存论的一个侧面》（论文）等。

本书从老子哲学出发，并从生存哲学的角度来探讨老子哲学，从道的高度来审视、解读生命，以建构新道家，并对新道家人生哲学的基本问题做了深刻的探讨。本书共有代序、前言、正文、结语、附录以及后记几部分。前言部分，著者结合《老子》，谈了自己关于新道家建构的想法。

正文共有八章。第一章生命的本原，著者指出道有两种状态，即有物状态和无物状态。有物之道生出天地万物，当然，道是先生天地，然后才生万物。本章还介绍了道之无物状态无物之道、道之有物状态有物之道和天地万物的母子关系。

第二章生命的本质，著者主要谈了生命之患、生命之长生乃身之患、身之长生；生命的认知是身体的认知；心之于生命，前者是负面的；生命只能是身体的。

第三章生命之路，著者首先阐发了三种生命之路，并指出生命决定于生命之路的选择，并揭示了何为"生路""死路"和"歧路"。

第四章生命之"患"，著者指出，生命之"患"是"身"之"患"。生命之"患"的根由是追逐"货""名"的结果。最后讲了如何从道损欲以破除生命之"患"。

第五章生命的状态，著者提出，生命的自然状态即是生命的本然状态，生命的本然状态即是生命的理想状态，生命的本然和理想状态即是生命的最佳状态。

第六章生命之间，著者力证生命之间是和谐的，任何生命都不能"改造"别的生命，且生命之间是无所"为"的。

第七章生命的超越，著者主张，生命超越的方式是"复归于婴儿"，因为婴儿拥有道而无"我"，"复归于婴儿"的方式就是"常德不离""专气致柔"。当然，生命超越也有困境，著者在本章最后部分进行了说明。

第八章生命的归宿，著者认为，生命的归宿是道，生命复归于道指复归于道的有物状态、有物之道，这是道的"命令"。

关于新道家体系的建构问题，尽管学术界对于新道家问题甚为关注，且提出了一系列理论和实践相贯通、传统和现代相融合的重要问题，但至今还未有学者真正从哲学关怀的角度，从传统中国哲学的拓展和当代中国哲学创新的角度，从思想体系方面，做构建新道家的尝试。本书便是从思想体系方面构建新道家的可贵尝试，是当代新道家研究的可喜成果。著者认为，新道家的构建，应从老子哲学出发而不拘于老子哲学，即不必拘泥于"道"，不必为"道"所限。"自然""无为""独化"等范畴，都可以成为新道家的核心范畴。也就是说，新道家的建立应具有强烈的创新意识和超越意识，要有新的范畴、体系和内容。另外，新道家的构建者应该是具有独特个性的人，应以批判、怀疑的目光来面对世界、审视未来。

著者在本书中提出了自己的见解。比如，他认为生存问题是老子关注的核心问题，老子哲学本质上是生存哲学。老子哲学的最高范畴是"道"，"道"是生命背后的最后依据。所以，本书实际上是从生存哲学的维度来考察和诠释老子哲学的，从道的高度审视、解读生命存在，以建立新道家。生命的本然状态就是生命的最佳状态，因此要保护生命中的"自然"，反对对生命的"改造"。生命之间本来就是和谐共生的，任何生命即便仅仅是为了自己，也应对别的生命"无为"。从"生"的角度讲，生命的终结就是生命从"有"到"无"，生命本无所谓归宿；从"死"的角度讲，生命的终结是生命之"生"的结束、生命之"死"的到来，是生命以"死"的方式的存在，生命因"死而不亡"而有其归宿。生命的本原是道，道是生命之"根"；而生命的归宿也是道，道是生命最后的家园。因此，生命归于道是"复归其根"。由于生命由道的有物状态、有物之道"流泄"出来的"物"所构成，生命以道为最后归宿，从"物"的意义上说，即是构成生命的"物"由道之外回到道的有物状态、有物之道，并由道外之物转化为道中之物。

新道家的构建，是一个极其复杂的系统工程，如何构建一个与当代新儒学相对应并且功能相互补的当代新道学，不只是一个理论问题，更是一个关系到中国传统文化的创造性发展和当代中国文化建设的重大现实问题。故本书的出版，可谓是最近二三十年当代新道家问题探讨的一个积极成果，从大处而言，亦可以看作其为中华民族共有精神家园的建构提供历史资源的一个积极尝试。（黄田田）

# 战国时期道家与法家之"道—法"思想研究

《战国时期道家与法家之"道—法"思想研究》，伍振勋著。新北：花木兰文化出版社，2011年9月第1版，精装，102千字，系"中国学术思想研究辑刊"之一种。

伍振勋，1965年生，博士，台湾大学中国文学系助理教授，研究领域为先秦诸子、儒家思想，主要著述有《语言、社会与历史意识——荀子思想探义》等。

本书针对战国时期"黄老"道家和法家的文献，包括《老子》《经法》等四篇佚书（黄老帛书）、《管子》四篇、《慎子》《商君书》《韩非子》等书当中有关"道—法"联系的论点加以探析考察，一方面体现道家与法家学术的关联性，着重揭示出两家思想的发展脉络；一方面则强调道家与法家所提"道—法"联系之论点有其共通性，并去尝试诠释这一论点在道论、法理、支配理论三个方面的理论意义。

本书对几部经典的分析、对比非常细腻。著者认为，《老子》"道法自然"之说就其伦理学内涵而言强调人类可以透过"内在"之"超越"的途径与道相契，体现其以人之自然朴性为本质的"自然法"理念，因而对儒家宣称具有"自然法"性质之社会规范——"礼"批驳其完全出于人为制作且流于外在形式。针对"实证法"的部分，由于《老子》以"玄德"之作用为政治支配的最高原则，强调清楚百姓的智巧机诈，进而警觉"法令滋彰"将导致智巧诈伪，因而否定了"实证法"的价值，尤其对刑杀的强制手段不表赞同。《经法》等四篇佚书"道"的观念对"黄老"道家思想发展的历程而言，转化的成分远多于继承的成分，和《老子》思想的根本精神有重大差异。《经法》的"名正法备"之支配形态与《老子》诉诸"无名之朴"的支配形态迥不相侔。虽然《经法》等四篇佚书意图建立人为制定法之非人格根源，并将君王纳入法律规范的体系之中，但它仍然是现实政治体系的产物，能否将"法"提升为"道"的层次主要仍在君王身上。作者还分析了《管子》《慎子》《韩非子》等几部经典的异同，并从"道论""法理""支配理论"三个方面分别做了细致的探讨。

本书运用了丰富的文献资料来进行思辨分析，分别引述了道家和法家的经典，如《老子》《庄子》《慎子》《商君书》《管子》《韩非子》等文献，同时运用《史记》《汉书》等重要史料，并在此基础上，进行了非常清晰的梳理和对比分析。（黄田田）

# 比较视野中的《庄子》神话研究

《比较视野中的〈庄子〉神话研究》，孙雪霞著。广州：暨南大学出版社，2011 年 12 月第 1 版，16 开，205 千字，系"人文学丛书"之一种，"广东外语外贸大学人文学中心建设——比较文化视野的文学通化研究"之一种。

孙雪霞简介详见《文学庄子探微》提要。

本书在绪论之后共列五章：

第一章《庄子》神话产生之背景，著者指出，在庄子生活的时代，周王室的礼乐制度崩丧，原始信仰受到冲击，宗教不复庄严，理性思想已渐形成，庄子所生活的宋国处于文化、经济的交汇点，对庄子的影响深远。

第二章《庄子》神话存在之样态，著者提出，庄子融通神话和寓言，以"叙事"的形态出现，庄子并不主张用神话取代理性的系统，"不成体系"是其最本真的样态，这种有意的编排，使其成为理性和原始的"交界线"，碎片聚拢成"块茎"，这些样态存在原因，是庄子的自由精神使然，也是虚己成物使然。

第三章《庄子》神话呈现之意象，著者认为，"神人"之神采、"畸人"之神奇、"异人"之神秘，这些意象别开生面，因其存在而使庄子神话神采飞扬，熠熠生辉。

第四章《庄子》神话辟思管见，著者论述到，神话中的意象于喁相随、六合祥和、以无观有、物我启蔽、始源浑然，在阴阳、刚柔、开合、动静、妍媸、雅俗等方面，发挥辟学思想，展示辟思道化化道的力量。

第五章《庄子》神话价值重估，著者提出，神话在《庄子》中占不小篇幅，对《庄子》典型文风的形成功不可没，充分体现庄子看待事物的独特视角和充满智慧的诗性思维。

《庄子》神话是一剂疗心病之良药，不仅战国时适用，在当代社会同样值得借鉴。不仅如此，它所展现出的浑融性、动态性、和合性，让原始文化和文明文化并存、行进，为世界神话史提供了鲜活例子。本书对神话的界说耐人寻味，著者在世界神话史的大背景中展现《庄子》神话的价值，将之视作原始文化与文明文化并存的最鲜活的例子；同时也以《庄子》神话反观西方神话，语涉中外，多向比较，走出了神话研究的惯常思维。（周睿）

# 道教与民间信仰

《道教与民间信仰》，李远国、刘仲宇、许尚枢著。上海：上海人民出版社，2011年12月第1版，16开，408千字，系"民间信仰与中国社会研究系列"之一种。

李远国简介详见《四川道教史话》提要。

刘仲宇简介详见《钦赐仰殿与东岳信仰——一个宗教人类学视角的考察》提要。

许尚枢，时任浙江天台山济公文化研究会会长。

本书在序言后共分五部分，其中"《道藏》中的民间信仰神祇与文献""西王母信仰研究"和"文昌帝君信仰研究"由李远国撰写；"民间信仰与道教之关系"由刘仲宇撰写；"浙江民间信仰与道教"由许尚枢撰写。

在"《道藏》中的民间信仰神祇与文献"篇，著者指出，文中的《道藏》内容，包含了《正统道藏》《万历续道藏》《道藏辑要》及《藏外道书》。《道藏》是汇集道教经典及有关书籍的大型丛书。从唐朝初年开始编纂，至今已有近1300年历史。今存《道藏》为明时张宇初、张国祥编修。包括《正统道藏》《万历续道藏》，共收入各类道书1476种，卷帙浩繁，内容庞杂。清人蒋元庭、贺龙骧等编刻的《道藏辑要》，皆为明《道藏》未收的典籍，是研究明清道教教义和历史的重要文献。今人胡道静等主编的《藏外道书》，所收道书991种，内容一为古逸道书，如20世纪70年代马王堆汉墓出土帛书中黄老著作、养生著作，及元《玄都宝藏》遗书《太清露经》等；其二为明清时刊刻和流传的道教典籍，如《方壶外史》《道言内外秘诀全书》《道书十二种》《古书隐楼丛书》《吕祖全书》《关帝明圣经全集》等；其三为我国北京、上海等地图书馆及道教宫观所藏的稀有道书。从民间信仰的道教神祇，到诸神圣诞、岁时民俗，这些有着上千年历史的文化活动、信仰现象，许多被记载于道教的经书中。在《道藏》《续道藏》《道藏辑要》及《藏外道书》中，收录关于中国民间信仰的文献，据初步统计，当有三百余种。由于大部分的民间信仰缺乏可资印证的历史典籍，因此道教文献所保存的这些资料就显得尤其重要，它为民间信仰的研究提供了可贵的佐证。正如施舟人教授所说："它为民间香火的研究提供了历史的透视，让我们进一步了解民间信仰在中国历史上的地位，并有助于对民间宗教进行社会学分析。"

在"民间信仰与道教之关系"篇，著者分析了中国的民间信仰与中国的道教有共同的地方，他们都是中国古代文化的产儿，其共同的渊源，可以追溯到从原始时代蔓延到秦汉时代的中国人的信仰体系，即"古代的崇拜体系和巫术活动"。但在后来的发展中，民间信仰仍然保留着相当浓厚的原始性，而道教则经过多次加工、整饬，从巫文化飞升而成为"制度化宗教"，成为一种具有浓郁东方特色的高级宗教。作为制度化宗教所具有的优越性，在历史上自然得到了官方的认可，在某些时代甚至受到最高统治者的恩宠，所以在社会上的影响是民间信仰不可比拟的。故而道教神仙在民间信仰中具有核心的地位。同时，道教对民间神灵也大量吸纳。文章最后还比较了道教与民间信仰活动方式的异同，以及道教与民间巫术的互动。

在"浙江民间信仰与道教"篇，著者旨在以浙江省为例，说明民间信仰与道教互动之关系。中国传统社会民间信仰的核心，应是对神祇的崇奉，一般民众对制度性宗教的情感，也多缘此而产生。祠庙是民间神祇的主要载体，基于此本文对浙江省所奉的民间主要神祇及其变迁有具体论述。

在"西王母信仰研究"篇，著者介绍了百年来海内外对西王母信仰研究的状况，并按"上古神话中的西王母""掌握长生之道的西王母""道教信仰世界中的西王母""明清时期的西王母信仰"四个部分展开了论述。

在"文昌帝君信仰研究"篇，著者介绍了唐宋以来学者对文昌帝君信仰研究的状况，并按"星宿之神与地方信仰神的融合""道教神学中的文昌信仰""文昌信仰的民间教化内涵""明清时期的文昌信仰"四个部分展开了论述。

道教本来就来自民间，巫为其主要源泉之一，后经官方支持并由精英阶层予以制度化而成为正统宗教，但它自始至终都未脱离民间社会。以往论著对此多有论述，本书则通过理论、史料与典型地区神明等方面予以论述。著者通过理论分析，除了对两者之异同作方方面面考察外，还特别分析道教神仙在民间信仰中的核心地位及其如何提高了民间的信仰层次，而有利于社会和谐与国家稳定等，这些研究比以往都有比较充分的陈述。在史料方面，亦有专文从头绪纷繁的《道藏》中梳理出脉络，加以分类并陈述其由来。对于典型地区神明之选择，著者对东部沿海之福建、浙江两省做了区域性分析，西部内陆则对始于西北之西王母与西南之文昌帝君做个案评析，以窥其对民间社会之广泛影响。（王永康）

# 黄老与老庄

《黄老与老庄》，王葆玹著。北京：中国人民大学出版社，2012年3月第1版，16开，353千字，系"当代中国人文大系"之一种。

王葆玹简介详见《老庄学新探》提要。

本书是在王葆玹2002出版的《老庄学新探》的基础上增订而来，由引论、正文九章和余论构成。

在引论中，著者从宏观的角度谈论儒、道、法，认为历史上并不曾有统一的儒家和道家，二者内部学派林立。道家有黄老和老庄两系，这是两种杂糅了哲学、政治学、宗教学在内的复杂的、超地域的思想体系。其中，哲学、政治学因素是公认的，但是说两者包含着宗教方面的内容，可以说是著者的一个创新点。例如庄子的"齐生死"便映射出其对死后世界的向往。著者在此还阐明了"儒道同源"、战国道家与《周易》的关联、道家著作的经学形式等等。

第一章《黄帝四经》与黄老之学，著者认为，黄老之学的著作以《黄帝四经》为主。故在本章中，著者先阐明了《黄帝四经》的书名、成书时代和与田齐的关系，并说明了稷下儒家、墨家、名家、法家、阴阳家与黄老的联系和道法与刑名之学的联系，最后阐述了竹书《恒先》中的宇宙论。

在此章中，著者对黄老学派的研究，主要是根据《史记》中关于"黄老"的记载向上追溯。著者认为，黄老学派的著作以马王堆帛书《黄帝四经》为主，并论证《黄帝四经》成书于齐，黄老之学亦发源于齐。著者亦认为，道家有南北之分，南方道家贵阴，代表作为《老子》；北方道家贵阳，代表作为《黄帝四经》。两者结合，便是黄老。

第二章黄老学派的宗教思想与西汉国家宗教，在本章中，著者填补了传统文化研究中的一个空白。西汉黄老学派是老子之后、道教形成之前的最后一个道家学派，那么如何实现道家与道教的衔接，即从黄老学派如何过渡到道教，也就是二者之间的联系，这是一个值得探讨而学界未加重视的问题。黄老之学发展到汉代之后，改变了自己对于传统宗教否定的态度，形成了既包含哲学、也包含宗教的思想体系。哲学上，崇尚"太一"；宗教上，崇尚与"太一"相对应的至上神。在汉文、景、武帝时期，"太一"便是国家宗教至上神的名称，武帝以后，这种宗教逐渐转变为具有儒家特色的国家宗教。

第三章《老子》之初传，本章就《庄子》以前的老子其书及其影响下的学派，做了简单的考辨和论述。最终得出的结论，一如著者文中所述："老子其书及其学说初发于春秋陈国，在战国时期扩散到周围的国家，流行于宋国而形成了范蠡学派和庄子学派，流行于郑国而形成了关尹学派，流行于齐国而形成了黄老学派。"共同点是尊崇《老子》，不同点是有统治思想和反统治思想之分。"这几个学派在战国时代从未统一过，故战国学者从不称其为'道家'。汉代学者使用'道家'这个术语，是以上述各派的沟通为前提的。"

第四章《老子》郭店竹书本之出土和老子思想的再解释，本章解决的问题是：一、郭店《老子》的甲乙丙三种，是《老子》的三个不同写本还是一个写本的三个部分。二、甲乙丙三种与今本《老子》的差异。三、若《老子》甲本中与今本"绝圣弃智""绝仁弃义"相对应的是"绝智弃辩""绝伪弃诈"，那么乙本和丙本是否也有同样的倾向。对于这些问题，著者在文中一一给予了解释论证。

第五章庄子其人其书的时代与国属，著者通过深入的考证，证明庄子是宋国子姓贵族的遗民，《庄子》一书编纂于宋国灭亡之后。

第六章从新角度看《庄子》内外杂篇及其序例的问题，著者认为，《庄子》内外杂篇不是庄书原有，而是西汉刘向所创。将《庄子》中思想温和的篇章划归内篇，将思想激烈的篇章划归外杂篇，这样便使内篇早于外杂篇。对于《庄子》序例的问题，著者承袭前人之说，"进一步说明了《天下》是《庄子》初成之时的编写者自序，《寓言》是《庄子》初成之时的编者例言"。由此著者指出了《庄子》的三种体裁：寓言、重言和卮言。

第七章庄子学派的哲学思想，著者在本章谈及了庄子学派关于"至大"和"至小"的争论及其意义、对宇宙发生论的否定、对宇宙过程论的超越、不可知论在自然观上的体现、"日方中方睨，物方生方死"和庄子的贵阴乐死之说。

第八章汉魏老庄之学，本章介绍了汉魏时期老庄学发展的历程，包括：《淮南子》的老庄之学、严遵关于"老庄易"的解说、《黄帝四经》之佚失及其意义、魏初政治与老庄复兴的契机、古文经学之兴起及其对老庄复兴的刺激作用、以谈论老庄为主和著述为辅的新型治学方式、"易老庄"的系统及其思想倾向、夏侯玄对老庄复兴的推动作用、何晏的生平事迹及其"易老庄"之学、王弼的《老子注》和《老子指略例》、以老庄解《易》的典范。

第九章竹林庄学，著者主要介绍了包括嵇康、阮籍、向秀、山涛、王戎、郭象在内的竹林名士的事迹。

著者最后在"余论"中介绍了"玄学与重玄学及三教合一"。（黄田田）

# 京派小说与道家之因缘

《京派小说与道家之因缘》，冯晖著。广州：暨南大学出版社，2012年6月第1版，16开，243千字。

冯晖，1971年生，博士，2008年7月入暨南大学人文学院任教。

本书主要研究京派小说和道家哲学、美学思想之间的因缘，主要考察京派小说在文学主题和美学意蕴上与道家的渊源关系。著者结合严家炎和吴福辉对京派小说家成员的看法，结合本书的研究论题，将研究对象确定为废名、沈从文、凌叔华、卢焚和汪曾祺五位京派小说家。本书分前言、正文、附录、余论、参考文献和后记。正文共六章：

第一章实证研究：京派小说家对道家哲学与美学思想的接受，本章涉及的京派小说包括废名、沈从文、汪曾祺、卢焚、凌叔华五位。

第二章京派小说的"原始主义品质"之"道"缘，著者认为对老子的解读带来了一种世界性范围的"原始主义"的滥觞，然后对比研究了京派小说的时间观、文化价值观和老庄的"退化史观"，以及京派小说中的"桃花源"与道家的"理想国"。最后是美学汇归，即关注生命本体，反对人为物役。

第三章京派小说的"异秉"人生与道家理想人物，著者在本章首先介绍了老庄的"愚人""真人""由技显道"的庖丁们，以及中国古典文学史上的"真人"形象。然后阐释了京派小说"真人"式的"异秉"人生和京派小说"庖丁"

式的"异秉"人生，"真人"式与"庖丁"式人生的合—便是《鉴赏家》。

第四章京派的"童心"与老庄的"复归于婴儿"，本章首先分析"孩婴"原型意象与"复归于婴儿"原型思想，然后比较了中国古典文学史与美学史上的"复归于婴儿"，认为五四时期的"儿童崇拜"受外国文化思想的影响，并论述了京派的"童心"理论及其道家渊源和京派的"童心小说"。同样最后做了美学上的汇归——"人法自然"与"返朴归真"。

第五章京派的文学观与老庄的虚静论，本章首先介绍老庄的虚静论，以及中国古典文学艺术理论中的"审美"虚静论，然后阐释了京派小说家的"回忆"和"梦"文学观，最后介绍了"回忆"文学观与虚静论在美学上的汇归。

第六章京派小说的"意境"与老庄艺术精神，老子与庄子，是中国"意境"理论之源。部分京派小说家同时也是画家。

附录中著者展示了王维、倪瓒、徐渭和京派小说家的字与画。

中国山水画的本质是"意境中的山水"，而京派小说便是一种物我同一的"意境"表现，其"意境"是对道家艺术精神的传承。

据著者前言自述，本书有诸多创新之处。迄今为止，对京派小说的整体研究存在如下不足：首先，以往对京派小说的研究思路，或偏重社会学分析方法，揭示京派小说的文化、主题内涵；或偏重艺术审美，揭示其美学风格；或将二者结合考察，但仍未脱离思想加艺术二元模式。而本文则从原型批判、文学人类学批评等方法入手来关照京派小说与道家美学的关联。其次，针对京派小说家研究用力不均的问题，本书补充了京派小说家的"回忆"文学观和"梦"文学观的美学意义，填补了空白。第三，针对研究京派儿童题材小说不多的情况，本书研究了京派以儿童为题材的小说与老庄的"复归于婴儿"这一文化原型和美学原型的因缘关系，并认为其本质便是道家哲学基础上的"返朴归真"。第四，以往对京派小说与传统文化关系的研究得出的一些结论，并非是建立在将京派小说的艺术表现与道家元典以及它们各自在中国古代文学、美学史上的发展变迁结合起来论述这一基础上的，而大多是进行简单的、任意的"对接"，属于直线性的因果描述。而本书在详细研究了《老子》《庄子》和京派小说的前提下，用比较文学中的影响研究方法证明了京派小说家在对《老子》与《庄子》接受的基础上，从京派小说的文本内容与美学表现层面上，探索出了京派小说家和道家思想之间的深刻联系。

本书着力探讨京派小说与道家美学之间深刻的因缘关系，以期达到三个目标：一是反映出现代文学在东西方文化资源选择上的变化。本书正是期待通过研究现代文学走向成熟时期的京派小说家如何吸取道家美学的精华，深化对京派小说的研究，说明走向成熟期的现代文学对本土文化的借鉴学习。二是发掘出老庄美学的现代生命力。本书通过研究京派小说在文学主题和美学表现层面上对老庄美学的吸收，阐释了老庄这一古典美学思想怎样影响现代文学的美学品格这一问题。三是为当下的"中国古典美学、古代文论的现代转换"提供个案和启示。本书通过阐述"老庄这一中国古典美学精神的代表如何通过京派小说的美学表现参与到中国现代文学的建构中来"，表现了中国传统文论并未"失语"，而是一直有强大的生命力。（黄田田）

# 上善若水：道与人生修养

《上善若水：道与人生修养》，冯广宏著。成都：四川人民出版社，2012年9月第1版，32开，150千字，系"中华道文化丛书"之一种。

冯广宏简介详见《道教之源》提要。

本书共九章：

第一章哲理人生，分五个部分，其中，"我命在我不在天"介绍了道家抽象的"命"的概念；"上善若水利群生"是通过"水"的"不争利万物"的事实，来阐述道家的处世之道；"诚信不足有不信"是讲我们不但要把诚信作为自己处世的原则，还要向广大民众宣传诚信的要义；"不骄不躁是情操"是说道家哲学指导我们做事要谦虚谨慎，心平气和，不卑不亢，只有具备这些修养，才能在求学问和交朋友等各方面取得成功；"知足常乐享清福"认为知足的人，不会为了争利而累倒，所以就少出祸事。

第二章信仰人生，分为六个部分，其中，"信仰自由神常在"说明中国人的宗教信仰介乎有无之间，非常自由，与道家逍遥自由的思想相当合拍；"天人感应入人心"阐述信仰角度的"天人感应"，立足于人们怎样与自然共处，从而循天之意、得天之命、邀天之福；"祸福之报影随形"认为道教属于泛神主义，认为神灵无处不在，"祸福之报，如影随形"；"家族神灵是祖先"通过对民间祖先信仰的叙述，揭露民间的家族神灵乃是死去的祖先；"积德成神道教言"认为积德成神首先应该奉行忠孝，同时散财行善，还需爱护自己的精神；"成仙得道有阶梯"认为修道是一件不容易的事情。

第三章礼仪人生，本章通过"友朋喜自远方来""月下老人牵红线""百年好合礼繁华""传宗接代称大事""有始有终方完美""节庆生活大家享"这六个部分，阐释道家在交友、婚姻、生子等方面的礼仪习惯。

第四章健康人生，本章通过"自然康乐最堪寻""安眠有道保身康""清净无欲守真常""防治未病为上医""上古巫医祝由科"五个部分，试图揭示道教"性命双修"的养生原则对现代人保持身心健康，有着极高的借鉴价值。

第五章衣食人生，本章从"人生处处当崇俭""道家生活重规程""前代衣冠意蕴长""饮食人生是重心""吃喝亦须讲文明"五个方面说明道家思想对现代人衣着饮食方面亦有指导作用。

第六章安居人生，本章从"生活基础在安居""陋室依然有德馨""环境学科风水术""居住环境老生谈"四个方面说明道家思想在"家""居住环境""地理位置"等方面亦有见解。

第七章游历人生，本章从"游仙诗句感人心""陆途水路有指南""行人未晚先投宿""真形图件早知名""求仙问道重遨游"五个方面介绍道教关于游历的故事。

第八章和乐人生，本章分为"此曲只应天上有""纹枰引出橘中情""金石书画足怡心""掷骰搓麻乐休闲"四个部分介绍了道教在音乐、围棋、书画等方面的情况。

第九章智慧人生，本章从"吟风咏月最怡情""献辞析理见天心""三十六计存奇智""另类智慧在预测"四个部分，说明道教文化点亮了智慧巨烛，希望人人都有一种智慧人生，吟诗作赋，读书论文，寻师访道，预识先机。

本书的主要贡献在于，从道教文化引出了人生哲理——要确定人生的价值取向，进而从道教文化的角度看待生命、身体、礼仪、衣食。由此可见，"道"早就悄悄进入了寻常百姓的人生哲学，只是"百姓日用而不知"。（宋霞）

# 庄子的现代命运

《庄子的现代命运》，刘剑梅著。北京：商务印书馆，2012年9月第1版，16开。

　　刘剑梅，福建泉州人。博士，曾任教于美国马里兰大学亚洲语言文学系，现为香港科技大学人文学院副教授。

　　本书展示庄子在中国现代文学史与现代思想史上的命运变迁，以此揭示个体独立精神在中国现代社会中的困境。在"引论"之后分十章讨论这个问题。第一章"郭沫若评庄态度的变迁"，郭氏对庄子评价的三个阶段变化，根本原因在于他在时代潮流中，不惜牺牲自己超然独立的个性来适应政治和时代的需要，也反映出包括郭氏在内的中国知识分子在国家语境和现代化语境下的悲剧。第二章"胡适给庄子的'现代'新装"，以"进化论"标签庄子实在牵强，胡氏在提出庄子的负面影响时，并未认识到庄子调节物质主义念头的巨大意义。第三章"鲁迅对庄子的拒绝"，鲁迅从始到终都不接受无是非的混沌状态，和出世的人生态度，批判庄子哲学给国民性带来的负面影响；处在鲁迅的时代背景可以理解他的极端态度，但也应看到庄子赋予了中国文人独立于政治话语的感性表达的方式。第四章"周作人：非儒非释却近庄"，周氏在文艺创作、生活方式以及思想深处，都渗透着庄子"无是非观"的影响，在国家危险时还抱着"无差别"境界，从而导致他的人生悲剧。第五章"林语堂：徘徊在中西两间的庄子梦"，林氏认为希腊文化与老庄道家文化之相通之处在于人性自然化，只有人性回归自然化才能获得真正的自由。第六章"废名：从脱俗到媚俗"，"庄子梦"的幻灭，反映现代作家在大历史的变迁中复杂的徘徊无地的心态。第七章"庄子被专制的厄运"，在各种政治思潮中，庄子哲学变成了被清算对象。第八章"庄子的回归"，80年代多元文化并置，本真的庄子开始回归。第九章"阎连科：集体庄子的困境"，阎氏在其作品中的徘徊反映出在迅速商业化的社会重新寻找乌托邦的难度。第十章"灵山：现代庄子的凯旋"，是开创中国逍遥精神即大自在、大自由精神的先驱。

　　庄子在现代中国经历了一个和现代知识分子大体相同的命运，其命运充分体现了个体精神在中国的沉浮，折射出中国文学在20世纪的跌宕起伏，以及中国知识分子复杂的思想变迁和坎坷的精神历程。本书采取史论结合的方法，以不同时期学者对庄子的阐释为纵向历史线索，构成本书的外部框架，而以庄子的现代命运为基本主题和内在逻辑。（周睿）

（四）道家道教与世界文化

# 庄子与古希腊哲学中的道

《庄子与古希腊哲学中的道》，邬昆如译著。台北：台北中华书局，1976年9月第2版。

邬昆如（1933—2015），广东龙川人。历任教于台湾大学、辅仁大学等，讲授哲学。并为台湾神学院神学兼任教授。主要著作有《西洋哲学史话》《哲学十大问题》《宗教与人生》《文化哲学讲录》等书。

该书原为著者的哲学博士论文，分为绪论、本论及结论三部分。

在绪论中，著者开宗明义地阐明了本书的目的，在于概念与思想史之比较，以中国古代哲学之道概念，和古代希腊哲学家之相应哲学用词做比较。著者选择中国文化哲学之中心概念"道"作为比较对象。著者以为"道"概念有太多种译文，并未使读者对"道"产生清晰的印象，反而将读者引导到错误的地步。

本论分为三章。第一章论述中国道的概念，以孔子、老子及庄子的道为主要论述对象，并以天道、王道、人道，阐述向上之道及向下之道。著者认为孔子之道，开启了向下之道；老子之道开启了向上之道；而庄子之道，则兼容并蓄，会通了向上之道与向下之道，道通为一。

第二章论述西方"何多士"的概念，向上之道与向下之道。讨论了帕米尼德斯的"思想之道"有三重意义。这三重意义都指出向上之道的深意，而且真正抵达了最高的，且不变的形式本身，以及存有本身和真理本身。

第三章论述西方"罗哥士"的概念，对立和谐及智者等概念。讨论了赫拉克利图斯的"罗哥士"，他主张向上之道与向下之道是合二而一的存在。著者认为赫拉克利图斯的道，恰好与中国古代之道概念演变类似，类似庄子的道概念：首先是"路"，后来成为"导"，再后就是万物的"原理原则"，推动万物生成变化的"原因"。

在中西文化与哲学思想演变的比较工作中，著者选择中国古代之道概念，在古希腊的思想中，选择了路与言语两概念，把希腊文的两种概念合起来的意义，去了解中国道概念的深义。这两种希腊概念中，著者特别选择帕米尼德斯的路概念与赫拉克利图斯之言语概念；道概念以庄子为基准，以历史的思想演变为经，以庄子书中道之深义为纬，发挥其与古希腊哲学思想之异同。就这一点而言，著者提出了中西文化与哲学思想的方法论，即透过各个文化之核心概念的比较，往往能言之有物，切中要点；言之有序，不会失之歧乱。简言之，本研究的取径与方法是深远的、有价值的，值得赞扬与效法。（郭正宜）

# 《老子》与基督

《〈老子〉与基督》，袁步佳著。北京：中国社会科学出版社，1997年6月第1版，32开，180千字。

本书用基督教的神学思想来剖析《老子》与基督的关系，视角独特，文笔流畅，内容很有深度，用朴实易懂的话语来解释理论性强的问题，有通识性读物的性质。

本书分为序言、卷一大道与上帝、卷二圣人与耶稣、卷三修道与信仰、解读资料、《老子》原文与译文六个部分。

在序言"老子与古道"部分，著者认为："老子原来是一位领受了神启示的大先知；他所传达的，正是上帝的道！他笔下的'圣人'，正是耶稣！虽说信不信由你，然而此事若属实，就非同小可，你我之辈绝不可等闲视之；此事若不实，你也得看个究竟，方能落个明白。"之后，著者即对老子其人、其道做了一番论述，并表达并非老子论道，而是道借老子启示人，老子和基督本质上都是一致的，只是称呼不同罢了。

卷一大道与上帝，著者对老子所言之"大道"与《圣经》中"上帝"进行对比说明。著者认为"自然之道"中"然"是助词，作"是"讲，即道是自在永在者，与《圣经》中"耶和华"的本意"自在者"一致；并考证《老子》里有"耶和华"的存在即"夷、希、微"，这三字是希伯来文耶和华的发音。

卷二圣人与耶稣，著者对《圣经》所推崇之"耶稣"与《老子》所推崇的"圣人"进行比较说明。著者认为《老子》笔下出现了近三十次的"圣人"，与《圣经》所预言（《旧约》）、所展示（《新约四福音书》）、所见证（《新约使徒书信》）的"耶稣"极其吻合。"圣人"的职分和"耶稣"的职分是一致的，并且使命都是拯救世人。《老子》所描述的圣人的特性，在基督身上都一一应验了。

卷三修道与信仰，著者介绍了修道之原则"反""损""静""袭"，以及修道之功夫弃绝、虚静、柔卑、无为、和合。以"光""水"比喻道，把道与入道者的关系比喻为母亲和婴儿。这些特征、特质都与上帝之信仰有异曲同工之妙。

"解读资料"中，对解读《老子》和《圣经》文本过程中的概念、思想等做了一些阐述。文末附有著者所搜集的古今多种版本《老子》。（吴靖梅）

# 西方道教研究编年史

《西方道教研究编年史》，［法国］索安著，吕鹏志等译。北京：中华书局，2002年11月第1版，32开，203千字。

索安，原名安娜·卡塔琳娜·赛德尔（Anna Katarina Seidel，1938—1991），为德裔法国著名的道教研究学者，生于德国柏林。1969年被选为法国远东学院院士并派往日本京都分院，从事中日佛教辞书《法宝义林》的编撰工作，并在那里工作长达22年直到去世。她曾在1978年和1988年离开京都，任教于夏威夷大学和加利福尼亚大学圣巴巴拉分校。主要研究方向是佛教和道教，发表了多篇论著。其中最有影响的是其博士论文《汉代道教中老子的神化》、长篇论文《皇家宝藏和道教圣物》、演讲稿《道教——中国非官方的高级宗教》和研究报告《西方道教研究编年史》"A Chronicle of Taoist Studies in West 1950—1990"。《编年史》是其辞世之前发表的作品，可以说是凝聚了她最后的心血。

本书原载于法国远东学院京都分院院刊《远东亚洲丛刊》。此部研究报告，除了中华书局2002年出版的、由吕鹏志（曾为香港中文大学人文学科研究所比较古代文明研究中心研究员）和陈平（电子科技大学大学副教授）等译的这个版本外，还有蒋见元、刘凌合译的，由上海古籍出版社于2000年出版的名为《西方道教研究史》。

该研究报告虽正文不足十万字，但包含的信息量非常大，如作者所述，

"每一句话，或至少每一自然段，都能概括某一研究论著"。她最初是想要写给中国读者的，想要献给中国同行，并深切希望由此激励他们去研究自己的宗教遗产。

本书不是采用编年史的方法，而是以专题的形式，对西方学者的研究进行共时性的描述。其主要就1950—1990年这一时期的道教研究做一个断代描述。作者概括介绍了西方汉学家在以下七个方面的研究：（1）道教和道家的关系；（2）道教文献——《道藏》和藏外文献；（3）道教史；（4）道教的基本要素，包括神仙信仰、洞天福地、经典的传授及其性质、天堂地狱、身体观念及长生实践、炼丹术、仪式、肖像；（5）道教与中国传统文化，包括道教与朝廷、儒家、艺术、民间宗教、医学的关系；（6）道教与佛教；（7）域外道教。文章的编排顺序非常的清晰，首先谈道教和道家的关系，弄清楚它们是否有区别和联系，明确道教的定义。在明白什么是道教之后，让大家了解道教有什么文献资料，它在历史上是怎样演变的，这两个方面可以说是从事道教研究的必要工作。在这些介绍的基础上，索安用了较大的篇幅分别叙述西方学者对道教各种内在要素和外部关系（包括"道教与佛教"的关系）的看法。最后，著者简要描述了道教在中国域外的一些表现形式。

本书首次对西方道教研究做了一个全景描述，为中西道教学界交流与对话打下基础。一是因为书中所叙的西方道教研究专题与中国道教学界的研究内容大体对应或者相当；二是因为索安对各专题研究的精辟概括非常便于中国学者查阅和了解西方人在每一个具体问题上的研究现状，并进而与自己的研究做出恰当比较。

索安不仅在本书中介绍了西方道教研究的信息，还对一些问题表达了独到的分析和见解，并对道教这一研究学科做出了高瞻远瞩的规划。在本书的"文献"部分，索安按照她定的九个原则，选取了1950—1990年的道教研究精品成果。这份目录包含了二百余位学者的五百多种论著（有少部分是中国、日本和朝鲜学者的作品），非常具有参考意义，能反映出当时西方道教研究的水平。

在西方汉学界，这部著作连同其著者索安获得了高度评价，引起很大的反响。当然由于本书涉及大量不同语言的论著，并要在十余万字的篇幅中将其全部概括综述起来，因此还是存在一些错漏，此可参考附录二中日本学者福井文雅、法国学者戴路德和美国学者柏夷的笔战。（吴靖梅）

# 从逍遥游到林中路：
# 海德格尔与庄子诗学思想比较

　　《从逍遥游到林中路：海德格尔与庄子诗学思想比较》，钟华著。北京：中国社会科学出版社，华龄出版社，2004年10月第1版，32开，310千字。

　　钟华，1964年生，四川师范大学教授。

　　本书乃著者在四川大学跟随曹顺庆教授读比较文学与世界文学专业时所完成的博士论文基础上修改校订而成。本书试图在"文本细读"的基础上，采取"价值现象学"的立场，主要运用比较诗学中的"跨文化对话"方法，对海德格尔诗学与庄子诗学思想之间的事实联系和学理联系、一致性和差异性进行系统的清理和深入的比较。这种系统清理和比较在大陆学界尚属首次。

　　本书一共分为五章，具体来说：

　　第一章海德格尔诗学与中国道家精神的事实联系，主要通过对海德格尔本人的著作、演讲稿、访谈录、书信及其学生朋友的回忆材料、学术传记等文本资料进行考辨。作者认为，海德格尔在其思想初步形成的关键时期、学术和人生出现重大挫折的艰难时期，以及思想的最后总结深化时期，都与中国的道教和禅宗思想有过直接而深入的交流和对话。因此，海德格尔诗学与中国道家思想精神之间存在着广泛而真实的事实联系。

　　第二章海德格尔诗学与庄子诗学思想的学理联系，主要对海德格尔诗学与庄子诗学的文本进行比较分析。海德格尔诗学中至少有三处明确引用了庄子诗学思想，而且两者在总体思维模式、基本理论框架、基本概念系统和主要表达方式等方面，都存在着某种程度的学理联系，都呈现出了某些本质上的相似和一致，从而使我们完全有理由做出一个大胆的推断，庄子诗学思想是海德格尔诗学的一个重要的"秘密来源"。

　　第三章海德格尔诗学概要，主要通过对海德格尔诗学著作的"文本细读"，围绕"存在之思""道说之言""诗意栖居"三个基本维度，系统地清理海德格尔诗学的理论体系。

　　第四章庄子诗学思想述略，主要通过对现存33篇《庄子》的"文本细读"，围绕"本然之思""大道之言""诗化人生"三大板块，系统清理和阐释庄子诗学思想的基本框架。

第五章海德格尔诗学与庄子诗学思想对话，主要从宏观上对二者可能产生对话的话题作一些简要的论说，以期与一、二章具体的"微观"比较相得益彰。著者认为两者相同的话题有四：都认为文艺在本质上是"神圣自然之馈赠"；都采用了"思—语言—诗"的理论路向；都主要运用"去蔽"的方法；都采用"对话·复调·道路"的言说方式。两者不同的话题也有四：在起点上，庄子"非文"而海德格尔"尚诗"；在终点上，庄子是"乘道德而浮游"而海德格尔是"诗意地栖居"；在"道路"上，庄子是"言由道生"而海德格尔是"道在言中"；在形式上，庄子是各种思想间的"尖锐论战"而海德格尔是思想内部的"亲密争执"。

通过对海德格尔哲学与《庄子》所做的梳理与分析，不难看到，著者不断徘徊在事实与学理之间，往返于中学与西学之间。本书在海氏与庄子之间的比较与沟通扎实而深入，应该算是中西比较研究的力作。但本书依旧有些不足之处，如在两者诗学思想的比照中，作为隐性比照的诗学思想概述的篇幅似乎显得多了些，而关于双方存在差异性的话题，本应成为本书中一个重点突出的部分，著者却以"限于篇幅"为由只作了一些"极简单的提示"，在一定程度上影响了本书"生产性对话"的进一步深入与展开。（吴靖梅）

# 道家与海德格尔相互诠释：
# 在心物一体中人成其人物成其物

《道家与海德格尔相互诠释：在心物一体中人成其人物成其物》，那薇著。北京：商务印书馆，2004年12月第1版，32开。

那薇简介详见《道家的直觉与现代精神》提要。

本书共有17章。著者力图寻找道家哲学与海德格尔哲学能够相互进行阐释的概念，一一进行比对阐释。如第一章到第十六章中的：道家的生于陵而安于陵与海德格尔的在世界中存在、道家的万物与我为一与海德格尔天地神人的四化、道家的圣人在世与海德格尔的诸神在场、不随物迁和与世周旋的人生哲学、道家的返朴归真和海德格尔的本真存在、道家的人生若梦与海德格尔的迷误、切断俗缘倾听自我、道家的虚静恬淡人之本性与海德格尔的微不足道的"气息"、道家的无心无情与海德格尔纯粹的情绪、游心于物之初与呼应存在、众妙之门与环化、道家的生死寿夭乃大道之流行与海德格尔的会死之人、生死一如与死亡不是终结、道家的不死不生与海德格尔的持守死亡、道家的顺物自然与海德格尔的无所不在的自然、道家的仁义礼仪损性伤身与海德格尔的原伦理学。第十七章结合海德格尔哲学，解释道家无为而治思想。

著者基于道家和海德格尔哲学的异同，去寻找两者对话的境域，进行相互诠释。著者认为道家和海德格尔共同关注选择什么样的角度才能够使人的本质按照其本质状态显露出来，使人的生存获得其原初的基础。这两种哲学都是面向生活本身的哲学。道家哲学指导人们如何在现实社会中去过一种契合自然本性的生活；海氏哲学从不同角度，用丰富多彩的表达引导人们去寻找本源、寻找生活本真之性。它们的目的都是把人们从聪明智虑主宰的主客观对立的状态，引回到混沌玄奥、不可解释、不可言说的基础本体论之处。正是道家和海德格尔哲学具有这样的共同之处，在一定程度上利于对彼此进行诠释。

但同时这两者仍然存在区别。道家思想的处事方式是让人处身在与自然、与万物、与社会、与他人的共属一体中，批评延伸自我欲望和智虑的心机与成心，从根本上否定使用感性认识和理性认识，直接从前形而上学的本源之处阐释其理想人格与政治。海德格尔哲学不为人去设计理想的处世之道，也不为统治者设计理想政治，他们的目的仅仅是去追溯形而上学体系的根源，去揭示所有以形而上学为根源的科学、技术、逻辑、语言、艺术的无根基础，引导人们回归到本源之处。

本书试图运用海德格尔对形而上学的分析，在理论上更深入地发掘老庄思想的精华，力图清除笼罩在道家研究上的形而上学的迷雾，尝试以直觉体悟来概括心物一体、天人合一的道家哲学。（吴靖梅）

# 日本现代老子研究

《日本现代老子研究》，刘韶军著。福州：福建人民出版社，2006年6月第1版，32开本，461千字。

刘韶军简介详见《中国老学史》提要。

本书从日本学术的现代走向入手，介绍了狩野直喜与小柳司气太等数十位学者的现代老子研究。本书各章为：序论；第一章日本学术的现代走向；第二章狩野直喜与小柳司气太的老子研究；第三章武内义雄的老子研究；第四章津田左右吉的老子研究；第五章木村英一的老子研究；第六章《老子道德经序诀》的继续研究；第七章赤塚忠的道家与老子研究；第八章岛邦男的《老子》研究；第九章楠山春树的河上公注研究。

本书旨在充分了解和集结日本现代学者最具学术性的老子研究成果，为老学爱好者与研究者提供有益的借鉴。

本书所介绍的日本学者，在《老子》研究领域，都具有自己的特色，并能够从各自的向度，把《老子》研究的相关问题不断推向深入。

全书着重介绍日本学者的具体研究过程和内容，著者却很少加以评价。著者在书中强调，自己的最大愿望，就是想让中国学者通过了解日本学者的研究，而对自己的研究有所反省和参照，进一步促进中国学者的相关研究，更希望中国学者能够形成严谨踏实的学术研究方式，把中国历史和文化中的许多问题研究得更为透彻、深入，拿出令世界学术界信服的学术成果。（曾晗）

# 自我的圆成：中西互镜下的古典儒学与道家

《自我的圆成：中西互镜下的古典儒学与道家》，［美国］安乐哲著，彭国翔编译。石家庄：河北人民出版社，2006年7月第1版，16开，450千字，系"文明对话丛书"之一种。

安乐哲简介详见《道教与生态——宇宙景观的内在之道》提要。

彭国翔，浙江大学人文学院求是特聘教授，兼任北京大学高等人文研究院文化中国研究中心主任。

本书分为七章。第一章道论，在这一章中，著者从四个方面谈道论，分别是孔子对道的理解、儒家非超越性的天道观、《淮南子》中的道论——以《原道训》为中心的考察、儒道两家对道的实用主义的理解。

第二章认知，在本章中，著者先讲认知中的理性、关联性与过程语言；接下来，讲中国有关真理理论的文化前提；最后尝试把中国古代"知"这一术语引入西方哲学的语汇中进行理解与分析，恢复被本体论的超越性的预设排除掉的"认知"的含义，得出儒家认知论是以"象"为意义的论点。

第三章自我，在这一章中，著者分别从西方思想中自我观念的问题意识、孟子人性观念新诠、古典儒学中焦点——场域式的自我、古典道家中焦点——场域式的自我、古典儒家与道家修身之共同基础五个方面来论证。

第四章性别与身体，著者从文化研究的角度去看待中国的性别歧视状况，并论述了中国古典哲学中身体的意义。

第五章社群与政治，本章以柏拉图和孔子为例，对比古代西方友谊观和古代儒家友谊观的异同。著者还阐释了儒家式的民主主义，并从文化共生共成的角度反思儒家学说推动社会进步的现象。

第六章古典道家的死亡观，本章从死的非真实性、生死的关联性、死的寻常性、死即生等方面讲述古典道教的死亡观，并以《道德经》《庄子》中的"死"具体例论。

本书虽取材于著者不同时期的各种论著，但为本人择取选编，可以说是其学术著作之精要，特别是在译者彭国翔的编排下，提炼出共同的主题，使全书逻辑顺畅，可读性非常强。（吴靖梅）

# 海德格尔与禅道的跨文化沟通

《海德格尔与禅道的跨文化沟通》，赖贤宗著。北京：宗教文化出版社，2007年8月第1版，16开，250千字，系"第二轴心时代文丛"之一种。

赖贤宗简介详见《道家诠释学》提要。

本书为赖贤宗各时期论文合集，所讨论的内容包括了"海德格尔""跨文化""基督教""美学""文献资料"五个方面。其主轴是透过海德格尔思想，来进行当代的跨文化沟通与中国哲学的当代诠释。本书从海德格尔与禅宗道家思想的交涉来讨论东西方哲学、宗教与艺术等三方面之跨文化沟通。不仅包括了这些"跨文化沟通"论题的文献整理，也进行了多层次和多面向的具有前瞻性与发展性的哲理诠释。

本书共分为八章。

第一章本成与有无玄同：论海德格尔思想的"转折"与老子的有无玄同，在这一章中，作者主要由哲学的进路来讨论海德格尔对道家思想的容受及此中所包含的存在思想的转折的问题，逐步展开海德格尔转折之后的存在思想之能够与老子有无玄同相对比的诸项要点，阐述海德格尔存在思想与老子思想的亲缘性。

第二章海德格尔与道家思想的跨文化沟通的现有研究之考察，本章主要讨论海德格尔论老子的道与庄子思想的相关资料之考察、当前海德格尔与老子及道家思想的相关重要研究之简介。

第三章京都学派哲学与海德格尔的交涉，在本章中，著者整理了京都学派诸哲学家与海德格尔的具体交往过程，以及他们对于海德格尔的现象学诠释学的学习与跨文化沟通对谈；从英文、中文、德文世界的海德格尔研究中，整理出关于"海德格尔与禅"的研究资料，加以探讨；还探讨了西田几多郎、田边元、西谷启治关于"绝对无"的几个进路，以及运用川村永子及其他的相关研究。

第四章论阿部正雄的海德格尔与禅的比较研究与佛基对话，阿部正雄论述了海德格尔与禅的比较研究，并展开佛教与基督教的宗教对话的哲学探讨，在当代的比较宗教哲学讨论上影响巨大。

第五章禅与虚无主义的超越，作者指出，西谷启值曾游学于海德格尔门下，受海德格尔影响甚深。本章主要论述西谷用实修来超越当代文化中的虚无主义，以及海德格尔的虚无主义理论。

第六章基督教与佛教：汉语基督神学和基督教与佛教的宗教对话之重省，作者从宗教对话和对话神学的需要出发，重新检讨了汉语基督神学和汉语的宗教神学的区分，并阐明"生存性的基督论式的神学建构"和"本位论式的基督神学"并不是一对矛盾概念，并尝试构建东方的道论与西方的基督神学的"实质"的对话。

第七章崇高美学的重检：康德、海德格尔和中国雄浑观的对比研究，本章讨论了美学史中的崇高概念、康德美学中的崇高、海德格尔的存在思想的艺术真理性课题、中西雄浑观的对比。

第八章论现象学诠释学美学在台湾的发展。

书后有三篇附录，分别为："海德格尔与道：海德格尔论道（Tao、Weg）之原典与相关报导""亨利希·海德格尔神父访问录与海德格尔传的若干疑点""京都学派哲学与东西哲学：藤田正胜与赖贤宗对谈录"。

本书中所提到的"本体诠释学"与"跨文化沟通"的构想，成熟于著者留学德国之时，本书的"跨文化沟通"是建立在"本体诠释学"的研究之上，如果想理解著者更多关于中国哲学的"本体诠释学"论述，可以参考著者其他专著，如《佛教诠释学》《道家诠释学》《儒家诠释学》等。（吴靖梅）

# 天道与圣言：《庄子》与《圣经》比较研究

《天道与圣言：〈庄子〉与〈圣经〉比较研究》，高深著。北京：宗教文化出版社，2008年1月第1版，16开，280千字，系"第二轴心时代文丛"之一种。

本书由著者在浙江大学攻读博士时所完成的博士论文修改而成。本书从《庄子》和《圣经》文本概况、思想内容和文学表现三个方面展开系统比较，除了运用比较神学的方法外，还做到了有选择性地比较，并结合文献学的研究方法。本书共分为五个章节。

在第一章中，就《庄子》和《圣经》两书的成书时间、文化背景、思想主旨和著者本人信仰背景等做比较。

在第二章中，就两书的地位进行比较。《庄子》是道家哲学的集大成著作，而道家哲学是中国传统文化的根柢，对政治、文学、古典美学、国民性格、自然科学和社会科学都有着重大的影响和独特的贡献。《圣经》在西方文化中，不仅是一部宗教典籍，还是一部历史巨著、文学名著。这两者都是伟大的著作，对各自文化的影响全面、广泛、持久、深刻，可以说是各自文化繁衍生长的根。

第三、四章为两书思想内容上的比较。第三章主要集中在对超然者的比较，即"道"和"上帝"的比较；人论的比较，即人的来源、归宿、存在状况和不幸根源的比较；人的得救方法上的比较，这些得救方法具有相似之处，表现在不以暴力抗恶、不靠人的智慧、不靠人的道德、依靠超然者；认识超然者方法上的比较，"道"和"上帝"两个超然者都是无相无形的，又为人类提供形而上的根据、法则和归宿，因此两书在认识超然者的动机、方法等方面也有相似之处，即主动寻求、由"疑始"到"副墨之子"、虚己和舍己、返朴归真与浪子回头。第四章主要集中在批判现实思想、理想人格、理想社会、追求的最高境界、行为准则等五个方面进行对比。

第五章比较《庄子》和《圣经》文本在文学表现手法上的异同，主要是文学体裁、文本运用的表现手法和文本风格三个方面。

浙江大学哲学系王志成教授认为本书在国内比较文学、比较宗教学研究领域是一部有分量的研究作品。其价值主要表现在：第一，著者系统地叙述了《庄子》和《圣经》在各个领域的相似和差异，让我们对它们有一个解剖式的认识。第二，对研究中国文学和宗教的人士而言，它让我们注意到了传统文学和宗教经典之研究的新视角。对研究基督教文学和宗教的人士而言，它同样让我们注意到《圣经》研究的新视角。第三，著者在某种程度上自发地采用了比较神学的研究方法。这种研究方法在学术界还是新的，富有挑战性。著者比较客观地考察两大传统的经典文本，并站在多元文化相遇的背景下考察和反思它们，在面对时代的挑战中以一种新的眼光重新审视传统经典，力图以之为我们当今人类的生活带来生命价值的智慧启迪。（吴靖梅）

# 道学健心智慧
## ——道学与西方心理治疗学的互动研究

《道学健心智慧——道学与西方心理治疗学的互动研究》，吕锡琛等著。北京：中国社会科学出版社，2008年12月第1版，16开，300千字。

吕锡琛简介详见《道学通论——道家·道教·仙学》提要。

本书以西方心理学的文化哲学背景为起点，探讨其与道学的共同人性基础和相契之处，将道学与西方心理治疗学的主要派别进行了比较，并对道学心理调治智慧的应用研究做了探索和梳理。本书分为上、中、下三篇，共11章，文末附结语一章。

上篇主要是分析西方心理治疗学与道家哲学互动的文化背景和哲学基础。实证主义心理学方法论给心理学带来的危机、现代西方哲学的转型、现象学和存在主义的兴起等因素，导致了心理学研究方法的转型。

中篇具体讨论了荣格、马斯洛、罗杰斯等西方心理学家与道家的深刻联系，分别探讨了荣格的分析心理学和马斯洛为代表的人本心理学对道学的吸收、运用及其对中国心理治疗和文化研究方面的启示。其中在《道学与分析心理学》一章中，论述了荣格所发展出来的分析心理学与道家思想的深刻联系。《道学与意义治疗学》一章则从在西方社会产生广泛影响的弗兰克意义治疗学的视阈来挖掘道家的意义治疗思想和心理健康智慧。《道学与人本心理学》一章探讨了道家自然无为的行为原则、致虚守静的认知方式、少私寡欲的人生境界对马斯洛、罗杰斯等人本心理学家的深刻影响。《道学与认知治疗》一章，结合认知治疗法的主要代表人物埃利斯所创立的理性情绪疗法，深入发掘道学文献中的相关资源，阐发道学顺应自然、安时处顺、宽容不苟、祸福相倚等思想所具有的心理治疗意义。

下篇的各章主要探讨道学对调治一些具体心理问题的启示及其应用。其中还介绍了有多年临床经验的杨德森教授自创的"道家认知治疗法"的运用情况以及他所指导的博士生周亮所进行的临床治疗案例及其分析。

本书着眼于解决现代人所产生的心理疾病，进行了哲学思考、道德批判与心理探究，将道学智慧与当代西方文明结合起来，对心理治疗进行深刻反思与深度考察。作者以实际应用为主的新路，使向来虚玄不实的道学智慧得以落实。本书层次分明、视野开阔，内容平实易懂，分析细致深入，思维绵密，实用性较强。这在跨领域、跨东西的文化研究中不啻为一次大胆的尝试，也是道学推广普及运用中的一次全新实践。（吴靖梅）

# 20世纪《老子》的英语译介
# 及其在美国文学中的接受变异研究

《20世纪〈老子〉的英语译介及其在美国文学中的接受变异研究》，李艳著。武汉：湖北人民出版社，2009年10月第1版，16开，168千字，系"湖北经济学院学术文库"之一种。

李艳简介详见《明清道教与戏剧研究》提要。

本书由著者的博士论文修订而成。分为五大章节，第一章《老子》的西传和美国接受；第二章《老子》思想与其译介变异；第三章"无"的思想在文学中的接受与变异；第四章"自然"人生在文学中的接受与变异；第五章"阴柔"思想在文学中的接受与变异。

20世纪，西方世界日趋瓦解的本质论和中心论给当时的中西方文明交流提供了一个文化多元主义的话语背景。本书试图把观察视角放在20世纪独特的话语背景下，以西方英语世界《老子》译介和影响研究为切入点，考察中国传统思想在海外的传播，试图还原文化交往过程中的具体细节，把文化多元主义生态机制的思考融入文化交往的历史考察中。她通过引入变异学的研究方法，把《老子》的核心思想真正放置在文本开放的语境之中，在尊重文化交流双方文明异质的基础上去探究异质文化间的互动和比参。一方面着力挖掘《老子》作为源文本的文化特质，另一方面探寻西方接受视野下的一系列价值观念、文化基因，以及信仰体系等所促成的《老子》思想的重新构建，探索性地发现《老子》思想在中西方文化之间、在古代传统与当代思考的价值转换过程中所经历的文化变异现象。

　　著者在第一章中综述性地追述了《老子》西方译介的历史和《老子》在20世纪美国的接受语境。第二章总体论述"道""无""自然""阴柔"思想的译介和变异，认为"道"体世界的译介和变异是开放与构建，"无"的思想译介和变异是消隐和重构，"自然"人生的译介和变异是圆融自然，"阴柔"思想的译介和变异是内省和制衡。为了更好地考察《老子》在英语世界的传播和接受，著者用大部分篇幅对《老子》的思想进行提炼。她认为《老子》一书中"无"的思想境界、"自然"的人生境界和"阴柔"的修炼境界是其核心价值的体现，也是英语世界里的翻译者和作家共同关心的焦点。所以著者在第三、四、五章对"无""自然""阴柔"思想的译介和变异进行了进一步的详细说明和阐释。

　　在本书中，著者引入了曹顺庆教授《比较文学学》一书中提出的完整的变异学的概念，用变异学的研究方法，在变异的视角下考察《老子》在西方的译介和接受。她认为变异是两种文化交流中不可避免的过程，只有经历这种过程，异质文化才能进入自己的文化系统中发挥作用。而且研究文化变异的过程，有利于我们对经典文本的解读获得当代价值的反思契机和平台，让人们在文化交往的视野下看到文本经历的意义转换和价值拓植。（吴靖梅）

# 道家与海德格

　　《道家与海德格》，钟振宇著。台北：文津出版社有限公司，2010年12月初版，32开，系"文史哲大系"之一种。

　　钟振宇，1969年生，德国伍珀塔尔大学哲学博士，台湾"中央研究院"

中国文哲研究所助理研究员。

　　本书分为主篇与副篇两个部分。主篇分为三章：第一章讨论"道家底无为"，主要讨论老子、庄子、王弼、郭象四位道家人物。著者认为此四者奠定了道家关于无为的主要思想脉络。老子区分了无为与有为，老子认为君王的无为是很重要的，因为当君王能以自然无为的方式统治，则天下也将会"自然"。相反地，庄子则强调了个体无为的重要性，并且能透过逍遥与无用来阐释无为。相对于老子之重视外王，庄子强调人的内圣。王弼是新道家在魏晋时代首位代表性人物，他透过"自然"来阐释无为。郭象较王弼则更富于创造性，他首先探讨臣下之有为，最后达到有为与无为的同一。对郭象来说，有为不是有目的的行为，而是必要的作为。第二章讨论海德格的泰然任之。首先讨论相关重要概念，如"无意欲"（Nicht–Wollen）、"让"（Lassen）、"等待"、"地域"，这些是海德格在《泰然任之底地域化》一文用来说明泰然任之的概念。"让"与"泰然任之"不是"什么都不做"，而是类似道家之无为，是一种更高的，也许是最高的"为"。另外，对于时代的批判也属于泰然任之的论题，海德格规定现代科技的本质为"聚—架"（Gestell），并且尝试去寻找对待科技的相应态度。第三章讨论道家无为与海德格泰然任之的比较，两者有相同之处，亦有相异之处。著者认为"让"的态度在海德格与道家，有着相当的重要性。但二者之间仍有所差异，"道"在道家的意涵是"让生"，海德格是"让在场"。另外，该章也逐步探讨了地域、人、物等议题。最后，该章讨论无为与泰然任之的同一与差异。

　　副篇收录了著者的四篇文章：《海德格与老子论"同一与差异"》《德国哲学界之新道家诠释——以 Heidegger 与 Wohlfart 为例》《牟宗三先生、其后学与海德格——迈向一新的基础存有论之路》《赫拉克利特 Logos 学说与老庄道论之比较》，这四篇文章可视为著者对中西方道论之当代新诠释。（郭正宜）

# 海德格尔思想与中国天道：
# 终极视域的开启与交融

　　《海德格尔思想与中国天道：终极视域的开启与交融》（修订新版），张祥龙著。北京：中国人民大学出版社，2010年第1版，16开，375千字，系

"当代中国人文大系"之一种。本书于1996年9月由北京三联书店首次出版，2007年8月精装修订本付梓。中国人民大学出版社的版本，系修订第三版，在文末《附录》增加了人名检索和词汇检索。

张祥龙，1949年生于香港。博士，曾任北京大学现象学研究中心主任，教育部人文社科重点研究基地"外国哲学研究所"学术委员，中国现代外国哲学学会理事，现任山东大学哲社学院人文社科一级教授，主要研究方向为东西方哲学比较、西方现代哲学（现象学）、儒家哲学，主要著述有《海德格尔传》《从现象学到孔夫子》《西方哲学笔记》《当代西方哲学笔记》《思想避难：全球化中的中国古代哲理》《中华古学与现象学》等

本书主要分为三个部分，共17章内容。在第一、第二部分，对海德格尔思想和中国天道观的思想进行解读。

第一部分主要讲海德格尔的思想。共八章，主要有：海德格尔其人及其道缘、海德格尔的现象学起点、海德格尔与古希腊哲学、海德格尔对康德的解释、《存在与时间》、海德格尔的后期思想。本部分不仅对海德格尔著作中的概念与语词含义进行分析，还将这种分析与相应的哲学史、神学解释学的、诗的、他本人的思想演变过程及写作风格分析结合，充分显现海德格尔的独特思想方式的表现场景。

第二部分论印度与中国古代思想。共六章，主要有：西方传统哲学与古代印度思想、佛家的缘起终极观与龙树的中观、中国古代思想的特性、形而上之道还是势域之道、老子、庄子。在古代东方思想家的世界里，敏锐的"终极识度"是其明显特征。著者超出了欧洲哲学与中国古代思想的范围，在古印度的重要学说中找到了位于中西之间的第三者作为参照物，使得这样的比较获得新的一维。

第三部分对海德格尔思想与中国天道观进行比较。著者认为海德格尔思想与中国天道观之间确实有一个重要的相通之处，即双方最基本的思想方式都是源于人生的最初体验视野的、纯境域构成的思维方式。虽然海格德尔思想和中国天道观之间又具有重大的区别，但其又有着对话的可能。

在论证方法上，著者借鉴了现象学与解释学的方法，融入中国传统体道方法，在研究海德格尔、古代印度、古代中国三者思想的基础上，分析海德格尔思想和中国天道思想的区别与对话的可能。（吴靖梅）

# 西方庄学研究

《西方庄学研究》，安蕴贞著。北京：中国社会科学出版社，2012年10月第1版，32开，178千字。

安蕴贞，1976年生，河北宁晋人。文学博士，从事中西方文化比较研究，现就职于上海外国语大学国际教育学院。

本书在其博士学位论文的基础上修改而成，书中《庄子》引文主要来自陈鼓应先生的《庄子今译》（中华书局1983版），《老子》引文来自陈鼓应先生的《老子今注今译》（中华书局1983年版）。

本书分三章。第一章西方对道家思想的翻译和接受——翻译过程中的庄子，在这一章中著者梳理了"道"的概念在西方翻译、接受以及比较研究的情况。第二章西方哲学语境下的庄学研究——作为哲学家的庄子，本章指出，"二战"后，受到当代西方哲学和社会科学思潮的影响，学者们不再满足于文献考据工作，而是试图运用哲学和社会科学理论来解释中国古代思想。在这一时期，《庄子》被贴上了怀疑论、相对主义、现实主义的标签，庄学被标签化。第三章中西方对话过程中的庄学研究——与西方哲学家比较的庄子，在本章中，著者以庄子和德里达、庄子和海德格尔思想的对比为例，说明在这个时期，庄学阐释主要是以比较对话的方式，来进行相互理解和阐释。

本书研究对象是包括以英语为母语和第二语言的学者所撰写的英文文本和部分法文本。著者梳理了西方学者对《庄子》的翻译及庄学研究成果，对庄学在英语世界的接受过程和研究现状进行了评述。她认为西方学者对《庄子》的研究，不仅仅只停留在翻译的层面上，而更多的是集中在对道家思想的研究上。她主要截取了西方庄学的三个研究阶段，第一阶段为传教士对《庄子》文本的翻译时期，第二阶段是西方学者基于自身视角来阐释和评价庄学的时期，第三阶段是中西对话时期。通过对这些阶段的《庄学》阐释和研究状况进行对比分析，作者力图回答西方对庄子的接受与西方思想史的关系、西方庄学与中国传统庄学思想的关系、西方庄学自身的思想三个问题。

著者认为，西方庄学研究经历了翻译（接受）、阐释和对话三个时期，其中翻译者的历史性和他们研究的视角对翻译和阐释产生巨大的影响。在西方庄学研究中，虽经历了从哲学到历史和文化的转移，但是这种转移与其说是庄学研究的内在需求和自主性要求，不如说是西方学术史的自我调节，这种以西解庄，是具有局限性的。本书著者号召庄学研究要加强中西方的对话，从不同视角不断解读《庄子》。（吴靖梅）

# 东亚道教研究

《东亚道教研究》，孙亦平著。北京：人民出版社，2014年4月第1版，精装，16开，1015千字，系"国家哲学社会科学成果文库（2013）"之一种。

孙亦平简介详见《杜光庭思想与唐宋道教的转型》提要。

本书作为东亚道教研究领域的开山之作，第一次向世人提出"东亚道教"的概念，阐述了它形成演化的历史，揭示了它丰富的内涵。本书以道教由中国为中心向朝鲜、日本、越南等国的传播历史为经，以道教文献、信仰特点、教义哲学、养生道术、医学成就和文化形式为纬，以道教与道家、儒家、佛教、神道教及各民族宗教之间的互动关系和"中心"与"边缘"的关系为"问题阈"，全面且系统地对东亚道教进行深入细致的剖析。

本书共十章。绪论中界定了"东亚道教"的概念。第一章介绍了东亚道教的文化渊源、宗教形态及东亚道教的"中心—边缘"。第二章介绍了道教在魏晋南北朝时的传播路向，在隋唐宋元时对东亚的影响，在明清至民国时道教民间化的倾向以及道教在中国台湾、中国香港、中国澳门的传播情况及特点。第三、四、五章分别探讨了中国道教文化以和平方式传播于朝鲜、日本、越南并与这些国家民族文化相结合的历史，分阶段地介绍了这些国家与道教的互动关系、固有的宗教信仰在涵化中国道教的过程中发生的变化及出现的新道派。第六章论述的是东亚道教的信仰特点，以得道成仙为核心，以太上老君为教主，以三清、玉皇为至上神，由众多神仙组成的多神崇拜。第七章列述了在东亚传播的道教经书，以及诗歌咒颂、小说传奇、劝善书等。第八章厘清了东亚道教种类繁多的修道术，包括外丹、内丹、气功等修炼术。第九章论述了东亚道教的医学成就，包括借医弘道的道士、简易实用的道教医术以及顺阴阳五行的治疗术。第十章论东亚道教的文化特色，包括富有民族特色的宫观建筑、多姿多彩的雕塑绘画、敬神崇道的斋醮科仪、上奏天神的绿章青词等文化形式的成就。

本书体现的东亚道教的特点是：一、东亚道教从宇宙生命的本体、万物发展的规律"道"出发，宣传天地人三才同源；二、东亚道教注重"以身体道"，强调通过自我的身心修炼以契合宇宙之道获得生命的超越，凸出经验知识在追求"道"的过程中的导向作用；三、东亚道教洋溢着一种追求宁静和平的"主静文明"的特点，它贯穿于东亚文化与艺术创造之中；四、东亚道教以"尊道贵德"为核心价值，表现出的道德文明已透过临终关怀精神对东亚文化产生深远影响。

本书最后附有主要参考书目以及检索，其中主要参考书目包含了大量朝鲜、日本、越南等东亚道教研究的参考资料。（吴靖梅）

（五）道家与道教综合性论文集

# 论老子

《论老子》，车载著。上海：上海人民出版社，1959年6月第1版，32开本，73千字。

本书由前言及六篇论文组成。前言说明六篇论文写于两个不同时期，并各有侧重点。《老子书谈"道"和"德"》《老子书谈"常"》《老子书谈"反"和"弱"》写于1938年，重在说明老子书的辩证思想；《论老子书的"道法自然"》《论老子书的道与物》《论老子书的"观妙"与"观徼"》写于1957年，重在说明老子思想应该属于唯心主义，不应该属于唯物主义，兼及谈辩证思想。

前后六篇论文写作时间跨度大，体现了著者所处时代的特色，然而均以老子的辩证思想贯穿全篇。第一篇《论老子书的"道法自然"》，从"谈自然""谈道""谈母""谈反"四方面阐述老子的道法自然思想。第二篇《论老子书的道与物》，分"什么叫作'有物混成？'""道在物先是主要思想""无为的积极作用与辩证思想的局限性"三部分，论述老子书中的道与物的关系。第三篇《论老子书的"观妙"与"观徼"》，从"道的永恒性与变动性""道与德与物的关系""对立与转化""从统一到对立到统一"四层次，说明"观妙"与"观徼"的关系。第四篇《老子书谈"道"和"德"》，分"说明道""说明德""说明道与德的关系"三节，论述"道"与"德"的联系。第五篇《老子书谈"常"》，从"什么叫作复命""什么叫作知和""为什么知常叫作明"三个方面，分析老子书中"常"的含义。第六篇《老子书谈"反"和"弱"》，由"反和动""弱和用""有和无"三节组成，阐述老子书中"反"和"弱"的作用。

六篇论文写作年代相差近二十年，但文风朴实，语言简练，一以贯之。如上所述，著者擅长运用《老子》书中的大概念，分析老子书的思想。如第四篇在说明"道"的内涵时，列出"道与名""常与可""有与无"三组相对概念，其中"常与可"这一组概念为常人所忽视，见常人之未见，具有新意。同时，著者也最擅长运用"对立统一""体用"辩证关系，论述《老子》书中诸概念之间的关系。如第三篇第四部分"从统一到对立到统一"，分析"母、朴、一"三个概念所包含的"对立统一"性时，引用《老子》第42章"道生一，一生二，二生三，三生万物。万物负阴抱阳，冲气以为和"来论证。著者认为这一章包括三层"对立统一"的意思，第一层"一生二，二生三"，"一生二"从统一产生对立，而"三"为新的统一说；第二层"三生万物"，"万物"由无数个物组成，在对立中又生统一；第三层"万物负阴抱阳，冲气以为和"，"万物"为统一，"负阴抱阳"为对立，"冲气以为和"则又统一了。这种细致分析见出著者深厚的哲学洞见能力。在此篇，著者也用"体用"关系，说明"观妙"与"观徼"的关系。

书中前三篇论文写于1957年，受马克思主义哲学影响，作者将老子哲学归入唯心主义。其实"无"最初表现为混沌，其后表现为虚空之气，气也是一种物质，但表现为无形，著者将物局限于有形，未免狭隘。第一篇开头引《老子》第25章"有物混成，先天地生"。著者因此得出《老子》道先于物是唯心主义的结论。此处"有物"即有气之义，道与气异名同出，道也是由物质性的气构成。究竟说，老子哲学既不是唯心，也不是唯物，而是唯道、唯气，这符合老子哲学的本来面目。（李永）

# 老子哲学讨论集

《老子哲学讨论集》，哲学研究编辑部编。北京：中华书局，1959年12月第1版，32开，228千字。

本书"编者说明"介绍了讨论集的由来。1959年5月间，"在为纪念'五四'四十周年而举行的中国哲学史讨论会上，哲学界曾对老子哲学问题展开讨论。争论焦点集中在两个问题上：（一）老子哲学基本上是唯心主义的，还是唯物主义的？（二）五千言的老子书是什么时代的产品，它与老子这个人有什么关系？最近几个月来，各报刊陆续发表了许多争论的文章，现在我们把这些文章编在一起，供读者研究和参考"。

本书收录论文16篇，编者将所收论文分为两组。把主张老子哲学基本上是唯物主义的编入第一组，把主张老子哲学基本上是唯心主义的编入第二组。第一组论文包括：任继愈、冯憬远《老子的研究》，任继愈《论老子哲学的唯物主义本质》，冯友兰《关于老子哲学的两个问题》《再谈关于老子哲学的问题》《先秦道家哲学主要名词通释》三篇，汤一介《老子思想的阶级本质》《老子宇宙观的唯物主义本质》两篇，詹剑峰《老子的"道即是绝对精神"吗？》，胡曲园《论老子的"道"》。第二组论文包括：关锋、林聿时《论老子哲学体系的唯心主义本质》《再谈老子哲学》《略论子产和老子》《从春秋时代的尚贤谈谈老子哲学》四篇，车载《论老子书的"其中有物"》，杨荣国《关于"五千言"老子的思想》，周建人《老子的"道"是唯物主义还是唯心主义》等。

本书的价值在于一书之中包含了老子哲学究竟是唯物主义，还是唯心主义两种截然相反的观点，还对老子其人及《老子》其书的时代等一些内容进行了讨论。总之该讨论集以一种兼容并包的方式，客观收录不同观点的论文，给读者留下了广阔的判断空间。（程群）

# 庄子哲学讨论集

《庄子哲学讨论集》，哲学研究编辑部编。北京：中华书局，1962年8月第1版，32开，262千字。

本书篇目系《哲学研究》编辑部选定。编者把一些具有代表性的（包括较早发表的）文章编在一起，包括了以下几个较有争论的方面的问题：（一）在《庄子》一书中，哪几篇能代表庄子自己的思想？（二）庄子哲学是唯物主义还是唯心主义？（三）庄子哲学是辩证法还是相对主义？（四）庄子哲学的阶级根源是什么？在历史上起了什么作用？本书是1961年各报刊上发表的关于上述问题的文章合集。

关于《庄子》这本书和庄子哲学的问题，历来就有不少人做过研究和讨论。《庄子哲学讨论集》收录了16篇文章：《庄子哲学批判》《庄子〈外杂篇〉初探》《〈庄子·逍遥游〉解剖》《论庄子》《再论庄子》《三论庄子》《庄子的唯物主义世界观》《庄子探源——从唯物主义的庄周到唯心主义的"后期庄学"》《庄子探源之二》《庄子探源之三——论庄周哲学思想的阶级实质》《〈庄子〉内篇是西汉初人的著作吗？》《庄子思想探微》《关于庄子哲学思想的几个问题》《〈庄子·庚桑楚〉篇一解》《庄子哲学相对主义的实质》《庄子的思想》等。在这16篇文章中，最早一篇是《庄子的思想》，原载于《文史哲》1957年第8期。

本书收入的16篇论文出自9个著者，探讨的问题各有侧重。著者们把庄子哲学放在中国传统文化的大背景中进行考察，通过比较，揭示其思想特征。其中有文章认为，庄子哲学体系是一个彻头彻尾的主观唯心主义的体系，其基本范畴为"有待""无己""无待"。其主观唯心主义扩张的主观精神是消极的、逃避现实的。这是没落的、悲观绝望的奴隶主阶级的阶级意识反映，具有虚无主义、阿Q精神、滑头主义、悲观主义特征。有文章认为，庄子哲学体系是由老子哲学体系转化而来，两者的不同是两个时代、两种形势下的没落奴隶主阶级意识的不同反映。有文章认为，庄子式的绝对自由，"逍遥游"——就是庄子的人生观。他所追求的绝对自由论、极端个人主义是向内要求的，即人自己的头脑里、在幻想里达到自我欺骗、阿Q式的绝对自由，而不是向外追求现实世界的绝对自由。庄子的绝对自由论并不是出世的，他并不主张离开人间，遁入山林。他要活在人间世，于是创出了一套处世的哲学——滑头主义。"有待""无己""无待"，是庄子达到他的绝对自由论的三段式，也是庄子哲学的基本范畴。有文章认为，庄子是不信上帝，不信鬼神，有反宗教、反权威的思想的，庄子哲学中是有唯物主义方面的。他肯定自然界在独立发展着，不是任何人的主观意志所能改变的，他认识到客观世界发展变化的规律性和普遍性，这是庄子哲学中最有价值的部分。在庄子的统一体系内，自然观的唯物主义与社会观的唯心主义并存，也导致庄子的哲学和"后期庄学"走入唯心主义。庄周的唯物主义哲学体系本身有它严重的缺点，所以给唯心主义的"后期庄学"制造活动的机会。

本书的最大价值在于它焕发了学术研究精神。在历史上，对庄子及其哲学虽有争议，但评价还是较高的。在本书中，各家观点不同，各篇论文都在中国传统文化的大背景中列举了详细的例子，证明其观点。例如，关锋的《庄子哲学批判》举了大量例子，一步步论证庄子哲学体系是彻头彻尾的主观唯心主义体系，是消极内向、悲观绝望的。任继愈在《庄子探源——从唯物主义的庄周到唯心主义的"后期庄学"》中，用马克思主义产生之前一切唯物主义哲学不足的地方为参照，说明庄周的唯物主义哲学体系本身有缺点是正常的，庄子的哲学体系本身是自然观的唯物主义与社会观的唯心主义并存，但也正是如此，导致了庄子的哲学和"后期庄学"走入唯心主义。

本书各篇文章分析有理有据，让读者了解到庄子哲学的思想体系、特征、阶级根源、代表作品，有助于读者对庄子哲学的整体把握，也有助于人们思考。（程群）

# 老庄思想论集

　　《老庄思想论集》，王煜著。台北：联经出版事业公司，1979年12月初版，25开。

　　王煜，广东东莞人。博士，曾任香港中文大学新亚书院哲学系教授、上海师范大学比较文学兼职教授。著有《中西哲学论文集》《杂感与随笔》《文哲心得与书评》《儒释道与中国文豪》《中国学术思想论丛》《新儒学的转变——宋代以后儒学的纯与杂》《明清思想家论集》《东西方文哲札记》《精神探幽》等。

　　本书共收著者36篇有关老庄思想研究的文章，写作跨度从1966年至正式结集出版时，前后达14年。但通贯全书，仍可看出著者对老庄思想有一贯之思考及明显的个人写作风格。

　　本书大抵属批判性之阐释，根据《庄子》的文字和意蕴，或先译后评，或夹述夹评，尽量穷竭原文可能含藏之思想。著者旨在探讨道家哲学之优劣两面，但整体而言，仍认为纵使在《庄子》之外、杂篇中，亦仅具有偏激程度的"量之歧异"，并无哲思的"质之矛盾"。不过若与儒佛对比，道家的缺憾仍昭然若揭、彰彰明甚。作者以为道佛的共同弱点，仍在视一切言行为权假方便，不能积极地在本原上肯定道德实践和认知活动的意义与价值。作者又对照儒家之"道德的理想主义"，则勉强可称道家哲学为"艺术的理想主义"。由于著者之从学背景及哲思立场属于当代新儒学，故其对老庄思想所做的判定，也并不令人意外。本书可视为"当代新儒家立场角度所认知的老庄思想"相关诠释著作之一。（赖慧玲）

# 道教文化新探

　　《道教文化新探》，卿希泰著。成都：四川人民出版社，1988年10月第1版，32开，220千字。

　　卿希泰简介详见《中国道教史》提要。

本书是一部论文集，共收录了著者24篇论文。依次是：《应当重视和加强宗教学的研究》《毛泽东同志对于马克思主义宗教理论的发展》《试论"中国根柢全在道教"》《道教的源与流》《道教与〈周易〉的关系初探》《关于道教斋醮及其形成问题初探》《〈太平经〉的哲学思想》《〈太平经〉的知人善任思想浅析》《试论〈太平经〉的乌托邦思想》《〈太平经〉中反映农民愿望的思想不能抹杀》《试论〈太上洞渊神咒经〉的乌托邦思想及其年代问题》《试论道教劝善书》《中国道教的产生、发展和演变》《有关五斗米道的几个问题》《〈灵宝经〉的出现与繁衍和灵宝派的形成初探》《关于净明道形成问题刍议》《关于紫阳派形成问题刍议》《从葛洪论儒道关系看神仙道教理论特点》《王玄览道体论和修道思想的浅析》《试论陈景元的宇宙观及其治身治国理论》《关于道教思想史研究的方法论问题》《一部富有启发性的著作》《谈谈两点论》《有关宗教几个理论问题的综述》。

本书既反映出著者对道教的研究所涉及的内容非常广泛，所使用的方法非常丰富，也展现出著者对道教研究的思想变迁。总体上看，本书体现出老一辈学者用辩证唯物主义和历史唯物主义的世界观和方法论做指导，探讨道教产生发展和演变的客观规律，锐意开拓，为后来的学者提供了重要的方向指导。（袁今雅、于国庆）

# 中国传统文化中的儒道释

《中国传统文化中的儒道释》，汤一介著。北京：中国和平出版社，1988年10月第1版，32开，215千字。

汤一介简介详见《魏晋南北朝时期的道教》提要。

本书收录了汤一介论儒释道的重要论文，除《论儒家的境界观》《〈太平经〉中"气"的概念分析》及《"全球意识"与"寻根意识"的结合——〈中国文化书院讲演录〉的序言》外，其余18篇皆为自1980—1987年间发表在《中国社会科学》《哲学研究》等期刊上的论文。这些论文大致可以分为五部分。

第一部分包括两篇文章，从整体上探讨中国传统哲学的体系。《论中国传统哲学中的真善美问题》一文指出在传统哲学中，真善美分别体现在"天人合一"知行合一"及"情景合一"中，其中后两者是"天人合一"不同侧面的具体展开。《论中国传统哲学范畴体系的诸问题》一文探讨了中国哲学的基本概念，并尝试建构了范畴体系（提出了20对基本概念或范畴）。

第二部分包括三篇文章，探讨了儒道两家的某些问题。《论儒家的境界观》一文认为按"境界"的含义，应把"内圣"和"外王"分开讲，其中儒家的境界应指个人的道德和知识的修养（"内圣"），"外王"则指"社会理想"。《论孔子》一文探讨了孔子的生平及其哲学思想和社会历史地位。《论〈道德经〉建立哲学体系的方法》一文则认为老子创立体系的方法有"逆推法""概念相对法"及"由否定到肯定"的方法。

第三部分包括六篇文章：《论道教的产生和它的特点》《论早期道教的发展》《关于〈太平经〉成书问题》《〈太平经〉中"气"的概念分析》《略论早期道教关于生死、形神问题的理论》《读〈世说新语〉札记》，这些文章主要探讨了早期道教的产生历史、道教中的形神问题及道教经典《太平经》的成书及其"气"的含义。

第四部分包括四篇论文：《从印度佛教传入中国看研究比较哲学、比较宗教学的意义》《从印度佛教传入中国看中国文化发展的若干问题》《唐代排佛之根据》《功德使考》，这四篇论文论述佛教的相关问题，前两篇文章有一致之处，即在比较两种文化异同的基础上，探讨了文化比较的意义及中国文化今后的走向。后两篇为读《全唐文》和《资治通鉴》的一则札记，一是初步总结了唐代儒士排佛的原因，一是考证了管理僧尼的官职"功德使"之来龙去脉。

第五部分包括六篇文章：《"全球意识"与"寻根意识"的结合》《让中国文化走向世界，也让世界文化走向中国》《如何发展中国文化》《中国哲学史与中国思想史》《近年来中国哲学史研究的新进展》《国外中国哲学研究一瞥》。

在本书中，著者提出了不少新见，如把"内圣"和"外王"分别与"境界"与"社会理想"相对应，又如认为《世说新语》所说的"《声无哀乐》《养生》《言尽意》三理"的著者为嵇康等。不过，因受时代话语的影响，对中国哲学的评价或分析明显带有时代的特色。（张培高）

# 道教研究论文集

《道教研究论文集》，黄兆汉著。香港：中文大学出版社，1988年版。

黄兆汉简介详见《香港与澳门之道教》提要。

本书由九篇论文集结而成，著者将全书分为四部分，一是明清道教历史的研究，包括《明代的张天师》《张三丰与明帝》《清代道教西派命名、活动及道统考》《从道书的形成看清代文人的宗教生活》四篇；二是民间信仰的研究，即《玄帝考》《黄大仙考》两篇；三是道教文学的研究，包括《全真教祖王重阳的词》《丘处机的〈磻溪词〉》两篇；四是道教法器的研究，即《木鱼考》一篇。《明代的张天师》肯定当时的天师在保存、整理道教文献及道教文化史上，有不容忽视的贡献；《张三丰与明帝》梳理史册与道教文献中，洪武、永乐、正统、嘉靖诸帝对张三丰封赠之背后意义与真伪程度；《清代道教西派命名、活动及道统考》考订大江西派之系谱、成员事迹、扶乩场所、道典品帙；《从道书的形成看清代文人的宗教生活》通过清代《张三丰全集》分析李西月等西派成员的宣教方式，包括编纂道书、依托古撰、编写道经、注释道经、扶乩、研究事迹六项，并对该文献所收著作之内容进行分析、考订；《玄帝考》先分析"玄武"由先秦的龟转变为东汉的龟蛇之文献始末，再就政书、方志、道经、小说考释历代崇奉玄帝的情况与其背后因素；《黄大仙考》就《金华赤松山志》《金华游录》及志书、道典、晋至宋之诗文，分析由金华传至广东再递传到香港的黄大仙信仰之源起与历代崇祀情形；《全真教祖王重阳的词》对王重阳词作之内容、意蕴及艺术手法、影响进行分析，认为马丹阳受其影响最深，而丘长春受其影响最浅；《丘处机的〈磻溪词〉》肯定丘长春《磻溪词》内容意蕴及历史价值在金元文学上的价值；《木鱼考》对木鱼由警众的"直鱼"演变为诵经的"团鱼"历程，运用政书、释典、诗文、笔记详加考证，认为明代始完成此变革。

总的来说，本书运用多方文献针对道教宗派史、道教文学、神祇信仰、宗教法器等四面向展开丰富而扎实的讨论，虽立论较早却无前修之病，故能启迪后学，广受继起研究者之引用，可说是本书在道教学术研究上的一大贡献。（李建德）

# 庄子与中国文化

《庄子与中国文化》，黄山文化书院编。合肥：安徽人民出版社，1990年10月第1版，32开，352千字。

本书是由42篇庄子研究的论文构成的文集，论文的来源是1989年10月在安徽蒙城举办的全国"首届庄子学术研讨会"，本书是从会议收到的80余篇学术论文中选取汇编的。文集分八个部分：

第一部分为总论，概括性地讨论庄子其人及其学说。包括三篇论文：徐澍《漫论庄子》、钱耕森《庄子故里蒙城说考辨》、菲铭《再论庄周故里》。

第二部分为哲学篇，集中讨论庄子本人的哲学思想。包括12篇论文：肖美丰《庄子时空观新探》、刘仲林《意会论乃庄子魂》、刘培育《庄子的名辨观》、顾文炳《庄子直觉思维论》、甄长松《庄子的逻辑学与认识论》等。

第三部分为思想史篇，讨论庄子在中国思想史上的影响。包括五篇论文：滕复《庄子哲学与道家传统精神》，杨守戎《〈庄子〉外杂篇中的黄老思想》，钮福铭、于萍《荀子眼中的庄子》，默耕《庄子思想与竹林玄学》，许抗生《禅宗与老庄思想》。

第四部分为文学篇，研究庄子在中国文学史上的贡献和影响。包括十篇论文：庄大钧《庄子学派的文学倾向与楚文艺的浪漫特征》、慕占民《庄子的文学成就及其影响》、鲁家永《〈庄子〉文学价值探析》、李竹君《〈庄子〉散文的创造精神》、丁辛百《庄子的寓言》等。

第五部分为美学篇，讨论庄子美学思想及其影响。包括四篇论文：王载源《论庄子的自然主义》、王景琳《庄子浪漫主义精神论析》、吕美生《漫淡庄子的文艺美学思想》、鲁茂松《〈庄子〉的审美时空》。

第六部分为科技与气功篇，讨论庄子与中国科技史、现代科技及中国气功的关系。包括四篇论文：周瀚光《庄子科技观辩析》、王森洋《庄子和现代自然科学》、陈广忠《〈庄子〉气功试解》、潘明环《浅谈〈庄子〉与气功》。

第七部分为域外篇，介绍域外学者对庄子研究的成果。包括四篇论文：美国陈荣捷《庄子神秘的思维方式》、美国吴匡明《对庄子的九种误解》、德国毛高格《从濠梁之辩看庄子的"真"观》、德国费南山《现代西方人为什么对庄子感兴趣》。

第八部分为附录，包括程潮《建国以来庄子研究简述》、史向前《建国以来发表的庄子研究论文辑目》、《各地学者、社会团队及社会名流恭贺庄子研讨会》。（周睿）

# 众妙之门——道教文化之谜探微

《众妙之门——道教文化之谜探微》，萧萐父、罗炽主编。长沙：湖南教育出版社，1991年8月第1版，32开，270千字。

萧萐父（1924—2008），中国著名哲学史家，祖籍四川井研，出生于成都。中华人民共和国成立之初，参加接管华西大学，历任武汉大学中国哲学教授、博士研究生导师，湖北省社联学术委员，中国哲学史学会副会长，中华孔子学会副会长，国际道联学术委员、中国文化书院导师。长期从事中国哲学和文化的教学研究，在国内外发表学术论文百余篇，主要论著有《中国哲学史》（上下卷，合著）、《中国辩证法史稿》（第一卷）、《哲学史方法论研究》、《王夫之辩证法思想引论》、《中国哲学史史料源流举要》、《吹沙集》等。

罗炽，1940年生，湖北武汉人，曾任湖北大学原政治与行政学院院长、湖北大学哲学系教授，《湖北大学学报》副主编，社会兼职有湖北诗词学会副会长、湖北楹联学会副会长、武汉诗词楹联学会副会长、湖北大学琴园诗社社长等，主要研究领域为易学、道教、佛教哲学、诗词、吟诵等。

1990年7月，由湖北省哲学史学会、武汉荆楚书院、武汉大学等11家单位联合发起的全国"道家（道教）文化与当代文化建设学术讨论会"在湖北襄樊召开。本书即是在这次会议的基础上，收集数十位专家学者的研究成果编纂而成。

本书除正文外，有萧萐父先生序文一篇，任继愈先生贺信一篇，张舜徽先生题词一则。本书分为上、中、下三编，上编"道教文化渊源论"，收录论文9篇。内容涉及道家思想起源、老子思想再认识、管仲与老子思想的关系、老子哲学的思维模式、庄子"自然"思想辨析、道家在中国哲学史的地位、道家在传统文化中的地位等诸多方面。该编意在探溯道教文化渊源，重新定义在中国传统文化中道家、道教的历史地位。

中编"道教文化之多棱透视"，收录论文20篇，分为三个主题。第一个主题是"道教人物、流派、著作管窥"，这部分包含九篇论文，主要探讨了李荣的重玄思想、杜光庭道教理论的思辨性、道教"真一"思想、《周易参同契》的哲学思想、《抱朴子内篇》的养生学说等，此外还对唐代道教文化以及元代武当道教做了断代式的专题介绍。第二个主题是"道教丹术与自然科学阐微"，这部分包含七篇论文，分析了中国炼丹家的理论基础、炼丹术对古代科技的影响、《周易参同契》中的生命模型、道教与天文学之间的关系等问题。还有专文从元气的被神化入手，考察道教如何从一种建立在理性自然上的追求，非但与科学擦肩而过，反而最终滑向万物有神论的过程。第三个主题是"道家思想与文学艺术探胜"，这部分包含四篇论文，既有关于道教对历史上不同时期、不同体裁的文学内容影响的研究，也有针对道教音乐的研究。中编内容意在以个案分析的方式，展示道教文化的触手如何延伸影响到中国文化的各个方面，进以说明道教在中国文化中巨大的历史作用与影响力。

下编"道家、道教文化之现代意义"，收录论文5篇。题目包括道家文化的现代意义、老庄思想与心理健康、当代文化建设的价值选择等。该编旨在强调道家、道教文化的现代价值，呼吁社会重视，引领这种古老智慧回归现实生活，以期解决现代人手足无措的种种精神文明问题。

1990年的这场"学术讨论会"集合了道家与道教、哲学家与宗教学家。他们共同的愿景是还道家、道教一个应有的历史定位。同时去粗取精，让道家与道教思想中的优秀成分继续为中国文化与中国社会注入生命力。本书就是这场会议的忠实记录。（亓尹、于国庆）

# 一九九一年香港第二届
# 道教科仪音乐研讨会论文集

《一九九一年香港第二届道教科仪音乐研讨会论文集》，香港圆玄学院、人民音乐出版社《音乐研究》编辑部、沈阳音乐学院编。北京：人民音乐出版社，1991年12月第1版，精装，32开，150千字。

本书由赵沨作序，毛继增、曹本治、魏煌三位学者撰写后记。该论文集的序言之后是汤国华的《第二届道教科仪音乐研讨会开幕致词》。附录部分为乐川撰写的《第二届道教科仪音乐研讨会综述》。本书是出席1991年5月11日至16日在香港举行的第二届道教科仪音乐研讨会的代表们向会议提交的论文合集，著者共计16位。收入16篇论文，包括：徐占海《道教音乐悟学札记》，张晓凡《黑龙江道教科仪音乐的历史与演变》，詹仁中《全真道与中国戏剧》，蒲亨强《明代武当山道教音乐考略》，钟光全《重庆民俗与道教道场科仪音乐》，甘绍成《四川道教仪式执行者的传承方式与特点》，凌瑞兰《道教科仪音乐研究方法刍议》，曹本冶《香港全真道科仪音乐的组成基素》，柯琳《白云观道教法事科仪调查报告》，李玉珍《东北道教的开光科范仪式音乐及其功用》，史新民《论武当道乐之特征》，毛继增《敬神　娱人——论道教科仪音乐的功能》，张鸿懿《北京白云观道教音乐中的十方韵和地方韵——兼论十方韵和地方韵的关系》，黄礼仪《江西黄畲山老道堂音乐》，蒲亨建《武当山道教韵腔特异风格的形态学研究》，魏煌《法器在东北新韵中的运用》。

　　本书所收录论文的主题主要有四个方面：道教科仪音乐的历史及演变；道教科仪音乐研究方法探讨；道教仪式音乐和其他宗教仪式音乐的联系；地方道教科仪音乐的风格、曲目及结构特点和功能。本书提供了有关道教音乐的丰富资料，16位学者以各自的观点，从不同的角度提出了自己关于道教音乐的看法。这不只是道教音乐的研究成果，而且也是民间民族音乐的研究成果。同时，该论文集在宗教学、社会学、民俗学等方面均有一定的价值，也有助于道教音乐以及我国其他宗教音乐研究的进一步开展。（程群）

# 道教与传统文化

　　《道教与传统文化》，《文史知识》编辑部编。北京：中华书局，1992年4月第1版，32开，249千字，系"文史知识文库"之一种。本书于2005年以大32开本重印。

　　《文史知识》杂志创刊于1981年，是由中华书局主办的刊物，专门刊登中国古代文学、艺术、历史、哲学及文化史等方面的文章，旨在弘扬中国优秀传统文化，对青少年进行道德、精神方面的素质教育。

本书除正文外，前有"文史知识文库"丛书总序一篇。本书主题为道教与传统文化，设置了道教论坛、道教史略、道教与文学、道教与文化、道教典籍、道教与神仙、道教人物、道教常识、名山圣迹、研究现状十章，收入不同著者文章共计51篇，从文史哲各个方面介绍了道教的历史、人物、典籍及基本常识。

"道教论坛"收文六篇，均为介绍道教的综述性论文。主题涉及道家与道教的异同辨析、道教的本末源流、道教与中国传统文化关系、道教特征、三教融合、农民战争与宗教关系等。

"道教史略"收文六篇。首篇概述道教产生、发展与演变的整体历史。其后五篇以时代为序，多从各个时期较具代表性的教派切入论述，如原始道教时期的五斗米道和太平道、汉魏六朝时期的道教发展、金元时期的北方三大教派、明清时期的红阳教与黄天教等。

"道教与文学"收文六篇。首篇统论道家、道教与中国古代文学。其后五篇分别从古典诗歌、唐代文学、《红楼梦》《封神演义》、道情等不同对象入手论述其与道教的关系。

"道教与文化"收文五篇。该部分主题较宽泛，主要介绍道教与仙话传说、音乐、科技、气功的关系，显示了道教在文化层面影响之深广。其中还收有介绍西方炼丹术的文章一篇。

"道教典籍"收文四篇。除王明先生撰文专述了《太平经》《抱朴子》这两部重要道经外，余文分别对《道藏》《云笈七签》进行了介绍。

"道教与神仙"收文五篇。除首篇总论道教和神仙外，余下文章分别就西王母、八仙和财神这些民间最为知名的神仙进行了简单梳理。

"道教人物"收文七篇。其中所述均为与道教关系密切的历史人物，既有诗仙李白这类名士；陈抟、丘处机、张三丰这类著名道士；也有宋徽宗、成吉思汗、嘉靖帝这类在道教史上影响深远的帝王。

"道教常识"收文七篇。内容涉及道教的基本信仰、修炼方法、清规戒律、符箓占卜等多个方面。

"名山圣迹"收文三篇，分别介绍了丰都、永乐宫与白云观等道教名山丛林。

"研究现状"收文两篇，分别介绍了20世纪80年代中国台湾以及国外道教研究的情况。

本书所收文章均由道教研究领域著名学者所撰，在确保权威性、学术性之余，本书在篇目安排上颇具匠心，围绕每一特定主题，既有总论又有分说，既能让读者获得对道教的大体了解，也可一窥道教研究的领域与门径。（亓尹、于国庆）

# 老子与中华文明

《老子与中华文明》，巩德顺主编。西安：陕西人民教育出版社，1993年10月第1版，精装，32开，250千字。

巩德顺，1945年生，陕西省老子研究会副会长，曾任第十届陕西省人民代表大会常委会副主任。

本书是"第二届老子思想研讨会"的理论成果。1992年5月11日至15日，陕西省社会科学联合会主办的"老子思想研讨会"在西安召开。北京、上海、江苏、湖南、河南、陕西等地的五十余位学者应邀参加了会议。这次研讨会的宗旨是：研究老子及道家思想在中国与世界思想文化史上的重要地位，进一步弘扬祖国优秀文化遗产；同时，通过探讨老子与陕西古代文化历史关系，以推进陕西省文化资源的"开发、保护、研究、利用"，使思想文化研究与经济建设联系起来。

本书共收集论文29篇，另有序言和附录。序言主要阐述"老子思想研讨会"的始末，由张岂之代序。论文分别为：《老子"道"的观念的独创性及其传衍》（张岱年）、《中国文化的两大思想流派》（任继愈）、《重新评估老学——关于深入研究老子思想的几点意见》（朱伯崑）、《老子与中国文化》（钟肇鹏）、《老子思想的世界历史地位》（杨宪邦）、《简论道家与中国文化结构》（赵吉惠）、《老子及道家学说的双重文化价值》（刘学智）、《老庄异同论》（崔大华）、《浅谈〈老子〉与儒家思想的异同》（钱逊）、《道家在中国文化史上有着重要地位——从儒道异同与并存互补谈起》（田文棠）、《稷下黄老之学对老子学说的改造与发展》（步近智）、《尚水与守雌——〈老子〉学说探源》（刘宝才）、《〈老子〉关于"正、奇"的思想及其演变发展》（祝瑞开）、《老子的人生哲学及其建构特征》（崔永东）、《老子"道"的价值意蕴》（赵馥洁）、《论老子"道"的规定——"反"》（鲁子平）、《初论老子之道与世界观》

（王力平）、《论〈老子〉晚出说在考证方法上常见的谬误——兼论〈列子〉非伪书》（陈鼓应）、《略论〈老子〉与〈尚书〉、〈诗经〉、〈易经〉之关系》（王博）、《〈老子〉与〈孙子兵法〉的关系》（邹丽燕）、《论魏源的〈老子本义〉》（宋耕耘）、《老子和楼观》（王士伟）、《楼观道与中国传统思想文化》（洪修平）、《楼正本〈道德经〉的刻写年代论考》（李水海）、《老子思想对现代科学思维的启示》（黄麟雏）、《现代计算机程序设计学的哲学整合——兼论老子思想在高科技中的现实意义》（王力平、邹争征）、《老子哲学的方法试探》（侯普济）、《老子哲学是生存哲学》（田耕滋）。书末附录有此次研讨会的开幕词（巩德顺）、综述（陈玉京）以及参加研讨会的代表名单。

　　本书从多方位、多层次研究老子及道家思想，既注重理论的研究，也关注民间医疗保健等方面的实践经验。关于老子及道家学派，一些学者提出了新的见解。陈鼓应不同意众多学者把《老子》看作战国时期的作品，认为《老子》成书于春秋时期，可能早于《论语》，且确实是老子本人所写。关于"《老子》属于荆楚文化"之说，刘宝才认为，影响老子的是整个东周文化，他还列举《尚书》《左传》《国语》等书的有关材料说明"尚水"与远古时代治水的传说有关。赵吉惠提出荀学为黄老之学的看法，认为黄老之学是"兼儒墨之善，集名法之要"的产物，黄老新道家产生在战国中期，以《文子》与《黄老帛书》为代表。

　　本书的最大贡献在于，不仅深化了老子与道家思想的研究，而且同时考察了老子及道家思想在科学、医疗卫生、文学艺术等方面产生的影响，全面系统地论述了老子思想在当代社会多方面、多领域产生的影响。（宋霞）

# 道教、因明及其他

　　《道教、因明及其他》，许地山著。北京：中国社会科学出版社，1994年6月第1版，32开，177千字。

　　许地山简介详见《道教史》提要。

　　本书是一部论文集，收录了著者早年宗教研究的四篇论文，共由六部分组成。第一部分为序，由任继愈先生作，对许地山的学术研究领域及其贡献做了简要的介绍。第二部分道家思想与道教，本文主要阐述了道教思想的来源，主要为老庄思想（如"葆真"的工夫），此外还有阴阳家的阴阳五行说（这是使道家成为道教的枢纽），方技家的神仙说和房中术等。第三部分摩尼之二宗三际论，本文主要分析了摩尼教的"二宗（光明与黑暗）三际（初际、中际和后际）"的基本思想：初际阶段，明暗是分开的；中际阶段，黑暗侵入光明，光明与黑暗斗争，两者混合；后际阶段，明暗重新分开，光明战胜黑暗。第四部分陈那以前中观派与瑜伽派之因明，对陈那以前中观派的龙树和瑜伽派的弥勒、无著、世亲的因明思想做了较为系统的梳理。第五部分大中磬刻文时代管见，本文对唐大中五年（851）所造铜磬中的《尊胜陀罗尼经》的所刻时代进行了考证，通过对各时代的版本比较后，认为虽然磬是唐代的，但其中的《尊胜陀罗尼经》所刻的时代最早不会超过明永乐时代，甚至可以说是万历时代的作品。第六部分为附录，包括两篇文章和一份"许地山著译目录"。其中的文章：一为著者的学生李镜池先生所写的《许地山先生与道教研究》，对著者研究道教的经历及其成果做了简要的介绍；二系著者的后妻周俟松女士（前妻林月森结婚两年后病逝）所写的《许地山先生生平》，对著者的一生做了大致的介绍。

著者是我国现代著名的文学家和宗教学家，就以其道教研究而言，其所撰写的《道教史》是我国第一部研究道教的专著，尽管有诸多不足（如对佛道关系的推断有违背史实处），但开创之功是巨大的，本论文所收集的《道家思想与道教》（出版于1927年，后收入到《道教史》中）也是如此，即一方面对道教的渊源做了较为系统的梳理，但另一方面并没有把儒家思想作为其源头加以分析，实际上儒家的伦理思想也是道教产生的一个重要渊源。（张培高）

# 老子思想的现代价值

《老子思想的现代价值》，巩德顺主编。西安：陕西旅游出版社，1994年9月第1版，32开，220千字。

巩德顺简介详见《老子与中华文明》提要。

本书是"第二届老子思想研讨会"的理论成果。1993年11月16日至19日，陕西省老子思想研究会主办的"第二届老子思想研讨会"在西安召开。北京、上海、江苏、湖南、河南、陕西等地的五十余位学者应邀参加了会议。这次研讨会的宗旨是：就老子思想与中医学及养生学、老子思想与现代企业管理、老子思想与自然环境保护、老子思想与当代自然科学等问题进行深入探讨，充分揭示老子思想的现代价值。

本书共收集论文26篇，另有序言、开幕词、发言稿和附录。序言主要阐述老子思想文化在现代社会多个方面都具有现实意义，由张岂之代序。巩德顺发表开幕词。论文分别为：《怎样深化老子思想的研究》（任继愈）、《论老子、道家学说的现代价值》（赵吉惠）、《关于探讨老子学说现代意义的方法论思考》（刘学智）、《老子与文化》（田文棠）、《老子思维方式的现代价值》（刘宝才）、《老子对价值异化的反思及其现代启示》（赵馥洁）、《老子为政十八法》（尹振环）、《老子思想与现代领导者》（郭涤）、《法物·难得之货》（魏启鹏）、《老子的教育哲学初探》（黄书光）、《试论老子养生思想》（张文）、《老庄的生命观、养生论及其现代意义》（王士伟）、《论老子的养生哲学与505系列保健品中医学理论依据》（来辉武）、《老子美学思想特征简论》（韩金科、林培民）、《老子的谋略思想及其现代价值》（张方）、《论老子生态哲学思想及现代价值》（张方）、《论老子生态哲学思想及现代价值》（余卫国）、《老子智慧的现实生命力》（项本武）、《先秦道家的气学理论》（葛荣晋）、《说孔老异同》（吕绍刚）、《论老子之道的本体性》（黄友敬）、《老子的"道"不是绝对精神也不是气》（侯普济）、《老子认识论的特点》（孙以凯、陆建华）、《从〈引书〉看导引与道家的关系》（高大伦）、《试论道家思想与〈易传〉的形式》（方光华、勤鉴）、《〈老子想尔注〉与道家思想的宗教化》（张运华、冯冰）、《老子思想研讨会引发的思考——试谈法门寺文化研究与现代文明建设》（韩金科）。同时还有张岂之在研讨会小结会上的发言稿《老子思想研究的新收获》。结尾并附有此次研讨会的综述（方光华）以及参加研讨会的代表名单。

本书主要包含了以下几个论题：（一）老子的思维方式。孙以楷认为，老子《道德经》主要体现的是直觉思维，魏启鹏则认为老子是液态思维的最早发明者。（二）老子思想的文化类型。任继愈认为，老子属于南方文化系统，它的特点是尊重自然，歌颂自然。孙以楷则明确提出凡道家文化都集中在西楚黄淮流域，表示应该从更广阔的背景上对上古文化进行进一步探索。（三）老子思想与中医、养生学的关系。魏启鹏旁征引博，认为战国时期医家将老子政治批判理论转化为人体病理理论，将老子辩证思维转化为辨证施治，将老子养生悟道理论转化为得道长生理论，对中医学产生了极大的影响。

（四）老子思想的现代价值。任继愈从人与自然和谐的角度解释了老子思想的现代价值。

本书的最大贡献在于，从不同学科、不同角度、不同方法就同一个主题进行探讨。本书启示我们，除了运用历史唯物主义这个工具以外，我们还要利用各种学科的最新成果，多门类、多角度、多方位来研究老学和中国传统文化，同时还应该密切结合当今所面临的现实问题。（宋霞）

# 道家与传统文化研究

《道家与传统文化研究》，王明著。北京：中国社会科学出版社，1995年4月第1版，32开，240千字。

王明简介详见《太平经合校（附插图）》提要。

本书分上、下两编：

上编收入的论文着重于对传统思想的探讨，包括：《周初齐鲁两条文化路线的发展和影响》《再论齐文化的发展》《〈周易·咸卦〉新解》《以乾卦的解释为例，看李景春同志的〈周易哲学〉方法论问题》《先秦天人关系论》《先秦两汉唯物主义表现形态的演变》《老子其人和〈老子〉其书》《墨子兼爱尚贤论透析》《荀子不是法家》《论董仲舒的思想方法》《董仲舒及其政治思想》《汉代哲学思想中关于原始物质的理论》《魏晋玄学研究中的两个问题》《清初市民阶级的政治思想家唐甄》《怎样对待一个哲学家的自相矛盾的思想》《道家古籍存佚和流变简论》。

下编收入的论文谈及道家文化，包括：《道教基本理论的几个来源》《道教哲学》《谈谈道教哲学的范畴》《论道教的生死观与传统思想》《中国道家到道教的演变和若干科学技术的关系》《道教与中国传统文化》《〈太平经〉和〈抱朴子〉在文化史上的价值》《葛洪有无佛教思想的探讨》《〈中国道教史〉序》《〈道教通论——兼论道家学说〉序——兼论黄帝在中华民族文化史上的地位和作用》《〈魏晋神仙道教——抱朴子内篇研究〉序》《隋唐道教》。

本书上、下两编虽在内容侧重上有所不同，但是前后照应，是一个完整的体系。上编以《周初齐鲁两条文化路线的发展和影响》中所表现出的齐鲁两国所执行的不同思想文化路线为开端，进而将道家放到整个中国思想史的发展脉络中来对比道家与儒家的关系，以及墨家、法家、兵家同早期道家的相互关联。直至汉代，董仲舒的"始推阴阳，而为儒者宗"将原始儒家的风格转变为融会贯通了阴阳五行的新儒家，而汉武帝采取的"罢黜百家，独尊儒术"的文化策略更是使得新儒家在皇权政治的推广下达到了文化意识上的巅峰。除此之外，著者还就中国哲学史上一些重要的命题也一并给予了详细的论述和说明，如在《先秦天人关系论》《先秦两汉唯物主义表现形态的演变》《汉代哲学思想中关于原始物质的理论》等文中都有所体现。

本书的下编则专门就道家和道教来进行论说。道教以宗教的身份示人，而道家则是以理论形态和政治哲学的高度在思想史和哲学史上占有一席之地，但是道教的产生和发展无疑是和道家是有着密切关系的，可以说是借用了道家"道"与"玄"的概念；同时，道教与儒家之治国思想，墨家之尊天明鬼，佛教之般若本无的思想也有着千丝万缕的联系。此外，著者特别重视道教与政治以及道教与科学技术的关系，并且以道教重要的著作《太平经》和《抱朴子》系统说明道教在文化史上的重要价值。

著者在本书中的纵向论述和横向对比达到了对道家、道教在传统文化中的地位以及其与传统文化关系论述"正本清源"的效果，有助于读者对道家和道教以及道家、道教与传统文化的关系作进一步深层次的理解体会和把握。（宋霞）

# 道教之道

《道教之道》，陈兵著。北京：今日中国出版社，1995年6月第1版，32开，137千字，系"宗教文化丛书"之一种。

陈兵简介详见《道教气功百问》提要。

本书乃陈兵先生早年的道教学术专辑，包含十篇文章。具体说来：

第一篇《道教之"道"》。全文从道教的起源出发，基于道无名无形又有情有信的性质，阐述道教诸家对道的四种具体诠释；并从道教道论的三个发展阶段来探究，指出道教的宗旨不仅在解释世界，而且在于长生成仙，发现"得道"之道，与此同时，本文还指出，道教道论在世界起源、天体物理学、人体生命科学、哲学等方面有着重要的作用和影响。

第二篇《略论全真道的三教合一说》。本文阐述了元朝时期全真道三教合一的教旨，分析了三教的地位和学术传统区别，指出三教之学各有特点，而道教的教义主旨为丹鼎派道教传统的求成仙升天。

第三篇《金丹派南宗浅探》。本文首先讲述金丹派南宗所具有的突出特色，指出其宗教学说以性命内丹论为主，以修炼成仙为目标，具有三教合一的色彩，且具有内丹与符箓融合的特点。金丹派南宗并入全真派后，金丹说在元代以后的道教中影响颇大，同时，该派丹书是中国古代文化尤其是气功学的重要组成部分，在哲学、医学等方面有一定的价值。

第四篇《元代江南道教》。本文讲述了元代时期江南道派林立，茅山派、灵宝派、神霄派、清微派、净明派等诸派一统于正一天师道，而全真道入元后渐传江南，与金丹派南宗合流。在教义上，江南诸派道教盛倡三教同源，援引理学；各派符箓互相交参，并以符箓与内丹结合为其共同特征。

第五篇《明代全真教》。本文首先论述了全真教在明代沉寂不振，而正一派贵盛的内因及外因。不过，著者指出，全真教的教旨在明代道教界实居主干地位，张三丰的内丹说属全真一系，何道全、王道源、阳道生、伍守阳的内丹说表现出将内丹学通俗化、明朗化、系统化的特点。

第六篇《清代全真道龙门派的中兴》。本文阐述了清代全真道龙门派自主帅王常月传戒宏教始，全真道出现的一派中兴景象。其教旨强调戒行为先、见性为主，调和出世和入世。龙门教团的骨干多外道内儒。在内丹学方面，刘一明、谢凝素、沈一炳等深化了内丹理论，将内丹学进一步的通俗化，走向社会，至今在气功界仍有巨大影响。

第七篇《中华气功在道教的发展》。本文讲述了气功在道教中的发展概况，道教从养生健身、延寿成仙的宗旨出发，全面继承发展中华传统诸家的各种炼养方法，吸收佛教、印度教炼养学的精华，形成了自家多渠道、多层次的气功养生体系，具有高层次的功法及精深系统的理论。道教气功长期流传于道教内外，对中国佛、儒、医、武术、民间诸家气功乃至思想学说均有深刻影响。

第八篇《内丹》。著者认为，内丹是道教最重要的修炼之道，由此，本文着重讲述内丹的内涵、修炼之道和发展渊源，及其对中国哲学、养生学、宋代理学宇宙论、人体科学等所具有的深刻影响。

第九篇《内丹学精气神说》。内丹学中的精气神说是中国古人从长期练功实践中总结出来的理论，对儒、佛、医及民间各派气功、武术、书法等都有重要的影响。

第十篇《道教与中华文化根柢》。本文阐述了道教作为中国土生土长的宗教，体现出中华民族的传统精神和文化心理素质。著者指出，探明中华文化根柢，认清民族性格和文化心理特征，发扬优良传统，对建设新型民族文化具有现实意义。

总体上看，本书论述了道教发展的几个重要阶段及其重要思想理论，提供了观察了解道教的专业窗口，开阔了探讨道教的专业视野，非常值得道教文化爱好者好好研读。（孙志群、于国庆）

# 道教经史论稿

《道教经史论稿》，李养正著，张继禹编订。北京：华夏出版社，1995年10月第1版，32开，400千字。

李养正简介详见《当代中国道教》提要。

张继禹简介详见《太岁神传略》提要。

本书分为道教经史识论、道教诸子谭概和道教文化疏考三个部分，乃论文合集，共计有27篇学术论著。

第一部分道教经史识论，包含12篇论文。本部分前六篇文章侧重论述道教重要经典《阴符经》《太平经》《黄庭经》《老子想尔注》。其中，第一篇评述了《太平经》的思想内容和在哲学思想方面的成就和影响，之后三篇论述了道教典籍《太平经》的神仙信仰及方术、社会政治思想，以及蕴含的鲜明的人民性思想因素，反映了东汉时期以农民为主体的社会基本成员的思想感情。第五篇论述道教经典《黄庭经》的形成、思想内容、特点及对社会和道家发展的深远影响。第六篇论述五斗米道秘典《老子想尔注》的成书、历代著录情况与沦佚原因、反映出的宗教信仰及其社会政治思想，以及在传授经戒中的地位。本部分后六篇文章侧重论述道教在重要的历史时期的变化和发展。其中，第七篇论述天师道在魏晋南北朝时期的传播与发展，介绍了在这一时期最突出的两位天师道人物寇谦之和陶弘景对天师道做出的重要贡献。

第八篇论述了宋、辽、金、元四朝，由于社会环境的剧烈变化以及统治者的扶持，道教得到进一步的变化和发展。第九篇讲述了陶弘景的生平事迹，其著述和道教思想对后世道教发展影响深远，并对我国医药学、冶炼学、天文学等发展做出了巨大贡献。第十篇论述道教在明清时期的教派发展及道书编纂。第十一篇探讨道教发展的源流，论述了道教是由原始宗教与神仙家发轫、兼综中国传统文化中的神秘思想因素与方式而形成和发展的本土宗教。第十二篇论述了道教在社会主义新中国的变化、发展与面临的现实问题。

第二部分道教诸子谭概，包含八篇论文。其中前四篇论述道教与先秦诸子学说的关系，后四篇论述道教与阴阳五行家、儒家、佛教的关系。第一篇论述了老子其人其书异化成道教尊神和道教圣经的过程，反映了老子对道教的深刻影响。第二篇论述了道教吸融《管子》中的思想成分，使之成为其教理内容的情况。第三篇论述了历史上杨朱思想对道教的影响。第四篇论述了《列子》的六种思想，指出其思想体系是道教教理教义的重要思想来源。第五篇探讨了道教与阴阳五行家相关联的原由及状况。第六篇论述了道教与儒家交融互补的关系。第七篇论述道教和佛教之间既斗争又交融的历史情况。第八篇论述道教的产生，著者认为，从内在因素到外在形式来看，道教之产生与佛教东传并无关系。

第三部分道教文化疏考，共包含七篇论文。第一篇从哲学思想、文化艺术、古代科学三方面来论述道教与我国传统文化的密切关系。第二篇介绍了道教基本信仰的九个方面以及道教的特点。第三篇探讨《太极图》《无极图》《太极先天图》的基本源流和内涵，以此阐明五代末及两宋哲学思想的发展以及道教的发展。第四篇从历史和理论的角度论述东汉佛教安般禅法实多借鉴了道家的养生气法。第五篇论陈撄宁及所倡仙学，介绍了陈撄宁的生平事迹和仙学理论，客观评价了陈撄宁对近代道教的贡献和影响。第六篇客观地评价了徐福及其航海业绩对日本的深远影响。第七篇探讨了龙山道教石窟各龛的内容、始建时间和修建者情况。

总体上看，本书所收27篇文章论述了道教发展的重要阶段和道教义理的渊源、演变、内涵，体现出道教作为土生土长的本土宗教与中国传统文化所具有的密切关系，彰显出道教在中国传统文化中的重要地位和意义。本书所选录的是著者20世纪60年代以来各个时期的代表作品，许多文章观点新颖、见解独到、尊重历史、尊重宗教感情，并且文风朴实、锐意求真，体现出著

者的学术研究水平和写作风格，从中亦可看出中国学者研究道教的历史轨迹，是一大宝贵资料。（孙志群、于国庆）

# 超越心性——20世纪中国道教文化学术论集

《超越心性——20世纪中国道教文化学术论集》，张广保主编。北京：中国广播电视出版社，1999年5月第1版，32开，333千字。

张广保简介详见《唐宋内丹道教》提要。

学术界有种观点认为，从明到清道教慢慢步入衰弱期，而在民国道教则处于最低谷，停滞不前。对于这种观点，张广保认为："这一看法表面上看来，似乎符合道教发展的外在轨迹，即完全局限于道教演变的'迹'，而没有触及道教的真精神、真血脉。"本书收录20世纪中国宗教界众多人士的道教文化学术论著，分别从仙学、内丹心性论、道家生命精神三大方面来阐释民国时期道家、道教发展的总体情形。虽然近代中国处于一个多灾多难的时代，但道教的教脉仍在步履维艰地延续着，并逐渐显露出由"教门"迈向"学门"的新趋向。论文集最前面为汤一介著《总序》、张广保著《超越心性（代序）》。

本书收录了胡朴安的《庄子章义》，杨增新的《补过斋读〈阴符经〉日记》，圆顿子的《〈黄庭经〉讲义》《〈孙不二女功内丹次第诗〉注》《众妙居问答》《读〈化声自叙〉的感想》《答复无锡汪伯英儒道释十三问》《口诀钩玄录》《〈道窍谈〉读者须知论"彼家"》《李涵虚〈仙佛同修说〉评点》《辩〈楞严经〉十种仙》《中华全国道教会缘起》《论〈四库提要〉不识道家学术之全体》，汪伯英的《谭紫霄真人〈化书〉浅注（节录）》《〈金丹四百字〉注》，常遵先的《吕祖诗解》，张化声的《为道释二教重要问题驳某居士书》，志真子的《天声人语》，真一的《炼虚合道超出三界》，海印子的《知和与知常》《养己与炼己（一）》《养己与炼己（二）》《内药与外药》《真空与顽空》，易心莹的《道教分宗表》《寄玄照楼书——论道教宗派》，还有刘鉴泉的遗稿《道教征略（上）》，魏尧的《一贯天机直讲（节录）》，共计28篇。

本书最大的价值在于推翻了"道教正在逐步衰亡"的观点，从仙学、内丹心性论、道家生命精神这三个方面，证明了道教自明清以来的所谓"衰落"，其实仅仅限于它的形迹，即它的教相。道教衰落的只是"教"这一部分，而其真正精神，即作为道教根基的"道"，不仅一点没有受到伤害，反而得到了更加清晰和透彻的阐释。近代中国多灾多难，作为一个能够救亡图存的教派，道教也在艰难延续着，并且显露出由"教门"迈向"学门"的新趋势。（程群）

# 佛道交涉史论要

《佛道交涉史论要》，李养正著。香港：青松观香港道教学院，1999年6月版，32开，系"香港道教学院"丛书之一种。

李养正简介详见《当代中国道教》提要。

本书是一部论文集，收录了李养正论述佛道关系的系列文章17篇，系依时代先后加以排序，上起佛教东传，下迄清人俞正燮《癸巳类稿》之伸道抑佛，并以《论佛道义理之差异与相互融摄》作结，辨析两教在思想层面的异同与容受，另附《论佛教与道教的关系——〈佛道交涉史论要〉大纲》中、英文稿一篇。《道教的创立与佛教东传无关》先辨析古今佛教东传年代异说，并就宗教内在、外在要素立论，证成道教创立教团组织，并未受佛教东传启发与刺激；《汉明帝时无佛道角力事》援引汉魏六朝典籍与近代学者考证，证明《汉法本内传》系伪书，佛教东传非始于汉明帝，更无御前两教斗法之事；《从〈牟子理惑论〉看我国早期佛道关系》先胪列诸家对《理惑论》真伪的论据，再推定其人其书之年代，并评述此书内容，分析成书之前因后果；《〈太平经〉是否抄袭〈四十二章经〉议》先厘清两书成书年代，并就两书之年代、思想，判断早出的《太平经》应无抄袭后起《四十二章经》之可能；《道教"守一"法非滥觞佛经议》援引汤用彤、饶宗颐二先生论述，并论证"守一"为中土固有之法，非"由外铄我"；《东汉道家气法与佛教"安般守意"小议》说明汉代道家气法的"我固有之"，而《安般守意经》为安世高在保留佛典主旨原则下，再吸纳中土气法内容的产物；《〈化胡经〉与佛道斗争述论》说明"化胡"说的前有所承与《化胡经》成书原因、书中内容、成书后的历代二教论争，并加以平议；《"玄风""格义"对道佛交融的影响》说明早期汉译佛典、格义佛教六家七宗汲取《老》《庄》之学而释佛典，以及六朝唐代道典仿格义方法以解道教词汇的现象；《试论支遁、僧肇与道家（道教）重玄思想的关系》讨论支遁、僧肇以般若学本位融摄《老》《庄》重玄观，隋唐道教则以道家、道教义理本位兼涉支遁、僧肇之思想，形成"重玄"学派；《顾欢〈夷夏论〉与"夷夏"之辩述论》说明顾欢之思想要点与《夷夏论》主旨、夷夏论争形成之原因与影响；《佛道斗争与"三武法难"述论》叙述"三武灭佛"的原因与始末，并加以平议；《关于北齐之排毁道教》先说明北齐二教情况，再叙述高欢、高洋父子与二教的关系，以及高洋灭道的原因、北齐灭道后的佛教发展与社会弊病；《关于唐初佛、道译〈老〉为梵的争论——释玄奘与成玄英等的一场论争》论述玄奘与成玄英于唐贞观二十一年（647）奉命译《道德经》为梵文所发生的四大争端，并加以申述、平议；《唐高宗时佛道之名理论义——道士李荣、僧慧立等之辩论》论述唐高宗显庆三年（658）至龙朔三年（663）召二教赴殿中论辩问难始末，并辨证《集古今佛道论衡》之误解；《从〈笑道论〉与〈道笑论〉谈起——对于佛道经籍科范争论问题的一点述论》先就甄鸾《笑道论》与俞正燮《道笑论》加以说明，再申述历代二教相互訾病经籍的情况，提出古今中外学者调和二教义理纷争的看法，进而归结道教作为本土固有宗教，有民族固有的文化土壤足以壮大，无须仿袭佛教以支撑己说；《论佛道义理之差异与相互融摄》归结道、佛二教在宇宙论、人性论、人生观、理想境界、成道方法等方面的差异，并提出二教在相互融摄过程中的成长。

透过本书，吾人当可对汉魏以来佛教东传、袭用道家名相传教进而引发儒家、道教站在民族固有文化立场加以抨击的各次论争，以及历代朝廷、名人著作对二教态度的去取，二教各自义理思想等方面，皆有清楚地理解，对于著者在辨章学术、考镜源流方面积累四十余年的治学精神，不仅应给予高度肯定，更足以作为后人学习的对象。（李建德）

# 道家思想与佛教

《道家思想与佛教》，〔日本〕蜂屋邦夫著，隽雪艳、陈捷等译。沈阳：辽宁教育出版社，2000年10月第1版，32开，287千字，系"当代汉学家论著译丛"之一种。

蜂屋邦夫简介详见《金代道教研究：王重阳与马丹阳》提要。

　　本书是一部论文集，共由六部分组成，第一部分序言，分别由北京大学的楼宇烈教授和著者自己撰写。序言介绍了著者的研究方法（"实证性研究"）和研究领域（儒道释三教）。第二至五部分为正文，共由十四篇论文组成。第六部分附录，包括"著者的简历和主要著作目录"与"译者后记"。

　　正文第一部分包括四篇文章：《老庄思想与空》主要比较了老庄"无"和僧肇、临济"空"的异同。《古代中国水之哲学——儒家、道家关于水的思想》比较儒道两家对"水"意义的不同解读：儒家对水的思考以立足于现实为本，而道家则将水与生活态度联系起来。《六朝时代的知识分子》分析了六朝时代知识分子的思想具有追求脱离现实的特点。《中国思想史中无与有之论争》分析与讨论了王弼的"贵无论"与裴𬱟的"崇有论"之间的关系。

　　第二部分包括三篇论文：《三论教学形成过程中的自然与因果——从僧藏到吉藏》以"自然"与"因果"之间的关系为线索考察了僧肇、道生、真观及吉藏对此关系的看法。《迷与悟》分析了天台智𫖮、马祖道一及大珠慧海对"迷与悟"的看法，其基本的看法是迷中有悟，悟中有迷。《从民间信仰看东亚的思维与佛教》从"人世与冥界""阎王信仰"等方面考察，认为中国佛教的典型特点是：不尚抽象思考、注重具体现实。

　　第三部分包括四篇论文：《孙绰的生平和思想》《王坦之的思想——东晋中期的庄子批判》《戴逵的艺术·学问·信仰》《范缜〈神灭论〉思想研究》。前三篇论文分别阐述了孙绰、王坦之和戴逵的生平与思想，虽然各自的经历与思想都有所不同，但皆信仰佛教与主张三教调和。最后一篇探讨了范缜思想的整体结构：是一种以事物自身为原因的自然观，又将唯物主义的、神秘的思想以及偶然论的、道家的社会观和儒教的立场紧密地融合在一起的。

　　第四部分包括三篇论文：《关于研究中国宗教思想的思考》主要论述了研究中国宗教所要遵循的研究原则：要探讨其现代价值必须在梳理其历史发展脉络的同时探讨其历史价值。《日本道家文化研究的意义》对日本道家、道教的研究历史及其现状做了整体梳理（如直到江户时代，道家思想才成为真正的学术研究对象，而关于道教的研究则直到20世纪以后才逐渐开始受到重视）。《漱石的老子论》分析了著名文学家夏目漱石的一篇关于研究老子的论文。著者认为，从整体上看，虽然其逻辑性很强，分析比较精致，但文章还存在矛盾处。

　　著者以"力图客观"的治学态度和"实证性研究"的方法对上述问题

进行了分析，不仅对推进中国学人了解日本中国学的研究成果起到积极作用，而且其中对六朝思想人物（如孙绰、戴逵）的研究也能够启发国人。（张培高）

# 国际庄子学术研讨会论文集（二）

《国际庄子学术研讨会论文集（二）》，中国蒙城庄子学会编。合肥：安徽文艺出版社，2000年11月第1版，32开，300千字。

本书是一部由30篇论文组成的学术研讨会论文集，书末收录蒙城县副县长井福源《第二届国际庄子学术研讨会闭幕词》和《"中国·蒙城第二届国际庄子学术研讨会"会议纪要》。本书所收录的论文包括：施忠连《庄子的超越观念和鲲鹏精神》，张正明《庄周的乡贯和道统》，韩国金京玉《韩国的老庄研究》，葛亮《汉代的〈庄子〉研究与〈庄子〉影响》，蔡靖泉《楚人庄周说》，朱峰《莫若以明——对"齐物"的质疑》，李竹君《〈庄子〉散文的楚文化特征》，孙以楷、夏当英《庄子与楚文化》，李明珠《论庄子的"无用之用"》，魏宏灿《庄学精神：山水旅游文化的源泉》，韩国李延佑《庄子思想传入韩国及其影响》，韩自强《阜阳出土的〈庄子·杂篇〉汉简》，张真《庄子浅论》，李晖《"庄周故里"的入典及其一些看法》，罗漫《〈庄子〉：在追溯远古和贬抑圣贤中高扬自我》和《〈庄子〉"至德之世"的人类价值考察》，李谷鸣《论庄子文学的喜剧性》，涂又光《论〈庄〉学三阶段》，张松《从海德格尔的〈诗人何为〉看庄子的诗性本质》和《论庄子"逍遥"的实质及其文化意义》，欧远方《门外谈道》，何明新《论庄子的浪漫思想》，杨汝舟《庄子的无何有之乡》，胡安良《庄子的崇尚自然与当今的环境保护》，钱耕森、胡贯中《道家文化在当代社会的价值与意义》，张驭寰《蒙城重建庄子祠的设计思想》和《对庄公庙的梁架结构分析》，卢干《庄周后人研庄子》，慕占民《庄周故里名人胜迹述略》，孙孔文《弘扬中华民族传统文化　建设社会主义精神文明》。

本书的各位著者就不同方面对《庄子》和庄周进行了一系列的分析和讨论，大致有七个方面：第一，庄子的哲学、美学与诗学思想研究。第二，庄周其人其书的历史考察、考古发现。第三，海外庄子研究。第四，对《庄子》

的文学性研究。第五，庄子与区域文化研究。第六，庄子文化古迹研究。第七，庄子的现代文化价值研究。

本书的重要价值在于，让研究庄周的工作者得以自由发表自己的看法和立场。在庄周故里问题上，学术界虽颇有争论，但是本书的各位著者采用了大量的数据和资料证明庄周故里为蒙城的正确性，以及对庄周文学所表达的精神对当代社会的影响做了比较系统的分析，让读者更加了解庄子的丰富深刻内涵。本书收录了韩国学者的几篇研究成果，这表明，中国道家文化不仅是中国的文明成果，更是世界的文明成果，越来越能够发挥它的国际意义。

（程群）

# 道教神仙信仰研究

《道教神仙信仰研究》，四川大学宗教研究所编。台北：中华道统出版社，2000年版，2册，精装，25开，系"中华道统丛书"之一种。

本书全名为《道教神仙信仰研究——道学与中国传统文化国际学术研讨会暨四川大学宗教研究所成立二十周年纪念论文集》。书前有卿希泰先生的序文，介绍四川大学宗教研究所从1980年成立后的历程与成就。该场研讨会的与会学者来自中国、美国、日本、韩国等地，五天共举办七场会议，林安梧、张新鹰、张继禹、朱越利、日本中嶋隆藏、陈耀庭、郑志明、汤伟侠、美国柏夷等分别主持了会议。

本书依研讨会的论文特点分成六论，分别为：一、本论：道教、三清与玉皇；二、主论：道教与神仙思想；三、专论：道教与西王母信仰；四、系论：道教、帝君与相关信仰；五、杂论：道教变文及其他；六、衍论：道教与儒教之会通。

本论部分讨论有关"三清"与"玉皇"的议题。卿希泰《道与三清关系刍议》一文驳斥道教没有自己理论体系的说法，说明道教三清尊神，为当时主要三派思想交融的产物，是由道家道教"三一"基本观与三清、三境、三天、三洞等思想融合发展而成的，绝非仿自佛教。其他有关"三清"的讨论则以造像为主题，有李养正的《"三清"造像考鉴琐语》与黄海德《唐代四川"三宝窟"道教神像与"三清"之由来》。此外，讨论三清与玉皇关系的文章则有多篇，如李远国的《三清、玉皇信仰略考——兼及道教的神学思想》，盖建民的《玉皇与三清关系考略》。前者以《翊圣保德真君传》为例，说明到宋代道教神形成了以玉皇大帝为首，昊天三界之尊的体系；后者则讨论玉皇与三清尊神在道教神仙谱系中的关系问题，认为宋代之后三十六天的天层概念，多将玉皇层次提升到大罗天，大罗天又在三清之上，宋代之后玉皇地位自是高于三清。

主论部分讨论道教与神仙思想间的诸项问题。王家佑《道教鸟母与昆仑山文化的探索》探讨上古鸟母图腾的西王母与昆仑山的密切关系，与母系信仰和鸟图腾衍化的问题。詹石窗则结合道教历史与经教义理，从朱熹咏道诗里，讨论朱熹诗中的道教与神仙思想的涵养。从形象着手讨论道教神仙观的有李刚《略论道教神仙在道德上的形象示范作用》，查庆、雷小鹏《道教神仙与古神话人物审美形象比较》两文。从思想层面讨论的有张兴发《略论道教神仙信仰的思想渊源》及石琼以葛洪的神仙思想作为主题的讨论。

专论部分以西王母为主要讨论议题，樊光春从西王母信仰讨论早期道教的神仙信仰。张松辉《西王母形象演变详考》则考证从兽形象的西王母到女仙形象的西王母的演变过程。蒲亨强从音乐的角度探究西王母，提出西王母为中国主管音乐的女神的论点。杨莉以《墉城集仙录》里西王母为女仙之首的形象为题，论证西王母随历史文化与民众信仰的变迁，不断地被重新塑造。持相同看法的郑志明先生，则专论中国台湾的西王母信仰的意义，认为西王母信仰是一种民间集体性的信仰创作。

系论部分主要讨论宋代崛起的玄天上帝信仰的相关议题，萧登福《北帝源起及其神格的衍变》从北帝源起讨论到宋代演变成玄天上帝的过程，庄宏谊《宋代玄天上帝信仰的流传与祭奉仪式》与中嶋隆藏《北辰北斗信仰简论》都是在讨论玄天上帝的信仰问题。此外有关关帝信仰的讨论，游子安从善书的角度看清代关帝信仰的传播，叶天发则以关圣帝君信仰作主题研究，是系论里的另一个焦点。

杂论部分为道教国际化的成果展现，如安东凌以韩国的行使文学讨论明代天妃信仰的传播。作者认为这样的传播直到清领中原禁止朝鲜行使海路而终止。王育成以在美国纽约出售的东汉青铜神树为讨论主题，确定该树为四川"灯树"，与四川早期五斗米道有密切关系。

衍论部分则以儒道议题为出发，姜生、杨伟侠《王莽改制与原始道教关系考》以原始道经《天官历包元太平经》为主轴，剖析王莽受此经的影响进行改制；林安梧以"存有三态论"与"存有的治疗学"说明中国传统文化为"儒道同源"，提供儒道思维的新视角；龚鹏程以清代四川经学家廖平为代表，讨论廖氏解经常把道家道教之学融入其中的现象，以此说明清代儒与道之间的密切关系。（萧百芳）

# 道教文化的精华：
# 第二届海峡两岸道教学术研讨会论文集（一）

《道教文化的精华：第二届海峡两岸道教学术研讨会论文集》（一），郑志明主编。嘉义：南华大学宗教研究中心，2000年版。

郑志明简介详见《神明的由来》（中国篇）提要。

1994年举办的"第一届海峡两岸道教学术研讨会"，透过两岸道教学术的对话与讨论，引发不少的回响与共鸣，带动了两岸道教学术的互相交流。南华大学遂于1999年3月，举办"第二届海峡两岸道教学术研讨会"，再一次邀请两岸道教学者齐聚一堂，发表其所关心的议题，彼此相互观摩与了解。

因本次研讨会论文篇数甚多，故集结成三大册，分别为《道教文化的精华》《道教文化的传播》《道教的历史与文学》。

本书收录文章有：朱越利的《〈老子想尔注〉的结精术》；黄钊的《竹简〈老子〉应为稷下道家传本的摘抄本》；黎志添的《从〈太平经〉的中和思想看人与自然的关系》；郭武的《明清道教生命伦理思想初探》；萧登福的《谶纬、古籍所见昆仑、幽都与道教之仙鬼世界及生死寿命说》；李丰楙的《中部山线道士行业圈》；钟来茵的《道藏阴阳》交感符号《简论》；萧兵的《道家哲学原子论的关键——再论〈老子〉的气、精、信》；李刚的《王玄贤〈玄珠录〉哲学思想解读》；杨儒宾的《注庄的另一个故事——郭象与成玄英的论述》；林佳蓉的《成玄英〈道德经义疏〉所讨论的"理想境界"》；邝芷人的《丹道之学的研究纲领》；高柏园的《〈黄帝阴符经〉之思想体系及其性格》；潘显一的《〈太平经〉的民间宗教美学思想》；丁煌的《道教的"沐浴"研究》。（简一女）

# 道教文化的传播：
# 第二届海峡两岸道教学术研讨会论文集（二）

《道教文化的传播：第二届海峡两岸道教学术研讨会论文集》（二），郑志明主编。嘉义：南华大学宗教研究中心，2000年版。

郑志明简介详见《神明的由来》（中国篇）提要。

1994年举办的"第一届海峡两岸道教学术研讨会"，透过两岸道教学术的对话与讨论，引发不少的回响与共鸣，带动了两岸道教学术的互相交流。南华大学遂于1999年3月，举办"第二届海峡两岸道教学术研讨会"，再一次邀请两岸道教学者齐聚一堂，发表其所关心的议题，彼此相互观摩与了解。

因本次研讨会论文篇数甚多，故集结成三大册，分别为《道教文化的精华》《道教文化的传播》《道教的历史与文学》。

本书收录篇章如下：

詹石窗的《玄武信仰与古代科技哲学》；陶思炎的《试论乡野道教》；谢重光的《佛教的外衣，道教的内容——福建民俗佛教论略》；林德政的《正统鹿耳门圣母庙之宗教信仰与文化活动》；林其锬的《略论闽台道教信仰的共同特点及其渊源》；谢剑的《道教对瑶人社会化的影响》；房学嘉的《梅州的觋公、香花佛事及其科仪》；姜生的《道教认识论的科学因素》；刘国梁的《道教与风水初探——道教生态环境理论之二》；张圣才的《略论道教与经济文化》；刘仲宇的《考鬼召神的心理分析——兼说中国宗教中的神秘主义》；周庆华的《道教文化研究的模式》；唐明邦的《〈道藏〉文化价值的多棱透视》；高国藩的《道教与韩国文化》；林安梧的《廿一世纪台湾新道教刍议》；钱耕森的《道家、道教文化与二十一世纪》。（简一女）

# 道教的历史与文学：
# 第二届海峡两岸道教学术研讨会论文集（三）

《道教的历史与文学：第二届海峡两岸道教学术研讨会论文集》（三），郑志明主编。嘉义：南华大学宗教研究中心，2000年版。

郑志明简介详见《神明的由来》（中国篇）提要。

1994年举办的"第一届海峡两岸道教学术研讨会"，透过两岸道教学术的对话与讨论，引发不少的回响与共鸣，带动了两岸道教学术的互相交流。南华大学遂于1999年3月，举办"第二届海峡两岸道教学术研讨会"，再一次邀请两岸道教学者齐聚一堂，发表其所关心的议题，彼此相互观摩与了解。

因本次研讨会论文篇数甚多，故集结成三大册，分别为《道教文化的精华》《道教文化的传播》《道教的历史与文学》。

本书收录篇章如下：

周西波的《杜光庭青词作品初探》；龚鹏程的《道教七论》；郑志明的《元杂剧〈桃花女〉的婚姻仪式研究》；胡贯中的《道教与游仙师》；庹修明的《贵州民间道教与傩坛》；骆铃辑的《贵州当代傩戏傩文化研究大事记》；李登祥的《唐代道教"许逊教团"发展历史初探》；卿希泰的《元代前期统治者崇道政策初探》；刘焕玲的《全真教初期的困境与王玉阳之贡献》；张应超的《"七贤"对全真道创立与发展的贡献》；廖美云的《白居易之愁病与道家道教养生》；郑阿财的《从敦煌文献看唐五代的玄武信仰》；徐健勋的《〈茅山志〉著者考证及其内容》；张锦池的《从唐僧弟子的"由道入释"说起——论西游记的多元文化特征》；龚显宗的《刘基与道教——以〈诚意伯文集〉为例证》；洪顺隆的《萧衍的道教情怀》《"萧衍的道教情怀"之问题与讨论》；牟钟鉴的《长生成仙说的历史考察与现代诠释》。（简一女）

# 道教文化与现代社会

《道教文化与现代社会》，罗传芳主编。沈阳：沈阳出版社，2001年8月第1版，32开，270千字，系"东方文化与现代社会丛书"之一种。

罗传芳，1959年生，湖北武汉人。1997年12月调入中国社会科学院哲学所东方哲学研究室，任东方文化研究中心副秘书长。2000年3月调入《哲学研究》编辑部，从事中国哲学、东方哲学的编辑和研究。现为中国社会科学院哲学所《哲学研究》编审，中国社会科学院研究生院教授。

本书是一部论文集。参加本书写作的，除了专门从事哲学理论研究的学者外，还有不少是在道教协会和道教学院做具体工作和研究的专家，他们以独特的视角和实践经验，为我们提供了许多新的观照和思考。

本书由卿希泰先生作序，题目为《中华传统文化的根柢在道教》。本书正文分为八个部分。第一部分道论发微，包括六篇文章，其中有楼宇烈《道家的自然无为思想及其现代意义》、葛荣晋《"无为"范畴的历史演变》、董光璧《当代新道家与道家思想的新启蒙意义》、胡孚琛《道家与道教文化举要》、日本蜂屋邦夫《自然与因果》、日本吾妻重二《谁作〈太极图〉——论"异教"来源说的真伪》。

第二部分道教与社会生活，包括四篇文章，其中有马利怀《现代社会下的中国道教经济》、杨世华《道教文化与社会精神文明》、李利安《道教神灵信仰对民间观音信仰的影响》、姜生《道教伦理与现代社会》。

第三部分道教与文学艺术，包括四篇文章，其中有苟波《神魔小说中的"方术"与"法术"》和《元代的"神仙道化剧"与道教》、佘树声《道教音乐文化思想的形成及发展》、郭相颖《大足石刻中的道教和"三教合一"造像》。

第四部分道教与科技智慧，包括三篇文章，其中有姜生《为新科学时代的到来发掘道教科学智慧》、尹志华《道教生态智慧初探》、吕锡琛《道家思想对培养创造型人才的启示》。

第五部分道教与养生，包括两篇文章，其中有张继禹、李远国《道教身心并重的健康观》及张钦《仙道养生术》。

第六部分道教学术与教育，包括两篇文章，其中有朱越利《顺乎时代，振兴道教学术》及王书献《道由人写，教由师传》。

第七部分区域道教研究，包括两篇文章，其中有李允熙《韩国道教与现代社会》、杨立志《武当山道教的现代发展》。

第八部分儒释道合论，包括三篇文章，其中有黄心川《"三教合一"在我国发展的过程、特点及其对周边国家的影响》、傅云龙《儒释道冲突与融合的意义》、徐远和《真人·帝师·祭酒》。（王永康）

# 道家与道教——第二届国际学术研讨会论文集

《道家与道教——第二届国际学术研讨会论文集》，陈鼓应、冯达文主编。广州：广东人民出版社，2001年9月第1版，2册，32开，760千字。

陈鼓应简介详见《老子今注今译及评介》提要。

冯达文，1941年生，广东罗定人。中山大学哲学系毕业后留系任教，教授，博士生导师。曾任中山大学学术委员会委员，中山大学中国哲学研究所、中山大学比较宗教研究所两所的首任所长，历任中国哲学史学会会长，广东禅文化研究会会长，中宣部和教育部"马克思主义理论研究和建设工程·中国哲学史教材编写组"首席专家，国际儒学联合会理事，中国宗教学会理事。

本书分为上、下两卷，上卷收入的论文包括《"太一生水"说》《自郭店楚简老子反思道家观点》《郭店老子的内容、分章及完整性等问题》《〈郭店楚墓竹简·太一生水〉与〈老子〉的几个问题》《先秦道家之礼观》《儒家和道家的人生观》《通向本体之路：道家形而上学方法》《在〈老子〉和〈庄子〉二书里"谓"字的一种辩论作用》《道言论》《道家"德"论》《庄子论天人》《老子哲学与生态问题——关于印尼森林大火与爱斯基摩社区的实例分析》《庄子的死亡智慧及其现代价值》、"Taoism and Modernity：Contemporary Aspects"、《德国文人论道家》《老庄文化应属中原文化》《〈列子·杨朱篇〉的真伪及其与杨朱的关系》、"Towards Understanding Yuanqi 元气（Primary Qi）"、《〈淮南子〉的感应思想》《论扬雄的道家思想》《王弼的黄老政治思想》《论郭象注释〈庄子〉的方法——兼论创建中国解释学的问题》《郭象认为"名教即自然"吗？》《〈咏怀诗〉所见阮籍的政治情感及由儒到道的转变》、"Exploring the Common Ground：Buddhist Commentaries on the Taoist Classic Laozi"、《葛洪的隐逸观》《葛洪〈诘鲍篇〉的争论说明了什么？——兼论中古时期道家、道教思想的演变和分化》《葛洪对道德的思考和建构》《略论唐代道家（教）的复性思潮》《自然主义：从道家到理学》《邵雍〈观物内外篇〉的道家思想》《王安石思想与道家的关系》《朱熹与道家思想》《佛、道兼容的王畿理学》《戴震评朱熹"人欲净尽"注为"惑于佛道"说》《〈老子本义〉对"无为之道"的阐释——魏源拟还原一个被历史曲解的老子》《刘鉴泉先生的学思成就及其时代意义》《新理学的道家精神》《冯友兰境界说的道儒思想辨析》《冯友兰先生的〈老子〉意义论》《关于〈神秘主义和哲学〉一书》，共42篇论文。

上卷编者将论文按研究对象的时代顺序排列，介绍了庄子、老子、扬雄、王弼、郭象、葛洪、邵雍、王安石、朱熹、戴震、冯友兰等人的道家思想及著作，让读者对道家思想的发展有了较为清晰的认识，同时通过中外学者对道家人物不同思想的分析，让读者能够更加全面、多角度地认识道家思想。编者收录的论文的研究方向也是多方面的，如老子哲学与生态问题、庄子死亡智慧的现代价值、道家与儒家的结合等，让人深刻体会到道家文化的博大精深。

下卷编入的论文包括《道教义理规范的主体思想机构与优良传统》《道教理论化的内化倾向及其生命观念和生命哲学》《论道教仙学的两次理论转型及其哲学基础》《道教科技哲学与现代化》、"On Talismans fu（符）of the later Han Dynasty"、《东汉章和安恒灵诸帝与原始道教关系考》《〈太平经〉与生命》《魏晋道教研究概况分析及主要学术论著评价》《试探葛洪的文学论》《葛洪在浈阳》《瘗鹤铭的铭文内容及其思想》《从〈陆先生道门科略〉重探南朝天师道——理论与实践的问题》《南朝天师道〈正一法文经〉初探》《古灵宝经的定期斋戒考论》《从〈黄帝阴符经〉说道教哲学》《杜光庭〈道德真经广圣义〉的神人观》《初唐道教学者论道》《略论司马承祯的道教思想》《从道、术关系看隋至中唐道教义理的特点》《〈灵宝毕法〉的养生理论的探讨》、"'LITERAT–I TAOISM' Re-imagining the Social & Intellectual Matrices of Premodern Taoism"、《隋唐道教"重玄学"之宗教意义略论》《〈养生咏玄集〉重玄学与内丹学的结合》《重玄学对宋明理学的影响》《内丹学在宋代思想史上的意义论纲》《从性命问题看内丹学与禅的关系》《论内丹观念之源起》《神霄派初探》《两宋新符箓道派社会文化背景分析》《略论丘处机与全真道》《张宇初的道教思想理论》《李道纯三教同玄论思想探析》《道教与中国古代旱罗盘指南技术》《从考古材料看道教投龙仪——兼论投龙仪的起源》《写本道藏经的实际状态》《读〈上清经〉秘诀所见》《试析荣格评论〈太乙金华宗旨〉的意义》《"女冠"小议———一种宗教、性别及象征的解读》《闽台王爷传说文本的结构分析》《道教禁忌刍议》《论道教符咒治病术的医学底蕴》《道教宫观及其文化内涵》，共计42篇。

下卷编者主要从横向与纵向对道教文化进行探讨与反思，选录一些有创见性观点的学术论文。从纵向看，所收文章体现出不同时代的道教思想发展情况及其特征。从横向看，各文章主要对道教的思想精华进行论述，重点在于从不同的道教经典分析其中所折射的道教文化内涵和理论特点，更进一步探讨了道教的一些禁忌、文化、医学以及道教在科技方面的应用。本书体现了编者的创新性思维和追求真理的精神以及对道教文化的执着热爱。（程群）

# 道教与人生

《道教与人生》，叶至明主编。北京：宗教文化出版社，2002年6月第1版，32开，370千字。

叶至明简介详见《庐山道教初编》提要。

1998年8月，"第一届庐山中国道教文化研讨会"在世界文化景观庐山举行，研讨会主题为"道教与现代文明"。2000年9月，庐山仙人洞道院举办"第二届庐山中国道教文化研讨会"，研讨会以"生活道教"为鲜明主题，再掀弘扬道教文化之热浪。两次研讨会，主题鲜明，把道教之贡献，道教存在的社会价值一一评点。两次研讨会的论文，纵论大道之精神，以及道教文化与当今社会的紧密联系，显现出了道教文化之深厚底蕴。本书为两次研讨会论文的合集。

本书共有三序，序一著者为时任中国道教协会会长闵智亭，序二著者为时任江西省民族宗教局局长陈卫民，序三著者为时任中国道教协会秘书长袁炳栋。

本书分为四个部分。

第一部分道教文化与现代社会生活，共收录14篇文章，即：张继禹《践行生活道教　德臻人间仙境——关于道教与现实社会生活的探讨》、卿希泰《道教文化与现代社会生活》、牟钟鉴《关于生活道教的思考》、李养正《奏响道教对"生活"的赞歌——试说道教如何融入当代社会生活》、詹石窗《论生活道教》、强昱《从"道教之真精神"对生活道教的理解》、王光德《道教修持与当代社会生活》、袁宗善《"尊道贵德"与当代社会生活》、章伟文《"生活道教"与爱国主义》、张应超《对道教在改革开放时期参与社会生活的思考》、张兴发《用道教文化服务现代生活》、李大华《面向社会与面向生活》、尹志华《道教对生活的态度及其现代意义》、黄胜得《道与人生》。

第二部分道教文化与现代文明，共收录论文18篇，即：杨世华《道教文化与社会精神文明》、张继禹《道教济世利人学说的理想价值》、唐诚青《道教与现代文明——道教应与社会相适应》、牟钟鉴《"性命双修"的普遍意义》、孙亦平《经国理身——论道教的终极理想及其现代意义》、李远国《浅谈道教的社会哲学与人生的合理定位》、盖建民《从道教生命哲学看道教文化的现代意义》、吕鹏志《道教命运观的主体精神及其现代启示》、卢国龙《道教如何面对现代科学》、姜生《道教科技的现代意义——兼解"韦伯难题"和"李约瑟难题"》、负信升《道教对生命科学的探索和社会文明的贡献》、刘仲宇《道教法术的社会功能和时代转换》、李刚《道教生态伦理观述要》、尹志华《道教教义中的环境保护思想初探》、李远国《论道教对物种保护的贡献》、马勇奇《道教礼仪的文化内涵——浅谈湖南正一派道士的活动对现代社会的影响》、刘嗣传《太极拳是道教适应社会的产物》、丁常云《道教劝善书与现代精神文明》。

第三部分新世纪道教展望，共收录论文9篇，即：赵匡为与王宜峨合著《关于道教在21世纪使命的思考》、朱越利《道教如何答好新世纪考卷》、陈耀庭《加强道教教义思想的研究适应迅速发展变化的时代——从〈病科学〉说起》、杨世华《新世纪如何管理道教宫观的几点思考》、袁志鸿《选择与举措——旅游景区道教场所面临现代社会的机遇与尴尬》、王书献《培养适应新世纪的道教人才》、周高德《试论道教的生命力》、张明心与王纯五合著《新世纪的道教文化》、刘松飞《廿一世纪之生活道教》。

第四部分道家道教思想研究，共收录论文13篇，即：许抗生《老子思想的当代意义》、葛荣晋《"无为而治"与现代企业管理》、高平《老子的"无为"及其现代意义》、任法融《试论老子"道法自然"》、严春忠《天人合一·道法自然·无为而治——读老子〈道德经〉一得》、施渭澄《〈道德经〉——智者必读之书》、冯达文《道家哲学的本原——本体论》、黄钊《先秦道家的道德理论体系述评》、樊光春《知足常乐——试析道家人生观的现代意义》、王健《对道家文化现代意义的几点思考》、李大华《关于道教生命哲学基本特征的思考》、范恩君《全真之道与关心社会》、孙波《徐梵澄先生〈老子臆解〉中的善生思想》。（王永康）

# 儒、道美学与文化

《儒、道美学与文化》，张国庆著。北京：中国社会科学出版社，2002年9月第1版，32开，161千字。

张国庆，1950年生，云南昆明人。曾任云南大学中文系教授，中国古代文学理论学会会员。主要研究方向为中国古代文学理论、文艺美学。

　　该书是一部论文集，收入9篇论文。

　　第一篇《美学史上的两种"中和"之美》，讨论作为普遍艺术和谐观的"中和"之美与作为特定艺术风格论的"中和"之美。

　　第二篇《近体诗声律结构体现的美学文化精神》，考察近体诗声律结构如何以特有方式体现中国古代和谐精神。

　　第三篇《孔子的音乐实践与理论》，对孔子音乐实践和理论做了整体勾勒，对其价值和意义做出分析评价。

　　第四篇《庄子美学体系》，将庄子美学作为一个美学体系来加以看待研究，认为庄子美学有明显的体系性质。

　　第五篇《儒家诗教》，讨论诗教的四个问题，即诗教与孔子思想的异同、诗教的汉代儒学性质、诗教的理论特征、诗教的历史遭际和古今意义。

　　第六篇《〈文心雕龙·原道〉的精义与内在逻辑》，解读《文心雕龙·原道》篇的精义和逻辑，指出该篇以道家之道开始，以儒家之道终结；以至上、形上、神秘的道家本体之"道"为"文"立基、立极，以现实的儒家思想精神为主体的圣人之"道"作为"人文"的实际楷范标则，以《周易》作为连接融通道儒的桥梁。

　　第七篇《〈司空表圣诗集〉与〈二十四诗品〉的关联》，着重考察司空图《司空表圣诗集》与《二十四诗品》在意象运用、境象营构方面存在的关联，兼及两书思想旨趣、词语运用等方面存在的关联。

　　第八篇《云南古代文学理论概览》，说明云南古代文学理论的概况，讨论儒道佛三家思想与云南古代文学的关系、理论成就等。

　　第九篇《儒学与云南古代文学理论》，对云南古代文学理论受到的儒学影响进行具体的描述和剖析。

　　这部论集有关儒家美学的内容较多，而道家美学仅有《庄子美学体系》一篇。最后两篇则属于云南地方古代文学理论研究成果。（陈香雪）


# 道教与南岳


　　《道教与南岳》，湖南省道教文化研究中心编。长沙：岳麓书社，2003年4月第1版，32开，325千字，系"湖南省道教文化研究中心丛书"之一种。

王兴国，1937年生，湖南株洲人。湖南省社会科学院哲学研究所研究员，主编《湖湘文化纵横谈》《当代中国哲学问题》《船山学论》，发表论文《近代湖湘文化的经世致用特点》等。

黄至安，1963年生，坤道，湖南长沙人。1980年12月于长沙河图观出家，1993年任湖南省道教协会副会长，1998年当选湖南省道教协会会长，中国道教协会副会长，第八届湖南省政协常委，第十届全国人大代表。主要论文有《重新崛起的南岳道教》《清静是生命智慧与良师益友》《道教神府——衡山南岳庙》《以道为本　弘道利生——谈《道德经》之道与现代宫观管理》《〈道德经〉与现代宫观管理》《道教与社会主义精神文明关系的探讨》。

本书是2001年10月在南岳衡山召开的《道教与南岳》学术研讨会的论文汇编。

本书收关于南岳道教历史研究的文章4篇，有关南岳道教历史人物与派别研究的文章13篇，有关文学家与南岳道教关系研究的文章10篇，有关南岳道教文献研究的文章5篇，有关南岳道教资源研究的文章7篇，道教其他问题的文章10篇。

本书作为湖南省道教文化研究中心2001年召开的道教文化第二次学术研讨会研究成果，对于南岳与道教的研究不但深入细致，而且涉及内容广泛。本论文集收录了学术界许多著名学者如卿希泰、李刚、韩秉方、吕锡琛、潘显一，道教界黄至安、周勇慎以及一大批年轻学者的研究论文，可谓百花齐放、百家争鸣。（赵芃）

# 道教教义与现代社会
# 国际学术研讨会论文集

《道教教义与现代社会国际学术研讨会论文集》，郭武主编。上海：上海古籍出版社，2003年8月第1版，32开，490千字。

郭武简介详见《道教历史百问》提要。

本书收录的论文包括：《关于道教前景问题的浮想——振兴道风是振兴道教的关键》《道教的现代化》《入世济世与神仙超越》《自然无为，真静应物——论道教教义如何适应现代社会和文化》《道教的神学及其时代特点——

以刘一明的〈道书十二种为例〉》《"无为"与现代道教的发展》《多元、一元之间——当代道教如何处理与多元宗教的关系》《化"他"为"你"：道教如何面对多元宗教信仰的处境》《近代基督教来华对道教的挑战——兼论多元处境中的道教文化发展问题》《现代社会与道教的发展空间》《道教在现代中国文化的作用》《道教太极图的体用观》《初期全真教思想的现代意义》《"内圣外王"的道家精神及其现代意义》《从"救世"到"医世"——略论道教治世思想的社会政治伦理价值》《从〈太平经〉中的"一"、守"一"、"气"及"元气"说起》《道教生态伦理思想及其现实意义》《道教生态伦理观述要》《道教环保观在现代社会的体现》《道教教义中的环境保护思想初探》《唐以前道教洞天福地思想研究——从生态学视角》《生命的源泉与归宿》《道教伦理观的一点启示》《道教的伦理道德规范及其现代意义》《顺与逆：丹道修炼与现代生活》《论道教"性命双修"之拔尖性教义在现代多元宗教文化环境下之提撷作用》《试论道教养生法——养神与养形》《道教内丹修炼思想的理论化与朱熹的〈参同契〉注解》《香港道教斋醮中的"祭幽"仪式与现代社会的意义关系》《道教科仪音乐的文化形式与仪式功能》《康有为的道教经验与其艺术理想》《中古早期佛道关系的新视点——以敦煌本〈灵宝威仪经诀上〉为中心》《早期灵宝经的天书观》，共33篇。本书所收皆是2002年在香港举办的"道教教义与现代社会国际学术研讨会"上的论文。

本书收录的文章，主要围绕以下几个问题展开讨论：一是道教的教义。多数学者认为，道教没有固定道德教义并不意味着道教没有一个教义核心，更不能认为道教没有教义，而只是表明道教的教义体系是开放的。二是道教的发展问题。道教如何面对现代多元宗教的文化处境以求得发展呢？陈静认为，既要建立起宽容的态度，使不同的宗教之间能够得到沟通和理解，又要使各种文化、各个宗教保持自己的独特性，以防止丧失独立存在的价值。另外，道教应客观地认识其自身所存在的积弊和时病，从而逐渐自觉地走上适应社会发展要求的道教文化革新之路。三是道教与现代社会。主要包括：1.道教的变革。陈耀庭认为，今天的道教神学首先应是一种适应中国式社会主义社会的神学，并应是一种稳定社会和规范行为的神学。此外，构建新的道教神学体系还必须从道教自身发展的规律出发。朱越利认为，道教教义的重新阐释并不是丢掉信仰，而是神圣性与世俗性相结合，同时也不是丢掉传统，而是继承与创新相结合。2.道教生态、伦理思想的现代价值。卿希泰认为，道教生态伦理观所要处理的是人与自然打交道时必须恪守的伦常，这些伦理规范包含在道教的各种戒条中。道教生态伦理观的一个重要特点就是崇尚自然，即自然而然，而生命中心主义则是道教生态伦理观的核心内容。至于道教生态伦理观的目的，乃是试图使自然免受人为破坏，为人们营造一种良好的生存空间。3.道教养生修炼、斋醮科仪的现实意义。萧登福将养生治身之方明确分为养神与养形两个方面。自战国后，养神与养形之说一直都被历代养生治身者所重视，并对历代人民的生活有着影响。现代人生活中气功、静坐、太极拳、药补、食补（药膳）等的风行，多少也是受了道教养生学说的影响。郑志明认为，道教科仪是一种人与神交感的修炼途径。其中各种人神交通的仪式，一方面用来表达人们对神明的敬畏、崇祀与皈依的心情，一方面用来清除一切生存的灾祸、罪孽与厄运，表达了道教对生人与死者无微不至的关怀。至于道教科仪音乐，则是最具代表性的人类文化之一，它以有形的仪式与艺术传达了灵性感通的无形世界，并运用身体动作与语言旋律象征了神人交感的整体和谐情境，让艺术美感促进了信仰的身心体验，达到了人神相和的灵感境界。

本书不仅开辟了道教研究的新领域，也将促进道教的健康发展。（程群）

# 道教教义的现代阐释：
# 道教思想与中国社会发展进步研讨会论文集

《道教教义的现代阐释：道教思想与中国社会发展进步研讨会论文集》，中国道教协会道教文化研究所、上海市道教协会、上海城隍庙合编，北京：宗教文化出版社，2003年11月第1版，32开，320千字。

本书所收的文章是2002年于上海召开的"道教思想与中国社会发展进步"学术研讨会上各位专家、学者和道长们的论文。

本书所收录的论文包括卿希泰《道教文化与现代社会生活》、张继禹《道教教义思想在当代的继承和弘扬》、李远国《试论道教教义思想中的三大特性》、范恩君《神仙信仰及其当代观察》、陈耀庭《道教教义创建和发展过程的四次变化——各家对东汉、魏晋南北朝、唐宋和金元时期的道教教义变化论说的综述》、丁常云《张宇初对道教教义思想的贡献及现代启示》、史孝进《道教养生学的形成与发展简述》、李刚《孟安排〈道教义枢〉的教义思想》、杨立志《名山宫观的规划布局与道教义理——以长江流域的道教名山为例》、夏至前与赖保荣《〈易传〉"神道设教"的人文归旨与当代道教教义的建构》、詹石窗《道教哲学新论》、李似珍《道教"无为"观与人格理想重塑》、吉宏忠《道教养生思想的基本结构》、张振国《当代道教正一派科仪与教义的互相印证》、樊光春《道教思想在西北生态建设中的实践意义》、吕锡琛《论道教心性修炼的道德培育功能》、王平《谈中国茶文化中之道缘》、周瀚光《道家"无为而治"的管理境界及其现代意义》、刘仲宇《把握自身优势　找到通向现代社会的端口——关于道教教义思想与现代社会相适应的几点思考》、杨世华《当代道教教义思想建设的几点思考》、孙亦平《试论当代道教的理论建设》、张应超《简论道教教义思想与道教承传及其和当代社会相适应》、钟国发《道教的传统目标及其现代转化》、李纪《"以人为本"建构当代道教教义》、王宜娥《为道者当先立功德》、盖建民《科学之道：人类基因工程与"我命在我不在天"》、张金涛与柔弱《对道教教义做出符合社会进步要求的阐释刍议》、袁志鸿《我对一些道教教义的学习、理解和认识》、叶志明《继承道教传统　传播道教文化》、林舟《对道教教义做出符合社会进步的阐释——弘扬道德真经为社会主义社会服务》等30篇文章。

本书收录的文章集中于探讨道教的教义思想，包括：1.教义思想与基本信仰的关系；2.教义思想的基本内容；3.历史上不同时代的道教理论家对教义思想的阐述等等。

道教教义是一个内涵非常丰富的体系，同时它又处于与时俱进的发展过程之中。目前对道教教义的研究还是比较初步的。就道教界本身而言，如何在新的历史条件下阐释和发展自己的教义思想，更是方兴未艾。本书所收的只是一个时期以来，道教界与学术界共同探讨的成果，而不是对当代道教教义的结论性意见。

纵观道教历史，道教与国运兴衰息息相关，这就是道教的民族性。正是这种民族性锻炼养成了道教容纳百川的胸怀，所以道教对外来文化不排斥，而是择其善者为我所用。道教继承道家"与时迁移，应物变化""以虚无为本，以因循为用"思想，不墨守成规，随时代的车轮而与时俱进。道教的这种优良传统思想，使道教能够与社会主义社会相适应。近2000年来，道教不断随时代的变化而变化，随中国的进步而进步，同时又保持着自身的基本信仰，有着与其他宗教和文化系统不同的面貌。不过，近代以来，对道教教义的研讨相对较少，像本书这种集中于讨论教义思想的论文集也比较少见。本书的问世，顺应了道教本身发展和道教学术研究深入的需要。（程群）

# 文化妈祖：台湾妈祖信仰研究论文集

《文化妈祖：台湾妈祖信仰研究论文集》，张珣著。台北："中央研究院"民族学研究所，2003年版。

张珣，台湾"中央研究院"民族所研究员兼副所长，台湾大学人类学系兼任教授，新港奉天宫世界妈祖文化研究暨文献中心主任，研究专长为文化人类学、宗教人类学、医疗人类学等。

本书主要以人类学中的一些基本观念如空间、时间、社区等，来分析台湾妈祖信仰，并进而企图建立本土仪式理论。书名中"文化"一词做动词使用，表示从妈祖信仰与仪式中解读出文化的基本概念与预设。作者透过五大主题记叙与观念分析，对大甲妈祖的进香仪式及相关事件进行不同角度与层面的诠释。

第一章主要叙述妈祖信仰中神圣空间的展现，是以妈祖神像或庙宇为灵力的中心而向四周扩散。神圣空间被分作不同等级，足以反映信徒的社会阶层。

第二章说明不同地区的妈祖神像的灵力，是以系谱位置长幼来决定，而不是以神像的物理时间的新旧来决定。妈祖神像本身透露的类似亲属宗族系谱，在系谱位置上越高位的越有灵气，整个进香目的也是在向系谱上高位的妈祖祈求福气。

第三章讨论一个庙宇可能因为进香仪式的升级与转型，而重新界定其辖区范围。仪式具有主动转化社会冲突的机制，大甲镇澜宫借着更动进香目的地的仪式表现，化解了镇澜宫由社区庙宇升格为全省庙宇过程中的冲突与矛盾。

第四章探讨妈祖庙的辖区，妈祖庙有辖区的这种观念，会使信徒不得不回原乡寻求出生地妈祖之保佑。作者借着进香的跨区域活动，以及大甲移民的新社区观的形成，来反省人类学社区研究的局限。

第五章解析妈祖的救难叙述，已经由早期的官民一体，转变为现今时代的官民制衡。由早期至今台湾地区多数妈祖庙的各种庙志纪录，可以彰显妈祖的救难纪录叙述已经有了很大的转型，而在仪式上却没有很大的改变。亦即可借由妈祖信仰看到宗教人类学中经常讨论的"仪式与信仰之间有不一致性"，即仪式具有保守性，而信仰则具有较大的变动性。

本书依照著者自1995年12月至2001年5月期间五篇论文的发表时间顺序而排列。这五篇论文可算是著者研究大甲妈祖信仰第二阶段的成果，其重点在进香仪式与仪式背后的文化观念。著者对妈祖信仰研究的第一阶段是自1985年起至1993年止，焦点集中在大甲社区的社会结构及大甲妈祖进香的组织与功能，其成果为著者1993年的博士论文。前后两阶段的研究，虽都是以大甲为主要田野地点，但在理论脉络、问题意识及核心关怀上已有很大的差异。因此第二阶段表面上仍以大甲为主要资料来源，其实已经旁及整个台湾地区妈祖庙的文献以及许多二手资料的运用。（林翠凤）

# 十家论庄

《十家论庄》，胡道静主编。上海：上海人民出版社，2004年4月第1版，16开，497千字。2008年再版，系"十家论丛"之一种。

胡道静（1913—2003），安徽泾县人。出生于上海，中华人民共和国成立后历任华东军政委员会文化部文物处图书馆科科长、中华书局上海编辑所编辑、上海人民出版社编审、农业出版社顾问、国务院古籍整理规划小组（科技史）组员、上海市古籍整理规划小组顾问、上海科技史学会第一届理事长，1981年当选为国际科技史研究院通讯院士。主要著作有《梦溪笔谈校证》《农书·农史论集》《中国古代的类书》等。

本书选辑了近百年庄子研究者胡适、冯友兰、吕振羽、郭沫若、侯外庐、杜国庠、任继愈、李泰棻、关锋、陈鼓应、张恒寿等的庄学研究论著，汇为一册。其中侯外庐、杜国庠同属马克思主义中国思想史学派，故编为一家；章太炎于清末所写《齐物论释》，因其在庄子研究史上的代表性，故收入附录。

受西方进化论思想及西方哲学影响，胡适较早引入西方的研究方法与观念，写成了《庄子的进化论》《庄子的逻辑》《庄子哲学浅释》等论文。鉴于胡适在庄子研究史上的影响及开创意义，故将其论文列为《十家论庄》之首。

《庄子及道家中之庄学》是冯友兰早期研究庄子的代表作。冯友兰将庄子哲学分为人生哲学、社会政治哲学等几大部分，在对庄子的研究上，则是侧重于西方意义上的纯粹哲学方面。冯友兰将庄子置于道家哲学的整体背景之下进行综观考察，抽象、归纳出庄子哲学的几个重要范畴。

《庄周的主观唯心主义体系，道家哲学向唯心主义的进一步的发展》是在1964年版《中国哲学史新编》基础上修订而成的，冯友兰将庄子哲学判定为"主观唯心主义"哲学。同时，他通过引入阶级分析的方法，认为庄子的相对主义思想的目的和实质，"是企图取消对立面的对立和斗争"，而"这种思想根本上是和辩证法对立的"。因此冯友兰得出结论说，"这是形而上学，不是辩证法"。

吕振羽的《没落封建主的政治学说——庄周的出世主义》被认为是中国学术史上最初用马克思列宁主义批判、研究庄子的著作。在论述上，吕著大量引用《庄子》内七篇的文字，认为庄子把老子的唯心主义辩证法变成了相对主义，乃至发展为诡辩主义。在政治哲学方面，吕振羽认为庄子"对当时的社会，只有消极的批评，而没有积极的政见"，认为庄子"逍遥游"内容的实质，"是在模糊阶级关系，麻痹群众的斗争意识"。

郭沫若关于庄子的专论只有《庄子与鲁迅》《庄子的批判》两文。《庄子的批判》写于1944年9月26日，原收于《十批判书》。在庄子研究上，郭沫若的学术见解不同寻常。经过仔细的考证，郭沫若认为庄子出自儒门，但是并非子夏、田子方一系，而是孔子、颜回一系。郭沫若认为庄子当年的声望隆重，其后学思想与思孟学派接近，且与阴阳家相互影响，"阴阳家的后起者如齐国的方士们，他们之迷念神仙真人，也分明承受了庄周的衣钵"。

郭沫若肯定了庄子思想中有积极用世的一面，认为庄子之所以有悲观厌世的倾向，乃是对统治者的失望，具有社会批判的积极意义。对于庄子思想产生的流弊，郭沫若也有论及，认为"两千多年来的滑头主义哲学，封建地主阶级的无上法宝，事实上却是庄老夫子这一派所培植起来"，欺骗秦始皇的术士们"说不定也就是庄子的一群私淑弟子了"。

侯外庐较早地运用马克思主义的观点和方法分析了包括庄子在内的春秋战国时期思想史的发展。侯外庐提出，从庄子对于中国士大夫思想的影响来看，庄子的思想不是"异端"，而是"正统"。侯外庐认为庄子是宋国蒙地一漆园小吏。侯外庐以马克思主义唯物史观构建其学术框架，从历史唯物主义出发，将庄子的思想界定为"主观唯心主义"，并认为庄子的知识论是绝对的相对主义，和他的唯心主义的宇宙观是相应的。同时，侯外庐也批判了胡适以庄子和黑格尔的辩证法相比。胡适提出庄子也有正反合的知识论的观点，侯外庐认为"这种说法实在是唯心主义者的胡言乱语"。

杜国庠早在20世纪40年代就开始研究先秦诸子思想，他对庄子的思想也有精到的评述，并借荀子之言评说庄子是"蔽于天而不知人"。杜国庠可以说是侯外庐学术上的知音。

任继愈把对于庄子哲学思想的研究与《庄子》内外篇的考证有机结合起来，并在此基础之上得出结论。任继愈认为《庄子》外篇、杂篇所蕴含的唯物主义思想，代表了庄子本人的思想，《庄子》内篇是"后期庄学"的作品，是唯心主义的。庄子的唯物主义哲学体系本身有着严重的缺点和不足，所以给唯心主义的"后期庄学"制造了活动的机会。从唯物主义的庄周到唯心主义的"后期庄学"的转化，从另外一个角度说明了唯物主义和辩证法必须相结合的必要性；反之，从庄周的不彻底的唯物主义认识论，进而导致出相对主义和不可知论，就不是什么奇怪的事情了。任继愈也赞同荀子的观点，认为庄子"蔽于天而不知人"，凡是在自然与人为对立的地方，庄子都肯定自然而反对人为。任继愈认为这种思想与调和名教与自然的魏晋玄学家郭象之流在方向上根本相反，不可混为一谈，因此在历史上是有进步意义的。

李泰棻通过详尽的考证，对庄子故里、生卒年月及生平事迹均提出了自己的看法。他认为，庄周为宋国蒙人，生于周烈王七年，卒于周赧王二十九年，与梁惠王、齐宣王同时，因家贫而一度为宋国漆园吏。庄周于学无所不窥，而其本归于《老子》之言。门人后学，撮拾其言为外杂各篇。庄周独与惠施友善，恒相辩难；与孟轲年相若，从未及面。对《庄子》内外杂篇的考证，李泰棻提出自己的观点："《庄子》内篇是庄周的亲笔，外杂各篇，盖系门人或崇庄后学所记的庄周语言和事迹。"对于庄子的学术渊源，李泰棻经过考辨，认为庄子与颜氏之儒无关，提出庄子思想"本于老，参与儒，各家之说对它有影响"这一结论。此外，李泰棻肯定了庄子是有政治理想和抱负的，庄子消极避世的背后有积极用世的一面。

《庄子哲学批判》原载《庄子内篇译解和批判》，中华书局1961年版。《庄子内篇译解和批判》是关锋学术研究的主要著作之一，当时学术界对这部著作给以很高评价。《庄子哲学批判》称，庄子哲学是彻头彻尾的主观唯心主义，这个体系的骨架是这样一个"三段式"："有待"→"无己"→"无待"。庄子的主观唯心主义有这样一些特征：虚无主义、阿Q精神、滑头主义、悲观主义。《庄子内篇译解和批判》在20年后遭到了严厉的批判，关锋在《庄子哲学再批判》中从原则上给予答复，该文对《庄子内篇译解和批判》的基本观点进行了新的论证。这些论证"集中于进一步揭示庄子哲学的特殊形态，进一步揭示由老子的客观唯心主义到庄子的主观唯心主义的转化"。关锋认为，庄子的相对主义是从老子的辩证法转化而来的。其根源在于，老子的朴素辩证法把对立面的相互转化看成是绝对的、无条件的，这里就包含了相对主义的萌芽。关锋本人在得知《十家论庄》收入他的关于庄子研究著作时，特意写了《拙作〈庄子内篇译解和批判〉的修正与说明》。（雷宝）

# 道教与神仙信仰——道教思想与中国社会发展进步研讨会第二次会议·泉州论文集

《道教与神仙信仰——道教思想与中国社会发展进步研讨会第二次会议·泉州论文集》，林舟主编。北京：人民日报出版社，2004年6月第1版，32开。

林舟，1961年生，福建泉州人。曾任中国道教协会副会长、《福建道教》主编，现任中国道教协会咨议委员会副主席、福建省道教协会副会长、泉州市道教协会会长。

本书主要收集了2013年道教思想与中国社会发展进步研讨会第二次会议的67篇论文以及一篇序言。所收论文针对研讨会的主题思想，就"道与神仙"问题进行了深入的研讨，并从"道与神仙"的历史、思想和文化渊源以及加强道教神学建设等方面进一步做出阐释和论证，反映了道教顺应时代发展和社会主义社会相适应的精神风貌。

本书深入研讨道教教义思想中"道与神仙"的问题，在把握信仰与内修外行的相互关系之基础上，一方面探讨"道与神仙"历史的、思想的和文化的渊源，以求进一步完善道教教义思想体系即加强道教神学建设；另一方面探讨道教神仙的品质和社会功能等方面的问题，以求进一步增强道教的思想道德建设和道教道风建设，以更好地与社会主义社会相适应。总之道教要在升华认识、整合信仰、阐扬教义、弘扬道德、适应社会、利益世人等方面不断做出努力，从而为促进社会的文明进步和人类的和谐发展做出贡献。（程群）

# 当代道家与道教

《当代道家与道教》，宫哲兵主编，陈明性副主编。武汉：湖北人民出版社，2005年1月第1版，16开，666千字。

宫哲兵简介详见《〈道德经〉新译与道论》提要。

本书分当代、科学、哲学、道教以及文学美学心理学音乐等5部分。当代部分共13篇论文，科学部分共13篇论文，哲学部分共11篇论文，道教部分共13篇论文，文学美学心理学音乐部分共11篇论文。

本书涉及当代道家与道教研究的各方面内容。此次会议由武汉大学哲学学院、中国社会科学院哲学所、湖北省道教协会、四川大学道教与宗教文化研究所、武当山道教协会主办，武汉大学哲学学院宗教学系承办，海峡两岸著名学者一百多人参加了会议。会议共收到论文八十多篇，其中61篇收入本书。会议主题是当代道家及其理论体系的建构，道家、道教与现代社会的发展。会议议题涉及哲学、科学、宗教、美学以及现代生活的各个领域。（王亚）

# 香港及华南道教研究

《香港及华南道教研究》，黎志添主编。香港：中华书局有限公司，2005年4月初版，16开，系"蓬瀛仙馆道教学术研究基金"丛书之一种。

黎志添简介详见《广东地方道教研究——道观、道士及科仪》提要。

本书为香港中文大学宗教系（后于2004年9月改名为"文化及宗教研究学系"）于2003年12月11日至13日举办的"香港及华南道教研究国际学术研讨会"论文集，全书分为六大主题，共收24篇论文。

本书所收论文主题主要为：香港道教历史、仪式及现况，罗浮山道教历史，华南道教仪式及传统，道派在华南的发展历史，香港道门的理念和实践。

本书具备三大特色，一、道教学者与道门中人的经验分享与交流，二、综合华南道教的历时性考察与当代不同地域的共时性比较研究，三、论述对象包括正一、灵宝、紫阳、全真、先天等历代各宗派与地方民间崇拜之神祇。（李建德）

# 十家论老

　　《十家论老》，胡道静主编。上海：上海人民出版社，2006年6月第1版，438千字，系"十家论丛"之一种。

　　胡道静简介详见《十家论庄》提要。

　　本书选辑近百年来研究老子的十位专家，包括胡适、梁启超、冯友兰、郭沫若、吕振羽、侯外庐、李泰棻、任继愈、关峰及陈鼓应，将他们有关老子研究的最具代表性与特色的部分汇成一册。

　　正文前有"十家论丛总序""十家论丛编例说明"及"十家论老编撰说明"。正文每部分独立编目。胡适认为老子是中国哲学的鼻祖，并严格地按照"明变、求因、批判"的体例入手，综合运用中西方研究方法解说老子。梁启超借用佛教的视角并结合西方思想、方法，是最早从"哲学"角度对《老子》思想进行探讨和阐述的学者之一。冯友兰将老子哲学划归为客观唯心主义学派，认为《老子》是没落奴隶主贵族的代表作，从《老子》哲学思想的阶级根源入手，从斗争策略角度总结了老子的朴素辩证法思想。郭沫若认为环渊即是关尹，而老子书是关尹为了发明老子的旨意而写的，郭沫若以"人民本位"为尺度，批判老子的政治学说。吕振羽通过分析老子思想的阶级性，结合老子所处的阶级地位指出老子思想的局限性，进一步确定老子的思想体系。侯外庐在马克思主义理论的指导下，将思想史置于社会史中，从老子思想产生根源和社会性出发，重视研究老子的经济思想。李泰棻全面论述老子思想体系，主张老子是客观唯心主义者，李泰棻对道的本质、对老子政治思想的研究具有独创性，是老子研究的重要代表。任继愈从"存在决定意识"的唯物主义原则出发，将老子思想界定为"朴素唯物主义"，认为老子的学说包含着朴素的辩证法思想。关峰认为老子的思想属于客观唯心主义，详细分析了老子"道"的概念和老子哲学的基本结构。陈鼓应分析了作为认识准则的"道"对社会人生所产生的意义，认为"老子具有积极救世的胸怀"，其"自然无为"含有"不妄为"的意思。陈鼓应在肯定了老子思想进步性后，也谈到了老子思想中许多可批判的地方。

　　该书通过汇编以上十家论老的文章，凸显了"五四"以来中国老学研究的特点，厘清了近百年来老子研究的基本现状，为相关领域的学者提供了翔实的资料汇编，便于读者从各家异同中更深层次、更多角度来理解《老子》，是现当代老学研究的重要参考书之一。（杨琳）

# 昆嵛山与全真道

《昆嵛山与全真道》，丁鼎主编。北京：宗教文化出版社，2006年8月第1版，16开，600千字。

程奇立，笔名丁鼎，1955年生，山东莱西人。时任《烟台师范学院学报（哲社版）》主编、烟台师范学院历史系教授。主要从事儒家经学史、历史文献学、中国古代文化史等领域的教学和研究工作。

本书收录五十多篇论文，包括《齐鲁文化与道教起源》《全真道与重玄》《玉溪子李简易考述》《试论香港全真派的由来与特点》《胶东半岛的人文地理环境与八仙文化的定型》《南宋临安宫观及其管理制度若干问题》等。

该论文集的出版不仅对于全真道与齐鲁文化关系研究具有拓展意义，而且对昆嵛山仙道文化资料的收集整理以及道教研究的深入发展有推动作用。（程雅群）

# 基督教与道教伦理思想研究

《基督教与道教伦理思想研究》，何除、林庆华主编。成都：四川大学出版社，2006年9月第1版，32开，249千字。

何除，博士。

林庆华，1965年生，广西岑溪人。博士，四川大学道教与宗教文化研究所教授，博士生导师，主要研究方向为托马斯·阿奎那的道德理论、当代西方天主教伦理学思潮，主要论著有《当代西方天主教新自然法理论研究》等。

本书是一部论文集。主要收录2004年10月由四川大学道教与宗教文化研究所暨基督教研究中心承办，香港中国神学研究院和加拿大文化更新研究所协办的"基督教与道教伦理之比较"学术研讨会的论文。会议收到学术论文三十余篇，本书收录了其中的20篇。这20篇根据内容分为四个部分，即：基督教与道教的基本伦理；基督教的成圣观与道教的成仙观；基督教与道教的应用伦理；其他议题。

第一章基督教与道教的基本伦理，收录了七篇论文。其中，龚立人的《在伦理以外的宗教伦理：对灵性的再发现》，集中解析如何解读宗教伦理。作者认为宗教伦理属于伦理范畴，但不止于此，事实上，只有认识宗教伦理背后的灵性，我们才可以掌握宗教伦理的本质。郭武的《神圣、凡俗与净明、忠孝》尝试从宗教学理论的角度来解析宋元净明道的"净明"与"忠孝"学说。丁培仁的《基督教与道教比较论纲》对基督教与道教在教理教义、世界观、律法等方面进行比较。黄夏年的《2003年我国大陆道教与基督宗教研究综述》对2003年中国大陆道教研究和基督宗教研究成果进行总结，并兼论道教与基督教两种宗教伦理思想研究的发展趋势。

第二章基督教的成圣观与道教的成仙观，收录了七篇论文。其中，何除的《基督宗教之成圣观与契约伦理》认为基督教的成圣观需要一个载体去实现其理想，而契约伦理就是一种宗教礼仪和信仰生活的实现。赵建敏的《天主教成圣观的天人合一幅度》认为成圣是在现世生活（爱人爱神）中，借靠耶稣基督（天主的圣者），走向终极完满的圣者（天主）并最终与其达到天人合一的人生道路。余达心的《肉身成道·圣化成神·破我执》讲的是初期教父的一些光亮点。李远国的《赤子与婴儿：道教修道成仙的境界》讲道教修炼赤子和婴儿两种境界。此外还收录吴瑞龙的《道教的成仙思想及方法》、杨庆球的《道教与基督教的救赎论》、思竹的《新修士：第二轴心时代宗教灵性的一条可能出路》。

第三章基督教与道教的应用伦理，收录三篇论文，包括毛丽娅的《试论道教与基督教的社会生态思想》、唐绍洪的《论早期基督宗教的性爱伦理观》、宫哲兵的《早期基督教的禁欲主义与东汉魏晋道教的非禁欲主义比较》。

第四章其他议题部分，收录了三篇论文，即成穷的《渺渺青云外，滚滚红尘中：〈红楼梦〉的两个宗教世界》、高师宁的《试论当代中国民间信仰对基督教的影响》、李小光的《商代人神关系论略》。（吴靖梅）

# 自然·历史·道教——武当山研究论文集

《自然·历史·道教——武当山研究论文集》，杨立志主编。北京：社会科学文献出版社，2006年12月第1版，32开本，628千字。

杨立志简介详见《武当道教史略》提要。

本书收录了和武当山及武当文化研究相关的论文八十多篇，内容分为武当山水文学与道教文学研究、道教思想与武当山建筑及考古研究、武当山旅游开发、武当道教研究、武当山历史与文化研究、武当武术与民间文化研究及其他等六类。编者尊重历史、尊重各位著者的不同观点，除对个别文字和标点进行规范外，基本维持文章原样。同时，每篇文章都按照发表的时间先后排序。（程雅群）

# 当代中国宗教研究精选丛书——道教卷

《当代中国宗教研究精选丛书——道教卷》，牟钟鉴主编。北京：民族出版社，2008年1月第1版，32开，500千字。

牟钟鉴简介详见《老子新说》提要。

本书是一部论文集，共收录32篇文章。限于篇幅，本书只选辑了大陆部分道教研究学者的自选论文，不包括道教界人士和香港地区、台湾地区学者的论文。

本书所收文章内容上各有侧重，大致可分为"道教研究综述""道教经典""道教义理""道教历史与人物""道教科仪与法术""道教与社会及文化""道家、道教与儒学、佛教"等七类。

本书中"道教研究综述"类文章仅仅收录卿希泰先生《百年来道教研究的回顾与展望》一篇，该文章属于道教学学术史的好文章。

"道教经典"类文章包括：李养正《〈老子〉、〈周易〉同为道教义理之渊源》、朱越利《〈道藏〉的编纂、研究和整理》、王卡《从一切道经到中华道藏——道教文献学的历史回顾》。

"道教义理"类文章包括：钟肇鹏《道教与性命之学》、许抗生《略论道教养生学思想》、詹石窗《道教人格完善理论及其现代价值》、戈国龙《道教内丹学中的"顺逆"问题及其现代诠释》、孙亦平《论〈太平经〉的妇女观及其对道教发展的影响》、尹志华《道教教义中的环境保护思想初探》。

"道教历史与人物"类文章包括：汤一介《成玄英与重玄学》、强昱《成玄英"穷理尽性以至于命"解》、李养正《论陈樱宁及所倡仙学》、李刚《曹操与道教》、张应超《借问路旁名利客，无如此处学长生——华山道教历史简议》、牟钟鉴《全真教与齐鲁文化》。

"道教的科仪与法术"类文章包括：陈耀庭《"太三清"与太乙炼、斗姥炼的比较研究——兼论华南道教与江南道教科仪的异同》、刘仲宇《道教法术科仪的表演特征》、盖建民《道教符咒治病术医学底蕴考论》。

"道教与社会及文化"类文章包括：卿希泰《道教文化与现代社会生活》、胡孚琛《道学文化的新科学观》、樊光春《宫观生态论》、陈霞《道教善书〈太微仙君功过格〉及其影响》、张桥贵《道教传播与少数民族贵族对汉文化的认同》、吕锡琛《论道教心性修炼的心理调治功能》、李远国《贵生戒杀：论道教的生态思想》。

"道家、道教与儒学、佛教"类文章包括：熊铁基《道家·道教·道学》、张广保《从道家的根本道论到道教的内丹学》、洪修平《老子、老子之道与道教的发展——兼论"老子化胡说"的文化意义》、王宗昱《道教的六天说》、卢国龙《中国传统社会评估宗教的价值标准——以清朝的佛道教政策和法规为例》。（程群）

# 卿希泰论道教

《卿希泰论道教》，段渝主编，卿希泰著。上海：上海科学技术文献出版社，2008年1月第1版，32开，184千字，系"985工程"四川大学宗教与社会研究创新基地项目之一种、教育部人文社会科学重点研究基地重大项目"巴蜀文献集成·大家论学"之一种。

段渝，1953年生，重庆人，四川省社会科学院研究员，四川师范大学巴蜀文化研究中心教授、博士生导师，国务院政府特殊津贴获得者，四川省学术与技术带头人，四川省有突出贡献的优秀专家，兼任中国先秦史学会副会长，中国中外关系史学会常务理事，中国西南民族研究学会副会长，四川省历史学会副会长，四川省民族学会副会长。主要研究方向为先秦史、巴蜀历史文化、长江流域古代文明、南方丝绸之路与欧亚古代文明等。

卿希泰简介详见《中国道教史》提要。

本书共选编卿希泰先生撰写的论文11篇，内容包括道教综论、道教文化与现代社会生活、道派史研究、道教思想研究、道教研究的回顾与展望等五个专题。

在道教综论、道教文化与现代社会生活部分，著者对道与三清之间的关系进行了梳理，着重阐述了道教文化在中华传统文化中的地位和现代价值，探讨了道教的"天人合一""道法自然"以及"知足常乐""和为贵"等观念中所蕴含的生态伦理思想和期望世界和平的社会人生哲学。

在道派史研究中，著者详细论述了全真教在立教宗旨、修持目标和修持方法上的特点，提出了全真道是在对旧道派特别是丹鼎派改造的基础上而建立的新道派，是南宋与金朝南北对峙形势下，民族矛盾与社会矛盾相互交织的特殊条件下的产物。此外，著者还论述了南宋除符箓道派外，南方新兴起的金丹南宗——紫阳派的形成及其传承和特点。

在道教思想研究中，卿希泰先生论述了《太平经》的乌托邦思想产生的社会背景原因与历史作用，认为这种思想乃是先秦墨家某些思想的继承与发展。

本书所收论文观点鲜明，内容广泛，既注意深入挖掘道教的历史、思想研究，也关注到道教与当代社会关系的探讨，反映了卿希泰先生数十年道教研究的学术轨迹。字里行间充分体现出老一辈学人的老骥伏枥、精益求精的治学精神与学以致用、报效家国的学术情怀。（雷宝）

# 葛洪研究二集

《葛洪研究二集》，杨世华主编。武汉：华中师范大学出版社，2008年4月第1版，32开，290千字。

杨世华简介详见《茅山道教志》提要。

2006年11月10日至12日，由中国道教文化研究所及江苏省道教协会、句容市道教协会主办，华中师范大学道家道教研究中心协办的"葛洪与中国道教文化学术研讨会"在葛洪祖籍句容市隆重召开，这次研讨会旨在探讨葛洪道学思想的历史贡献与现代价值。本书即是这次研讨会的相关论文合集，作为"道家道教文化研究书系"之一种正式出版。

这次研讨会主题鲜明，既探讨了葛洪在道教史和文化史上的历史地位、历史贡献，也顺应时代潮流，在坚持道教教理教义基础之上，增添时代所赋予的新内容，深入挖掘了《抱朴子》内外篇所蕴含的道教和谐思想。

本书收录的论文，内容大致可分为三个方面：一是对葛洪生平及思想的研究，主要有卿希泰《试论葛洪的知人善任思想》、萧汉明《葛洪与黄老之学》、吴诚真《浅说〈抱朴子内篇〉对〈道德经〉的继承和发挥》、张泽洪《中国道教史上的葛洪》、章伟文《论葛洪对道教教理、教义思想发展的贡献》、刘韶军《试论葛洪道学中的人道关系》、王宜峨《葛洪对道家及道教审美思想形成的贡献》、赵芃《论葛洪的"君道"思想》、孙向中《葛洪师承杂考》等；二是葛洪仙道养生思想及其影响，主要有周立升《评葛洪的仙道观》、孙亦平《论葛洪对道教仙学的发展与贡献》、张应超《葛洪的神仙观及〈神仙传〉探讨》、强昱《葛洪的内修理论及价值》、朱越利《东晋葛洪的房中术》、张金涛《〈抱朴子养生论〉发微》、张兴发《葛洪的神学思想》等；三是关于文学、医学及化学方面的探讨，主要有盖建民《道教外丹黄白术理论与古代化学思想略析》、沈祖荣《葛洪与中国传统医药学》、冯定国《葛洪的医学成就》、袁清湘《葛洪仙道思想对李白的影响》、胡军《论葛洪的音乐审美观与茅山道乐》等。（雷宝）

# 天台山暨浙江区域
# 道教国际学术研讨会论文集

《天台山暨浙江区域道教国际学术研讨会论文集》，连晓鸣主编。杭州：浙江古籍出版社，2008年4月第1版，16开，1200千字。

连晓鸣，曾任浙江省民俗文化促进会会长、浙江大学非遗研究中心兼职研究员、浙江师范大学客座教授等职，主要著述有《台州革命文化史料选编》

（主编）等。

本书包括五大部分：浙江道教，浙江道教宗派与人物，浙江道教经典及其他，道教与科学，中国道教。

"浙江道教"收入论文包括《浙江道教史发凡》、《从浙江道教碑刻看浙江道教发展史》、《论东晋时期巫术与三吴天师道的传播》、《许迈与鲍靓交游考论》、《敦煌道教与浙江关系榷揭——以敦煌道教诗歌与话本为例》、"References to Chen Tuan in a late Ming Zhejiang medical text"、《南宋杭州的开封宫观》、《南宋会稽地区洞天福地的特质》、《宋元时期杭嘉湖平原真武信仰》、《南宋临安及明清杭州道教宫观考》、《浙江的道教与戏剧》、《浙闽地区的陈靖姑信仰与法派》、"Chen Yingning and Zhejiang Daoism（1900s—1940s）"、《缙云仙都道教概述》、《温岭市道教史略》、《浅谈台州道教的斋醮法事和音乐艺术》、"Parallel Sovereignty：Daoist Funerary Rituals in Contemporary Wenzhou，China"，共计17篇。

"浙江道教宗派与人物"收入论文包括《净明道与金丹派南宗的关系》、《汪东亭、徐海印师徒的内丹理》、《由丘处机到〈太乙金华宗旨〉——全真龙门派内丹思想的形成与发展》、"Bai Yu-chan（白玉蟾）and his Printing Activity：the reformation of initiation-consciousness in Quanzhenjiao-Nanzong（全真教南宗）"、《清代浙江龙门派考——金盖山与金鼓洞为中心》、《伏波将军葛洪》、"The Influence of Wu-Shamanism on Xian-transcendents in Ge Hong's Shenxian Zhuan"、《黄大仙——历久弥新的时代意义》、《东晋江东天师道首领杜炅考论》、《顾欢夷夏论的比较宗教学解读》、《女道谢自然与司马承祯》、《天台玉霄宫叶尊师道迹考》、《张伯端访道与传道路线考》、《张伯端的生平及其〈悟真篇〉的基本思想》、《赵炳及其祭祀的演变与发展》、《论杜道坚的老学思想》、《明代杭州道士周思得及其灵官法考述》、《阳明后学的道教情怀——以"从吾道人"董萝石为中心》，共计18篇。

"浙江道教经典及其他"收入论文包括《二十世纪以来的〈参同契〉研究》、《〈洞玄灵宝定观经〉与司马承祯的"坐忘"修炼法》、《关于〈黄箓九幽醮无碍夜斋次第仪〉的流传地域》、《悟真篇绝句中的火候论》、《〈白玉蟾语录〉对内丹修炼的启示》、《〈洞霄图志〉的版本》、《〈混元仙派图〉的探讨》、《句曲外史张雨与〈玄品录〉》、《〈太乙金华宗旨〉"魂"与"魄"解读》、《试析闵一得之龙门方便法门》、"Exploring the Daoist Canon for Ritual

Counterparts to Xinggan xi"、《罗隐〈太平两同书〉美学思想初探》、《天台遇仙故事的流变及其文化意蕴》、《〈抱朴子〉文艺美学观简论三题》、《葛洪的文学基本理念》，共计15篇。

　　"道教与科学"收入论文包括《道家对于科学的价值》、《道家与中国古代数学》、《道教与中国古代历法》、《从食物营养学、药物学的角度剖析〈抱朴子〉内篇的炼丹、和药求长生手段的是与否》、《论〈太乙金华宗旨〉之光与大脑神经的关系》、《试论道教戒律中的生态伦理思想》、《东西方文化视角下的环境价值观——环境危机与基督教和道教的思考》、《论道教身心观的文化特质及其现代意义》、《论道教养生学的哲学基础》、《道教初级修炼养生法》、"The Tao of Psychological Well Being"，共计11篇。

　　"中国道教"收入论文包括《"绝地天通"释义》、《"老子化胡说"辨析》、"Carl Rogers and the Dao De Jing"、"The Dao De Jing as Apophatic Discourse on the Dao as a Religious Reality"、《从〈道德经〉看道家道教的修真》、"Internal Alchemical Swordsmanship：Martial Art，Therapeutic Ritual or Psychological Metaphor?"、"Gardens of Immortals：the Cultivation Inwards and Outwards"、《从百祥庙神祀看道教与民间信仰的关系》、《从天台道士应夷节的受道历程看唐代道教的授箓制度》、《道教与明清文人画》、《道教生命哲学的超越性》、《敦煌本三元威仪真经校补记》、《古灵宝经中的垂直空间观念——以原本〈五符经序〉为探讨中心》、《道教内丹学对老庄修道思想的继承与发展》、《道教影响下的彝族撒梅人西波宗教研究》、《道教的形神论对中国艺术创作和审美理论的作用》、"Images of Immortal in Ancient Chinese Art"、"The Role of Daoism in Constructing Pluriverse"、"Taoism and the Standardization of Local Cults in Late Imperial China"、《开创"道学"研究新阶段之管见》，共计20篇。

　　本书的最大价值在于系统地总结过去的学术成就，对浙江道教及其相关领域作全面系统的深入研究，挖掘人类文化遗产，弘扬中国传统文化。当然，尚有很多问题本书没有涉及或虽有涉及而研究得不够深入，例如，灵宝派、上清派的起源与浙江的关系，张道陵是否出生于西天目山并在那里修道，《太平经》的成书与浙江的关系，温州林氏道教世家等等，均是值得今后探讨的问题。（程群）

# 道教戒律建设与宫观管理

《道教戒律建设与宫观管理》，张凤林主编。北京：宗教文化出版社，2008年9月第1版，32开，250千字。

张凤林简介详见《苏州道教史略》提要。

本书是2007年长三角地区道教论坛的论文结集。书前有序，正文收录三十余篇论文，书末有跋。收录论文按内容可分为三部分：一是论述道教戒律内涵和功能者，一是论述道教宫观管理及其社会作用者，一是论述道教戒律与道教管理之间的关系者。道教在长期的发展中，形成了自己的戒律体系。它具体包含在阐释道教根本教义和介绍道教基础内容的经典中。唐代孟安排《道教义枢》最早具体阐释了"戒律"的含义，指出其功能在于惩恶扬善。本书有11篇论文论述道教戒律，其内容主要涉及道教戒律的建设问题、介绍经典中的道教戒律思想、道教戒律与社会伦理思想之间的关系及其当代价值。道教宫观是社会的重要组成部分，加强管理具有十分明显的社会意义，书中有20篇论文论道教宫观管理，内容涉及宫观管理理念与设计、道教宫观管理的现代创新、宫观管理的实践经验总结与宣传。道教宫观管理不具有国家机关的强制性，完全实行思想教育，以规章制度治人，所以，道教戒律在管理过程中发挥了不可忽视的作用，书中有三篇论文论述了道教戒律与道教宫观管理之间的关系。（袁名泽）

# 庄子故里考辨

《庄子故里考辨》，潘建荣主编。北京：中国书籍出版社，2008年10月第1版，16开，357千字。本书系"菏泽历史文化与中华古代文明研究丛书"之一种。

潘建荣，1945年生，山东定陶人。曾任菏泽地区职教办副主任、菏泽市政协副主席、菏泽历史文化与中华古代文明研究会会长。

本书为庄子研究论文集汇编，按庄子故里菏泽说、商丘说、民权说、东明说、蒙城说分为五编，共计29篇文章。本书体现了以下三个特点：一是学风民主，各抒己见。该书不是单纯的考证某一学说、某一观点，而是将各家各派不同主张的论文集结在一起，让大家相互比较、各自展现自己的学术观点和学术成果，真正做到百花齐放、百家争鸣。

二是名家荟萃。该书集中了有关庄子故里研究最为权威的专家学者，收录的论文也都具代表性，内容不但考证充分、资料翔实、文献权威，观点明确，而且彼此之间在思想观点上甚至针锋相对。

三是史料翔实。各位学者在论证自己的观点时，都能引证丰富翔实的文献资料，特别是具有权威说服力的资料，如《禹贡》《史记》《庄子》《汉书》《吕氏春秋》《水经注》《南华真经》《古今图书集成》，以及各种地方志、诗文、游记、碑文、石刻等，运用多种史料对自己的观点加以阐述证明。（赵芃）

# 梦与道——中华传统梦文化研究

《梦与道——中华传统梦文化研究》，詹石窗主编。北京：东方出版社，2009年5月第1版，2册，精装，16开，614千字，系"石竹山道院文丛"之一种。

詹石窗简介详见总主编简介。

本书是一部论文集，研究的是中国源远流长的梦文化与道教文化。本书分为上、下两册，上册"梦通大道"，收录论文26篇；下册"石竹论道"，收录论文及综述共28篇。

本书通过对九仙信仰与梦文化、梦与易儒释道思想体系、梦与文学艺术、中西梦文化比较研究、道家道教文化及其他相关议题的分析讨论，从多角度探究、揭示了梦文化与道教文化之间的关系，从而在一定程度上推动中华传统文化研究向新的高度推进。

上册"梦通大道"收录文稿：詹石窗《石竹祈梦的文化解说》；盖建民、何振中《丹道与何九仙梦文化关系初探》；刘湘如《石竹梦文化的四大效应》；陈德铸《九仙梦文化摭谈》；王祖麟、王光辉《用科学发展观看待祈梦文化——兼谈石竹山"白日做梦"的科学机理》；张丽娟《人生如梦，梦启人生——从石竹山祈梦故事看道教梦文化》；胡孚琛《从道学文化看睡眠与梦》；朱越利《陶弘景与传统梦文化之关系——以〈真诰〉为例》；刘仲宇《性梦·人妖恋及其形成的文化氛围》；张泽洪《道教的"梓潼梦"与文昌帝君崇拜》；张广保《道家的梦论与道论》；丁原明《全真北宗与古代梦文化》；郑志明《梦与神话——东王公与西王母的神性关系》；乐爱国、冯兵《论道教的辟恶梦之法及其意义》；申喜萍《元代神仙道化剧"梦幻"主题刍议》；张崇富《梦与身神》；朱展炎、卢笑迎《道教论梦初探》；詹石窗、李育富《梦与易学关系初探》；雷宝《从思维方式看梦占与易占——解读〈周易〉的新视角》；高致华《台湾布农族原住民的梦占与梦传说》；陈名实、黄新宪《福建状元与梦的传说》；张振国《梦境与中国古代文学艺术》；郝爽《论〈红楼梦〉中梦意象及其功能》；陈金凤《唐代士子的科举焦虑与梦境祈求》；阙丽美《"梦"的宗教观点》；盖建民、何振中《"梦与中西文化学术研讨会"述评》。

下编"石竹论道"包含：李刚《道教与梦》；吴成国《禅意象中长生梦的文化探寻》；李小光《中国古代水崇拜与生命体认——以郭店楚简〈太一生水〉为中心》；黄永锋《道教服食术中的贵生情怀》；曾勇《爕和天人　涵养生命——浅论葛洪中和理念及其现实意义》；郑长青《吴筠修道思想探微》；林啸《梦，一种修行的境界——庄周梦蝶新诠》；廖同平《庄子之"梦"的养生修行之道》；周桂钿《王充说梦》；袁志鸿《人生圆梦》；张松辉、张伟伟《人生如梦与梦如人生》；刘永霞《兼济天下——陶弘景的入仕之梦》；江峰《太谷学派梦文化的诗化哲学解析》；许共城《红楼梦境的哲学意蕴》；唐大潮、周冶《试论南北朝佛道思想的相互融摄》；孙亦平《在现代文化视野中探寻道教思想的普世价值》；梁德华、麦锦恒《2007年香港罗天大醮的传承和创新》；刘固盛《论明清时期的"仙"解〈老子〉》；徐朝旭《论先秦道家"道进乎技"的技术价值观》；蒋门马《中华传统道家文化入门指要》；谢清果《道家历史思想初探》；陈玲《中国古代哲学中的怀疑主义倾向》；冯静武《〈周易〉中"交感"思想的哲学意涵》；阙鑫华《福州下渡"妲己信仰"考析》；逄礼文《〈太平经〉和谐思想析要》；蔡瑞婷《神判的仪式及制度经济学分析》；韩国安东濬著，任晓礼译《论韩国炼丹诗的审美趣味》；雷宝《"梦与道"的交响——2008中华梦乡福清石竹山梦与中西文化学术研讨会综述》。

（王永康）

# 问道昆嵛山——齐鲁文化与
# 昆嵛山道教国际学术研讨会论文集

《问道昆嵛山——齐鲁文化与昆嵛山道教国际学术研讨会论文集》，赵卫东主编。济南：齐鲁书社，2009年6月第1版，32开，420千字。

赵卫东简介详见《金元全真道教史论》提要。

本书是一部论文集，共收录32篇论文：《郝大通的易图金丹学》《读丘处机栖霞时期的记游诗和山水诗》《简论谭处端与全真道》《赵宜真道履、著述及其丹道思想特色新论》《论程以宁的老学成就》《王常月传戒新考》《王重阳全真内丹心性学思想探微》《马丹阳的清净之路》《谭处端全真道思想探析》《王处一的普化教理》《全真北宗与古代梦文化》《蒙元时期宗王、世侯对全真教的护持与崇奉》《论以西王母、东王公作为道源的全真道》《论早期全真道心性论的理论旨归——从人的本真的生命存在中去追求生命的超越》《明清时期全真道与净明道关系略论——以逍遥山万寿宫为中心》《全真道与中华民族精神》《道教内丹学中"阴阳交媾"的现代意义》《一部全真道藏的发明：〈道藏辑要〉及清代全真认同》《谭处端〈水云集〉的生态观》《〈医道还元〉症候源流思想论析》《〈玄教大公案〉中的老学诠释——全真道理论建构的一个向度》《荣格与〈太乙金华宗旨〉》《江西全真道史论》《浙江全真道龙门派及其道乐"十方韵"》《香港全真道未来发展略论》《昆嵛山无染院与全真教在胶东的兴起》《从终南山到昆嵛山——王重阳宗教行迹之历史地理学研究及其意义》《全真教发祥牟平探源》《谈金庸小说与烟台牟平区全真道文化旅游的开发》《牟平全真文化旅游资源的整合与开发》《道教对中国传统伦理思想发展的作用》《早期道教的神仙信仰及发展演变——兼论神话的仙话化》。

本书收录的论文按照不同主题，分为四部分：论述了道家道教部分代表人物在哲学、艺术、修行思想方面的观点；阐述了全真教与现实世界的密切联系；分析了全真道全国地区的发展态势及旅游文化的开发；叙述了道教对于伦理思想的教化和传播提供了各种各样可行的途径和方法，启发我们更好的发挥宗教对于社会主义道德建设的作用。

本书最大的价值就在于"发人未发"，既总结了前人的研究成果，又弥补了对某些重要人物研究不足的缺憾，对进行系统研究全真教起到了很好的参考作用。同时，文章语言平实通俗易懂，为传递全真教精神降低了难度，使人更好地理解全真教。（程群）

# 水穷云起集——道教文献研究的旧学新知

《水穷云起集——道教文献研究的旧学新知》，郑开编。北京：社会科学文献出版社，2009年9月第1版，16开，283千字。

郑开简介详见《南华真经今译》提要。

2007年9月，由中国社会科学院亚洲研究中心资助举办了"道教与民间宗教资料的认知与编纂"讨论会，本书即是这次研讨会的论文集，出版时获得中国社会科学院亚洲研究中心2008年度项目资助。

本书讨论的内容基本上属于道教与民间宗教研究的范围，大体上包括了两种不同类型的著述：一类是道教与民间宗教的文献学研究及相关历史与理论讨论，如刘屹《排拒与容纳——六朝天师道与〈太平经〉关系的考察》、王承文《南朝道教从"三洞经书"向"七部经书"转变原因考察》、王宗昱《〈正一法文经章官品〉校勘》、朱越利《托名吕洞宾作诗造经小史》、王卡《〈敦煌道教文献研究·目录篇〉补正》等。这一部分主要从传统意义上的道教与民间宗教关系进行资料的收集、整理、编纂。另一类是关注并运用新的研究方法，侧重拓宽道教文献研究，如考古材料、图像、音乐等，致力于把经典解读与田野视角相结合，偏重于神哲学研究向以仪式为中心的社会史分析，并开始重视地域传统研究。如樊光春《西北道教金石文献概述》、李远国《从〈十殿冥王图〉看清代四川地区的十王信仰》、郑开《民间俗祀视野中的滇西神马图像》、汪桂平《洞经谈演之祭度仪式》等。这几篇论文分别涉及了道教考古，四川、滇西、云南等地的区域信仰，与第一类从传统文献出发的道教研究有许多不同。本书编排第一类在前，第二类在后，依着从传统到创新的顺序。而本书的题目"水穷云起""旧学新知"，想来也是从这个意义上来取的。

本书在内容上涉及范围颇广，具有相当的文献参考价值，许多论文的观点都具有开创性的影响；在研究方法上，也颇有启示意义。（杨燕）

# 神化与变异——一个"常与非常"的文化思维

　　《神化与变异——一个"常与非常"的文化思维》，李丰楙著。北京：中华书局，2010年10月第1版，16开，260千字。

　　李丰楙简介详见《仙境与游历：神仙世界的想象》提要。

　　本书是一本论文集，书前有导论，正文由九篇相对独立的文章构成，均围绕神话与仙话中的"常与非常"这一中心展开论述，篇末附录《慧皎〈高僧传〉及其神异性格》，另有后记。

　　第一篇《服饰与礼仪：〈离骚〉的服饰中心说》，从服饰文化切入"常与非常"这一主题的讨论。著者以屈原的《离骚》作为文本材料，通过分析《离骚》中不同服装配饰所隐喻的内涵来提炼古人对"常—非常"这一对立概念的文化思维。

　　第二篇《先秦变化神话的结构性意义——一个"常与非常"观点的考察》及第三篇《正常与非常：生产、变化说的结构性意义——试论干宝〈搜神记〉的变化思想》，两篇文章皆以"常与非常"的视角来考察先秦的变化神话。著者从中国古代文化中"变"与"化"的语义内涵入手，探究先秦变化神话的特质与意义，认为变化神话的产生与"非常"的情况有关——中国人对生命的非自然终结具有怜悯和恐惧情绪，因而被激发了加以神话化的动机。

　　第四篇《不死的探求——从变化神话到神仙变化传说》，文章讨论的中心从变化神话转移到神仙变化传说。著者从魏晋变化思想理论与成仙传说着眼，将道教的成仙思想归纳为由人"变化"成为仙的过程，并且认为尸解变化是道教将变化说引入其神仙体系中的一个重要体现。

　　第五篇《六朝精怪传说与道教法术思想》及第六篇《六朝精怪传说的结构性意义——一个"常与非常"的思考》，详细叙述了六朝时期的各种类型的精怪传说，以及在这些传说中道教方术逐渐替代巫术厌胜的道教化过程。著者认为，精怪传说中的变化现象往往是在时化或者数至等非常状态之下才会出现的。他将这些传说中的各种情况归纳总结，认为六朝精怪传说自有一套叙述模式。

　　第七篇《白蛇传说的"常与非常"结构》，从具体的白蛇传说入手，将人妖相恋的情况视为"非常"，将传说中的"天道"视为"常"，以"常与非常"

相对立的视角来解释白蛇传说中人妖相恋与天道规则的冲突。

第八篇《六朝镜剑传说与道教法术思想》，对六朝时期镜与剑这两种物品的相关传说进行分析。著者认为，六朝时期，道家学说、民间传说与谶纬思想相结合成为道教法术思想，镜与剑便是道教法术体系中的独特法器。

第九篇《道教啸的传说及其对文学的影响——以孙广《啸旨》为中心的综合考察》，探讨古人关于"啸"的记载与传说。无论是追求隐逸脱俗文士之啸，还是道门中气法之啸，都与道家道教的关系密不可分。由观传说中的"啸"法、"啸"行，可以看出道教艺术之于文士行为与文学作品的影响。

本书的各篇论文虽相对独立，却又构建了一个具有内在联系的逻辑结构。围绕"常与非常"的议题，著者将有关道法变化的神话、仙话、传奇、传说纳入其中，审视和反思道教文化。通过研究"常与非常"来探索寓居于民族深处的思维方式，这无疑是一个新奇而有趣的尝试，但由于各篇论文形成于不同时期，在内容上存在部分重复。（邬晓雅）

# 道家养生文化研究

《道家养生文化研究》，国际养生旅游文化研究院编。上海：上海人民出版社，2011年9月第1版，16开。

本书为2010年11月9日至10日在武义举行的国际养生旅游高峰论坛——叶法善道家养生文化研讨会的论文集。论文集汇集了各方面的学术研究论文五十余篇，其中以下文章具有一定代表性。

香港中华抗衰老养生技术学会秘书长、赤松黄大仙学会会长、台湾牛樟芝学会秘书长周兆志的《"道在生活，仁才共建"的道家哲学与现代人的养生生活》指出，"道在生活，仁才共建"这一课题是现代道家的生活哲学，茶艺汤膳、太极内丹、堪舆地理、阳宅风水、命理掌相、通胜历书和生命教育都说明生活就是道，养生生活的意义就是在生活中确保优质的生活过程。

日本东京大学外国研究员吴真的《〈太平广记·叶法善传〉的版本源流与地方宗教知识》对《太平广记·叶法善传》的版本源流进行了梳理和考察，同时揭示了该文本的时代特征。

杭州师范大学颜钟祜教授的《他山之石可以攻玉——论〈圣经〉中的养

生思想》指出，道家和道教之外的其他宗教传统中也有着丰富的养生知识和实践资源，并从五个方面对《圣经》与养生之间的关系进行了探究。分别是《圣经》对生命的认识、《圣经》中长寿的秘诀、《圣经》中的饮食禁忌、《圣经》中的时间观及压力管理、《圣经》中的祈祷和康复。

浙江大学哲学系教授、浙江大学道教文化研究中心主任、浙江大学非物质文化遗产研究中心研究员孔令宏的《武义道家文化资源及其利用》以对武义丰富的物质文化遗产、非物质文化遗产及其现实价值的考察为基础，对武义道教文化遗产保护及合理开发利用提出了意见和建议。

中南大学宗教文化和道德建设研究中心主任、老子道学文化研究会副会长吕锡琛的《叶法善养生片言及其现代启示》，阐述了叶法善的养生思想和养生实践及其对于现代社会发展养生文化的启示，指出在现代社会弘扬道教身心兼养的整体养生文化和济世救民的优良传统，乃是造福于民的伟业。

中国青年政治学院教授王大良的《叶法善与栝州叶氏家族的宗教信仰》根据唐宋传记、碑刻、谱牒等资料，并参考今人研究成果，探讨了叶法善及其家族成员的构成、宗教信仰特点及其成为道教世家的原因以及在宗教史上的地位。

本书对叶法善养生思想和道家文化的理论创新与实践探索进行了交流探讨，在促进东方养生胜地的文化体系构建的同时，也有利于叶法善养生思想和道家养生文化的现代弘扬和实践。（张欣）

# 老子思想与人类生存之道：
# 2010洛阳老子文化国际论坛文集

《老子思想与人类生存之道：2010洛阳老子文化国际论坛文集》，赵保佑主编。北京：社会科学文献出版社，2011年9月第1版，16开，580千字。

赵保佑，1955年生，河南郑州人。博士，曾任河南省社会科学院研究员、中原文化研究重点学科首席专家、首席研究员，主要著作有《中原文化与现代化》《老学新探——老子与华夏文明》《商丘与商文化》等。

本书是由参加北京大学道学研究中心、清华大学哲学系、河南省老子学会、河南省中原文化研究中心等单位联合举办的"2010洛阳老子文化国际论坛"的知名学者所提交的论文集结而成。与会学者有来自中国大陆、中国台湾以及日本、韩国、比利时等国家和地区的著名老学研究专家。本书精选了向论坛提交的七十多篇论文中的四十余篇，它们对于推动老子思想的研究、进一步发掘老子思想所蕴含的生存智慧具有十分重要的价值和意义。

　　本书主要内容包括老子对"道""无""有"与"自然"等基本概念的解读，对老子思维方式的阐发和对其政治学说的说明，对老子与孔子以及道家与儒家关系的探讨，对《老子》文本的历史性解读、对老子思想现代价值的揭示以及对《老子》海外翻译的研究等。第一篇以"论道"为题，确立"道"相对于天地万物的根本性的地位，言"道"与"德"之间的关系，为"道法自然"进行正名，以及"道"之自然在政治上的应用——"无为"的政治学意涵，由此完成对《老子》形上学之诠释。第二篇主要论述在"道"的视域下人与自然的关系，对《老子》中身心关系的辨析透彻其存在的生命智慧，以"反身性"明《老子》的人文关怀以及心灵的修炼；若从一国的角度看在"道"的视域下人与自然的关系，则自然地发展出老子的圣王理论以及无为而治的国家管理学说。第三篇主要研究老学及其影响，重点阐发了《老子》的版本问题以及《老子》与其他重要典籍的关系问题，包括《老子》郭店楚简本对儒家批判的正名、《老子》与《易传》在辩证思维方面的相通之处、对黄老道家的重要篇章《凡物流形》"一"地位的考辩、《淮南子》引《老子》之文的研究、《老子》对汉代人思维方式的影响、北宋老学研究中的"有无之辩"以及日本学界对老子学说的受容。第四篇则结合世界不同文明传播过程中的文化交流问题研究老学的现代价值，包括老子哲学思维方式的现代启示、老子思想对技术革命由单向度到双向度跨越的启示、从心理学角度看《老子》一书对普世价值的确立、《老子》"自然无为"的思想对生态文明与和谐社会的智慧探寻、老子重身贵生思想的现实意义以及对性命双修问题的现代思考。（贺朵）

# 道教与人生

　　《道教与人生》，惠州市民族宗教事务局编纂。广州：广东人民出版社，2011年12月第1版，16开。

　　本书收录的论文出自2010年11月2日至4日由广东省民族宗教事务委员会、

惠州市人民政府、广东省道教协会联合主办的首届广东道教文化节。在这次
文化节上，众多高校和研究机构的专家出席了"罗浮论道——道教与人生学
术研讨会"，围绕着道教与生命伦理、道教养生实践、养生思想、道教与现代
社会等主题展开讨论。

本书主要收集的论文包括如下篇章：刘仲宇《通关与身体健康——读刘
一明〈通关文〉有感》，赖贤宗《辟谷与道家整合养生学》，袁康就《逆修成
仙并不违反自然》，王丽英《从葛洪〈抱朴子内篇〉看道教的养生思想及其
养生大法》，吴宁《养生之道与萧梁风尚——陶弘景〈养性延命录〉的济物意
义》，章晓丹《太极图与宇宙生化模式——韩邦奇太极图初探》，吴成国《修
炼行踪与葛洪养生思想探析》，沈文华《内丹学气论思想管窥》，张晟《道教
太乙救苦天尊养生思想探微》，刘嗣传《道教养生文化与武当武术》，余强军
《清代黄元吉论道教内丹学之"真意"》，盖建民《道家生育伦理思想及其现代
性意义略论》，张泽洪《道教〈度人经〉研究》，唐大潮、申喜萍《自然人格
与美育思想》，梁徐宁《道家哲学的生命关怀——以老子道论为中心》，李广
义《〈太平经〉生命伦理思想探析》，梁德华、麦锦恒《贵生与死刑——一种
研究方法的试探》，何则阴《〈易传〉之体道与修德论》，吕锡琛《论道教的
修德养生思想及其现代启示》，霍克功《道教内丹的现代意义》，傅小凡《追
求自由，超越生死——〈庄子〉道德思想漫谈》，赵卫东《全真道的人居理念
及其当代价值》，黄永锋《道教在当代的影响力》，文豪《道教太乙救苦天尊
信仰在临终关怀中的运用分析》，郝爽《论道教"以德修身"思想对现代生存
的启示》，蒋艳萍《试论道教"存思"修炼的现代意义》，胡青善《论宗教精
神及其现代诉求》，张美樱《道教术数的现代应用——命理咨询的道教意涵》，
谢扬举《当代新道家及其绿色文明阐释方向》，刘绥滨《道家道教与企业基
业长青——在首届中国企业家国学高峰论坛的讲话》，雷宝《洞天福地文化对
〈周易〉哲学的吸收与融汇》，汪登伟《壶中别有一重天——身中的福地，人
间的胜境》，莫岳云、亢升《简论道教文化中的公益慈善观》，吕锡琛、余强
军《重生贵生，提升生命——道教与人生学术研讨会综述》，共34篇论文。

本书没有过多地阐发玄而又玄的抽象理论，而是落实到人们的现实生活，
注重于道教养生及其相关生命智慧这些既凸显道教特色同时也最贴近民众需
求、最具时代活力的话题。在道教养生思想与实践方面，有学者通过对刘一明
《通关文》的阐发，揭示道教修炼戒律和伦理对于现代人健康养生的启示。有

学者从中西对比的视野，将道教的辟谷与基督教和印度瑜伽的"断食"进行比较，探讨了道教整体养生学的当代策略，强调了国际化与本土化的双重发展。有学者针对逆修成仙是否违反自然这一经常引起争论的问题进行了解读和回应。有学者结合古代中国哲学和《黄帝内经》等中医经典，探讨了人体之气与养生之关系。有学者以清代黄元吉《乐育堂语录》为例，讨论了道教内丹修炼真意的含义。有学者以《葛洪内篇》为例，分析了道教养生思想和方法，有学者探讨了葛洪修炼的行踪，概括了其重生贵生、积功累德、外服丹药等养生思想及其在中国养生思想史和道教史上的重要地位。有学者结合道教养生的具体案例，介绍了太极拳的改良和推广实践。有学者讨论了道教太乙救苦天尊的生命表征含义。还有学者探讨了太乙救苦天尊信仰可以应用到临终关怀的事业中来。在道教与生命伦理方面，有学者从《道德经》文本出发讨论了道教生育伦理观，认为老子是中国历史上最早倡导节育优生优育的思想家。有学者提出，道教将人视为身、心、灵三位一体的整体，形成了身体、心理、道德三层面密切关联的整体生命观。在道教与现代社会方面的论文包括：《论道教的修德养生思想及其现代启示》《道教内丹的现代意义》《简论道家文化中的公益慈善观》等。这些文章指出，道家文化日益彰显出其在当代社会的价值和意义，只要系统地发掘和创造性地诠释道家养生保健智慧，将有助于缓解现代人的身心疾患，就可以帮助人们进行内在的精神更新，重新焕发生命活力。道教的生命智慧将成为呵护人类身心健康，提升个体生命境界的珍贵资源。（程群）

# 佛道散论

《佛道散论》，蒙文通著。北京：商务印书馆，2011年12月第1版，32开，174千字，系"中华现代学术名著丛书"之一种。

蒙文通简介详见《老子征文》提要。

本书是著者所著宗教哲学学术论文集，收录了代表性论文十余篇，由蒙默编辑。其中包括深受近代唯识派大师欧阳渐推崇并在当时产生重大影响的《中国禅学考》和《唯识新罗学》两篇佛教方面的文章，道教、道家研究方面的文章主要有《杨朱学派考》《略论黄老学》《道教史琐谈》《晚周仙道分三派考》《坐忘论考》《陈碧虚与陈抟学派》等若干篇。

《中国禅学考》认为禅宗所谓达摩二十八祖之说殊不足信，著者提出禅宗世系传承应以天宝《祖图》为依据。此篇于考论禅宗世系外，并论东土之禅有古禅、今禅之异趣，谓"今禅自六祖创之，实则无所从受"，而六祖禅得自《金刚经》，六祖以下与达摩所传未可强合也。此文深得欧阳竟无大师欣赏，刊于《内学》（内学院院刊）第一辑中。《唯识新罗学》刊布于1937年，写作时间更早。著者研习唯识时，已见圆测之说与窥基不合，圆测所著皆已并佚，而其遗说偶见诸书。著者搜集其遗文与窥基所述相互对勘，校比其异同，兼考其渊源，析其意旨，亦迭见胜义。

"杨朱""黄老"二考所用材料并出众人常读之书，蒙默评价著者于义理发掘之深透，辨析之精微，识见之邃密，迥非常人可及，所论亦多前人所未发。著者晚年倾心于道家、道教。在道家、道教研究方面，著者此书中也有很多卓越新见。例如，他把先秦道家分为南北两派，北派是黄老派，南派是老庄派。著者因见古之仙道别之为三：行气为南方之道，药饵为东方之道，而玄素乃秦中之道，与旧论古民族、古文化分南、东、北三系之说相互印证，于是作《晚周仙道分三派考》。《坐忘论考》论及道教与佛教二教之历史关系，指出"东土大乘之盛，首为中观宗（三论宗），继之者天台宗（法华宗），后则为禅宗。余观道教之发展亦与此有关。重玄一宗撷般若之精，唐世坐忘之说，则昔人显谓其出于天台，而金元之全真则禅宗也"。此外，著者校理道书多种，且别撰专文以述其学术意义，而以《校理〈老子成玄疏〉叙录》最为突出。著者之治道家言，于羽流外更及于白衣，如其辑校严君平之《指归》遗文、王辅嗣之《老子》经注等。（雷宝）

# 南岭走廊民族宗教研究：
## 道教文化融合的视角

《南岭走廊民族宗教研究：道教文化融合的视角》，王建新主编。北京：宗教文化出版社，2011年12月第1版，2册，32开，650千字。

王建新，1956年生，新疆乌鲁木齐人。东京大学文化人类学博士。曾任中山大学人类学系教授和博士生导师、教育部人文社会科学重点研究基地中山大学历史人类学研究中心专职研究员，现任兰州大学教育部人文社会科学重点研究基地西北少数民族中心、民族学研究院教授和博士生导师。主要研究方向为宗教人类学、族群与区域文化、认知人类学、民族宗教研究等。

本书内容分为两大部分，第一部分为道教传播的历史动态及族群关系研究，收入六篇论文；第二部分为现状的田野调查报告，收入九篇论文。

本书的特点正如著者在绪言中所述，第一部分各篇分别从考古资料、历史文献、道教教派、科仪文本、宗教民俗和族群互动等方面入手，对道教在南方少数民族中传播的时期、路线、教派、传播方式、影响范围及作用机理都做了深入考察和拓展性分析研究。与前人研究相比，这一部分的学术贡献主要在于以点带面的对湘、黔、粤、桂、滇等地区山地少数民族中道教传播的整体状况做出了比较系统的整理，力图改善相关研究领域偏地区、偏民族、偏教派的点面不平衡态势，对道教在南方各民族跨文化互动融合过程中的作用机制及发展规律进行科学的描述和评价。第二部分各篇则是针对南岭走廊民族文化互动相对密集的两广、云贵等不同省区壮瑶苗等三个民族的宗教民族志调查研究。著者的田野调查从自然生态、社会人文环境、生产生计等各民族生存的基本物质条件开始入手，逐渐深入到他们的社会组织机制，再对其宗教社会生活做深入描述和分析。这一部分的学术贡献主要在于，通过对九个调查点不同民族宗教文化的整体考察，从经验和实证角度进一步验证了第一部分各论文提出的一些观点和分析模式正确可行，并为矫正哲学、宗教学以及民俗学等相关研究提供方法论依据。（程雅群）

# 探寻文化史上的亮星：
# 葛洪与魏晋道教文化研讨会论文集

《探寻文化史上的亮星：葛洪与魏晋道教文化研讨会论文集》，高信一主编。北京：宗教文化出版社，2012年3月第1版，16开，250千字。

高信一，杭州抱朴道院住持，浙江省道教协会会长。

本书是一部论文集，除两篇序言外，共收录21篇研究论文。多篇论文以新视野、新方法对葛洪进行了再审视、再认识。本书最前面为高信一、刘仲宇的两篇序言。

本书收录论文如下：张继禹《真实人生　感悟抱朴》、许抗生《葛洪论玄道》、孙亦平《葛洪与魏晋玄学》、薛崇辉《葛洪〈抱朴子内篇〉与玄学之关系浅析》、卢国龙《葛洪之辩——道教主体建构的历史范例》、刘仲宇《〈抱朴子内篇〉与〈抱朴子外篇〉合览——兼论葛洪的文化性格》、李远国《内炼外养，众术合修：论葛洪的养生思想》、宋道发《葛洪的长生久视论述略——以〈抱朴子内篇〉为中心》、熊铁基与肖海燕《再论葛洪的神仙思想》、詹石窗《葛洪与魏晋神仙传记择论》、吴诚真与王信超《浅析葛洪〈抱朴子〉中神仙学说的地位及对后世影响》、魏小巍《修内的宿命——从〈抱朴子内篇〉中的宿命观看道教的宗教性》、吕锡琛《以葛洪为例看道教与科学的不解之缘》、盖建民《"精辩玄颐　析理入微"：小议葛洪逻辑思维的特色及其现代科学意义》、蔡林波《试论葛洪对道教工艺精神的总结》、郭树森与陈金凤《葛洪儒家伦理观的建构》、乐爱国《葛洪的伦理思想》、宋晶与杨立志《〈抱朴子外篇·嘉遁〉的道教思想》、徐宏图《试评葛洪的祈禳观》、孔令宏《葛洪的道术体系》、樊光春《修真与打假——读〈抱朴子内篇〉一得》。

本书以葛洪、葛洪的著述及其思想为研讨中心，从多个角度、利用多种资料详尽地阐述了葛洪的生平、修道思想，指出葛洪一方面从道教的立场继承了老子开创的"道"为有无统一的玄妙之学的思想，另一方面又影响到隋唐时期道教重玄之学的产生，这在道教发展史上，应该是有里程碑意义的。从今天来看，葛洪的思想具有积极的现实价值，其提倡的返璞归真、与道合一等思想和实践方法，影响后世，现今仍值得参考。（程群）

# 道教文化与和谐社会建设

《道教文化与和谐社会建设》，芮城县民族宗教事务局、芮城县道教文化促进会编。太原：山西人民出版社，2012年4月第1版，16开，112千字。

山西芮城位于晋、秦、豫三省交界处，北依中条，南临黄河，是新道教师祖吕洞宾的诞生地、成道地和全真祖庭永乐宫、吕祖信仰祖山九峰山所在地。道教文化资源丰富，积淀深厚，深受海内外景仰。

为了弘扬道教文化，构建和谐社会，促进社会主义文化大发展大繁荣，2011年9月16日至19日，"中国山西道教文化九峰山研讨会"在芮城举行。研讨会由中国道教协会、山西省宗教事务局、山西省社科院共同主办，山西省道教协会、芮城县人民政府承办，芮城县道教文化促进会协办。与会人员围绕"道教文化与和谐社会建设"主题，就道教文化在和谐社会建设中的作用、"和谐"思想对中国传统文化的影响、道教文化开发、道教文化对塑造当代农民和谐人格的意义、元代全真道在山西的发展、九峰山在道教内丹学中的地位、洞宾故里芮城天然内经图等进行了深入探讨，取得了广泛共识和丰硕成果。

本书是一本道教研讨会论文集。中国道教协会副会长，山西芮城纯阳宫修复委员会主任委员黄信阳《发扬道教文化优良传统为构建和谐社会服务》一文认为：倡导众善奉行、天人合一、众生平等思想，以分别促进人与人、人与自然、人与社会之间的和谐。

北京联合大学民族与宗教研究所佟洵《道教文化是构建和谐社会的积极因素》一文提出，在社会主义和谐社会的建设中，道教文化的作用是不可忽视的，道教文化是构建社会主义和谐社会建设的积极因素。

中国人民大学葛荣晋教授《开发道教文化是一项文化工程》一文认为，开发道教文化是一项文化工程，并以河南省济源市王屋山道教文化为例，就如何认识和开发这一文化工程，提出了两点看法：一是开发道教文化旅游，首先对道教的本质及其社会功能应有一个正确的态度和明确的认识，二是开发道教文化应分两步走。

李安纲和赵晓鹏《论九峰山在道教内丹学的地位》一文提出，如果吕洞宾是唐宋之际将外丹学完全转化为内丹学的祖师，那么芮城天人合一内经图中的九峰山就是祖师修炼成就和普度众生的根据地。

北京师范大学章伟文《浅谈"和谐"思想对中国传统文化的影响》一文，对"和谐"思想的早期渊源做了回溯，通过《国语》等古代文献中所记载的"和实生物""同则不继"等思想的阐发，说明"和谐"思想在中国古代社会就是一个重要的治国理念；同时，文章以早期儒、道文化中的"和谐"思想为研究对象，对早期儒家的孔子、荀子和早期道家的老子、庄子的"和谐"思想做了一个探讨，并对"和谐"思想在中国传统文化中的地位做了简要说明。

全真千峰先天派第三代入室弟子雷向阳《鸿渐六虚超三界，凤翔八方朝圣胎——渐卦与吕祖故里天人合一天然内经图》一文，对于深入研究和挖掘天然内经图的文化内涵，重新认识《易经》提供了新的思路。

山西省社会科学院崔正森《略论道教文化的"和谐"思想及其对当代的

启示》一文，追溯了"和谐"一词的渊源及其意蕴，论述了道教中"道法自然"的自然和谐观、"无为而无不为"的社会和谐观、"以德化人"的人身和谐观等道教之"和谐"思想。文末是道教和谐思想对当代的启示。

山西省社会科学院张曾祥《中华文明视域下的道教文化》一文提出了发掘道教的思想智慧，为和谐社会建设提供理论支持。山西省社会科学院兰荣杰《老子道观与社会和谐》分析了以老子道观思想为核心形成的中华民族文化及心理的重要组成部分，老子道法自然思想对于建立人与自然、人与社会的和谐关系的重要现实意义。

山西大学宁俊伟《论〈蕉窗十则〉对和谐社会建设的补益作用》一文，分析了《蕉窗十则》作为文昌劝善文化的代表作，在今天构建和谐社会建设中的补益作用。

本书还收录了以下文章：赵先武《论"人间道教"——现代道教文化与构建和谐社会》、李卫朝《道教文化对塑造当代农民和谐人格的意义》、张秀冰《道家文化中的和谐社会思想》、赵改萍《论元代全真教在山西的发展》、白娴棠《"性命双修"视域下刘一明的"道""德"论剖析》、侯慧明《元刊〈玄都宝藏〉与玄都观考》、安宝忠《道教"天人"观念与构建和谐社会的关系》、文武斌《道教思想与自然的和谐——浅谈道教文化天人和谐的思想》等。（王永康）

# 道与东方文化
## ——东亚道文化国际学术研讨会论文集

《道与东方文化——东亚道文化国际学术研讨会论文集》，金勋主编。北京：宗教文化出版社，2012年6月第1版，32开，350千字。

金勋，北京大学教授，兼任东亚宗教文化学会副会长、东亚宗教文化学会中国分会会长、中国汉传密学研究院荣誉副院长等职。

本书是一部论文集，收录中、日、韩三国共计25篇关于东亚道家道教文化研究的论文。包括：楼宇烈《"道"与东方文化》，韩国徐永大《江华岛"堑城坛"与道教仪礼》，日本小川原正道《神道与日本文化》，王宗昱《学习〈典经〉笔记》，韩国柳圣旻《道教的道与伦理的理解——以〈抱朴子·内篇〉

和〈神仙传〉为研究中心》，袁志鸿《道文化在东亚传播并与当地融合的价值和意义》，韩国林采佑《全秉勋生平与〈天符经〉注释的仙道思想》，日本西岗和彦《近世的神道史——天皇再认识的"神之道"》，汪桂平《江浙民间的〈庚申经〉与庚申会》，韩国李京源、高南植《关于大巡真理会〈典经〉的概要及继承宗统的考察》，霍克功《〈典经〉阴阳与道教内丹阴阳比较研究》《大巡真理会"五教合一"思想与道教"三教合一"思想比较研究》，韩国车瑄根《近代韩国神仙思想的变容——以大巡真理会的地上神仙思想为中心》《〈太平经〉的解冤结与大巡真理会的解冤相生之比较研究》，日本川上新二《道教在韩国、朝鲜的继承和展开的考察》，强昱《内丹学的形成问题》，韩国马利阿《大巡真理会与道教之信仰体系的比较研究》，日本蜂屋邦夫《道——贯彻于人的内心与外在世界的存在》，韩国姜敦求《东亚的"宗教文化"》，詹石窗《大道修行的自然快乐——以〈太平经〉为主体的思想分析》，韩国金成焕《韩国仙道的演变与对其的再认识》，尹志华《道教精神刍议》，日本松本久史《贺茂真渊的'古道观'与东亚》，日本小林奈央子《日本的修验道》，裘梧《关于〈典经〉中所见到的遁甲术》。

　　本书以道文化与东亚文化的关系为出发点，不论是从整体上对道教文化的研究，还是对其中具体含义、精神的研究，都阐明了道在东方文化中的特殊的意义和至高无上的地位以及道贯彻于人的内心与外在世界的存在。本书通过对道教的礼仪习俗、经典书籍、仪式样态的考察研究，探求道文化的发展历程以及演变形式，寻求先人对道文化的研究，寻求道文化的传播及影响。整部论文集将东亚看成一个整体，肯定了道文化的传播和影响。通过对中日韩等东亚地区的道教文化的研究，分析不同地区道教文化的含义、内容、形式、精神以及影响的异同点，更深刻的学习、了解道文化。本书对于推动东亚道文化精神的展示和研究具有重要意义，有助于促进东亚区域社会内道文化传播及与当地融合的认识，也有助于中国学者对海外道文化特别是日韩道文化有进一步了解。（程群）

# 善书与中国宗教

　　《善书与中国宗教》，游子安著。新北：博扬文化事业有限公司，2012年版，系"宗教学者经典"系列之一种。

游子安简介详见《香港道教：历史源流及其现代转型》提要。

本书为著者的自选集，著者于自序中提到所收录论文的标准，是依"宗教学者经典"系列丛书收录的标准为依据，以重要性、影响性与亲近性三个标准来选录论文，收录凡四大类目共14篇论文。

本书主要收录著者近年的论文，依其研究成果，分成"劝善书""神明信仰""道教、德教、孔教篇"与"从岭南到东南亚的宗教传播"四类。第一部分"劝善书"，收录了《明末清初功过格的盛行及善书所反映的江南社会》《修省者的画像：善书笔下的黄正元与刘山英》《敷化宇内：清代以来关帝善书及其信仰的传播》与《从宣讲圣谕到说善书——近代劝善方式之传承》四篇论文；四篇论文的安排是依所论内容的时间顺序，分别从明末清初到近代。此外四篇论文也分别从四个方向依当时的劝善书特点切入作探讨，首篇讨论流行于明末清初的功过格，是商品经济发展下道德沦丧的产物，借由功过格来导正社会风气。另一方面也因经济的发展，乡绅地主也借由功过格与佃仆进行协调沟通，更有因财富不均发展成劝谕富者散财以积德的想法。第二篇主在讨论善书兼具儒家内省与阴骘的观念，这种观念融入明末清初改过迁善的时代风潮里，黄正元等善书著者借机劝人内省的历程。第三篇从善书流通的角度，依时间讨论关帝善书具有慈善活动与道德教化的作用。最后一篇主要以《了凡四训》讨论从明末至今善书的传播方式，可以窥见善书传播方式有阅读案头本、有说唱的宣读本，极具多样化。

第二部分"神明信仰"，讨论妈祖、济公与黄大仙，并以著者所居地香港作为讨论的主要地区。《天后信仰与香港庙宇的特色：从非物质文化遗产谈起》一文，从香港天后信仰的庙宇功能、神祇、建筑、文物管理与教育等方向作讨论；《以醉醒迷——南宋以来济佛信仰与现代扶鸾结社》除论南宋时期济公被民间奉为治病消灾、扶危济困有求必应的神祇外，也讨论香港济公信仰的庙宇建置、扶鸾结社、各道堂与佛会的近况；《二十世纪上叶粤港地区黄大仙信仰的承传与演变》讨论20世纪从广东传至香港的黄大仙信仰，剖析其形成消长与传承的现况。

第三部分"道教、德教、孔教篇"，有三篇以著者地域关系为范围的论文。《道教与社会——二十世纪上叶香港道堂善业》讨论了20世纪香港的道堂善业主在乐善济众、默默耕耘，对于社会关怀由港传播至各地。在《从碑记谈广东西樵云泉仙馆的源、流、变》一文中，著者借由云泉仙馆的源、流、变看近百年间粤港道教的发展与脉络。《六十年来香港德教团体的历史与发展》一文，对道教源流到在港的地域分布、供奉的神祇到扶鸾救劫善书的出版与布道，都有详细的介绍。

第四部分"从岭南到东南亚的宗教传播"，著者对香港道教的讨论，延伸到香港的邻近地区东南亚。《道脉南传：从岭南到越南先天道的传承与变迁》以"藏霞"一脉的道堂为主线，讨论20世纪从粤港到越南先天道的历史与现况特点。《香港先天道的脉源与发展——兼论道统在港、泰地区之延续》一文认为，清末香港的开港成为先天道由粤传播至东南亚的关键，并说明传播到南洋的三条脉络，而"藏霞"除了是香港先天道的祖洞，更是东南亚堂道的主要脉源。《清末以来吕祖信仰的传播：从广东梅州吕帝庙到泰国曼谷赞化宫》一文，以泰国吕祖信仰为讨论焦点，认为吕帝信仰因道侣的南迁，从广东梅州传播至泰国曼谷并建赞化宫，文章还讨论该宫弘扬祖庙的精神，致力善业与扶危济困，贯彻如一的情况。（萧百芳）

# 第二届全真道与
# 老庄学国际学术研讨会论文集

《第二届全真道与老庄学国际学术研讨会论文集》，熊铁基、梁发主编。武汉：华中师范大学出版社，2013年5月第1版，2册，32开，938千字。

熊铁基简介详见《秦汉道家与道教》提要。

梁发，香港青松观董事局主席。

本书是香港青松观与华中师范大学道家道教研究中心联合举办的"第二届全真道与老庄学国际学术研讨会"的论文集，是两个单位合作的新进展，也是"全真道与老庄学"这一研究课题的新发展。该论文集分上、下两册，上册收入论文包括：《修心澄心与体道明道》《全真道士的生活和全真诗歌的艺术特点》《全真道教文化底蕴再探索——全真道教中的佛、儒、老庄与梦》《王重阳与老子〈道德经〉》《The Early Landscape Poetry of Qiu Chuji邱处机的早期山水诗》《雍正皇帝与紫阳真人——兼述龙门派宗师范青云》《王屋山与全真教》《谭处端的弘道与修真》《全真道哲学的意蕴及其理论底色》《评刘处玄的〈黄帝阴符经注〉》《"七真"对全真道创立与发展的贡献》《论王志谨〈盘山语录〉的心性修炼思想》《金元明清时期道教的唱道情——以全真道为中心的研究》《明代武当山全真道碑刻考略》《民间散佚〈灵济宫神文志〉与明代灵济道派略考》《有关全真道宗派"字谱"研究综述》《从性命双修的立场看内丹学的三教观》《雍正帝杀道士贾士芳案辨析》《清代全真道在浙江台州的发展》《金代全真道初传东北考》《从地缘关系论李珏与丹道南北宗的关系》《宋元全真道与正一道教义异同比较》《近十年来葛洪研究之新进展》《〈成都二仙庵壬午坛登真箓〉初探》《论刘处玄的经典观》《从白云山到岱岳殿——全真道教在晋陕北地的传播和影响》《全真姜善信教行初考》《沉寂中的潜流：明代江南地区全真教的传播》《明清士绅与全真道——以泰山地区全真道为中心的考察》《天台山与全真道》《试析济南华阳宫三教圆融的特色》《道教发展之思考——以浙江省为例》《邱处机对全真道的传播及其影响》《全真道教义及当代全真教的思考》《道家思想与其戒律观》。

下册论文包括：《〈道德经〉与道教发展》《尊道贵德、劝世化俗——〈道德经讲义〉读后》《论周敦颐〈太极图说〉的道家学脉关系——兼论濂溪的道家生活情趣》《〈道家思想与韩国东学思想〉——兼论21世纪道学的新出路》《朝鲜朝儒学者对老子思想理解的倾向性》、"Korean Taoism：A brief Manual"、《从哲学、养生到宗教——〈河上公章句〉解老》《老子德经人生六章》《老子之道术与庄子之道化生命》《厨房里的政治哲学——治大国若烹小鲜》《从"辅万物之自然"到"无以人灭天"——道家对人类中心观念的反思》《从道家的观点看"仁者爱人"》《论〈庄子〉对道教神仙说的理论影响》《清沈彤精抄、精批本〈庄子〉经眼录》《读吕惠卿〈庄子义〉笔记》《从幸福观角度解读庄子的生命哲学》《追寻人生的"广莫之野"——论庄子"隐"的精神文化气质》《庄子道、气含义新论》《关于〈逍遥游〉的文字错简》《章太炎从〈唯识论〉对〈齐物论〉的阐述》《〈齐物论〉的义理脉络》《〈庄子·则阳〉"或使说"的历代注解及其检讨》《〈庄子·缮性〉中辘轳旋转式的义理诠释》《庄子哲学中"生"的境界》《从〈药地炮庄〉看司马迁的庄学》《刘文典的〈庄子〉研究》《唐代〈阴符经〉著述叙录》《"道"字原始义考——兼释帛书〈老子〉"道之物"》《〈老子〉"人君南面之术"的再认识——张舜徽先生〈周秦道论发微〉读后》《蒋锡昌的老子研究》《〈老子通释〉著者张纯一生平事迹考述》《钟会〈老子注〉的诠释路向及生成背景》《汪兆镛其人及其〈老子道德经撮要〉》《"与虚静合德，共至道同根"——李荣〈道德经注〉工夫论研究》

《文子小国寡民思想初探》《论老子大道教育观》《老子的生态伦理智慧发微》《〈道德经〉慈善思想探微》《老子"大音希声"解悟》。

本书是以全真道研究为重点，将全真道的兴起及其宗旨、教义与老庄学、道家紧密结合，通过进一步地研究，揭示他们之间的关系。例如，蜂屋邦夫所著《王重阳与老子〈道德经〉》论述了全真道的创始人王重阳对《道德经》的深刻领悟，是其在后来创建全真道的基础。葛荣晋《王屋山与全真道》论述了全真教在王屋山的传播和发展，并力证王屋山转变为全真教主导的道教圣地，是中国道教发展史中具有里程碑意义的重大历史转变。《金元明清时期道教的唱道情——以全真道为中心的研究》《明代武当山全真道碑刻考略》《清代全真道在浙江台州的发展》《金代全真道初传东北考》《从白云山到岱岳殿——全真道教在晋陕北地的传播和影响》《沉寂中的潜流：明代江南地区全真教的传播》《明清士绅与全真道——以泰山地区全真道为中心的考察》等，则详细地论述了不同时期不同地区全真道的发展。

本书的最大优点在于采用新材料，提出新观点，开辟了新道路，且论文都具有一定的质量。例如胡军《近十年来葛洪研究之新进展》，以近十年来两次葛洪学术研讨盛会和两本"文集"为主线，对葛洪研究的新进展予以阐述，展示了葛洪研究在21世纪呈现出的新动态和新趋向。杨立志、邵文涛《明代武当山全真道碑刻考略》则根据近年来武当山田野考古发现的碑刻和明代《敕建大岳太和山志》，结合其他史志文献之记载，进一步认识武当山在全真道发展史上的重要地位。王宗昱《评刘处玄的〈黄帝阴符经注〉》，对历代注释《阴符经》的传统做了一些新的探索。（程群）

# 东岳文化与地域传统
## ——2011东岳文化蒲县国际论坛论文集

《东岳文化与地域传统——2011东岳文化蒲县国际论坛论文集》，叶涛、陈振华主编。北京：学苑出版社，2013年5月第1版，32开，260千字。

叶涛，1963年生，山东费县人。1984年毕业于山东大学中文系，1985年参与创办《民俗研究》杂志，历任编辑部主任、副主编、主编，历任中国社会科学院世界宗教研究所研究员、山东大学文史哲研究院教授、山东大学文史哲研究院学术委员会委员，现任中国民俗学会副理事长兼秘书长、中国俗文学学会常务理事、中国宗教学会理事等，主要研究领域为民俗学与民间文学理论、中国民间信仰、区域民俗，主要论著有《中国民俗》《泰山石敢当》《中国牛郎织女传说》等。

本书收录论文16篇，还收录了部分论文的提要，具体包括：叶涛《东岳文化的历史源流与概念辨析》、周郢《泰山神的身世传奇录——新见〈泰山之神金虹小志〉简识》、张有智与侯慧明《三教视野下的东岳信仰》、张从军《东岳庙神职的民间转变》、周征松与石国伟《山西地方社会中的东岳信仰》、罗丹妮《蕞尔小邑与四醮朝山的仪式传统——以蒲县东岳庙为中心的考察》、高青山《从蒲县东岳庙现存的石刻看历代庙会之盛况》、周征松《蒲县东岳庙会何以久盛不衰》、霍怀德《蒲县有个东岳庙》、张宇《山西蒲县东岳庙研究的学术史回顾》、段友文《忻州市奇村乡杨胡村东岳信仰调查》、吴效群《历史上北京地区的香会组织和妙峰山庙会》、姜波《济南东岳庙的历史演变及文化标签》、游子安《关公信仰与非物质文化遗产：以善书为探讨中心》、徐永安《中国古代的"天地神人一体化认知模型"及其认识论价值》、贺大卫《战时陕甘宁边区的戏剧改革、庙会及传统文化》。

本书所收论文大致可以分为三大方面：一是探讨东岳文化即东岳信仰的形成传播与历史地位，二是探讨东岳信仰在山东地区以外的传播与影响，三是研究其他信仰，如泰山神信仰、碧霞元君信仰、关公信仰等等。

本书的显著特点是大多数论文探讨了东岳大帝、东岳文化问题，是东岳大帝信仰与东岳文化的集中大讨论。多数论文作者认为，在数千年的历史发展过程中，东岳信仰对中国的社会、政治、经济等都产生过重大影响，成为中华民族精神的象征，是中国传统文化中不可缺少的组成部分。东岳信仰至今还与广大民众的社会生活、精神世界密切相关，是我们在建设社会主义和谐社会的过程中应予正视的文化现象。（程群）

（六）道教研究工具书

# 道藏子目引得

《道藏子目引得》，翁独健编。哈佛燕京学社引得编纂处，1935年7月刊行，16开。本书于1986年由上海古籍出版社重新影印出版，内容和结构有轻微变动，重印后去掉了"笔画检字"和"拼音检字"两部分，开本缩印为精装32开。

翁独健（1906—1986），原名翁贤华，福建福清人。历史学家、教育家。博士，先后在云南大学、燕京大学、中央民族学院等校任教。在燕京大学求学期间，因搜集道教史材料而深感翻检《道藏》之不易，后遵老师洪煨莲先生之命，着手编纂《道藏子目引得》。

"引得"是西文Index的音译。著者认为"引得"于音于义较旧译"索引"为佳，又因本书分"分类""经名""撰人""史传"四部分，故名《道藏子目引得》。

本书以商务印书馆涵芬楼影印明《正统道藏》和《万历续道藏》为主要检索对象，兼收元代《道藏阙经目录》和清末成都二仙庵重刊《道藏辑要》。本书结构为："序""叙例""道教宗源""道藏目录凡例""分类引得号数表（附魏哲〈L.Wieger〉道藏目录号数推算表）""魏哲氏道藏分类表""史传引得引书表""笔画检字""拼音检字""中国字庋撷""分类引得""经名引得""撰人引得""史传引得"。

本书分为四种检索类型："分类引得""经名引得""撰人引得""史传引得"。"分类引得"按《道藏目录》原来的分类次序编成，每经冠以号数，并注明卷数、撰人以及在《道藏》中的册数；《道藏辑要》收录的，于其后注明册数；《道藏辑要》新增加的，另编"道藏辑要新增道经目录"附于"分类引得"之后。"经名引得"以经名为主，下注卷数、撰人以及在《道藏》或《道藏辑要》中所在的册数。"撰人引得"在撰人姓名后注明其生活的朝代、著作的名称和卷数，以及著作在《道藏》或《道藏辑要》中的册数。"史传引得"是为《道藏》中仙道传记所做的索引，备列仙道之姓名、字号、道号、封号等信息，并注明传记所在书籍的卷数、页数以及本书在《道藏》中的册数。

本书是中国人编纂的第一部《道藏》索引，为翻检《道藏》提供了方便，具体而言有以下优点：

第一，编撰体例完备，弥补并纠正了当时已刊行的中西文《道藏》工具书的缺漏和错误。明代道士白云霁所编《道藏目录详注》（4卷）和法国汉学家魏哲（L.Wieger）所编《道藏引得》（见氏著 *Taoisme* 第1册，法文本，1911年）为检索《道藏》提供了便利，但两书在目录体裁、编撰体例、内容遗漏等方面存在诸多问题。本书有鉴于此，新设"分类引得"一栏，在体例安排上更加完善；同时，对堪《道藏》，弥补并纠正了以上两书的漏缺和错误。

第二，彰显了翁氏的治学理念和方法。翁氏治学严谨，善于把考据学同近代科学方法相结合，通览《道藏子目引得》即可窥其"窥本溯源，比勘对证，不轻易附会""用新方法解读旧材料，扩大史料的应用范围"等治学理念和方法。

第三，便于检索和研究。本书按"中国字庋撷法"编排次第，此外另有"笔画检字""拼音检字"两种检索方法，方便读者翻检。在"叙例"之后附有"道教宗源""道藏目录凡例""分类引得号数表（附魏哲〈L.Wieger〉道藏目录号数推算表）""魏哲氏道藏分类表"，以为检用本书和相关研究之助。

除以上优长外，本书也存在一些瑕疵，如"未能解决传统分类法之流弊""沿袭《道藏目录详注》之讹误""个别道经撰人未作考证"等。本书是一部适用、较完备和可靠的《道藏》检索工具书，不仅在国内长时间被使用，而且也为西方汉学家所常用，并被翻译为 *Havard-Yenching Index Number of Texts in Tao-tsang*，影响甚广。（何江涛）

# 道藏精华

《道藏精华》，萧天石编。该套书并不是一次出齐，最初，萧天石从自己收藏及现有道书中选择了道书凡675种，列为《道藏精华》，分集陆续出版。第一集出版于1956年4月，至1983年历经27年，17集全部完成，精装75册，普及本平装104册，全集于1983年付印，所选刊的道书达1000余种。另外《道藏精华外集》收录了萧天石著的《道家养生学概要》及《道海玄微》二书。

萧天石简介详见《道德经圣解》提要。

本书第一集第一册书前有萧天石在1983年1月所写的《新编道藏精华自

序》，述说自己选书、刊书及集结成套书之经过。其次为曹哲士《萧编道藏精华序》，认为萧书选辑之严，搜罗之富，亘古以来，叹为观止，并称之为"百衲本道藏精华"。再其次为《新编道藏精华例言》，说明选择之标准及道书版本出处。其后为全集总目。另外，在各集所收的每一本道书目次下或书前，萧天石有序文介绍本书内容主旨，所采用的版本，或得书因缘等。

宋代张君房自大宋所修的《大宋天宫宝藏》中选出精华道典，编成《云笈七签》122卷，号称"小道藏"，后一直无人延续此业，萧天石《道藏精华》可以说上承《云笈七签》之伟业。萧天石在道典版本上，选择极严，除四处访寻善本孤本外，还曾在台北"故宫"地下室搜集道书丹经长达三年之久，所搜集的道书中有许多是《道藏》所未收的孤本佚籍，深为学者及藏书家所敬佩。

本书共17集，主要收集道典，以道家及内丹养生修炼法门为主。萧天石在《新编道藏精华例言二》说："本书为集道家与丹鼎派——亦即神仙派——之学术思想及其诀法方术之大成。内外双修，道德兼养，动静之功并辑，幽明之诀同学，俾贤者能得其大，不贤者能得其小；上智能烛其幽，中才能体其明，群皆肆应咸宜，随修有得。"除内丹修炼法门道典外，儒道佛三家自古以来所见养生摄生之论，却病治病之方，与各种导引、按摩、服气、吐纳等仙家不轻传之秘功，也都是此套道书收录的重点。

由于萧天石本人对内丹养生修炼法门有偏好，并有实际修行，所以《道藏精华》除偏重道家丹道养生之书外，也重实修之书。

《云笈七签》对整个道藏做筛选，道德之旨、宇宙生成、道教缘起、经籍源流与传授系统、仙真传记、内外丹法、斋醮科仪、洞天福地、道教教理教义等，都能有所兼顾。与《云笈七签》相较，《道藏精华》较偏向丹道养生之书。但以萧天石个人之力量，在烽火动乱之际，生死难卜的艰困时代，辗转将道书护送到台湾，并以一生之力来搜集孤本秘籍，加以审校而后刊行，保留了许多道典免于沦亡，并在每本书前做了提要，使读者易于明了。这样的努力，值得我们推崇。（萧登福）

# 道教典故集

《道教典故集》，李叔还、史贻辉编撰。1975年4月史贻辉校正，李叔还于高雄自印发行，分上、下两集。

李叔还简介详见《道教要义问答大全》提要。

史贻辉（1913—2000），道号觉新子，福建林森（今福州市闽侯县）人。据其徒孙李建德、柯奕铨二人合撰之《觉新子史贻辉道长之道学论述与道法实践探析》所载，史贻辉毕业于福建协和大学中国文史学系，1947年赴台，担任台糖公司第三区分公司文书课副课长，后于麻佳糖厂退休。史道长除受聘为嗣汉天师府大法师外，也是台南县、市数座道教庙宇礼聘举行斋醮科仪之大法师及传度科仪三师之一。史道长向有道教"活字典"之美誉，现存道教论文21篇。

本书所收仙典、事典范围，始于黄帝而迄于近人王显斋，时间综括4600余年，计收道家、道教典故189则。本书取材内容，包括正史、子书、道典、丹经、方志、文人诗词、历朝笔记、仙传小说、近代杂志等，足以继《列仙传》《神仙传》《续仙传》《历世真仙体道通鉴》之后而总其大成。本书之所成，与二位道长之国学素养根柢，有着密不可分的关系。然而，作者在撰述部分事典时，有时援引之文献，未以道典、仙传为优先考量，或导致可商榷之处。如上集《舍国修真》言玄天上帝事典，系援引清代小说《神仙通鉴》与《道藏》所收《报恩经》撰成，若编撰时能舍《神仙通鉴》而援引《道藏》所收《玄天上帝启圣录》，应有更大的说服力。而所收清代至民国时期人物，仅吴淑度、李涵虚、王显斋等三人，亦略有缺憾，倘若能将清代道教宗派高道人物，如中兴全真道龙门派之王常月真人、以《易》阐道之刘一明真人、编撰《广成仪制》之陈复慧真人等悉数收入，应更能丰富全书之内容。然而，本书成书于信息传播尚不发达的20世纪70年代，虽有小眚，仍为瑕不掩瑜之作，值得加以肯定。（李建德）

# 庄林续道藏

《庄林续道藏》，庄陈登云守传，〔美国〕苏海涵辑编。台北：成文出版社，1975年版，25册，收新竹地区世业道坛科仪百余种。

庄陈登云（1911—1976），新竹通灵坛坛主，为代替林汝梅、林修梅掌理"正一嗣坛"的陈捷三赘婿庄紫（高琛）之子。

苏海涵（Michael Saso），1930年生，先后任教于美国苏菲亚大学、英国伦敦大学、美国夏威夷大学等校，并在夏威夷大学推动召开国际学术研讨会。硕士毕业后，苏海涵随即赴台从事道教与民俗的研究调查工作，并于辅仁大学语言学院执教。由于执教的地缘因素，苏海涵从事调查之地区多环绕于新竹一带，与新竹通灵坛坛主庄陈登云、金应坛坛主钱枝彩相善，并拜入二位道长门下，多方搜集新竹地区保留的吴、林、陈、庄四氏所传道教科仪，于1975年出版《庄林续道藏》25册，引起新竹道教界的不满。因而在1978年8月，苏海涵将其他道教文献交由东京都龙溪书舍出版，名为《道教秘诀集成》。此后，国际道教学者对中国台湾传统世业道坛保留的道教文献益加重视。

本书所收新竹地区之道教科仪文献，分为金箓、黄箓、文检与小法四大类。金箓类别共50卷，为"五朝醮事"范畴，所收内容包括早朝、午供、晚朝、宿启、禁坛、普度、分灯卷帘、振钟磬、开光、登台拜表等科仪，以及《三官经》《五斗经》《皇经》《朝天忏》《皇忏》《九幽忏》等。黄箓类别共19卷，为"午夜丧事"范畴，所收内容包括发表、颁赦、炼度、合符、解结、教娴（教导纸扎僮仆、婢女，以供亡者差遣）、过桥、缴库、召魂沐浴等科仪，以及《度人经》《血湖经》《三元忏》《药忏》《血湖忏》等。文检类别共10卷，为各种斋醮运用之章表、符咒、秘诀等范畴，所收内容包括吴景春、"正一嗣坛"林修梅、庄陈登云、钱枝彩等四道坛所运用之文检、符咒，新竹著名曲馆同乐轩（清代淡水厅幕僚、衙役所组成）、长乐轩（20世纪40年代成立）运用之北管乐谱，以及登台拜表、醮典遣官将、召四灵之科仪等。小法类别共25卷，为闾山系统"红头法师"运用之范畴，所收内容包括请夫人（祈请陈靖姑等三奶夫人）、刘阎、申状（奏申疏文）、进钱（为斋主拜进财帛，祈求消灾免难）、解连（解冤释结）、赏军（犒赏五营神兵）、送船（遣瘟）、拜斗、三献等科仪，以及《关帝明圣经》《洞渊辟瘟经》等。

透过本书，我们可窥知清中叶以来新竹世业道坛举行斋醮科仪的实务，不同地域在和瘟、送王等科仪之差别，以及新竹周遭知名庙宇供奉神祇的情况。然也有部分可商榷处，如普度、午供等科仪渗入佛教的真言、赞偈；部分文献归类也有问题，如《解连经》《明圣经》被划归"小法"，但前者为灵宝系统，后者为清代鸾书；编者将闾山与神霄划归"小法"，略有不当，宋代神霄高道白玉蟾曾大力抨击闾山法为"巫"，而编者将神霄视为"小法"，较不符合道教宗派之界定。（李建德）

# 道教大辞典

《道教大辞典》，李叔还编纂。台北：巨流图书公司，1979年7月1版1印，1981年2版，2003年6月3版。另有杭州：浙江古籍出版社，1987年10月第1版。

李叔还简介详见《道教要义问答大全》提要。

本书对于道教之哲理、教义、道统、法仪、学术、秘典、名称，以及先圣来历，道门常识等，博采广征，列举齐全，内容丰富，为道门人士必读之书。内容依部首次序编排，并按字目笔画顺序，罗列道教有关词条计5600余条，全书47万余言。每条皆考据其出处，注明原书篇名；或录原注，以为义证。如有意义欠明，或原无注疏者，则加简明诠释。各条辞目凡有二义者，均分别说明。凡有关他条者，彼此辞略互见；或仅详甲条，而略于乙条者，则于辞目义证之下，载明"详某条"，或"参阅某条"字样，便于检查。

其中，有关道教事物典故者，除据《正统道藏》外，并搜辑《尚书》《周礼》《礼记》《诗经》《尔雅》《史记》《汉书》《三国志》《晋书》《魏书》《南史》《唐书》《五代史》《宋史》《通鉴》《绎史》《文选》《楚辞》《穆天子传》《博物志》《神异经》《白虎通》《述异经》《清异录》《风俗通》《琅嬛记》《拾遗记》《博异志》《酉阳杂俎》等书，拾萃摘编。

有关道教学方面，以《易经》《老子》《庄子》三书，撷其要点取作中心题材，并搜集《列子》《文子》《墨子》《关尹子》《韩非子》《鬼谷子》《鹖冠子》《天隐子》及《淮南子》诸书，采其有关道教哲学之要义，与道德旨趣之名言，择要掇编，加以释义。

有关道家丹鼎修炼之术者，本书选其最著者如《阴符经》《黄庭经》《抱朴子》《参同契》《悟真篇》《洞玄经》《隐丹经》《性命圭旨》《金丹要诀》《三丰全书》等丹道之书，撷要编列，以供参考。

有关道教神祇者，本书对于先天真圣、后天神仙及社稷神灵等，除极边僻之神，不见经传无从考据者从略外，悉皆搜集编列，并简述其来历事迹。

至于成仙成神及方术士、高隐士等，见诸道书、各史书传记、并各府州县通志等所载者，选其飞升、隐化、尸解、行道、度世等，编列九百余人。

本书为著者历经近十年时间，征经据典，探微揭奥，择要撷精，可谓两

岸道教辞典开创之作。（刘焕玲）

# 中国正统道教大辞典

《中国正统道教大辞典》，杨逢时编。台北：逸群图书有限公司，1985年初版，2册，精装，25开。

杨逢时，1948年生，台湾台南人。辅仁大学历史系毕业，1979年入选台北市国术代表队，从事民俗技艺、宗教研究及武术推展。与苏鼎贵合著《宅元大法》《和合大法》《道符制法》等。

本书按笔画顺序排列，图解的方式有助于名词的诠释，使读者一目了然，文句则以简洁白话为主。所采资料以《正统道藏》为主、《道藏辑要》为辅，至于经典善本、经史子集亦多引用。引用古书原文则尽量注其出处。本辞典亦搜录丰富的台湾地区道教资料、民间道教习俗及法事科仪，如条目中有"台湾道士的服装""台湾道教的法器""红头道士与乌头道士的区别""拉清八卦筛"等。

本书是继1978年李叔还《道教大辞典》（两岸道教辞典开创之作）后的第二本道教大辞典。（刘焕玲）

# 道藏提要

《道藏提要》，任继愈主编。北京：中国社会科学出版社，1991年7月第1版，精装，32开，1210千字。1995年8月和2005年12月两次重印。

任继愈简介详见《中国道教史》提要。

改革开放之初，为推动祖国文化学术事业，任继愈倡导并组织人员编写《道藏提要》。

本书2005年的修订本较之前两版做了较大修订和补充：校订文字讹误数百处；对部分提要做了修订、补充；增加"道藏阙经目录"和"道藏尊经历代纲目"；"编撰人索引"和"道藏书名索引"补入"三家本"册数。修订后全书结构为"《道藏提要》第三次修订本序""序""例言""道藏提要篇目""道藏提要""附录一·编撰人简介""附录二·正续道藏经目录""附录三·道藏阙经目录""附录四·道藏尊经历代纲目""附录五·编撰人索引""附录六·道藏书名索引""《道藏提要》跋""修订后记""三订《道藏提要》跋"。

本书系明代《正统道藏》和《万历续道藏》之提要，所据版本为1924—1926年上海涵芬楼影印北京白云观所藏明刊正、续《道藏》。提要按《道藏》所收道经先后顺序排列，并用阿拉伯数字编号。全书共撰提要1473篇。本书仿《四库全书总目提要》体例，每篇提要皆首列道经编号，次列道经名称、卷数，再列道经在《道藏》之册数、三洞四辅分类及千字文编序，最后重点介绍道经的成书年代、撰著者、版本源流、主要内容、主旨思想等信息。

考证崇实、立论有据是本书出版二十多年来一直为学术界所重的原因所在。因道经多称神仙降授，故道经的著者和年代难以确定，迷雾重重。本书的首要任务就是考证每部道经的著者信息和成书年代。本书在编撰过程中，除采用传统考订、训诂方法（如文字、音韵、版本目录等）外，还根据时代思潮的特征、人类认识史的一般规律，并结合中国佛教、儒教不同时代所讨论的中心问题等，经多方衡量，考订出多部道经比较接近实际的时代断限或撰著者信息。

汇川成海、继承创新亦是本书的一个特点。本书并非独创，而是参考、借鉴了前人的相关研究成果，中国学者如刘师培、陈垣、陈寅恪、汤用彤、陈国符、王明、陈撄宁、翁独健等，日本学者如吉冈义丰、大渊忍尔、福永光司、蜂屋邦夫等的研究成果都被本书所借鉴。此外，澳大利亚柳存仁也提供了修改意见。本书正是在继承前人研究的基础上，通过集体努力而后来居上。

便于检索、实用性强也是本书的优点。本书在提要之后，列附录五种，以方便稽考和检索。五种附录分别为"编撰人简介""正续道藏经目录""道藏阙经目录""编撰人索引""道藏书名索引"。

本书的出版和不断修订为道教学术研究提供了极大方便，尤似通往道教学术研究的捷径。同时，本书也为后来者提供了继续前进的平台，其功甚大。本书是治道教者案头的必备工具书，集学术性、资料性、实用性于一体。但金无足赤，正如编者在跋文中所说，"这次修订，可以说后胜于前，但问题仍然不少。总的来说，我们对《道藏》的研究还不够，随着时间的推移，研究的深入"，"有待于海内外专家学人绳愆纠缪，匡其不逮"，"使本书更臻完善"。（何江涛）

# 道教手册

《道教手册》，李养正主编。郑州：中州古籍出版社，1993年8月第1版，精装，32开，603千字。

李养正简介详见《当代中国道教》提要。

本书共16部分，分别为"道教的历史发展""道教宗派""教理教义""神仙""戒律玄规""仪范""斋醮科仪""修养方法""经书""人物""道教宫观建筑""道教与文化艺术""道教与古科技文明""道教与岁时节令及风土习俗""道教与少数民族""国外道教研究概况"。具体来说：

"道教的历史发展"按历史时代介绍道教的产生、传播、兴盛和发展的历史演变过程，并简要介绍了新中国成立后的道教概况。

"道教宗派"介绍了中国道教发展史上的主要宗派——五斗米道、太平道、天师道、北天师道、南天师道、正一派、灵宝派、上清派、楼观派、北帝派、老华山派、清微派、天心派、南宗、神霄派、净明派、太一教、真大道、全真派、九宫山派、龙门派、南无派、三丰派、武当本山派、金山派、东派、闾山三奶派、龙门西竺心派、西派，并简述这些宗派的创建者、创建年代、主要经典和道法、道派传承和历史演变、后世影响等。

"教理教义"介绍了"道""德""清静""抱一""柔弱""生道合一、长生久视"等主要教理教义，并指出道教教义的鲜明特征是"重道贵生"。

"神仙"部分将道教众神归为天界尊神、圣人英杰、群仙众真、民俗诸神四类，并对每类重要神祇进行了介绍。

戒律是道教徒修道持身之规范，用于益善止恶、皈真舍妄。

"戒律玄规"介绍了道教徒要持守的初真戒、中极戒、天仙大戒等主要戒律，并摘录了"三洞众戒文""道门十规"等戒文。

"仪范"介绍了道教仪范的缘起和种类、宫观执事及所司职务、常住应管事务规范及威仪、清规等内容。

"斋醮科仪"仅就全真道士在宫观所做科仪进行了简介，包括早课出坛祝将科仪、晚课出坛祭孤科仪、祝寿科、庆贺科、荐亡开坛安位科、三元午朝科仪等。

"修养方法"概述了服气、内视、存息、胎息、辟谷、服饵、外丹、内丹等道教的主要炼养方法，并指出养生方法虽多，但应以法简效著为择术标准。

"经书"遴选《道德经》《南华经》《太平经》《老子化胡经》《三皇经》《上清大洞真经》等重要道书进行介绍。

"人物"按历史时期介绍了有重要历史贡献或影响的道教人物或与道教有密切关系的历史人物，包括老子、庄子、张道陵、张鲁、葛玄、葛洪、陶弘景、王玄览、司马承祯、张君房、张伯端、王重阳等。

"道教宫观建筑"部分介绍了道教宫观建筑的思想和艺术、历史沿革和特点以及当代全国著名的宫观。

"道教与文化艺术"就道教造像与壁画艺术、道教美术、道教音乐、道教文学、道教哲学等方面进行了简介。

"道教与古科技文明"概述了道教与冶炼铸造学、医学、药物学以及天文历算的关系及其贡献。

"道教与少数民族"介绍了道教与少数民族的关系、道教在少数民族地区的传播以及道教对少数民族的影响。

"国外道教研究概况"简要介绍了日本、法国、美国、英国等其他国家的道教学术研究概况。

本书是汇集道教基础知识的简明读本，读者通过本书可以了解道教的发展简史、重要宗派、教理教义、尊奉神仙、主要经典、重要人物等知识。本书具有知识性、学术性、资料性、实用性等特点，是一部从教内视角介绍道教知识的小型工具书。（何江涛）

# 道教大辞典

《道教大辞典》，中国道教协会、苏州道教协会编。北京：华夏出版社，1994年6月第1版，精装，16开，2780千字。

早在1962年，中国道教协会会长陈撄宁先生即提出编纂《道教大辞典》的倡议，后因故搁浅。1990年中国道教协会重新启动编纂工作，开始选集辞目、撰写释文，1992年完成初稿，又经过一年的审改、编辑和增补，始具规模，并予以出版。

本书分"凡例""目录""辞目"三部分，其中"目录"又可用作"索引"，通过"目录"即可检索辞目。共收辞目近两万条，包括教理教义、仙籍语论、道经道书、神仙人物、道派组织、斋醮科仪、清规戒律、道功道术、洞天福地、灵图符箓、仪典节日、仙道禁忌、方技术数、执事称谓、文化艺术等诸项内容。以上辞目按首字的笔画编排（首字相同的，按辞目字数由少到多排列），分列全典。以"辞目务必出自经书，释文务必尊重道经原"为主要编纂原则，编撰人员主要为中国道教协会、苏州道教协会、茅山道教协会、武当山道教协会的道长和四川道家文化研究所、武汉音乐学院的专家学者，是第一部由道教界编纂的专门性较强的工具书。

保存道教原貌、尊重道教信仰是本书编纂的一大特色。本书所收辞目均检自道教经书，释义亦以道教本旨为准则，言之有据，不掺加编撰者臆断或批评之语。斋醮科仪类辞目中涉及符箓隐讳之字号皆以"□"标示，充分尊重教徒的宗教信仰。本书的另一特点是注重实用性、兼具学术性。其所收辞目以道教经籍中常见常用为主，亦收录冷僻之条；释义立足道教文化与历史知识，注重从教内的认识和理解进行解释，这既为教徒阅读道书提供了方便，也有助于专家学者的精研细考。同时，有关辞目学术界已有定论者，按定论介绍；存在歧义者，诸说一并介绍，或以一说为主兼备他说。此外，本书还具有内容丰富、篇幅简短等特点。

本书开道门中人为道教编纂辞典之先河，其以教内人员为主要编纂力量，突显了道门中人弘扬道教文化与优秀传统文化的责任和担当。本书的出版，在教内引起了极大反响，成为教徒读经解经的必备工具书，同时也受到专家学者和道教文化爱好者的关注。缺憾之处是本书只注重道教经籍中辞目的收集，未将近代道教组织、道教活动和学术研究、代道教人物和重要宫观等收录其中，实乃美中不足。（何江涛）

# 中华道教宝典

《中华道教宝典》，李刚、黄海德著。台北：中华道统出版社，1995年5月初版，精装，25开，289千字。

李刚简介详见《隋唐道家与道教》提要。

黄海德简介详见《天上人间——道教神仙谱系》提要。

本书先有前言、序二篇，继以专论一篇"大道文化之母——'老水'"，而后以道教文化的精选词目近1000条编为正文，书末附有"道教大事年表"及"神仙图"附录两篇。

台湾灵乩协会基于复兴道教文化之精神，委托两位著者共同主编《中华道教宝典》一书。本书以所搜集之道教文化词目，依类别精心编排，包括道教的历史与教派、教义理论、神仙、人物、方术、礼仪、经书、名山宫观、珍贵文物、道教现状与研究概况、港台道教与海外道教研究、道教中华传统文化等12类。本书内容丰富，叙述明晰，选真集粹，颇有见解，值得供专门研究者参考之用。（熊品华）

# 中华道教大辞典

《中华道教大辞典》，胡孚琛主编。北京：中国社会科学出版社，1995年8月第1版，精装，16开，5460千字。

胡孚琛简介详见《魏晋神仙道教——抱朴子内篇研究》提要。

本书由研究道家和道教文化的知名学者组成编委会，二十余名各具专长的优秀学者担任分科主编，一百余位海内外学者参与撰写，历时三载，始刊行问世，是一部全方位介绍道家道教文化的大型工具书。本书扉页有时任中国社会科学院院长胡绳先生所题"中华道教大辞典"，之后依次为"前言""插图""凡例""目录""正文""附录""笔画索引""汉语拼音索引"等。

本书共收录辞目近两万条，分16大门类，分别为：（1）道家；（2）道教门派、人物；（3）道教经籍；（4）教理教义及基础知识；（5）斋醮科仪及戒律；（6）符箓、法术与占验术；（7）道教医药学；（8）道教养生功法及武术；（9）内丹学；（10）房中养生；（11）外丹黄白术；（12）道教神仙及民俗信仰；（13）道教文学艺术；（14）洞天福地与宫观；（15）近代道教活动与学术研究；（16）民间宗教等。

有些大门类又根据一定标准细分为若干小类，例如，"道教经籍"类细分为：道书总类；洞真上清部经书；洞玄灵宝部经书；太平、洞渊、洞神及正一部经戒法箓、章醮斋仪；太上及天尊所说杂道经；玉皇、文昌、真武、五斗及徐仙崇拜；道门科戒规章及斋醮仪范；《道德经》及诸子书；三洞经教及重玄、阴符、清静经论；《黄庭经》及存思导养、医药摄生著作；《周易参同契》及易学；外丹服食及炼丹经诀；内丹经诀及钟吕内丹派著作；全真道诗文集与丹诀杂著；占卜星命及符咒道法经书；北帝、天心、神霄、清微、净明、真元及宋元符箓道派经典法术著作；神仙人物传记及宫观山志。"教理教义及基础知识"类分为：基础理论；道诚；教义术语；教门常识；教职及组织。"斋醮科仪及戒律"类分为：斋醮科仪术语；科仪名目；法具；冠服；供品；文检；坛场；戒律。"符箓、法术及占验术"分为：道法；符箓；灵图印篆；禁咒；掐诀步罡；杂术；占验术总论；龟卜；易占；星命；选择；三式；星占；祥异占；梦占；测字；杂占；相术；堪舆。"道教医药学"类分为：养生延寿方（又细分为膏方、汤方、散方、丸方、丹方）；辟谷服食方；美容保健方；药膳方；神仙治病方（又细分为内科方、治劳伤方、外科方、男科方、解毒方、小儿科方、妇产科方、五官科方）；医药养生著作。"道教养生功法及武术"类分为：养生术语；存思法；导引法；气法；健身术；武术；进世道门武术家。"内丹学"类分为：内丹总论；基本术语；关窍；内丹炉鼎；内丹火候；内丹药物；内丹功法；女丹功法；内丹法诀。"房中养生"类分为：一般术语；房中诸法；房中宜忌；房中药具；房中经典。"外丹黄白术"类分为：外丹规仪；丹房鼎器；操作方法；外丹药物；服饵丹法；黄白丹方；造石水法。"道教神仙及民俗信仰"类分为：仙鬼名号；神灵；星君；仙真；道教俗神；道门焚修与杂祭；神诞节会；岁时民俗；消灾祈祥。"道教文学艺术"类分为：道教文学（道教诗词；道教杂记、散文；道教传记、传奇、小说；道教典故）；道教艺术（道教音乐、神仙道化剧、道教美术、道教书画艺术家、道教造像、道教建筑）。"近代道教活动及学术研究"类分为：道教会议；大陆道教组织及研究机构；国内道学专家；大陆道教期刊及道教著作；台、港、澳道教及道教研究概况；国外道教及道教研究概况。"民间宗教"类分为：教派；人物；教义及典籍；研究著作。

本书较之以前的道教工具书有以下特点：

第一，全面性和系统性。其所收辞目基本上涵盖了道家与道教文化的各个层面，内容庞大丰富，同时全部辞目按门类进行编排，"杂而多端"的道教文化被梳理得脉络清晰、井井有条。从这一点可以说，本书是一部全面而系统介绍道家道教文化的百科全书。

第二，科学性和资料性。大辞典以学术界的观点立论，从科学角度阐明辞目的真实含义和学术价值，尤其是对充满道门隐语的内丹仙学、外丹黄白术、房中术、气功、法术等进行科学解释，不褒扬亦不贬抑，只求还原本来面目。每一门类均有长辞条对本门类的特点、历史及基础知识作重点阐述，其后又有中、短辞条进行详细解释，读者通过阅读这些辞条即可获得丰富的文献资料和大量的学术信息。

第三，便捷性和实用性。大辞典附有按笔画编排和按拼音编排的两种总辞目索引，读者任选其一"按图索骥"即可找到自己需要的辞条，检索查阅十分便捷。

本书集一时之秀，历三载而成典，是道教学术研究的一座丰碑。大辞典甫一问世即受到学界和道教文化爱好者的关注和喜爱。由于工程浩大，大辞典有些地方仍存在纰漏和瑕疵，如在辞条收录方面存在百密一疏的情况、个别辞条解释未中要害等，有待增补和修订。（何江涛）

# 道经知识宝典

《道经知识宝典》，田诚阳著。成都：四川人民出版社，1995年9月第1版，软精装，32开，450千字，系"宗教经书宝典系列"之一种。

田诚阳简介详见《中华道家修炼学》提要。

任继愈先生在《道藏提要·序》中认为："道教典籍在中国文化宝库的地位决不下于佛教，甚至更为重要。"然而道经数量之巨，可谓浩如烟海，欲对道经有全面了解并非一蹴而就。本书即是全面介绍道经知识和道经精华的著作。

本书分五章从不同角度对道经进行介绍，分别为"道经溯源""道经小史""道经精华""道经真言""斋醮"。具体来说：

一、"道经溯源"，从神学、仙学、道学、教学四门学术追溯道经文化产生的历史根源，并简明介绍道教成立前出现的道家经典及相关经籍。

二、"道经小史"，按历史时期介绍道教重要经籍的概况，并于其中穿插《道藏》的编纂小史。

三、"道经精华"，是本书的主体部分。著者遴选涵盖道论、教义、内丹、外丹、符箓、方术、养生、科仪、房中、仙传、规戒、经忏、易学、医药、善学、游记等方面的64部有代表性道经，按问世之先后进行全面介绍，包括道经的著者、内容大要、年代、版本、注本、前人评述、派生经典、历史影响等信息，此外在每部道经简介之后还附有道经原文或节要。

四、"道经真言"，集录历代道经中的名言警句，并归为"明道""立德""修真""处世"四类进行介绍。

五、"斋醮"，对道教斋醮科仪中的隐讳、内秘之文予以揭示，并宣明真义，以期世人通达道经之旨。

本书是全面介绍道经知识的著作，同时也是道门中人撰著的系统研究道经的专著。本书行文既重学术性，又兼及知识性和趣味性，力求深入浅出，雅俗共赏。此外，从"将道经原文转换成简体字，并加以标点""酌收几部罕见于行世的珍本和秘本道经（如《正易心法》《丘祖秘传大丹直指》等）""多搜集一些关于道德修养、身心调摄和为人处世的箴言佳句"等细节安排看，可以窥见著者推动道教文化利益社会的努力和作为一个教徒弘扬道教文化的责任感。（何江涛）

# 道教文化新典

《道教文化新典》，卿希泰、詹石窗主编。上海：上海文艺出版社，1999年5月第1版，32开，791千字。另有台北：中华道统出版社，1996年9月版，精装，25开，系"中华道统丛书系列"之一种。

本书在卿希泰的指导下，由詹石窗具体组织编撰和统稿修改。执笔者有卿希泰、詹石窗、郭武、盖建民、陈融、林拓、连镇标、林怡、唐大潮、林凤燕等学者。本书之出版，得到台北市灵原寺的基金资助，纳入中华道统出版社编纂的"中华道统丛书系列"。

卿希泰简介详见《中国道教史》提要。

詹石窗简介详见总主编简介。

本书计14部分，除导论及卷后语外，分为12编。每编除引言外，又细分三章。导论由卿希泰、詹石窗执笔，分述道教文化释义、道教文化研究的必要性、道教文化研究的学术回顾、道教文化研究的学术原则与方法。

"子编神仙"由郭武执笔，分述古老神仙思想、道教神仙体系、道教神仙思想的影响；"丑编道派"由詹石窗执笔，分述早期道教组织的建立、道教组织的扩展、道教新派的产生；"寅编金丹"由盖建民执笔，分述金丹术的滥觞与发展、道教金丹术理论和方法之脉络、道教金丹术与中国古代化学；"卯编医药"由盖建民执笔，分述道教医药学源流追踪、道教医学思想和医学成就、道教医学养生方法及其现代价值；"辰编气功"由陈融执笔，分述道教气功溯源、道教气功的形成与完善、道教气功的影响与价值；"巳编符咒"由林拓执笔，分述道教符咒及其历史演变、道教符咒的理论观照、道教符咒的历史文化影响与现代启示；"午编占卜"分述道教占卜的渊源、道教占卜主干、道教占卜的变体，其中第一章由连镇标执笔，第二章及第三章由詹石窗执笔；"未编辨兆"分述前道教征兆观、道教征兆思想体系的形成、道教拟兆与图谶，其中第一章由林怡执笔，第二章及第三章由詹石窗执笔；"申编堪舆"由詹石窗执笔，分述道教堪舆学渊源、道教堪舆实践与学说、道教堪舆巫术与科学；"酉编禁忌"由唐大潮执笔，分述宗教禁忌的理念与道教禁忌的缘起、道教禁忌的发展与完善、道教禁忌与民俗；"戌编科仪"分述古老宗教仪式向道教科仪的转变、道教科仪的类型与实施、道教科仪的语言符号学研究，其中第一章由唐大潮执笔，第二章及第三章由詹石窗执笔；"亥编艺术"由詹石窗、林凤燕执笔，分述乐舞戏三联袂：率情任真的艺术积淀、道教绘画雕塑与建筑、道教艺术的美学阐释；"卷后语"由詹石窗执笔。

本书对道教神仙思想源流、道教发展脉络以及金丹、医药、气功等奇方妙术、斋醮仪式、禁忌戒律、书法艺术、戏剧舞蹈、雕塑建筑的文化蕴含、符号功能、美学旨趣、道门技艺内涵进行了新的探索或破译，其内容广涉文史哲和传统科技诸多领域。本书对于全面把握中华道统文化精髓具有深刻启迪价值，对于当代"神秘文化热"也将具有匡正作用。（江达智）

# 中华续道藏（初辑）

《中华续道藏》（初辑），龚鹏程、陈廖安主编。台北：新文丰出版公司，1999年5月出版。

龚鹏程简介详见《道教新论》提要。

陈廖安，曾任台北指南宫道教学院教务长、台湾师范大学文学院人文教育研究中心主任、台湾师范大学实习辅导处实习辅导组组长。现任教于台湾师范大学国文系。研究专长有经学、易学、道教学、文字学、文献学，发表研究论文数十篇，出版专著《朱庭珍〈筱园诗话〉考述》《春秋历谱朔闰研究》《春秋历学研究》《顾栋高春秋历学研究》等。

本书属于道教丛书性质。封面上虽挂名龚鹏程、陈廖安主编，实际上是由陈廖安编纂。据本书的"初辑凡例"所说，该套书旨在承继明代《正统道藏》及《万历续道藏》，凡是此两部道书所未收者，都是本书的编辑范围，"拟以大规模搜集道书宝典符文修持百家名著，作有系统之整编，预计修纂五辑，每辑二十册，十六开，四合一页，每册约八百页，全书出齐共一百巨册，并编制工具索引，提供使用者之方便"。本书编者拟把搜集来的道书，归类为：仙真传记、宫观地志、经典教义、百家众派、丹道养生、科仪轨范、道法方术、教外道典、戒律善书、道教支系、道教文学、古佚道书、敦煌道书、域外道书、新辑道书、文物史料、论著选辑、目录索引等18个类目；至于分类未尽者，则以"补遗"处理。

本书的《初辑》主要以仙真传记、宫观地志、经典教义之著作为范围，各类目著录之原则：仙真传记类，以通史性之列仙群真谱及道派法系之记载为主；宫观地志类，以道教灵境之山志、道庙宫观为主。经典教义类，以老庄、吕祖及道家道经相关著作为主。初辑全书著录180种道书，凡1055卷。计有仙真传记11种，137卷（第一至二册）；宫观地志25种，227卷（第三至六册）；经典教义144种，691卷（第七至二十册）。

本书在分类上略有杂散，且无法涵盖所搜集道书的全部范畴，以致在18类后，又有"补遗"，而本书之"初辑凡例"说："至于章回体裁之仙话，单篇别行之传记，仙佛合宗之传奇，道释并容之庙志，碑志石刻之史料，以及道经道书之汇刊，列真心法语录等等，基于部类分属之考量，将俟另类处理。"由于一面编纂一面收集，未能预测将收到何种道书，所以无法先做通盘考量，以致有此现象。其实参考《正统道藏》12类之区分及张继禹《中华道藏》的分类方式，也可以使分类简化些。（萧登福）

# 道教小辞典

《道教小辞典》，钟肇鹏主编。上海：上海辞书出版社，2001年12月第1版，精装，32开，330千字，系"宗教小辞典丛书"之一种。

钟肇鹏简介详见《鹖冠子校理》提要。

1998年，任继愈主编的《宗教大辞典》出版以后，受到社会广泛关注。读者希望将《宗教大辞典》按不同宗教分编成一套小辞典，以满足不同群体的需要，上海辞书出版社共襄此举，始有本书的问世。2010年，上海辞书出版社出版本书修订本，修订版较第1版框架结构相同，但内容有所修改和补充，并新增加了一批辞目。

本书分为"凡例""绪论""分类词目表""正文""附录一·道教张天师世系表""附录二·道教节日表""词目笔画索引"。"正文"部分所收辞目共计1406条（2010年修订版新增辞目200余条，共计1620条），内容涵盖道教总论，教派、组织，人物，教义，经籍文书，神仙，道术，称谓、斋戒、仪礼、节日，仙境、名山、宫观九大类。辞目按分类进行编排、介绍。

"道教总论"概述道教发展简史，其中穿插介绍道教宗派、人物、经典、神仙、修炼方术及后世影响等内容。"教派、组织"介绍方仙道、黄老道、五斗米道、太平道、上清派、灵宝派、楼观派、天心派、全真道等主要道教宗派，以及中国道教协会等道教组织。"人物"重点介绍道教人物以及与道教有密切关系的历史人物，如老子、庄子、张陵、张角、魏伯阳、葛玄、魏华存、葛洪、寇谦之等。"教义"遴选主要教义进行介绍，包括道、德、一、自然、无为、清静、性命、重玄、生道合一等。"经籍文书"介绍道教历代重要道经，如《道藏》《无上秘要》《道教义枢》《云笈七签》《上清灵宝大法》《道法会元》等，以及道教经书分类方法：三洞、四辅、十二部。此外，还介绍了《击壤集》《敦煌道经》《道藏提要》等与道教相关的书籍。"神仙"先介绍神仙品类，之后具体介绍道教尊奉的主要神祇，如三清、四御、三官大帝、真武大帝、关圣帝君、斗姆元君、太岁、王灵官等，以及王乔、安期生、东方朔、八仙、麻姑等仙人，和马头娘娘、青衣神、和合二仙诸民间俗神。"道术"即道教仙术，包括吐纳、导引、服气、守庚申、房中术、存神、内丹术等炼养术以及龙章凤文、丹书墨箓等秘术。"称谓、斋戒、仪礼、节日"介绍教派、教徒、执事等诸称谓，以及斋坛、戒律、仪礼、神仙诞辰等相关内容。"仙境、名山、宫观"重点介绍三十六天、九天、三清境、十洲三岛、洞天福地等仙境，以及五岳、茅山、青城山、武当山、白云观、永乐宫、上海城隍庙、玄妙观、青羊宫、天师洞等仙山宫观。

　　本书的首要特点是简明性，全书从框架安排到辞目选录及次第排列再到辞目释义，简明精悍之旨一以贯之，避免冗长琐琐，故有"小"之名。本书虽小，但辞目选录涵盖道教文化九大门类，且辞目遴选以重要、常见者为先，读者一书在手即可就常见性问题解疑释惑，实用性备矣。再者，书末附有"道教张天师世系表""道教节日表"和"词目笔画索引"，可供参考和检索。本书释义略欠深入、辞目搜集不够全面，乃其短缺之处。（何江涛）

# 道藏书目提要

　　《道藏书目提要》，潘雨廷著。上海：上海古籍出版社，2003年12月第1版，精装，32开，320千字。

　　潘雨廷简介详见《道教史发微》提要。

　　本书为著者遗作，由张文江据其遗稿整理而成。著者生前拟为《道藏》所收道书撰写提要，名为《道藏书目提要》，共四集，本书乃其第一集，约成稿于1980—1982年间。本书结构较为简略，包括"自序""凡例""正文""跋"以及"附录一·《道藏编目》自序""附录二·道书提要补遗""附录三·《正统道藏》与《万历续道藏》"，其中附录部分系整理者出版时补入，原稿并没有这些内容。

　　"自序"概述了著者整理和研究明《道藏》的认识：宜对《道藏》有整体观念，并注意道书间存在的内在联系；通过道书间内在联系的研究，可以了解从汉及明道教思想的发展脉络以及汉至唐《道藏》、唐至明《道藏》内容变化的复杂情况，亦可以发现同一时代有不同的道教思想、各有其承前启后的史迹。

　　本书正文共收286篇提要，每篇提要撰写内容包括道书名称、卷数、撰者（及简介）、在《道藏》中的册数、写作背景、主要内容、历史作用及影响等；此外，遇有简短而义深之道书，即于后附录原文。著者所用《道藏》为涵芬楼影印本《道藏》。

　　"附录·《道书提要补遗》"增补提要19篇。"《道藏编目》自序"概述著者对《道藏》编目的看法，并提出了《道藏》编目的原则。"《正统道藏》与《万历续道藏》"概述现存的明版《道藏》及"三洞四辅十二部"分类方法。

本书与同类著作相比有鲜明的特色，展现了著者整理和研究《道藏》的独特视角和研究心得：其一，宜对道教发展史和《道藏》有整体观，才能明白各代撰著道书的目的，避免"一叶知秋"的武断；其二，重视道书写作时的历史背景，及其与前出道书、后出道书之间的关系；其三，除概述基本内容外，还进行深入的思想研究；其四，注重介绍道书在道教发展史中所起到的承前启后的作用。张文江在后记中写到本书的"最大特色在于注意各道书之间的贯通"。

本书为研究道教史和《道藏》提供了大量方法和线索，且不乏精辟之论，集学术性和工具性于一体。（何江涛）

# 增注新修道藏目录

《增注新修道藏目录》，丁培仁编著。成都：巴蜀书社，2008年3月第1版，精装，32开，580千字，系"国家'985工程'二期四川大学宗教与社会研究创新基地丛书"之一种。

丁培仁简介详见《中国近世道教的形成：净明道的基础研究》提要。

本书为著者多年的累积之作，是为编修新《道藏》（著者希望将明《道藏》以外的道书搜集起来，与明《道藏》合为一体，用新的分类法编成一部新的《道藏》）而作的搜书目录，原稿仅9万字，后随记逐补渐增修至五十余万字，拟名《新修道藏目录》，又因为大部分道书增加按语，并做了部分考证工作，故最后更名为《增注新修道藏目录》。

本书以收录道教典籍为限，其所收道书以明《道藏》（1473种）、《藏外道书》（991种）为基础，又广涉丛书、目录、索引213种，并从现存与道教相关的文献及其称引中，爬梳剔抉，共集录道书近6000种。

本书所录如此庞杂的道书群，以著者的道书分类方法（参见本书附录《总书分类法之我见》）为标准，将道书分为教理教义、戒律清规、科范礼仪、符箓道法、术数图象、修炼摄养、仙境宫观、神谱仙传、文学艺术、总类十大类。每一大类又作细分：教理教义类分为经、论、语录、文集、总义五小类；戒律清规类分为戒经、律文、科文、清规、功过格、善书六小类；科范礼仪类分为斋醮科仪、行道传度仪、法箓仪、灯仪、忏仪、表奏（赞颂）六小类；符箓道法类分为符箓、禁咒、道法三小类；术数图象类分为灵图、神像、象数、占卜星命（其他术数）四小类；修炼摄养类分为外丹（黄白）、内丹、存神、服气（导引、胎息）、房中、修心、辟谷（除三虫）、医药（养生）八小类；仙境宫观类分为天地仙境观、名山志、宫观志三小类；神谱仙传类分为神仙谱录、神仙列纪、神仙传记、高道传、道史五小类；文学艺术类分为诗文集、小说（俗讲、宝卷）、音乐、美术（附书法）四小类；总类分为叙说（辞书）、类书、丛书、目录（索引）四小类。此外，著者在十大类之后又另列附录类，收录子书及古佚道家书、道教研究论著。

　　本书所录道书基本上涵盖了一切现有的和历史上曾经存在过的道教典籍，并按上述分类顺序就所收道书逐类进行介绍，具体到每一小类，则原则上优先聚集性质相近者，且大体以时代先后排列。每一部道书主要介绍书名、卷数、编撰者、时代、出处、内容、传承、流变等著述信息。若有必要，则以注解或按语的形式，对道书的编撰者、成书时代等作简要考证。

　　本书的出版对道教目录学以及道教文献学的深入研究具有重要意义。具体而言，本书有如下特点：第一，广搜道书、著录齐备。本书广泛参考历代书目及相关文献，共录道书近6000种，是明《道藏》的4倍、《藏外道书》的6倍，为目前道书著录最多者。第二，方法创新、类级有序。鉴于道书三洞四辅十二部分类方法存在缺陷，著者按照道教本身的性质特征和内部结构对道书重新分类，此乃道书分类方法上的创新；此外，在大的分类框架下又细分若干小类，并按类级归录道书，构架清晰，极具逻辑性和系统性。第三，长于考证、自成一家。著者凭一人之力考证道书，其中不乏精辟之论，其考证虽兼摄前人研究成果，部分文献亦参酌提供者所供信息，但断代基本以著者多年的研究心得为准，即"自己拿主意"，不人云亦云。第四，辨章学术、考镜源流。本书除按著者设计的分类框架外，还以类为经，以时代、流派、人物为纬，并以"存目"一例酌情收入已佚或著者所未见的道书，旨在为读者提供一幅关于道书流变的草图，以显传统目录学之功。第五，述而不评、服务学术。本书按语或提示以陈述、考证事实为主，一般不评论所收著述水平高低；本书以目录学为主，版本学次之，目的是为学术研究服务。美中不足的是本书未作"道书书名索引"，为翻检带来不便，削弱了其工具性。（何江涛）

# 庄子鉴赏辞典

《庄子鉴赏辞典》，方勇主编。上海：上海辞书出版社，2010年2月第1版，32开，319千字，系"古代经典鉴赏系列丛书"之一种。

方勇简介详见《庄学史略》提要。

《庄子》乃先秦道家代表作品，系庄子及其后学所著。共33篇，其中内篇7篇、外篇15篇、杂篇11篇，一般认为，内篇为庄子所著，外篇和杂篇为庄子后学所作。《庄子》既是一部哲学著作，又是一部充满浪漫主义色彩的文学作品。其文想象奇幻、构思巧妙、生动优美，富于诗情画意。

上海辞书出版社为便于读者了解《庄子》思想的精髓，尤其是领略《庄子》散文的高超艺术，特约庄子学专家方勇教授主编了本书。

本书共收鉴赏33篇，按《庄子》内篇、外篇、杂篇之顺序进行编排。每篇鉴赏包括《庄子》原文、注释、鉴赏、古人鉴赏选四部分。原文部分以清末郭庆藩所撰《庄子集释》本为底本；注释部分对原文中的重要字、词进行详细解释，以帮助读者对原文有基本了解；鉴赏部分是本书的主体部分，从理论解析、实例说明等诸方面对每篇的哲学思想、文学意蕴进行描述和阐发，引导读者把握每篇的核心思想，品鉴其理之玄妙、其文之瑰丽；古人鉴赏选部分选辑历代学者尤其是明清学者对《庄子》的鉴赏文字，以作读者理解和欣赏《庄子》的借鉴和补充。附录《〈庄子〉概说》从庄子其人、《庄子》其书、庄子的思想（宇宙观、认识论、人生观、政治观、美学观、文艺观）、《庄子》的艺术特色、庄子的地位与影响、历代的庄子研究诸方面进行概括性介绍，对读者认识庄子及理解其作品提供宏观背景，亦助益读者对《庄子》的鉴赏。

本书的首要特色在于尽可能坚持客观公允的原则，在保持《庄子》本来面貌的同时，对其进行深入浅出式的现代评述和赏析；其次，本书在重点探究《庄子》义理的基础上，还注意激发读者体味《庄子》文学艺术美感的兴趣。

本书出版以来引起了《庄子》爱好者的极大关注，为传播《庄子》及其思想贡献甚大。（何江涛）

# 老子鉴赏辞典

《老子鉴赏辞典》，刘康德主编。上海：上海辞书出版社，2010年6月第1版，32开，338千字，系"古代经典鉴赏系列丛书"之一种。

刘康德简介详见《老子直解》提要。

上海辞书出版社为方便读者了解和鉴赏《老子》思想的精髓和哲学智慧而邀请专家编纂了本书。本书分"文本篇""主题篇""名言篇"三部分，共收鉴赏139篇。具体来说：

一、"文本篇"，原文以明代华亭张之象所刊王弼注本（浙江书局本）为底本，并参阅其他版本和各种征引王弼注本的书籍，以补校王弼注本中的《老子》原文。本篇按照王弼注本81章的原篇目顺序编排。每一章包括原文、注释、鉴赏三方面内容。

二、"主题篇"，分为道法自然、道立于一、天地之教、复归于朴、道动以反、阴阳巫卜等28个主题，每一主题包括按主题思想汇集的原文及鉴赏两部分内容。本篇大致按照《老子》相关主题的思想脉络编排，其中"孔德之容"以上大致对应《老子》关于"道"的思想，"孔德之容"及以下大致对应《老子》关于"德"的思想；在"德"的部分中，"无为而治"以上大致对应《老子》的人生观，"无为而治"及以下大致对应《老子》的政治思想。此外，因《老子》言简而义丰，每一章往往有多个主题，因此，在本篇中有些章目的原文可能会被列入两个乃至多个主题，或者被分割后而归入不同的主题之中。

三、"名言篇"，收录"道可道，非常道""玄之又玄，众妙之门""和其光，同其尘""天地不仁，以万物为刍狗"等30条名言，每一条名言包括名言所在章目的全文和对名言的鉴赏两部分。本篇亦按照王弼注本的原篇目顺序进行编排。

"鉴赏"是本书重点论述的内容，鉴赏部分是对文本、主题、名言的进一步阐释、剖析和引申，其阐发引经据典、征引历史故事以助读者加深对《老子》思想的理解和精髓的领悟。同时，"鉴赏"也是本书的特色和价值所在，本书通过多角度（按章目鉴赏可谓纵；按主题、名言鉴赏可谓横）论析《老子》，可以让读者以本书为鉴而赏析《老子》奥妙之处，感悟中华民族的古老智慧。

本书最后将"老子其人其书及其影响"作为附录，详细介绍"老子其人""老子其书""老子对后世的影响"，从而使本书兼具《老子》小百科全书的功用。（何江涛）

# 正统道藏总目提要

《正统道藏总目提要》，萧登福著。台北：文津出版社，2011年版，2册。

萧登福简介详见《周秦两汉早期道教》提要。

道藏经书之造作，早在汉世已多，如《苑秘》《枕中书》等。而《后汉书》《抱朴子》等书所载道教典籍、图像、修仙之方等，都应该是战国至两汉间所撰成。著者谓周秦两汉道书虽然多，但被保留下来的并不多。见诸《正统道藏》的仅数种而已，或者有的被杂入后世诸作中，亦未可知。自魏晋南北朝而后，道书的撰造更为快速，数量亦更多，于是有人开始留意《道藏》的纂集。《道藏》的纂集始自南朝宋陆修静，其后经唐宋元明清历代屡毁屡编，今日所见为明代英宗正统年间所编的《正统道藏》，及明神宗万历年间的《续道藏》，一般都把这两种道藏合刊在一起，仍以《正统道藏》为名。

《正统道藏》所收录的道典，有极短者不满百字，如《高上玉皇胎息经》仅88字；有极长者可达数百卷，如《灵宝领教济度金书》达322卷，长短篇幅相去极为悬殊。著者指出研读道典困难处甚多，其大者有七：其一，撰著者及撰作年代难断，难以放在同一朝代中来论述。其二，道书大都"学"与"术"相杂，有学有术，困难度高。其三，道教流派多，异说更多，如神祇名讳、修炼方法等，往往不同，甚或相违。其四，《正统道藏》分类杂散，同一性质之经而归类不同，学者难以翻查。其五，道经常用骈句、典故，文字华丽，但除对文学有素养者外，一般民众不易了解文义，难以掌握字句中所要表达的意义。其六，道教名相多，且常是异名而同实。而道经常不采直接叙述，爱用象征性的名相，这种现象在丹鼎修炼上特多，内外丹之名相，同实异名者多如牛毛，初学者难以细辨。其七，道教专用辞书字典太少，许多名相无法在辞书中查到。

在上述诸项中，以第一项道经的撰作年代最为重要，最为基础。著者认为一本书如不能断代，如何去谈论它的沿承和影响，如何去讨论它所代表的时代意义和价值。

本书包含《正统道藏》及万历《续道藏》两部道藏之提要。《正统道藏》所收录的道典计有1419种，再加上《续道藏》54种，总共1473种道书，所以本书所撰成之道经提要有1473条。其中有的道书年代容易考定，有的难以论断。难以论断者，著者即据六朝道书相引，北周、唐、宋等道教类书所引，历代书志所载，各朝代哲学、神学演进不同等因素，并参考相关佛经撰译年代，为每一本道书论断其撰成年代。（林翠凤）

# 书名笔画字头索引

# 书名笔画索引

## 六画

# 著者笔画字头索引

# 著者笔画索引

### 八画

# 后　记

　　2008年元月，我由厦门大学调到了四川大学后，几乎是马不停蹄地奔跑在项目申请的征途上。之所以说"马不停蹄"，是因为我属马，既有"天马行空"的幻想品格，也养成了负重前行不回头的习惯。

　　2009年初，我提出了"百年道教研究与创新工程"的课题构想，此课题的主要任务是探索百年来有关道教研究的发展历程、基本特点。不久后，此课题列为国家社会科学基金特别委托重大项目。接着，又形成了"百年道学精华集成"的研究计划，旨在广泛搜集20世纪以来至21世纪初有关道家与道教研究的各种专题学术论文，汇编成大型学术文库。这两个研究项目在2013—2014年上半年分别完成并结项，陆续出版。几个月之后，在各级领导的关怀和同行朋友的鼓励下，这匹已经在故里休眠的"老马"又被项目申请的号角催醒了，我重新戴上了"马鞍"，恰如要上边疆去履行保家卫国大任一样，嘶鸣一声，奋蹄而冲。接连两个多月，我沉浸于课题论证的长流之中，终于形成了一份符合要求的申请表，谓之"百年道家与道教研究著作提要集成"。表格交上去之后，我就不再过问了。到了当年11月，全国哲学社会科学规划办公室公布了招标结果，我申请的项目赫然列在重大招标课题的立项名单中。学校主管部门领导看到结果，非常高兴，打电话祝贺；我在接受祝贺的同时，却有一种莫名的忧虑。因为我深知，一百多年来，有关道家与道教研究的学术著作并非少数，要为该领域研究的大量学术论著撰写提要，并不是一件简单的事。除了需要充分了解各种出版信息之外，还得找到所有拟定撰写提要的原书，组织人马，开展工作。幸好，我培养的八十几位博士生、硕士生、进修生都成长起来，可以往他们身上压担子了；还有本所的一批教授以及校外许多研究道家与道教的学者们也乐于参与，奉献自己的宝贵时间与才智。就这样，一个学术团队组织起来了。大家齐心协力，用了4年多时间完成了初稿。

2018年12月，国家"十三五"规划文化重大工程项目《中华续道藏》的启动仪式在北京的中国道教协会大礼堂隆重举行。我作为工程首席专家被请到主席台上就座。当时，国家图书馆副馆长张志清先生就坐在我旁边。于是，有了结缘的机会。过后，我谈起了把《百年道家与道教研究著作提要集成》交给国家图书馆出版社出版的愿望，张馆长十分热心，当场表示支持，积极推荐；而出版社总编辑殷梦霞女士在得知我的想法之后，马上联络到我，并且于2019年3月亲自率领赵嫄女士等多位编辑来到四川大学，我立即把在校的课题组成员召集起来，面对面进行交流。经过一番磋商，出版社根据多年来的专业经验，形成了一份修改意见。与此同时，为了使项目更加完善，出版社还提供了200多部民国时期关于道家与道教研究的比较罕见的原始文本。根据出版社的意见，我一方面组织各专题工作团队修改初稿，另一方面再度发动博士生与硕士生以及业界学者撰写了180多篇民国时期论著的提要。经过了将近一年时间的补充修改，本书最终稿无论从内容还是形式上看，都比初稿有了比较大的改观。而后，书稿经过审核，根据专家意见，书名最后确定为《道家与道教研究著作提要集成（1901—2017）》。

在项目开展的整个过程中，课题工作团队都尽心尽力。其中，有几项工作需要特别说明：一是最初的书目信息，主要由厦门大学的黄永锋教授负责搜集。作为我的开门弟子，黄永锋发挥其史学特长，采撷了丰富的第一手信息资料，这为后来的课题申报以及任务分工奠定了基础；二是后期六册书稿的修改，主要由张崇富教授、李裴教授、于国庆副研究员、周冶副研究员、李冀博士、廖玲副研究员负责，他们抓紧时间，认真核对信息，可谓一丝不苟；三是后期的书目增补分工和书稿的汇总、润饰，主要由专职博士后胡瀚霆负责，他联络各分册主编，传达往来信息，恪尽职守，牺牲了许多休息时间，保证了统稿工作的顺利进行。

本项目的实施，得到了全国哲学社会科学规划办公室、教育部社科司领导的亲切关怀，得到四川大学党委书记王建国先生、四川大学校长李言荣院士及主管文科的前副校长晏世经教授、副校长姚乐野教授等校领导以及本所领导、学校各部处相关领导的鼎力支持，在此一并致谢！

　　由于水平有限及有些图书不便查阅原书等客观条件所限，本书可能还存在漏收经典著作、提要著录信息不准确、提要总结不到位等问题，殷切期盼广大读者批评指正。

詹石窗
谨识于四川大学道教与宗教文化研究所
2020年1月18日初稿
2021年4月6日修订